地方治理现代化探索——

大连海事大学公共管理硕士（MPA）2020年度优秀学位论文集

DIFANG ZHILI XIANDAIHUA TANSUO——

DALIAN HAISHI DAXUE GONGGONG GUANLI SHUOSHI (MPA)

2020 NIANDU YOUXIU XUEWEI LUNWENJI

吴玉红 ／ 主编

2020

大连海事大学出版社

图书在版编目(CIP)数据

地方治理现代化探索. 大连海事大学公共管理硕士(MPA)2020 年度优秀学位论文集 / 吴玉红主编. — 大连：大连海事大学出版社，2024.8. — ISBN 978-7-5632-4589-5

Ⅰ.D035-53

中国国家版本馆 CIP 数据核字第 2024PJ7448 号

大连海事大学出版社出版

地址:大连市黄浦路523号　邮编:116026　电话:0411-84729665(营销部)　84729480(总编室)

http://press.dlmu.edu.cn　　E-mail:dmupress@dlmu.edu.cn

大连金华光彩色印刷有限公司印装　　　　　大连海事大学出版社发行

2024 年 8 月第 1 版　　　　　　　　　　2024 年 8 月第 1 次印刷

幅面尺寸:170 mm×240 mm　　　　　　　　　　　　印张:26

字数:493 千　　　　　　　　　　　　　　　　印数:1~500 册

出版人:刘明凯

责任编辑:刘长影　　　　　　　　　责任校对:孙笑鸣　杨玮璐

封面设计:解瑶瑶　　　　　　　　　　　　版式设计:解瑶瑶

ISBN 978-7-5632-4589-5　　　定价:78.00 元

前 言

    Master of Public Administration(MPA)项目,是以公共管理及相关学科为基础的专业学位研究生教育项目,旨在为政府部门及非政府公共机构培养高层次的应用人才。MPA 项目的产生得益于公共管理学科的产生与发展,1999 年 5 月,国务院学位委员会正式批准在中国设立 MPA 专业学位。

    大连海事大学(原大连海运学院)是交通运输部所属的全国重点大学,是国家"211 工程"重点建设高校、国家"双一流"建设高校。学校素有"航海家的摇篮"之称,是中国著名的高等航海学府,是被国际海事组织认定的世界上少数几所"享有国际盛誉"的海事院校之一。2005 年 2 月,经国务院学位办批准,大连海事大学成为第三批公共管理硕士(MPA)专业学位硕士研究生试办单位。2005 年 3 月,学校成立大连海事大学 MPA 教育中心,规范管理学校 MPA 教育与培养工作。

    作为交通运输部直属的行业性院校,大连海事大学肩负着为交通运输行业的发展培养高层次人才的责任与使命。大连海事大学 MPA 教育秉承学校百年办学传统,以"立足交通、服务社会,秉公共之精神,育卓越之人才"为办学理念,以"满足交通运输行业发展对高级公共管理人才的实际需求"为办学方向,坚持"以学生为根本,以需求为导向,以质量为生命,以师资为保障"的办学原则,致力于为交通、海事、港航系统培养高层次、复合型、应用型公共管理人才。

    自开展 MPA 教育以来,大连海事大学 MPA 教育中心始终坚持特色办学,不断探索 MPA 教育规律,通过创新培养模式,在实践中着力打造 MPA 教育品牌,同时紧扣质量管理标准的要求,探索出一条具有鲜明海大特色的公共管理硕士(MPA)专业学位硕士研究生培养道路。

    为保证 MPA 项目的长足发展,提升 MPA 学位论文的撰写质量,大连海事大学

MPA 教育中心于 2024 年启动"MPA 优秀学位论文集出版计划",以论文集的形式将每学年度的优秀学位论文精简成集,旨在通过学位论文集的出版,激发 MPA 研究生撰写优秀学位论文的积极性,提升中心 MPA 学位论文的撰写与指导水平。

当然,由于 MPA 研究生研究水平有限,书中难免出现不足之处,还望学术界同人批评指正!

编　者

2024 年 7 月

目 录

D市S区
纳税信用管理研究

曲大伟

(学号:1120203361)

随着社会主义市场经济的不断发展和完善,纳税信用作为社会信用体系的重要环节发挥着日益重要的作用。纳税信用是社会信用体系的重要内容,它产生于税务机关与纳税人的征纳互动关系中。纳税信用由税务机关按照国家法律法规相关要求来评定,主要反映的是税务机关对纳税人的信任程度。由此可见,纳税信用管理意义重大。

一、D市S区纳税信用管理现状分析

目前,随着税收征管体制改革的不断深入,纳税信用管理工作正朝着更加规范化、专业化的方向发展。S区税务局在实践过程中,纳税信用管理工作整体上取得了长足的进步,但也暴露出一些问题与不足。本文将通过调查问卷的方法研究D市S区纳税信用管理的成效、存在的问题及其原因。

(一)D市S区纳税信用管理的举措与成效

1.纳税信用管理的举措

S区是D市面积最大、人口最多的中心城区,第三产业较为发达,其全口径税收贡献率达 85.3%。截至 2021 年 12 月,D 市 S 区税务局登记正常户纳税人 67 275 户,其中,企业纳税人 31 343 户,占 46.58%;个体工商户及个人 35 249 户,占 52.4%;非企业单位等其他纳税人 683 户,占 1.02%。另有非正常纳税户 20 745 户,即未按照规定的期限申报纳税,责令限期改正而逾期不改正,查无下落或经采取强制执行措施仍无法履行纳税义务的纳税人。

S 区税务局设有税收风险管理局和 2 个税源管理科室,承担稽查职责。2021 年,S 区税务局共计办结稽查案件 64 件,查补税款、滞纳金及罚款 1 190 万元。在日常征管过程中,共做出不予行政处罚决定 739 次,做出税务行政处罚决定 2 146 次,实缴罚款 88.87 万元。可以看到,因纳税人违反税收管理规定产生的查补税款、滞纳金和罚款等占全年组织收入的 0.24%。

按照国家税务总局的要求,自 2018 年起,纳税信用管理工作统一在金税三期对应模块开展。纳税信用评价的各项内部信息指标均由金税三期系统自动完成采集和量化管理,而外部指标由 D 市税务局录入。在评价任务生成后,该系统将基于采集的信息指标和既定的评价方式计算得出分值和对应纳税信用等级结果。满分为 100 分,90 分及以上为 A 级,70 至 90 分为 B 级,40 至 70 分为 C 级,低于 40 分为 D 级,另有 M 级适用于新设立企业。该评价结果将由区级税务机关税源管理部门开展审核,确定无误后,由省级税务机关统一对外发布最终结果。

2. 纳税信用管理的成效

纳税信用等级评定结果发布以后,按照分类分级管理的要求,对不同等级的纳税人开展动态管理,对于 A 级纳税人,第一税务所会在税务局网站进行公示,全年在办税服务厅 LED 屏上循环滚动播放 A 级纳税人名单。除了社会公告,还会给 A 级纳税人在增值税发票办理方面予以便利,如单次可领取最多 3 个月的发票用量,发票用量调整按规定即时办理。在税务检查方面,A 级纳税人被检次数 1 年不会超过 1 次。2022 年,S 区税务局创新提出"3 连 A"企业特色服务项目,为近 3 年均被评为 A 级的纳税人设立"3 连 A"企业服务专窗,提供专业服务团队,现累计服务企业 100 余户。此外,S 区税务局在 2021 年还举办了 A 级纳税人信用等级发布活动,并与城市信用广场签订了纳税信用入驻协议,在广场规划设置纳税信用专项展区,展示企业的纳税信用新名片。B 级纳税人,一次性可领取最多 2 个月的发票用量。对 M 级纳税人按照新设立企业要求实行正常管理。

从严管理 C 级纳税人的涉税申请和审批事宜。对于 D 级纳税人在管理上更为严格,并会采取相应的惩治措施,如公开 D 级纳税人及责任人名单,增值税专用发票用量按照辅导期纳税人管理,加大纳税评估和稽查力度,加强出口退税和各类申请的审核。同时,D 级纳税人直接负责人经营的其他公司也会受到影响,将会判定为关联 D 级。纳税人可以在电子税务局查看历年的纳税信用等级情况,也可以向主管税务机关查询,A、D 级纳税人公示名单和重大税收违法案件信息也可通过税务局的官方网站查询。

(二)D 市 S 区纳税信用管理调查分析

1. 调查的背景和目的

问卷调查法在社会调查中广泛采用,对本次研究有较强的参考意义。本次问卷调查旨在了解 S 区纳税人对纳税信用管理的认知度,同时还要了解作为企业和自然人对纳税信用管理的重视程度和认知体验情况。根据调查结果汇总分析,找到 S 区纳税信用管理存在的问题,从而提出相关对策和建议。具体目的如下:

(1)了解受访者的注册登记类型和纳税信用等级。

(2)了解受访者对纳税信用等级认定、发布程序的认知度。

(3)了解受访者对纳税信用等级评价结果的实际运用情况。

(4)了解受访者作为企业和自然人分别对纳税信用管理的重视程度。

(5)了解受访者对于 S 区税务局纳税信用管理工作的满意程度。

2. 调查的样本构成

此次问卷调查主要采用线上调查的方式,共收回有效调查问卷 1 052 份。按税务登记注册类型分,有企业纳税人 815 户,个体工商户 193 户,自然人 39 人,非企业单位 5 户。在被调查的 815 户企业纳税人中,2021 年度纳税信用等级评定情况,A、B、M、C、D 五个等级纳税人分别占 5.15%、52.27%、34.60%、1.96% 和 0.86%,另有 5.15% 的纳税人表示不知道本单位的纳税信用等级。从调查结果可以看出,有超过 5% 的单位纳税人不关心自身的纳税信用情况,甚至对企业的纳税信用等级都不清楚和了解。

3. 调查的结果分析

(1)纳税信用管理的认知度和重视程度低。调查首先询问受访者是否听说过或知道纳税信用等级,即对纳税信用管理的认知度。根据调查结果,听说过或者知道纳税信用等级的占 82.3%,没听说过或者不知道的占 17.7%。值得注意的是,不同登记注册类型的纳税人,对纳税信用管理的了解与否存在很大的差异,企业纳税人和非企业单位纳税人对于纳税信用的认知度较高,认知率达到 100%,但代表个人经营的个体工商户和自然人的认知度普遍不高,均不到 30%,个体工商户甚至只有 14%。经初步分析,这是由于自然人和个体工商户尚未纳入纳税信用管理,导致其了解程度不足。

从对纳税信用评定的程序和政策的认知程度看,对相关程序和政策有所了解的占 66.06%,不了解的占 39.94%。结合信用管理的认知度可见,虽然有超过 80%

的受访者听说过纳税信用等级,但从知道纳税信用等级到了解其程序和政策,只有六成多的比例,这说明 S 区纳税人对信用评定的认知度偏低。

在纳税人对纳税信用等级用处的问询中,调查结果显示,只有 52.28% 的受访者了解纳税信用等级的用途,几乎一半的纳税人还不知道纳税信用等级有哪些用途。被调查者对于纳税信用管理认知程度不高,大多还都停留在听说过或者知道有这件事的层面。

最后,调查企业纳税人是否重视纳税信用等级,有 81.35% 的被调查企业纳税人非常重视纳税信用,有 14.23% 的企业纳税人觉得一般,另有 4.42% 的企业纳税人认为无所谓。目前,信用等级参评对象均为企业纳税人,但调查中,仍有近两成的企业纳税人不重视纳税信用等级这一切实关系到自身利益的涉税信息。

在对纳税信用管理认知度与重视程度的调查中可以看到,不同类型的纳税人认知度存在很大的差异。由于纳税信用管理对象中尚未将个体工商户和自然人纳入,导致这两部分群体对纳税信用认知度较低,企业等单位纳税人对纳税信用认知度则较高。此外,纳税信用认知深度不足,相当一部分纳税人只是听说过或者知道纳税信用,但对于纳税信用的认定和管理等方面完全不了解。而作为现已纳入纳税信用管理体系中的企业纳税人,也并非全部重视其信用等级。

(2)纳税信用结果应用不广泛。在此项调查中,首先询问在日常消费或企业经营活动中,是否希望了解交易对象的纳税信用等级以作为参考。调查结果中,希望能够了解的占 88.71%,5.52% 和 5.77% 的人员表示不希望和无所谓。近九成的纳税人希望能够在交易中了解到对方的纳税信用等级情况,为交易活动提供参考。这从另一角度说明,纳税信用等级是被大多数人所认可和相信的评级结果。

在调查企业纳税人是否享受过高纳税信用等级的各项激励措施,只选取符合政策享受条件的 A 级和 B 级纳税人,结果显示,享受过激励措施中比例最高的是一次性领用 3 个月的发票,占比超过三分之一,简化出口退税手续只有一位受访者享受过,同样占比较低的是金融贷款和招投标优先这两个方面,均属于等级评定结果的外部应用范围。值得注意的是,有 33.33% 的受访者表示没有享受过任何优惠措施。这说明,纳税信用等级高的企业对激励措施享受方面感知不足。

在对低纳税信用等级惩戒措施认知度的调查中,知道有相关惩戒措施的受访者占 58.53%,其余 36.56% 表示不知道,另有 4.21% 表示并不关心。由此可见,纳税人对不良信用等级带来惩戒措施等不利影响的认知度低。

通过对纳税信用结果应用的调查数据可以看出,纳税信用等级结果是被大多数人所认同和信任的,大多数人也愿意了解交易对象的评级情况,辅助自身进行交易决策,但纳税信用等级高的纳税人对相关激励和优惠措施的体验感差,同时对惩戒措施认知度也不高,这从侧面反映出 S 区税务局信用守信激励和失信惩戒落实效果不佳。

（3）个体工商户和自然人纳入信用管理意愿度高。由于个体工商户和自然人尚未纳入信用管理体系，针对这两类群体是否愿意纳入信用管理体系开展调查，调查结果显示，表示愿意的占83.74%，不愿意的占16.26%。由此可见，绝大多数的个体工商户和自然人是愿意被纳入信用管理体系的。

（4）纳税信用管理总体满意度不高。针对S区税务局纳税信用管理满意度开展调查，表示非常满意的占52.85%，27.64的被受访者表示基本满意，17.89%的受访者表示一般满意，另有1.63%的受访者表示不满意。可见，大多数纳税人比较认可S区税务局纳税信用管理工作，但仍有近两成受访者仅表示一般满意，甚至不满意，这说明纳税信用管理工作还有很大的进步空间。

（三）D市S区纳税信用管理存在的问题

1. 税务机关和纳税人对纳税信用管理重视不够

根据对纳税人的调查问卷分析，能够明显看出，纳税人对于纳税信用管理认知不足，多数是停留在知道的层面，大部分纳税人对税务机关如何评定纳税信用等级、高低等级分别有哪些政策措施等方面不了解。在与税务人员的实地交流访谈中，也有类似的情况出现，并不是所有纳税服务人员和税收管理员对纳税信用管理都有深入地了解，只有专门负责这项工作的人员能够完全清楚明白相关政策。2021年度，向S区税务局提出信用等级修复的企业只有5户，均为税务机关在主动发现提醒纳税人可以修复的情况下开展的。从税务机关的角度看，在实际纳税服务和征管工作中，并非要求所有税务工作人员都要掌握纳税信用的评价方式和奖惩措施的所有内容，更多则体现在实际工作中的运用方面，而不是对政策文件的条文掌握上。

2. 纳税信用管理体系不健全

（1）纳税信用采集信息不全面。按照国家税务总局要求，纳税人信用历史信息、税务内部信息、外部信息是纳税信用信息采集的3项内容。前两项信息都来源于税务部门的金税三期系统中，能够实现系统级按月采集和判定管理。但是，金税三期系统采取的是省级大集中建设的方式，实行省级集中部署，各省级单位在数据上并不共享，无法采集到跨省的涉税信息。由于税务机关内部信息采集范围有限，还需要与市场监督管理、自然资源、海关、金融机构等部门共同参与信息采集，从而在一定程度上补足信息采集单一化所产生的简单化问题，也就是外部信息采集。据统计，S区税务局2018—2021年纳税信用等级评定过程中没有使用到任何一条外部信息。可见，这些数据的取得需要各政府部门或金融机构配合完成，难度较大。

（2）纳税信用管理覆盖面局限性强。《纳税信用管理办法（试行）》是国家税务总局于2014年发布的，规定纳税信用管理的范围仅是从事生产、经营并适用查账征收的企业纳税人，而后总局又两次发文将范围扩大至查账征收的个人独资和个人合伙企业，明确非独立核算分支机构可自愿参与纳税信用评价，但个体工商户、自然人以及扣缴义务人还未包括在内。在2021年的纳税信用评价过程中，S区共有正常开业纳税人67 275户，其中纳入纳税信用管理且完成评价33 364户，纳税信用管理不予评价2 049户，未纳入纳税信用管理的户数31 862户，占正常开业纳税人的47.36%，可以明显看出，个体户占据了未纳入管理的绝大多数，其中甚至还包括年销售额千万级的大型商超，这也使得个体工商户对纳税信用管理认知度低。

（3）纳税信用等级分布不合理。S区2021年信用等级整体水平不高，分布不合理。A级纳税人占比只有5.68%，B级纳税人与M级纳税人合计占比达到75.66%，C级纳税人占0.68%，而D级纳税人占17.98%。由此可见，B级与M级纳税人十分集中，占比超过七成，而A、C级的纳税人占比过少。值得注意的是，D级纳税人几乎占到了参评纳税人总数的五分之一，也说明S区纳税人的纳税信用情况还有很大提高空间。

3. 纳税信用管理结果应用场景有限

第一，大多数纳税人并不了解纳税信用结果的具体用途，能够感受最深的，只有在发票领用受限、退税审核不通过等情况下才会关注纳税信用是否出现了问题。目前税务机关内部的惩戒措施主要是关联同一法人信用等级，针对发票、退税等方面的限制，并未向公众提供查询任一企业信用等级的入口，社会认知度比较低。

第二，纳税信用等级在其他政府部门以及社会生产中的应用不广泛。在政府层面，2014年，包括国家税务总局在内的21个中央部委及直属单位联合签署了《关于对重大税收违法案件当事人实施联合惩戒措施的合作备忘录》，两年后，又将联合签署部门增至34个，发布了《重大税收违法案件当事人实施联合惩戒措施的合作备忘录（2016版）》，对违法案件当事人进行联合惩戒，但联合惩戒的对象仅包括重大税收违法案件当事人，重大税收违法失信案件的门槛比较高，不缴或少缴税款金额要达到100万以上，能触及这一条件的十分有限。在实际操作中，虽然参与联合惩戒的部门达到34个，但是由于部门间信息沟通和协调的问题，特别是信息的传递和共享比较被动，因此失信惩戒的效果非常有限。

在守信激励方面，2016年，28个中央部委联合发布了《关于对纳税信用A级纳税人实施联合激励措施的合作备忘录》，明确对A级纳税人进行守信联合激励，特别是在项目审批服务管理和金融扶持中，高纳税信用等级得到了一定应用，但是，在财政、社保、土地使用、环保、进出口、交通运输、出入境等方面，对于高纳税信用等级的激励措施也只是优先办理或优先考虑，效果十分有限。在社会生产方面，纳税信用结果的应用更加局限,在真正的商业环境中,从利益考量,交易双方往往不会主动向对方告知自己的纳税信用等级,纳税信用等级也仅是企业交易的次要参考指标,而且企业知晓交易对方的纳税信用等级比较困难,在一定程度上限制了纳税信用结果的应用推广工作。

(四)存在问题的原因分析

1. 纳税信用意识不强

(1)社会信用发展不足。随着征管体制改革的不断深入,税务机关努力创建服务型政府,在征管、纳服和信息化建设上取得了巨大提升,但是在对纳税人纳税信用意识培养方面还不够。由此可见,公民的依法诚信纳税意识仍有提升空间。

(2)纳税信用管理立法层次低。由于历史原因,我国税收法治建设还不健全。从税收立法来看,我国现行征收的税种共 18 个,通过全国人民代表大会立法的税种只有 12 个,其他税种的立法工作则是国务院制定的行政法规或国家税务总局制定的部门规章,税收法律体系的整体效力级次不高,增值税作为占税收总收入 40% 的第一大税种仍以规范性文件为依据征收,即暂行条例,但条例配套的各类部门规章和规范性文件已累计达到 150 多个,而且还时常发布临时性文件作为政策的补充。虽然近几年已经加快各税种立法的工作,但我国税收法律体系中法律立法偏少现象仍存在,不可忽视。

2. 纳税信用制度不健全

(1)信用信息互联互通缺乏制度保障。信用信息的获取可以分为内部信息和外部信息。首先是内部信息,其储存在税务机关的数据库中,当前税务机关信息系统建设主要是以省为单位,并按月进行采集,由于跨省数据尚未互联互通,这可能导致纳税信用评价指标采集不全面的情况,进而影响评价判定。对于外部信息的获取,因为不仅涉及跨地区,还涉及跨部门间的协同,当前缺乏顶层的制度性保障,操作十分困难。《纳税信用管理办法(试行)》中明确"通过税务管理系统、国家统一信用信息平台、相关政府网站、新闻媒体或媒介等渠道采集",从技术层面上看,主要问题在于目前政府各部门信息平台仍是一座座孤岛,没有对接的接口,尚无法实现互联互通。

(2)部分纳税群体纳税信用管理缺位。截至目前,D 市仍未出台个体工商户的纳税信用管理办法,超过 S 区市场主体总量的二分之一的个体工商户并未纳入纳税信用管理体系。在实际工作中,比较难于管理的登记注册类型就是个体工商户,没有完善的会计账簿,无法进行准确的收入成本核算,经营行为多不开具发票,偷漏税行为隐秘多发,但查账征收难度大,彻底取消定期定额核定征收还存在诸多困难。

(3)纳税信用评价指标不科学。根据《纳税信用评价指标和评价方式(试行)》规定,如果纳税人登记注册不满3年,则不可以评定为A级。但是,这种评定方式对于新办纳税人是很不公平的,指标评定的数据都来源于生产经营行为,人为设置成立3年内不予评A的指标,意味着无论该新成立企业在创业3年内发展如何,即使是做到了区域和行业的龙头,其纳税信用等级最高只能是B级,这显然不利于调动纳税人的纳税积极性。此外,小规模纳税人,不予评A,这项指标的扣分在S区税务局2021年达到22 062户,占比达到66.13%,这不利于提高企业的纳税意识。

(4)奖惩制度落实不到位。基于大数据分析比对,目前税务检查针对性更强,但频率不高、力度不大,处罚手段比较单一,缺乏一定的震慑力。2021年,S区税务局共计办结稽查案件64件,查补税款及滞纳金1 150万元,但来源于稽查案件的罚款仅有40万元,处罚率非常低。税务检查作为税收征管的最后环节,震慑力和威慑力不足,按照纳税遵从理论防卫性遵从,纳税人不畏惧惩戒措施,不愿意遵从税务机关的管理,也无法起到税务检查罚一儆百的作用。

纳税信用等级高的纳税人,应享受更多便利和福利,但在实际征管中,守信激励措施手段有限,难以使纳税信用等级高的纳税人切实感受到这些便利和福利。激励措施主要有主动向公众公告A级纳税人名单;单次最多可领取3个月的增值税专用发票量,增值税普通发票按需领用;发票用量调整即时办结;连续3年为A级纳税人提供绿色通道或专人协助办理业务;减少纳税检查的次数;取消增值税专用发票抵扣认证等。但是从S区税务局的实际看,对于A级纳税人和其他纳税人的待遇并未有明显区别,纳税人的体验感不强。对于低纳税信用等级的管理中,还存在惩戒力度过小的问题。针对评定为C、D级的纳税人,征收管理措施却往往跟不上,相关管理措施看似严格,实则无的放矢。

3. 信用联合激励惩戒机制缺失

(1)纳税信用与社会信用管理缺乏协调。由于社会信用体系还不完善,无法从整体监控纳税人的全部经济活动数据,作为纳税信用指标涉及主体的税务、海关、住建、市场监管、银行等各部门的数据不互通、不共享。此外,出于信息安全的考虑,目前各部门数据共享难度大。以税务部门为例,其信息系统单独组建网络,不允许接通互联网,严格控制内部数据,防止外泄,这也是外界难以获取纳税信用信息的重要原因。目前,纳税信用管理缺少社会信用管理信息的有效支持,主要是缺乏制度性的顶层设计。

(2)纳税信用管理市场化程度低。目前,S区纳税信用管理缺乏市场主体的参与,税务机关全程负责纳税信用等级评定、管理和后续服务,缺乏与其他市场主体,比如涉税服务专业机构的合作。在这一方面,纳税信用市场化程度低,限制了纳税信用管理在市场经济中的作用。

4.纳税服务与征管能力不足

(1)纳税服务质量不高。如今税务机关也正由管理型向服务型转变,但在纳税服务工作质量上仍有很大的提升空间。比如,国家出台了一系列减税降费的优惠政策,加之国地税征管体制改革,非税收入划转税务部门征收,导致税务部门需要频繁通知纳税人新的政策。再如,各省级税务机关均开通"12366"纳税服务专线,成立纳税服务中心集中处理咨询事项,但仍存在专线电话难接听、座席人员业务不精的情况。

(2)税收管理能力欠缺。随着"放管服"改革的深入推进和疫情防控期间"不见面、网上办"的大力推广,纳税人更多选择"非接触式"办税的方式,这对税务信息化能力建设提出更高的要求。D市各区税务局均使用统一开发的电子税务局,在2020年切换运营服务商前后系统运行极不稳定,时常被纳税人反馈投诉,更是出现了在工作日长时间发票设备系统升级,导致大量纳税人无法申领发票的情况。在社会保险划转税务部门征收的初期,由于系统数据传输原因,税务部门无法接收来自社保部门的核定数据,无法为灵活就业的缴费人办理相关业务。

二、国外与国内其他地区纳税信用管理的经验借鉴

国外纳税信用发展较早,历史较久,形成了较为成熟的信用管理理论体系和一系列行之有效的操作管理方式,值得借鉴和学习。此外,近年来我国纳税信用管理在一些方面也开展了探索和创新实践。

(一)国外纳税信用管理概况

1.美国:构建完备的法律制度体系

美国的纳税信用体系建设于1940年。美国还先后制定了《公平信用报告法》《消费者征信改革法》等16部信用相关法律文件,并实施了一系列有关收入报酬、投资信贷的法律文件,并将结果运用于录用雇佣、社会保险、子女教育、环境保护等多领域。总统竞选也要公布候选人及其夫人的纳税申报单。以《公平信用报告法》为核心,美国在法律上明确保证涉税信用保护和信息共享,在法律的范围内,各成员部门有义务协助税务机关了解和发现涉税信用信息和税务违法行为,这一法律能够将各部门联结起来,以实现信息共享和交换。

2.日本:实现纳税人分级分类管理

日本的申报制度分为蓝色申报制度和白色申报制度,对应不同信用等级的纳

税人实施。对于会计制度健全、纳税信用等级高的纳税人,适用蓝色纳税申报制度。对于税法遵从度低、财务不健全甚至设立虚假账户的纳税人,采用白色纳税申报制度。在税收优惠政策享受上,适用蓝色申报表的纳税人有很多福利政策。比如,个人所得税应纳税所得额最高10万日元的扣除优惠,纳税信用度高的个体纳税人可以在应纳税所得额中列支扣除支付给共同居住亲友的生活费。蓝色申报表纳税人由于客观原因导致的申报错误,更正申报将不会给予处罚。与此同时,日本纳税人满意度和纳税遵从度高还得益于税务部门的优质服务和专业的态度,经常编辑和分发税务指南、宣传手册等资料,并通过电视、广播和学校等渠道宣传税法,引导全社会树立依法诚信纳税的理念。

3. 加拿大:建设纳税信用信息系统

加拿大税法遵从度极高,除了频繁的稽查评估和严厉的处罚措施外,其背后强大的数据共享平台也功不可没。作为信用管理的中枢系统,纳税数据信息共享平台十分完备,主要包括3方面的信息共享。第一是全国性的纳税信息共享。这一平台建设采用的是集中管理的方式,全国所有企业和纳税人的涉税信息都存储在加拿大税务局一个网站。第二是政府各部门数据共享协议。通过唯一的个人社会保险号和企业识别号,各部门能够随时查询掌握纳税人信用记录,实现实时共享。第三是依托完备的信用卡支付体系。通过银行系统提供纳税人的信用卡记录和申报数据的比对,这使得每一次支付行为都成为纳税信用信息,不仅扩大了信用覆盖面,还有助于从根源上遏制纳税失信行为。

(二)国内其他地区纳税信用管理概况

1. 山东省:个体工商户纳入纳税信用管理

自2017年起,山东省税务局按照国家税务总局和山东省社会信用体系建设工作部署,探索开展涉税个体工商户纳税信用评价工作。按照"客观公正、标准统一、分类管理、动态调整"的原则,通过指标论证、试点测试,参照企业纳税信用管理评价办法,逐渐形成了较为完善的制度规范、指标体系和动态管理的评价标准。个体工商户纳税信用评价采取加、扣分相结合的方式,依据其主观态度、遵从能力、实际结果和失信程度4个维度,对其涉税申报、税费款缴纳等11类82项指标进行综合评价,由高到低设置A、B、M、C、D 5个级别的纳税信用等级,实现80%以上评价指标的自动采集、自动评价,最大限度地减少人为因素干扰,提高了评价质效,确保了评价结果的准确性。

2. 安徽省:诚信市场主体实行守信联合激励

2022年,安徽省25个部门联合印发了《安徽省"纳税信用绿卡"暂行办法》,从融资授信、项目申报、执法服务、荣誉评选等方面,为全省纳税信用 A 级纳税人提供 49 项"高含金量"的激励措施。国家金融监督管理总局安徽监管局鼓励金融机构对诚信市场主体放开"税融通"额度 5 倍上限限制,适当下浮贷款利率;安徽国家金融监督管理总局安徽监管局、中国人民银行支行督促银行机构给予优惠贷款利率、保险机构提供优惠保险费率。再如,优先推荐诚信市场主体申报项目。省发展和改革委员会在诚信市场主体申报"三重一创"、省市服务业发展引导资金、申请发行债券等方面优先推荐;省财政厅在组织实施财政性资金项目安排时优先考虑。此外,还有优先推荐诚信市场主体参与荣誉评选、为诚信市场主体建立绿色通道、容缺办理等激励措施。"纳税信用绿卡"数据实行动态更新、部门共享,实现部门政策与激励主体清单双向精准匹配,将政策服务主动推送至企业。

(三)经验借鉴

1. 纳税信用法律制度健全

健全的纳税信用管理需要相应的法律制度提供保障。在纳税信用管理中,从纳税信用信息的采集录入,到纳税信用等级的评定标准,再到结果运用,都配备着相应的法律制度。如果没有有效的法律制度作为支撑,纳税信用管理缺乏根据,政府不能更好地执行其管理职能。目前,税务部门与其他部门之间的数据和信息交换相对封闭,如果没有完备的法律制度作为依据,推进部门间的数据共享是很困难的。因此,加强纳税信用管理的立法,是纳税信用管理的重要保证。

2. 纳税信用结果运用广泛

充分利用社会信用体系平台,以社会信用管理纳税信用,以纳税信用促进社会信用,实现不同信用级别纳税人的分类管理。具体表现为,对于纳税信用等级高的纳税人,税收便利和福利增多,优惠政策力度越大,使纳税人切身感受到依法诚信纳税带来的利益,税法遵从度高。对于失信纳税人,不仅要及时取消和停止税收优惠政策和相应的服务,还要严格加强其包括税务机关在内的各领域事项的审批,比如取消由政府出资的在教育、医疗等社会保障方面的补助和津贴福利等。当纳税人多次发生失信行为时,除了要受到关联的各部门的严厉累进式惩罚以外,还要承担相应的法律责任。

3. 纳税信用系统建设成熟

在信用系统的建设上,可以使用大数据分析系统,根据纳税申报数据分析纳税人申报的真伪,并根据其结果对纳税人申报的信用进行评估和分析。系统评估的低分值纳税人还将开展人工审核和调查工作,充分优先利用系统,信息化程度高,极大地降低了人工成本。对比分析来自税务局、银行、第三方支付等社会各部门的数据,实现信息共享,最终形成由税务机关牵头负责、社会组织协同配合、全社会共同参与的纳税信用管理格局,共同创建良好的纳税信用环境。

4. 重视在纳税服务中强化信用管理

实践表明,只有采取各种形式丰富、针对性强、富有实效的宣传方式,才能真正达到宣传的效果,才能有效回应纳税人需求,有助于和谐征纳关系的形成和依法诚信纳税人氛围的营造。在纳税信用服务中注重分类宣传,比如,企业经营以营利为目的,宣传的内容更多是税收优惠政策。针对学生群体注重宣传"税"的由来和作用,在寓教于乐和潜移默化中引导其树立正确的价值观,增强纳税意识。扎实做好纳税信用修复、补评、复评工作,对纳税人提出的异议第一时间处理反馈,予以及时回应,帮助纳税人更好地履行纳税义务,维护纳税人的合法权益。注重收集纳税人缴费人的意见、建议,找到纳税人的痛点,归集处理并反馈给上级部门,使纳税信用管理更加完善。

三、完善 D 市 S 区纳税信用管理的对策

目前,D 市 S 区的纳税信用管理工作还有诸多短板和不足,税务机关对于纳税信用管理重视度低,纳税信用管理体系不健全,信用管理结果应用场景有限。完善S 区纳税信用管理工作,一是提高纳税人信用意识,二是建立健全规章制度,三是强化纳税信用结果运用,四是提升纳税服务水平。

(一)提高纳税人信用意识

1. 加强日常宣传与引导

首先,加强纳税信用宣传力度。在办税服务厅和各管户科所等公众场合设置宣传海报、标语,使纳税人在办理涉税业务时能潜移默化地接受纳税信用管理教育,了解纳税信用知识;在全国税收宣传月和"纳税人学堂"建设中,不仅要向纳税人宣讲最新的税收优惠政策,也要把纳税信用作为重要的宣讲内容;将纳税信用融入日常纳税服务和税收征管业务中去,注重平日的纳税辅导;积极与社区和学校联系合作,将纳税信用知识带进社区和校园。

其次,创新纳税信用宣传方式。除了传统的报纸、电话等,还可以通过微信公众号、抖音号等新媒体和自媒体开展宣传,引导纳税人关注国家税务总局和 D 市税务微信公众号、抖音号,使纳税人能够第一时间了解各项最新的税收政策,使得宣传更具有效性。

最后，提供纳税信用个性化管理和服务。一方面，要为最容易忽视纳税信用的市场主体中小微企业和新开办企业开展纳税信用培训，同时为不同纳税信用等级的企业纳税人提供个性化的服务，不仅要在管理上做到分级分类，也要在服务中对接好不同信用等级纳税人的需求。另一方面，加强与涉税专业服务机构的联系，宣传纳税信用对企业经营发展的影响，让这些机构将相关知识转达到所负责管理的企业，同时提醒其在帮助企业办理涉税业务时要注意防止出现失信行为，一旦出现信用失分该如何开展修复。

2. 重视纳税信用管理工作

首先是要提高税务干部的思想认识，要使其将纳税信用管理工作作为一项常态化工作来抓，而不是只作为每年年度纳税信用集中评定期间的特定事项。在人员调配方面，要选优配强从事纳税信用管理的税务人员，定期开展工作培训并对培训效果进行检验，真正让信用管理工作融入日常工作中，平日注重对纳税信用知识的积累，以适应不断变化的工作内容和日益提高的工作要求。在绩效考核方面，将纳税信用管理指标加入考核内容，合理分配指标占比，纳入绩效考核并非增加税务干部的工作负担，而是以这一方式量化工作成果，增强对纳税信用管理的重视程度。

（二）建立健全规章制度

1. 完善纳税信用相关规章

一是适时重新修订《税收征收管理法》。2015年，国务院法制办公室曾就《税收征收管理法修订草案（征求意见稿）》向社会各界征求意见，其第九条："国家建立健全相关税收诚信体系，鼓励和发扬诚信，惩处和杜绝失信，促进纳税遵从。"将"纳税信用"纳入修订内容，有利于更好地发挥纳税信用在税收征管中的作用，一方面，税务机关将有法可依；另一方面，也将更好地保障纳税人的权利。

二是积极向上级主管税务机关反馈，将纳税信用管理办法等系列相关管理文件重新修订完善或予以立法，从法律角度明确纳税信用的作用，健全纳税信用管理法治体系。目前，与纳税信用管理相关的部门规章和规范性文件有十余个，较为分散，通过重新修订和有机整合，不仅能够明晰税务机关和纳税人关于纳税信用管理的权利和义务，也有利于税务系统内外部信息交换、与其他部门信息共享的进一步深入。

2. 推行中介信用评级制度

首先，要摸清辖区涉税服务专业机构的情况，统计好这些机构中税务师、注册会计师的人员构成，在日常工作中多与这些公司的专业财会人员开展学习培训，让涉税服务专业机构的专业人员更多地参与到纳税信用管理和服务工作中来。其次,积极向上级主管税务机关反馈,由国家或省局层面适时出台法律法规或部门规章,对第三方信用中介机构参与纳税信用等级评定工作进行明确界定,使这一过程更加规范化、专业化、标准化,使由第三方信用中介机构参与的评定结果得到社会公众的认可。

3. 改进纳税信用采集方法

一是跨部门联通数据。在政府统一协调下,在税务、银行、市场监管、房产土地、海关等部门间建立网络互联,使本来分散在税务、银行、海关等领域的信息集中共享,实现高效、及时的信息收集。二是采用统一的信息采集标准。各政府部门间的信息系统都是按照自身标准建设的,标准差异较大,数据与格式并不一致,这为信息共享增加了难度,要设置统一的数据标准,比如以企业个体工商户社会信用统一代码或自然人身份证号作为唯一索引进行归集,以消除因信息规范不一致导致的比对障碍。三是注意数据筛选。电子政务发展多年,各部门在系统中存留了大量的数据,如果所有的数据都要共享,会造成资源的浪费且容易导致数据被滥用。因此,在纳税信用信息采集时,数据的甄别和筛选尤为重要,仅在规定范围内采集纳税人的涉税信用信息,确保权限不被滥用,保障数据安全。

(三) 强化纳税信用结果运用

1. 增强守信激励力度

纳税信用等级高的纳税人可以加大激励力度,享受更为多样的守信激励措施,充分利用税收大数据等新科技手段,多采用账面分析的方法,减少抽查比例和频次。在税收优惠等方面出台力度较大的激励措施。激励措施的力度区分 A 级和 B 级纳税人,让 A 级纳税人切身感受到获得的利益。此外,还应动态调整激励措施的方向和力度,使税务机关的激励措施与纳税人寻求的实际利益保持一致,增强高信用评级的吸引力,促进纳税遵从度提高。比如,某一项企业所得税扣除项目可以加计提取或者预提。对纳税信用度低的纳税人,结合日常征管工作,加强纳税评估和重点检查,通过更严格的税务管理,督促其依法诚信纳税。

2. 加大失信惩戒力度

加强失信纳税人管理,建立更为严格、覆盖面更广的信用惩戒机制。推动联合惩戒落到实处,共同构建"一处失信、处处受限"的信用惩戒大格局。一是完善基础信息。税务机关要对低纳税信用等级需要惩戒的纳税人实行动态管理,确保失信纳税人的信息及时、准确推送。二是强化内部配合。税务稽查、纳税服务与征收管理等部门要依托金税三期征收管理系统加强与信用管理失信惩戒的有效对接,对外部推送信息加强惩戒落实,一旦发现失信纳税人未受到惩戒,迅速采取有效措施开展惩戒。三是推进全部门联合处罚。积极与地方政府部门通力配合,充分发挥税务机关在联合惩戒中的主导作用,加强多部门联动信息共享与协调监督,及时对外部门推送税务失信纳税人名单并开展跟踪管理,对外部门推送的失信纳税人信息及时审核和处理,按规定采取对应的失信惩戒措施,促进联合惩戒措施真正发挥作用。

3. 实现信息共享与信用对接

完善信用信息公共服务平台功能,提升信息查询和智能分析能力。要将这一平台作为联合惩戒机制建设的重要切口,作为社会信用的重要内容,纳税信用要深入结合社会信用的奖惩机制,使税务部门与政府各部门之间实现共同治理,妥善开展顶层设计,多部门联合发文开展联合惩戒,提高数据交换水平,对纳税人的信用情况做到动态管理,限制失信纳税人在多部门的经济活动。各社会信用相关部门在以往工作的基础上,根据自身的管理职能和权力清单及责任分配,研究制定守信激励和失信惩戒标准规范,并将诸多部门的标准规范整合运用,增强纳税人守信信心,增大纳税人失信成本。

(四)提升纳税服务水平

1. 树立良好的纳税服务理念

税务工作人员,特别是一线服务人员,要树立优质的税费服务理念,为纳税人提供优质的服务,尊重每一名纳税人的合法权益,对纳税人的要求要予以回应,不能简单地以完成征税任务为首要目标。要积极宣传优质纳税服务的理念,灌输服务思想,培养服务意识,在日常工作中增强服务主动性。

2. 提供更为优质的服务

政策宣传水平的高低直接影响纳税人对政策的理解程度,理解程度越高,出错的概率越小,这也从另一个角度减轻了政策实施后因为错误享受政策或者应享未享政策而导致再次修改纳税申报信息所耗费的人力和物力成本。办税服务工作水平的高低直接影响纳税人能否便捷地完成办税事宜,过程越便捷,心理获得感越强,越容易产生顺从心理,从而使纳税遵从度升高。

同时,在纳税服务中,税务部门应为不同的纳税人采用分级和分类的服务,提供多样化的服务形式,包括线上服务、线下服务或线上线下服务相结合的方式。在充分倾听纳税人的真实需求的基础上,创新开展个性化定制服务,不断提高纳税满意度。S 区税务局在全面落实减税降费政策的基础上,使纳税人应享尽享各项优惠政策。简化办税流程,为 A 级纳税人提供更好的服务,大力推行"非接触"办税和"不见面"审批,大力发展电子税务局,使更多的涉税事项实现线上办理,提高纳税人的体验感。在开展纳税宣传时,利用实名认证的账户点对点短信推送、公众号推送的方式,对企业潜在的纳税信用扣分项目进行提示,避免非主观故意的失分行为发生。加强办税服务厅的建设,增加自助体验区,高效完成业务办理,提升税务部门整体形象。

H市
审计局购买社会审计服务研究

孙万娟

（学号：1120203389）

国家审计是指国家审计机关根据法律法规所授予审计局的监督职责，依据法律法规对国家机关、行政事业单位和国有企业等公共部门，审计人员依法独立行使审计监督权，就预算收支情况和会计资料进行检查审核的监督活动。社会审计最早产生于合伙人企业出现之后。社会审计主要依靠社会第三方力量对被审计单位开展监督活动，独立于委托人和被审计人，具有较强的客观性和独立性。

本文所探讨的H市审计局购买社会审计服务就是基于审计全覆盖背景下，按照政府采购公共服务的相关规定和流程，通过竞价磋商、公开招投标等方式，面向社会聘请社会机构或者人员等，通过合同约定的方式购买一定的审计服务。审计机关购买社会审计服务属于政府购买公共服务的一种。

一、H市审计局购买社会审计服务现状分析

审计全覆盖，是中国特色社会主义审计事业的新特点、新要求。审计全覆盖主要包括两个方面的内容：全覆盖要实现形式与内容的统一；提升全面覆盖的综合效应。形式上的全面覆盖，要确保审计监督不留死角、没有盲区。审计监督只有覆盖到所有部门、单位，让人感到审计时时在身边，才能真正发挥审计监督的震慑效果。内容上的全覆盖，则需要既兼顾质量，又注重效率。

随着审计全覆盖的全面推进,审计在经济社会中的重要性日益凸显。近年来,H市审计局的工作量、任务量不断加大,人少事多的矛盾愈加凸显。根据H市审计局人事部门提供的人员数据,H市审计局现有审计人员88人(截至2021年12月),其中男性56人、女性32人;财会审计专业人员有48人,占比54%;土木工程专业人员仅有3人,占比3%;计算机、数据分析专业人员有6人,占比7%;与开展审计工作息息相关的财会审计,土木工程,计算机、数据分析专业背景的占比64%。

H市审计局审计人员学历水平以本科学历为主,占比59.7%,硕士研究生占比较少,仅为16.04%,具有全日制研究生学历的审计人员较少。与审计力量对应的审计任务,该局平均每年完成法定审计项目60余个,同时,审计人员还经常性、长期性地被抽调借用参与巡视巡察、上级审计机关统一组织的项目等工作,导致人少事多,矛盾更加突出,购买社会审计服务成为必然选择。

(一)H市审计局购买社会审计服务目前所采取的措施与成效

1. 采取的措施

(1)建立备选库。选择综合实力强、业务能力强、执业信誉好的中介机构入围备选库。严格准入门槛,在实际审计需求的基础上,借鉴其他部门建立备选库的经验,明确相关的比选标准、比选资质,通过公平、公正、公开的竞争方式,确保综合实力强、业务资质好、审计业务能力强的中介机构进入备选库。

(2)建立审计人才库。根据"自愿、开放、流动、择优"的原则,实行动态管理。采取志愿报名、资料初核、资质能力研判等方式确定人选,由市审计局人教处牵头,办公室、法规处、质控处、内审处以及各业务处室等共同组织实施。将专业院校的审计专业毕业生纳入审计人才库;根据各单位的推荐,将注册会计师、审计师,工程造价咨询、信息技术等方面的专业人才,以及一些内部审计师和高校科研人员纳入审计人才库。

(3)建立审计专家库。审计专家库的专家主要由行政机关、企事业单位、金融机构、大专院校、科研院所、中介机构及其他单位和社会人员中工程监理、资产评估、环境评估、自然资源、价格鉴定、医疗卫生、测绘、计算机技术、无人机等各类专业背景理论知识扎实、工作经验丰富的人员构成。聘请专家时,由市审计局人教处商相关业务处后代表该局与其签订聘请协议,明确在参与审计项目时,审计人才应当编入相关审计项目的审计组,但不得担任审计组组长和主审,不得独立开展外部调查,不得承担现场廉政监督、经费管理、涉密资料保管等工作。

(4)加强购买服务管理。加强对社会机构的组织管理,对中介机构中"挂靠"和兼职人员进行排查。严格落实保密要求和加强现场管理,外聘的审计机构和人员不得接触涉密事项以及重大问题线索查证等内容。在审计实施中严格遵守审计程序,有效保证审计质量,主动接受审计组组长的监督检查。受聘审计人才应当对其工作结果负责,H 市审计局对利用其结果所形成的审计结论负责。

(5)规范购买服务。为规范购买服务,H 市审计局制定了系列规章办法,明确购买审计服务、外聘人员参与审计所需费用,纳入本级预算管理,由该局统一支付,不得由被审计单位和审计人才所在单位承担,为购买社会审计服务提供了经费保障。H 市审计局在购买审计服务中,规定根据审计项目的涉密情况和审计事项的敏感程度,审计组应对审计组成员合理分工,为审计人才合理安排审计内容和工作范围。同时还增加了该局法规处的把关审核环节,严格规范合同签订的法律流程。

2.取得的成效

"十三五"期间,H 市审计局坚持依法全面履行审计职责,稳步推进审计全覆盖,累计实施审计项目 268 个,查出主要问题资金 282.14 亿元,促进增收节支 24.51 亿元,提出审计建议并被采纳 653 条,多个项目获评该省审计机关优秀审计项目一等奖,为地方经济社会发展提供了坚实的审计保障。

H 市审计局在各类目标考核中均取得了较好的成绩。2020 年 H 市审计局被表彰为"全国审计机关先进集体",被中央文明办授予"第六届全国文明单位"称号。连续 4 年以同组第一的成绩被表彰为市高质量跨越发展考核优秀单位,在省审计厅对设区市审计局的综合考核中排名前三,获得优秀等次,被表彰为 2019 年度"H 市五四奖章集体"和"青年文明号"。此外,该局审计工作的相关经验和做法多次被《中国审计报》、审计署等行业内最高媒体刊登且进行了相关报道,相关人员多次受邀在审计署党校、署干部教育学院为来自全国各地的 500 余名审计局局长做专题讲座,广东梅州等地审计机关先后到 H 市调研;两任审计长和多名审计署领导在该局调研期间,H 市皆作为代表发言。

(二)H 市审计局购买社会审计服务存在的主要问题

1.购买经费难以保障

首先,在预算编制计划阶段,H 市审计局更多关注年初审计相关业务经费的预算编制,通常会忽视购买服务的采购预算或者预算不充分。采购预算编制的缺失直接导致了在采购社会审计服务时缺乏充分的计划和规划,导致了在审计实际过程中需要购买社会审计服务时缺乏经费保障。

其次,审计机关申请的预算经费被削减。近年来,政府落实过紧日子要求,收紧财政预算,以 2021 年为例,H 市本级财政经费压缩 20%,市级各部门各单位的财政预算大部分受到削减和压缩,购买审计服务的经费更是受到限制。

最后,出于审计自身的特殊性,虽然审计工作人员在年初制订了项目计划,但实际上地方党委政府会临时性地增加审计工作任务,额外增加审计项目或者临时交办其他事项,额外产生的工作量也直接产生了额外的经费需求。

2. 购买的过程和质量存在风险

审计机关购买社会审计服务,本质上是属于政府购买的一种行为,它在购买服务方面存在的不足,兼具了其他行政机关的共通性和审计机关的特殊性。购买的过程可能存在权力寻租。社会审计机构作为企业,营利是其本质的特征和追求,这就为被审计单位篡改审计结果提供了操作空间。有的社会审计机构和社会审计人员可能利用参加国家审计的机会,向被审计单位收取"费用",而被审计单位为了规避风险,往往会倾向于与社会审计人员提前沟通,篡改审计意见和结果,导致审计风险。

购买的质量参差不齐,导致购买风险。购买社会审计服务,无论是社会审计机构,还是社会审计人员,审计机关在购买服务方面最后的落脚点都是审计人力资源。但是由于人员的道德素质、专业能力良莠不齐,社会审计机构人员流动性强,变化比较频繁,审计机关在实际购买中很难及时掌握相关信息,直接导致购买服务质量时高时低,影响了审计任务的完成。购买服务质量的不确定性,衍生了购买服务的质量风险,制约着购买服务的进一步开展。

3. 服务供需存在矛盾

(1)需求方审计服务需求不明确。在具体的审计工作中,通常会有较多的临时性、突发性的事项。H市审计局作为服务需求方,在购买服务之初不能明确审计服务的具体需求、提供审计服务的素质要求,大多数只能从审计人员具备哪些从业资质、工作年限、工作经历等方面进行宽泛要求,对于具体要完成什么任务、存在什么技术难度、需要什么样的人员不做明确要求,导致审计服务的供给方难以提供精准服务。

(2)由于审计机关和社会审计之间缺乏沟通交流的平台,双方信息不共享、不对称,造成供需双方的信息资源难以共享。审计机关在急需购买社会审计服务的时候,往往只能在所了解的学会、协会以及部分社会中介机构里面进行有限选择。社会中介机构也可能因为没有相关的信息来源,不能及时有效地得到相应的购买服务的信息资讯,这直接导致了双向盲区。

(3)供给方的专业胜任力不能满足审计机关需求方。一方面,H市审计局所在城市高等科研院所较少,综合实力强的中介机构和综合素质高的资深审计人员较少,中介机构往往选择将比较年轻、缺乏经验的审计人员派遣到审计机关参加审计项目,从而影响了审计的质量。另一方面,随着审计的不断改革发展,审计的范围和方式方法也在不断变化,而社会审计人员从事的审计项目与国家审计项目存在差异,导致其派出的审计人员提供的审计服务难以满足国家审计机关的需求。

（4）社会审计人员的职业惯性直接导致了审计质量风险。社会中介机构的审计人员出于所处的职业惯性，缺乏对相关政策文件的学习，在对审计问题的定性和责任认定、法规引用，对发现的审计问题未能客观认定责任主体、处理意见与法规规定不对应、审计评价等方面，对国家宏观重大政策、相关法律法规掌握不熟，很难做出精准的审计判断和审计评价。

4. 缺乏全过程全方位监管

（1）审计机关监管能力不够。随着经济社会的不断发展、审计范围的扩大和职能定位的变化，审计机关从以前的财政审计，增加了重大政策落实跟踪审计、企业审计、民生审计、信息化审计以及各类专项资金审计等，审计的内容发生了巨大变化。在此情况下，审计机关的工作人员受专业背景、工作经验等限制，难以对社会审计人员做出的审计工作进行全方位的把控和监督。

（2）社会审计人员的素质存在差异。由于社会机构的营利性且流动性较大，不仅不同社会机构之间的专业能力存在差异，同一个社会机构内部的审计人员的业务水平和能力也参差不齐，由于他们不承担最后的审计责任，往往出于营利目的，为了赶工而匆忙完成手头项目再接下一个项目，出现为了追求速度而忽视质量的现象。另外，审计机关对社会审计人员的监管不足，也导致了购买服务的供需双方缺乏足够的沟通和交流，在一定程度上导致了审计质量风险，影响了审计的质效。

（3）社会审计人员的时间和精力不足。受社会审计人员时间和精力等种种原因的限制，缺乏对购买的社会审计服务做到全过程、全方位监管，导致了社会审计人员对发现问题不能精准把握的情况也没进行上报，也导致了审计应发现问题而未发现问题。从某种意义上来说，这也是审计的失职和缺位，在一定程度上影响了购买的服务质量的提高。

5. 服务绩效评估不足

（1）H 市审计局没有制定统一的购买审计服务的绩效评价考核指标，只是简单地在购买服务签订合同里规定对其服务质量进行评价，没有实际的评价细则或者标准。这就直接导致评价具有很强的主观性和随意性，不便于将此次评价作为台账资料进行保存管理，不能为下一次该局在购买审计服务时提供参考依据。

（2）H 市审计局的审计组有时候不对服务质量做出评价。受审计人力资源的限制，H 市审计局没有足够的时间和精力对购买的社会审计服务机构和社会审计人员进行详细有效的绩效考核评价，审计现场结束之后，购买服务随之结束。

（3）H 市审计局的部分审计组虽然对购买的服务进行了考核评价，但是因为没有系统化的服务评价指标、服务标准作为支撑，考核往往比较零散，审计组的评价不能充分反映购买服务的工作质量情况。

6. 购买的成效不够明显

(1)审计资源统筹融合不够。目前,H市审计局在统计审计资源力量、安排工作任务时仍然以机关工作人员为主,缺乏对社会审计资源的统筹安排和全盘考量,没有真正发挥运用社会审计的力量。此外,H市审计局有时只是简单地将人员编入审计组,安排相应的审计任务,忽视了国家审计人员和社会审计人员的个性差异,也未能充分发挥社会审计力量专业背景丰富、经验丰富等优势,导致审计服务购买之后只是审计人力资源简单的叠加,未能发挥综合效应。

(2)审计成果效应未有效发挥。审计不仅要发现问题,更要针对发现的问题提出建议,从根源上破解问题,社会审计力量对国家重大政策的理解和把握、对法律法规的学习运用还存在不足,导致审计人员在被审计单位发现审计问题时,缺乏从账簿背后思考揭示深层次体制机制问题的能力,也难以立足国家审计职能定位,为地方党委政府的宏观决策提供针对性、实效性的意见和建议。

(三)存在问题的原因分析

1. 购买服务相关制度不够健全

从目前的情况来看,H市尚未制定市级统一的购买服务目录,也没有制定统一的社会审计服务购买条件目录。目前H市财政部门对政府购买服务的管理主要依托于服务类政府采购工作,并且2019年出台的《关于推进政府向社会组织购买服务工作的实施办法》主要明确了政府购买社会服务时,可以提供服务的社会组织准入条件,可以购买的内容、方式等,没有包含企业、公益二类事业单位等承接主体。2020年H市财政部门也只对省级指导目录进行了转发,未结合H市实际制定本级购买服务目录。对于到底哪些审计服务适合社会审计参与、哪些审计项目适合外聘人员参与、选择整体外包还是部分委托、如何选拔和聘用社会中介机构和人员,以及合作后如何对审计项目和社会审计员进行监督、审计结果如何使用等问题,都没有做出明确的规定。

2. 购买服务管理不够完善

(1)购买服务的信息公开力度不够。审计机关在购买审计服务时,往往会采取信息公开的方式,通过网站等公开信息,保证国家财政资金使用的公开透明,但在实际操作的过程中,一方面是公开的范围不够;另一方面,审计机关对政府采购信息公开的力度不够,对相关的购买服务信息只是在采购网等规定平台公示,其他的公开渠道较少。

(2)经费管理不完善。受财政预算总额的限制,审计机关在经费不足时想要申请增加经费非常困难。而目前审计机关没有将购买服务的经费管理作为常规事项,常常只关注年初审计相关业务经费的预算编制,忽视购买服务的经费预算,导致在全年的审计工作中,经常出现购买服务经费不足而挤占其他项目经费的情况,直接导致了该局的购买社会审计服务工作难以得到坚实保障。

（3）缺乏信息交流平台。国家审计和社会审计在实际工作中缺乏信息交流平台,两大主体之间沟通交流协作较少,没有审计信息的共享平台。在日常工作中,审计机关对社会审计的指导培训力度不足,与构建集中统一、上下贯通、协调高效的工作体系,形成审计"一盘棋"格局还有一段距离。

（4）对审计资源的统筹力度不够。在项目计划统筹方面,在编制项目计划时,没有提前合理估算审计项目工作量,没有根据工作量统筹调配审计资源,确保人尽其用、人适其岗。在项目实施统筹方面,审计机关工作人员和外聘审计人员配合协作力度不够大,深化成果的运用力度不够大。在利用信息资源统筹方面,运用大数据力度还不大,没有真正将信息技术与审计业务相融合。

3. 审计风险评估把控不足

（1）审计人员的风险意识不足。如审计人员在审计工作过程中,审计程序合法合规和事实证据不合规、审计评价定性定责不准确、审计处理不适当、审计建议不恰当的活动等,都会导致审计风险。如果审计人员在发现疑点时,没有秉持审慎负责的态度,未能进一步扩大范围审查核实,就可能会导致客观事实与主观认定存在差异,导致对审计风险的把控不足。

（2）审计人员的能力有限。由于时间精力的不足,部分审计人员专业知识欠缺,专业能力胜任力不足,直接导致对审计风险的把控不足。此外,由于社会审计人员经常在国家审计和社会审计角色之间转换,难以适应国家审计人员的角色,按照审计准则开展审计工作,也在一定程度上提高了审计风险。

（3）监管制度不健全。目前,H 市审计局在购买社会审计服务的监管缺乏制度层面的操作依据,缺乏对审计项目的全方位、全过程监督管理。如在以 H 市审计局负责的某审计项目实施过程中,审计机关工作人员发现外聘的审计人员消极怠工,在查摆问题时敷衍了事、浅尝辄止,后来经过调查了解,被审计单位与该外聘的审计人员存在关联,所以审计机关要加强对社会审计人员廉政情况的监督。

4. 缺乏统一有效的绩效考核体系

H 市审计局在制定购买服务考核制度时,缺乏对审计质量评价的具体明细标准,没有对购买服务进行系统分析,没有通过对审计服务细化的可量化指标进行打分综合评价。在购买服务结束之后,通常由局领导和相关业务人员,从审计现场工作完成情况、配合度、职业道德等方面进行评价,设置的评价指标比较简单,且难以做出明显的区分,不利于为后续的购买服务提供参考。

二、国内外购买社会审计服务概况

通过对 H 市审计局在购买审计服务过程中的有关做法、成效以及存在的问题、原因进行分析后,进一步探索如何扎实地开展好购买社会审计服务,提高购买审计服务的质效,需要充分借鉴国内外的经验。国内外对购买社会审计服务已经达成共识,通过购买社会审计服务,可以提高审计机关的质效,在实现审计全覆盖上有着迫切的现实需求。

(一)国外购买社会审计服务概况

1.澳大利亚:责任不能外包

审计业务外包是世界各国通行的做法。20 世纪 80 年代,澳大利亚联邦审计署开始逐渐购买和使用社会审计服务。20 世纪末,澳大利亚联邦审计署由于审计任务量的迅猛增加,外包审计项目的数量随之迅速增加。澳大利亚联邦审计署将财务报表审计分为核心业务和非核心业务。核心业务主要由审计署负责实施,而一些非核心业务主要是外包给会计师事务所等社会机构。澳大利亚联邦审计署将审计项目外包给社会机构,主要包括三大类:一是遵循 FMA 法案的联邦政府机构的财务审计;二是遵循 CAC 法案的联邦法定机构及公司的财务审计、绩效审计;三是联邦审计署负责完成对遵循 FMA 法案的政府机构的财务审计。

在外包模式的选择上,澳大利亚联邦审计署主要采用两种方式:一种是将某个审计项目完全整体外包;另一种是聘请专家参与到政府审计项目中。对财务报表类的审计项目主要采用完全整体外包的方式,将整个项目外包给某个社会机构。而在绩效审计中,联邦审计署则主要选择外聘专家的方式,将其纳入审计组参与审计项目。为了确保审计的质量,审计署会对审计业务质量进行审查、复核,安排人员对外包给第三方的社会机构的业务进行质量检查、复核。

2.美国:审计程序质量和结果审计质量并重

美国审计署通过购买社会服务,选择将常规的政府财务报表审计外包给社会机构,如会计师事务所等,还会将一些政府公共工程投资建设项目、合规性的审计等项目交给社会机构。同时,为了确保审计的质量,美国审计署通常会采用公开招投标等方式选择社会机构,确保公平,同时也保证了购买审计服务的质量。

社会审计机构在参加或者独立开展国家审计项目时,要严格按照审计署和注册会计师制定的两个审计准则,这两个审计准则是美国目前公认的准则。为了确保购买审计服务的最终质量,审计署依据法律规定开展核查工作,对承担了政府审计项目的社会机构出具的审计报告等做好复核、审查。审计署在开展核查中,主要关注购买审计服务的程序是否严格地按照政府采购的相关规定,社会机构是否按照审计准则开展审计项目,在购买了审计服务之后是否对社会机构的服务进行监督评价。

(二)国内其他地区购买社会审计服务概况

1. 江苏南京:健全全过程监管模式

南京市审计局开展购买社会服务是比较早的,近年来,该局在不断地完善购买服务的相关做法。

(1)监督关口前移。在购买服务之初,注重对社会机构的鉴别选择以及审慎签订合同,在购买了服务之后,注重对其加强管理,在审计现场实施中,明确要求审计组要加强对外聘审计人员的监督管理。

(2)严格把好复核关。专门成立了审计复核小组,实行三级审核制度,即社会机构自身对审计结果进行初核,社会机构参加审计项目的审计组对审计结果进行再次复核,南京市审计局的审核小组开展第三轮复核,通过三级审核的机制,实现了对审计结果的质量严格把关,为审计项目的高质量完成夯实根基。

(3)实行全过程跟踪管理。审计组要积极与社会机构以及审计人员进行沟通和交流,建立双向交流机制,通过电话、QQ、微信等多种方式,定期交流合作开展情况、审计发现问题情况及接下来审计重点和审计方向等,积极交流审计工作思路、审计疑点、审计成果,对可能存在的问题进行及时纠偏,切实提高审计质量。

2. 山东青岛:加强管理和培训

(1)规范程序管理。按照实际需求签订合同,青岛市审计局对购买双方的权利义务、工作内容范围和奖惩措施等进行了明确。为规范管理,以制度的形式界定管理责任和决策程序。

(2)加强指导和培训。青岛市审计局在购买服务时,注重加强指导和培训,通过参加该局组织的业务培训、业务交流、业务论坛等活动,培训审计法律法规、国家审计准则、审计程序、审计方法,与审计组的成员分享审计经验和审计案例等,促进外聘人员的能力提升。同时,要求外聘人员遵守审计"四严禁"工作要求和审计"八不准"工作纪律、各项审计纪律、廉政纪律、保密规定等法律法规,提高外聘人员的思想认识。

(3)重视对购买服务质量进行指导监督,加强对审计现场的管理。在审计现场结束、外聘人员离开项目之后,审计组对其出具的审计结果文书资料进行审查,规避可能出现的审计质量问题,降低审计风险,有效控制参审项目的质量风险。

3. 湖北黄冈：明确服务购买标准

为了有效缓解审计力量相对不足和相关专业技术人员匮乏的矛盾，黄冈市审计局加大购买社会审计服务的力度，切实规范审计购买社会服务行为。

(1) 出台管理办法，提供制度依据。2017年，黄冈市审计局出台了购买社会服务管理办法，对全市审计机关购买社会审计服务的行为进行了明确的规范。该办法规定了全市审计机关在购买审计服务中，可以购买的8个类型。

(2) 明确要求，严格购买门槛。黄冈市审计局严格购买服务对象的选择，如要求承接的社会审计机构必须具备与审计实际需求相匹配的资质，近三年来没有出现违反法律法规现象，没有因为业务质量导致审计风险等，专家必须具有相应的中级以上专业证书等，为购买高质量的、符合实际需求的审计服务夯实了根基。

(3) 运用考核机制，加强动态管理。黄冈市审计局坚持将日常监督和年终考核相结合，实行激励机制和末位淘汰机制。对考评合格及以上的，继续保留在备选库，并将考评结果优秀的作为下次购买服务的优先选择单位。对于在综合考评中表现不合格的，将之从备选库中进行淘汰；对于出现重大质量问题和风险的，将其拉入黑名单。通过考核的动态管理机制，不断优化备选库的质量。

(三) 经验借鉴

1. 出台文件规范审计服务购买

从国家层面来说，财政部门应对购买社会审计服务的内容、要求、程序、考核等做出规定，引导审计机关做好购买服务。从审计部门来看，审计署应该制定购买服务的操作规范，详细规定可以购买的审计项目类别、购买的要求、支付费用的标准、购买服务可能导致风险的规避，为地方审计机关提供可以借鉴的依据和标准。同时，审计署还应制定承接社会审计服务的中介机构和人员的相关管理办法，从法律层面规范社会审计力量的服务质量，为各地方审计机关提供制度依据和操作依据。就H市审计局而言，可以积极推动市委、市政府出台市级审计服务购买规范文件，结合H市的实际情况，制定专门的购买审计服务的规范。

2. 加强指导和培训

可以通过多种方式加强对外聘机构和人员的培训，如可以组织线上线下培训，对国家审计准则、新审计法以及相关的法律法规等进行学习培训，进一步增进外聘人员对国家审计和社会审计之间区别的了解。同时还可以通过举办经验交流会，邀请优秀审计项目的主审分享审计案例，分享在审计过程中的优秀经验做法和心得体会，促使参审人员包括外聘人员明确参与政府购买审计服务的目标要求，能够在参与国家审计工作中严格按照国家审计准则，更好地发挥社会审计力量优势。

3. 加大全过程监管力度

要加大监管力度,坚持全过程监管,在购买社会审计服务之初,在签订合同时明确双方的义务和责任。在审计过程中,购买服务双方要加强沟通交流,外聘人员要定期以书面或者口头形式向审计机关汇报近期工作的开展情况、取得的工作成效等,审计机关在审计工作开展各阶段定期或不定期做好检查核实。同时针对国家审计与外聘人员在审计问题的认识、审计问题定性等方面存在差异的情况,审计机关要加强政策业务指导,对外聘人员出具的审计取证单、审计报告文书等资料进一步加强复核审查,确保审计取证、审计问题定性的真实、客观、全面。

4. 加强对购买服务考核的针对性

结合国内外经验,H 市可以研究建立专门针对审计人员职业能力提升的绩效考核办法,或者可以建议由上级审计机关建立统一的绩效考核制度,与针对下级审计机关的综合考核制度不同,绩效考核制度主要针对的是审计人员。建议对照购买社会审计服务的需求,围绕购买社会审计服务设置考核指标。可以围绕审计时间、审计工作量、审计项目完成度、被审计单位满意度、审计成果运用等对绩效考核细分,将综合考核指标转化为对中介机构和外聘人员的绩效指标,直接与购买服务的费用支付相挂钩,有助于提高购买审计服务的质效。

三、提升 H 市审计局购买社会审计服务的对策分析

(一) 加快建立健全相关制度

建立健全购买审计服务的相关政策制度,是购买社会审计服务工作开展的保障和基石,可以为审计机关做好购买社会审计服务工作提供理论和制度依据。

1. 制定采购指导目录

购买社会审计服务的制度建设是审计机关购买社会审计服务的基石,审计机关应推动政府采购法的进一步修订,以法律的形式明确规定购买社会审计服务的类型、社会审计机构的资质、费用的支付等,确保财政预算制度化、规范化、标准化,为审计部门采购社会审计服务工作切实提供制度保障。在政府采购服务指导目录明确的基础上,审计署可以针对采购过程中的各个环节制定统一的制度和标准,为地方审计机构采购社会审计服务提供统一的规范和标准。各地的审计机关可以根据自身的实际情况,按照标准进一步细化和执行。

2.制定业务技术规范

H市可以探索制定专门的审计实施办法或职业规范,从明确审计对象、审计重点、审计实施等方面,分门别类地对审计项目进行规范。依据《中华人民共和国审计法》《中华人民共和国国家审计准则》等有关法规和文件规定,加强对审计人员(包括外聘机构和人员)在审计工作中的监督管理,建立起一套完整的审计人员行为指南,对审计人员的审计行为进行规范,坚持做到依法审计、文明审计、廉洁审计,打造标准化审计模式。在建立职业规范的基础上,可以针对不同类别的审计项目制定审计项目组织办法。进一步加强审计业务规范建设,使审计人员职业能力提升的一个目的就是提升审计项目的质量,可以建立审计主审资格管理制度,建立审计组组长资格管理制度。

3.制定购买服务办法

H市审计局可以根据《中华人民共和国宪法》《中华人民共和国审计法》《中华人民共和国国家审计准则》及政府采购等法律法规的相关规定,结合实际出台购买社会审计服务办法,详细规定购买社会审计服务的内容和方式、购买双方的权利和义务等,为各审计机关在购买审计服务时提供操作指南和依据。同时,严格按照政府采购法的规定和政府购买的流程做好购买审计服务,并结合H市实际情况制定经费预算,将经费纳入财政预算,为审计机关购买社会审计服务提供经费保障。

(二)统筹资源发挥优势

1.加强人才库和专家库管理

(1)加强人才库和专家库的动态管理。以H市审计局实际需要为指导,制定统计分类标准,可根据成员的职级职务、工作背景、专业能力等进行分类管理。根据入库名片,对审核库成员的专业背景、个人特长、工作经验和实践成果等进行分级分类管理,定期充实和调整入库人员,不断优化人才储备。

(2)加强对人才库和专家库的指导和培训。强化对社会审计力量的业务指导,可以采用以审代训、审计案例分析、专题讲座等方式进行培训。定期开展工作研讨,搭建工作交流互鉴的平台,建立起人才培养和选拔机制,更好地发挥审计人才库和专家库的作用。

2.建立备选库和黑名单

(1)科学组建备选库。采用公开招投标的方式,将社会机构的专业资质、审计成果、工作配合度等作为纳入招标的重要考量指标,对入选备选库的中介机构进行信息公开,接受全社会的阳光监督。

(2)加强购买的管理。可以根据购买服务的实际情况,定期对入备选库的社会机构开展考核,对其工作的实际情况进行评价,对综合考核评价优秀的,在下一次购买服务时予以优先考虑;对考核评价不合格的,淘汰出库;对在审计工作中出现重大错误、存在廉政问题,导致审计风险的,将其纳入黑名单。此外,还可以将考核评价的数据信息做好资料的搜集和留存,建立起档案管理制度,在每次购买服务后做好信息资料收集,为社会中介机构的服务评价打分提供有效的参考依据。

3. 强化项目统筹管理

(1)在计划编制中,加强项目可行性研究,推动审计建设性作用具体化、指标化,使审计工作目的清晰、指向明确。做到配置科学化,每个项目都要合理估算审计工作量,根据完成时限,及时调配系统内外资源予以保障。同时突出重点,有针对性地开展实施审计,切实提升审计全覆盖的质量、效率和效果。

(2)在资源配置中,既要考虑局机关相关处室的专业性、重点项目的优先性,也要考虑社会审计力量的优势,加强组织方式统筹协调。根据实际需要同步编制审计人员调配计划、社会审计服务购买计划,切实保证项目所需力量。

(3)在年度审计工作中,立足全市加强审计资源统筹调配,实现上下联动、内外联动,形成全市审计"一盘棋"。

4. 强化协作优化运行机制

加强对全市审计资源的全面把握,建立审计对象数据库,摸清审计对象底数,全面掌握情况。加强综合动态管理,积极做好行政协调工作,运用行业内审力量,共同推动审计全覆盖。有效发挥相关专业审计的平台作用,进一步增强经济责任审计、部门预算执行审计等重点工作的计划性和兼容性,有序拓展审计的广度和深度。加强信息成果共享,可以利用社会审计的成果,利用社会审计人员经验丰富的优势,共同完成审计任务。

(三)加强质量控制防范风险

1. 厘清购买审计服务双方责任

第一,审计机关需要明确购买需求,在项目实施前,预估任务量和重难点,明确购买服务所需的专业工作背景、任务难度、技术难度、耗费时间、支付费用等,以便审计服务的供给方可以精准提供服务。第二,社会中介机构及人员需要思考自身可以提供何种服务,结合审计机关的项目类型、任务需求,选派出专业能力与项目相适应、可以胜任国家审计工作的、满足审计机关实际需求的审计人员,确保提供的服务与国家审计机关的需求相匹配。在厘清了购买双方的供需之后,双方的责任也会进一步明晰。由于目前没有专门的法律对审计机关购买审计服务的责任归属进行规定明确,我们可以用委托代理理论来解释。审计机关在购买审计服务的时候,既是审计服务的需求者,也是审计服务的提供者。采购双方需求通过签订合同的方式,约定购买服务双方的权利和责任归属。

2. 加强全过程监督管控

(1)在审计项目的具体实施过程中,要将外聘的社会机构和社会人员编入相关审计项目的审计组,外聘人员一律不得担任审计组组长和主审,不得独立开展外部调查,不得承担现场廉政监督、经费管理、涉密资料保管等工作,不得接触涉密事项以及重大问题线索查证等内容。同时,H市审计局的审计人员要全程参与审计工作,对每一个审计事项、每一个审计步骤进行把关,加大对外聘审计人员是否按审计机关规定的作业程序进行操作、审计重点把握及工作深度是否到位、对发现问题的定性是否准确等方面的监督检查力度,有效保证其审计质量。拟订审计方案,即在审计计划阶段,要坚持"目标"和"步骤"相统一,实现审计全覆盖既要系统谋划、统筹协调,也要分年度、有步骤地有序推进。在编制规划、制订计划过程中,充分考虑全覆盖的目标任务,坚持"全面"和"重点"相统一,统筹安排全覆盖任务,同时要突出重点,切实提升审计全覆盖的质量、效率。

(2)在审计现场实施阶段,H市审计局要加强审计现场管理,监督指导社会审计人员严格按照既定的审计方案和审计目标开展审计工作,加强现场纪律管理,对隐瞒审计发现的问题或与被审计单位串通舞弊的,提交虚假审计结论材料或者相关文书、资料、利用受聘工作从被审计单位获取不正当利益的,违反审计工作纪律的予以解聘,并依纪依法做出处理。

(3)在审计成果阶段,加强对督导、指导和业务的复核。在审计项目完成后,外聘的审计人员要及时将审计实施过程中所形成的全部纸质资料和电子资料移交给审计组主审或指定的相关人员,并对其工作结果负责,不得将其参与审计工作获取的相关信息用于与审计事项无关的工作事项。审计组加强全面监督检查,有效保证其审计质量。项目结束后,审计组对审计人员进行综合考核评价,填写考评表,对不称职或不能胜任审计工作的审计人员有权要求更换,并相应扣减外聘费用。

3. 加强培训,提高胜任力

(1)加强政治培训,提高职业道德素养。加强对审计人员所必须具备的风险意识、问题分析研判能力等职业素质的教育引导。明确规定社会审计人员要遵守国家审计的准则规定等,坚持以法律为依据、以事实为准绳,坚持依法审计、文明审计,监督社会审计人员严格遵守审计规定,严格执行审计纪律。

(2)加强专业能力培训。针对外聘的社会机构和社会人员参与的不同审计项目,围绕其职业胜任力需求,设置培训课程。选拔教学理念在前沿、教学内容贴近实际的教师,围绕审计工作和审计人员职业能力,定期对课程进行更新梳理。通过实务教学的方式进行,以审代训,结合参与的审计项目,定期对社会审计人员进行培训指导。

4. 及时纠偏,降低审计风险

(1)加强风险意识。提高参审人员在审计工作中的廉政意识、风险意识和保密意识,坚持应审尽审、凡审必严,以审慎、严谨、求真务实的工作态度对待每一处细节。人事教育部门要加大针对审计人员的风险意识、保密意识、安全意识、分析问题能力、监督管理能力等方面的培训力度。

(2)加强审理复核。由审计组组长、审计组所在部门、法规处、质量管控处和局领导,依据法律法规的相关规定,对社会审计人员是否按审计机关规定的作业程序进行操作、审计重点把握及工作深度是否到位、对发现问题的定性是否准确等方面监督检查。

(3)加强与被审计单位的沟通。接受被审计单位的监督,及时反馈审计意见和建议,对审计问题、审计意见和建议做好解释工作,力保查深查透,意见和建议有理有据,推动整改落实。

(四)完善人才体系推进全覆盖

1. 建立统一绩效评价指标考核体系

(1)加强事前综合评估。事前综合评估的内容应该坚持目标导向,包括购买社会审计服务的可行性、充分性、可持续性、风险的可控性、财政保障力度、预期绩效目标等方面,为后续的绩效评价考核建立基础。

(2)明确绩效评价标准。H 市审计局要制定详细、可操作的考核评价体系,可以将考核评价体系分为三个部分:第一部分主要是对外聘的社会机构和人员配合审计工作方面进行考核评价;第二部分主要是对外聘的社会机构和人员参与审计工作质量方面进行考核评价;第三部分主要是对外聘的社会机构和人员执行纪律方面进行考核评价。

(3)强化考核结果运用。将考核结果作为支付服务经费的依据,并将其与审计机关是否继续后续合作相挂钩,从而实现倒逼社会审计服务质量的提高。

2. 运用信息技术破解困局

(1)运用技术搭建信息交流平台。可以充分运用大数据技术,搭建双向的互动信息交流平台,加强审计机关与社会审计力量之间的沟通交流与协作,在提升审计人员的实战能力的同时,交流审计工作思路,分享审计经验、做法,共享审计成果。此外,H 市审计局可以充分运用好"金审三期",出台审计数据共享应用机制,有效推进政务数据整合、共享和创新应用。

(2)创新审计手段,推进智慧型审计。健全"数据分析+现场核查"工作机制,提升审计查核问题、评价判断、宏观分析的能力,不断提升审计的精准度和穿透性。围绕"金审三期"、审计数据采集、大数据分析等科技强审方面重点任务持续发力,不断提升审计人员运用信息化手段发现处理问题的能力。

（3）构建大数据审计工作模式。积极将大数据审计与其他审计方式融合,提升智慧化审计水平,不断拓展审计的广度、深度和精度。积极探索人工智能等现代科学技术在审计中的应用,加强数据分析团队建设,完善体制机制,实现规范化管理,加强业务交流,整体提升审计工作的效能、层次和水平。

3. 培育复合多元的人才队伍

（1）H市审计局要进一步加强对审计人员的综合培训和学习。只有建立起一支综合素质较高、知识结构完整、工作作风过硬、以复合型人才为主体的审计队伍,才能适应日趋复杂的外部环境,推动审计工作更加科学高效地进行,使审计结果更有权威性。

（2）牢固树立"人才是第一资源"的理念,夯实人才强审战略支撑。坚持问题导向,积极推动专业技术类公务员分类管理等改革任务落实,持续探索深化审计双重管理体制。树立宏观思维、系统观念,以开放的视野和发展的眼光,既注重扩大总量又注重盘活存量,既注重个体能力提升又注重整体结构搭配,既注重领军人才等高端人才的引领带动又注重业务骨干等基础人才的培养,形成各类人才队伍在定位上相互支撑、在工作中相互促进的良性循环。

（3）坚持把研究作为谋事之基、成事之道,推动审计实践加快向更高层次的研究型审计转变。

W 市 C 县
税务局固定资产管理研究

张宁

(学号:1120203383)

固定资产一般指的是使用时间超过一年且实际价值达到一定标准的非货币性资产,一般以非货币性的实物状态存在。税务系统固定资产是其国有资产的主要组成部分和重要存在形式。《国家税务局系统行政单位国有资产管理办法》对固定资产给出了明确的定义:使用期限超过一年的、超过一定价值标准的(一般设备超过 1 000 元,专用设备超过 1 500 元)、物质状态基本不变的资产。如若未达到价值标准的资产,其使用时间超过一年的大批同类物资,按照固定资产使用管理。

国地税征管体制改革后,资产实现合并,固定资产管理难度也相应增加。此外,固定资产的管理机制不够完备,"重采购、轻管理",管理人员能力不足、随意配置,日常管理、监督管理缺位等问题也不断凸显。如何科学合理地管理固定资产,是当前税务系统急需解决的难题。

一、W 市 C 县税务局固定资产管理现状分析

W 市 C 县税务局内设 13 个股室、7 个税务分局、2 个事业单位,担负着全县的各项税费、社保和非税收入的征收管理工作。2020 年度该局对达到固定资产标准的资产进行了全面清查、核对和查实,固定资产价值 4 853.29 万元,其中:土地房屋及构筑物 3 347.86 万元,通用设备 1 141.98 万元,专用设备 0 万元,图书档案

8.96万元,家具用具装具及动植物354.49万元。近年来,通过对固定资产管理工作的持续加强,W市C县税务局取得了一定的管理成效,但仍存在明显的薄弱环节。

(一)W市C县税务局固定资产管理目前所采取的措施与成效

1.采取的措施

(1)完善固定资产管理制度。制定《国家税务总局C县税务局固定资产管理制度》,确定固定资产配置、使用、处置条件及工作流程,做到有章可循,避免资产流失。严格落实"谁使用、谁保管"制度,固定资产使用人员对资产的安全完整负责,如若发生资产损坏、遗失、偷窃等情形,将根据规定严肃对固定资产使用人员进行追偿和追究。针对资产制度不完善的问题,先后制定下发《国家税务总局C县税务局关于进一步规范资产管理的通知》《机关固定资产管理暂行办法》《机关财务报销暂行办法》,规范和加强了C县税务局固定资产的管理。

(2)注重资产管理与使用管理相结合。针对"重采购、轻管理"问题,在资产管理中注重与使用管理相结合,提高资产的使用效益。新购置的资产,由需求部门和实物管理部门共同验收,按规定办理资产入库出库及领用手续,并及时登记资产卡片和台账,把好使用的第一关。按年度开展系统性清查盘点,及时处理资产管理问题,对盘盈盘亏资产提出处理意见,确保账账相符、账实相符。

(3)着力提升信息化管理水平。充分发挥信息管理资产的作用,利用资产管理信息系统数据,认真分析资产使用状况、分布状态以及使用年限等数据,为全面科学管理奠定基础。及时更新相关数据以确保资产管理信息的准确,实物管理部门及时采集部门和人员等变化信息,实时维护完善资产管理信息,确保相关信息与实际一致,推动了资产使用管理责任的落实。

(4)建立固定资产管理员制度。各部门分别设立固定资产管理员,对所属部门固定资产日常使用进行维护管理。在工作中及时向资产实物管理部门上报资产状况,包括固定资产的使用人变动情况、存放地点变动情况、损毁程度、需求情况等,便于资产实物管理部门及时更新资产卡片、统筹调配单位资产,也便于财务部门整理资产账目、资产月报、资产调拨单等基础资料。

2.取得的成效

(1)日常管理持续强化,能够及时掌握资产信息。一方面重视固定资产的存量、增量以及入账情况,着力做好资产登记管理工作,定期对资产进行盘点,核对账、卡、物,确保账账、账卡、账物相符;另一方面重视固定资产调整工作,固定资产发生变动时严格落实台账登记要求,现有资产损坏程度较小,未发生遗失、偷窃等情况,固定资产的安全性和完整性进一步提升。

（2）资产采购手续不断完善，能够科学合理配置固定资产。严格执行中央机关办公设备配置和使用管理办法，结合实际需要，主动对接全年重点工作部署，按照轻重缓急统筹安排采购事宜，确保急需、急用的项目优先采购。严格遵循政府采购方式和分散采购要求，按需购置办公设施设备，并实现固定资产配置科学优化。2020年共新增购置资产61件，其中通过政府采购方式购买资产48件，实现了应采尽采，均符合固定资产配置标准。

（3）盘活利用闲置资产，避免了资产浪费损失。通过资产管理员，实现资产状态阶段性更新，对闲置资产进行统一调配。同时，在闲置房产方面，增加盘活和处置闲置房产的灵活性，采用与地方政府调剂、置换闲置房产等方式，资产使用效益和管理质量不断提高。2020年共盘活闲置房产6处，与地方政府调剂使用，使单位房产使用率达到95%，并成为全省闲置房产盘活工作试点单位。

（4）资产处置管理更加规范合理，薄弱环节得到加强。不断提升对待报废固定资产处置的重视程度，严格按照资产处置规定，对已经达到报废年限或者已损坏无法继续修好使用的资产及时办理处置手续进行报废销账；对需调拨的资产，坚持"审批手续在前，实物调拨在后"的方式，及时办理调拨相关手续。按时督促各单位在调拨资产后做好资产账务调整、台账管理工作，避免报废、闲置资产占用资产配置指标。

（二）固定资产管理中出现的主要问题

1.管理职责划分不清

在部门管理职责划分方面，C县税务局固定资产管理办法中并未指定专门的固定资产管理部门，而是根据资产分类的不同交由不同部门分别进行管理。如信息中心负责计算机类设备、软件资产、视频会议系统、视频监控系统、远程教育系统及电子类设备的管理，办公室负责其他所有资产的管理。这就导致在具体资产管理中，很多难以界定具体分类的资产，无法准确确定管理部门。在人员配备方面，C县税务局固定资产管理人员配备工作不受重视。财务部门和实物管理部门未设置专门的资产管理人员，均为兼职管理，容易使资产管理工作边缘化。如资产实物管理部门办公室，设置一名资产管理人员，同时其还负责单位后勤工作、绩效考核工作等，资产管理仅是其负责工作的一部分，当资产管理有具体工作时才着手处理相关工作，平时不分配资产管理专项工作时间，导致资产工作没有连接性，也导致资产工作的专业性、规范性不够。

2.日常管理流于形式

资产使用部门负责资产的日常使用维护，资产管理部门应当定期检查核实资产的完整性，但在实际工作中，资产使用部门对资产管理的重视程度不够，缺乏资产管理意识。在固定资产的使用管理中,人人都有使用权,但资产管理责任未能落实到人,即使发现资产出现问题,也很难判定由谁负责。同时,大多数人员缺乏使用设备的专业知识,在固定资产使用过程会出现由于操作不当导致故障、损毁的现象,极大地缩短了固定资产的使用年限。资产实物管理部门又缺乏长效管理机制,仅在安排清查工作时,对各部门资产进行盘点核实,对账实不符的进行调整处理,很大程度上造成了单位固定资产管理缺位的情况。如资产调换配置工作,按照资产管理规范,各部门如有资产调换需求,应向资产实物管理部门提出申请,经审批后,实物管理部门在系统中调整资产使用部门及使用人,再进行资产实物调配,但在实际工作中,各部门流程规范意识不强,自行协商调换资产的现象时有发生,导致实物管理部门在系统中调整资产使用情况滞后甚至缺失,使资产管理链条出现断层。另外,在发生人员调整或退休等情况时,原则上其固定资产也应及时调整使用状态,但实际工作中经常发生固定资产变动未能及时向资产实物管理部门备案的情况。

3. 管理载体功能缺失

目前,资产信息化系统功能还十分单一,仅能实现资产卡片的入账、查看和变动管理,而资产系统中从申请、购入、分配、处置到报表的功能缺失,固定资产全流程的信息化管理程度较低。以资产购置为例,审批方式还采用传统的书面申请,首先是资产需求部门提出资产申请,经办人、部门负责人和分管领导签字同意后,流转至资产实物管理部门进行审核,资产管理人员确定现有资产是否能调剂使用以满足需求后,由资产管理人员、部门负责人和分管领导签批同意,再流转至财务部门,财务预算人员确定是否有相应预算指标,采购人员确定需要通过哪种方式进行采购,经部门负责人和分管领导签批同意后,再反馈至资产实物管理部门购置资产,资产到货后,资产实物管理部门要对资产进行验收,完成验收后再交由申请部门使用,并按照规定入账。由此可以看出,审批流程较为烦琐,书面流转的方式往往需要时间久,大大降低了工作效率。

4. 管理人员缺乏专业性

C县税务局目前固定资产管理人员全是兼职管理,专业性方面有所欠缺。如资产账务管理人员由财务会计人员兼任,日常会计工作是其工作的主要内容,且从未接受过资产管理方面的培训与系统学习。办公室虽作为资产实物管理部门之一,但其资产管理员由负责单位后勤工作和绩效考核工作的人员担任,难以保证资产工作的工作时间及质量,且从未参加资产工作相关的培训与学习;而另一个管理部门信息中心,资产管理人员也不固定,常常是遇到资产业务时,谁有时间谁来负责,导致资产工作缺乏延续性和规范性。管理人员由于自身专业知识的缺乏,加之难以从思想上引起足够重视,导致无法胜任固定资产管理工作。

(三) 存在问题的原因分析

1. 管理意识淡薄

由于单位人员对资产管理的重要性认识不足,且对固定资产的购置配备等不够重视,有想法就提报购置需求,有需要就申请资产新购,主观性较强,忽略了资产购置的实际需要。而资产实物管理部门对资产整体情况又不够了解,往往根据各部门需求直接上报购置计划,很少进行配置必要性的论证,导致资产购置预算过大,相应预算执行过程中购置的资产也比较多,这就造成了资产的重复购买、盲目购买,导致固定资产出现闲置浪费。固定资产验收入库、登记入账之后,会按照需求分配给具体使用的各部门,出现"有求必应"的情况,这就导致管理意识逐渐淡化。固定资产使用部门人员普遍存在"资产是公家的,不需要多加珍惜爱护"的想法,在使用过程中也较为随意。

2. 管理制度不健全

C 县税务局虽然已经制定了固定资产管理相关制度,但是未能覆盖资产从采购到日常维护,以及最终报废处置的完善的管理机制,这就导致固定资产管理难以得到有效规范。一方面,C 县税务局目前制定的资产管理制度已不适用于资产管理的现状,缺乏指导性与可操作性,同时对于资产管理中容易出现的问题及风险没有针对性的指导及建议,难以有效避免及解决资产管理中遇到的新情况、新问题;另一方面,固定资产利用率低,未建立闲置资产盘活利用相关制度,"重采购、轻管理"仍然存在,而且这种情况是逐年加剧的,特别是对于待处置资产的管理,容易产生新旧混杂、处置不及时等情况。

3. 管理载体技术支持滞后

目前,C 县税务局固定资产管理统一采用的信息系统为"税务系统资产管理信息系统",虽然提高了固定资产日常管理的信息化水平,但在使用过程中也暴露出诸多弊端。一方面,人工手动填报仍然是该系统信息录入的主要填报方式,资产分类、资产规格型号等内容的准确性对信息录入人员的专业知识水平要求较高,并且录入后缺乏相关信息的准确性校核,这就导致信息具有一定的滞后性和不准确性;另一方面,在该信息系统的使用过程中也显露出功能不完善、运行效率低等不足,诸如固定资产条形码管理、动态化监管等功能仅仅处于基础阶段或并未研发阶段,难以满足信息量大、变更变动较多时的管理使用。同时,该信息系统运行缓慢,降低了资产管理效率。

4. 专业人才培养力度不足

目前 C 县税务局没有固定资产管理专职人员,不能将工作重心放到资产管理上来。同时,系统性培训严重不足,当系统部分功能更新或管理人员更换时并未进行针对性的业务培训,这就导致管理人员系统操作水平参差不齐,满足不了实际使用需要。经过专项调研发现,在 W 市税务局下属的 17 个单位中,仅有 3 个单位制订了 2021 年度资产管理培训计划,只有 2 个单位真正举办了固定资产管理培训,包括 C 县税务局在内的其他单位都未组织资产管理相关培训。这就导致难以发现以往工作中的弊端和不足,对业务的生疏也增大了出现错误的风险,不利于固定资产的规范管理。

二、国外与国内其他地区固定资产管理的经验借鉴

从当前的研究来看,国内外一些地区的固定资产管理中已取得了明显成效,形成了一系列可供参考的经验。从以下 6 个国内外地区的固定资产管理模式出发,提炼总结管理经验,取长补短,可以有效改善现有 C 县税务局固定资产管理模式。

(一)国外地区固定资产管理概况

1. 日本国税厅重视固定资产管理的规范审批

日本税务系统各部门在固定资产的日常管理中的管理权限,最终都是由财务省进行集中统一管理。一是有固定资产购进需求时,税务系统各部门严格按照资产采购有关规定逐级提报审核,最终由财务省根据预算编制情况,对各单位财政支出、资产配置水平等进行统筹控制,从预算审批层面提高了固定资产配置的合理性;二是在固定资产的处置环节,税务各部门也是逐级上报审核处置计划,财务省根据待处置资产的实际状态进行最终审批,确保处置程序的合理规范性,避免错误处置出现的资产流失;三是实行严格的固定资产报告制度,每年至少报告一次固定资产状况,按时上报报告书、核算书,经审批通过后及时向民众公布;四是税务系统各部门的固定资产管理详细数据和资料发生变化时都必须及时上报审核备案,财务省根据资产的变动、维护或损坏等具体状态及时提出处理意见。

2. 法国税务局实施固定资产管理多层次监督

在固定资产管理方面,法国税务局实施多层次的监督,严格按照法律法规有关规定严格执行。法国税务局固定资产的多层次监督主要体现在以下几方面:一是宏观监督,主要是政府层面,法国税务局的固定资产管理受经济财政工业部统一管理,固定资产的预算管理、采购、维护、处置等事项均受其全面监督;二是审计部门监督,实行以审计部门为主体的监督管理体制,对固定资产的购置合理性、实有数

和所有权、折旧计提准确性、账务情况等实施审计监督,同时,凡是涉及固定资产管理使用、分配等方面的资金使用都要进行审计监督;三是接受议会监督,主要体现在总的层面上的监督,包括预算决算的制定、资产管理状况的年终总结等,接受议会的质询,对固定资产管理中的有关问题向议会进行解释说明。通过多层次、多方位的监督管理,提高了固定资产的使用效能。

3. 巴西联邦税务局固定资产信息化管理程度高

巴西实行联邦、州、地方三级课税制度,明确了税务各级部门的税收管理权限。近年来,巴西联邦税务局将信息化管理手段运用到固定资产管理中来,取得了良好的管理成效。首先,依托联邦资产秘书处建立和完善了固定资产信息系统,把固定资产的采购、登记、配置、处置等工作均纳入系统中进行管理,实现相关数据的实时更新,有力地提升了固定资产的管理效率和准确性;其次,依托固定资产条形码扫描采集功能,降低了资产清查工作的难度,简化了固定资产管理有关信息的录入与查看手续,实现了资产的实时追踪;最后,在固定资产信息系统成功应用的基础上,联邦税务局正在筹建开发固定资产管理共享系统,把当前联邦税务系统的全部固定资产与联邦国库、财政部门、监管部门的互联网系统相连接,以实现更高水平的信息共享,提高部门间的联动,更大程度地提高联邦税务系统的固定资产管理水平。

(二)国内其他地区固定资产管理概况

1. 四川省达州市税务局优化固定资产管理相关制度

多年来,四川省达州市税务局强调固定资产管理的制度建设和完善。一是重视固定资产的清查和盘点制度建设,不断更改、完善、清点、盘查配套制度,增设了资产清查监管人,资产清查的最终结果会被反复确认,固定资产清查结果准确完整,管理效果得到了极大提升;二是对固定资产管理处置报废工作进行严格管理,严禁随意处置报废固定资产,程序变得更加规范合理,要求待处置和报废的固定资产规范执行申报、鉴定和审批流程,缺失任何一项都具有一票否决权,若资产损毁的原因是人为造成的,则必须依法予以追究;三是固定资产的日常维护与保养制度,建立《在用固定资产维修保养记录》台账,对单位的每一项固定资产都登记在册,对使用部门、使用人、维修保养等情况进行详细记录,精准维护、保养各项资产,不仅有效延长了固定资产的使用寿命,有效盘活了闲置固定资产,也提高了固定资产的使用效益。

2. 山东省德州市齐河县税务局加强资产管理专业化团队建设

山东省德州市齐河县税务局采取多种手段和措施,加强固定资产管理专业化团队建设。首先,组建资产管理专业化团队,由专职固定资产管理员及两名业务骨干组成综合管理组,强化与各部门资产管理员的沟通协调,为资产管理的规范性提供技术、人才保障;其次,重视固定资产管理相关培训,固定资产兼职管理员与专职管理员接受同等培养,提高资产管理整体业务水平,同时,持续加大宣教力度,重视资产管理人员责任意识的提升;最后,注重网络化的普及应用,从硬件层面加大资金投入,构建良好的硬件基础,保证每位固定资产管理人员使用性能好、运行快捷的电脑设备,提高固定资产管理效率。同时,加大内部网络建设,固定资产管理的全过程经由内网管理,提高了保密性能,确保信息的安全完整。

3. 甘肃省张掖市肃南县税务局建立固定资产管理绩效评价机制

在多年探索的基础上,甘肃省张掖市肃南县税务局建立起一套较为完整的绩效评价体系。对固定资产管理绩效评价的目标、主体、责任、方式、奖惩措施等方面进行了详细规定,达到了总体目标明确、监督检查全面、执行落实有力的目的。从固定资产的购置、使用到处置各个环节,都制定了相应的绩效指标,对各项工作的完成情况进行评分,并将考核结果纳入各部门年终总体绩效考核当中,通过绩效评价机制督导,甘肃省张掖市肃南县税务局全局上下对固定资产管理工作十分重视。最后,将反馈的结果应用于固定资产管理工作中,提高了固定资产管理整体水平。

(三) 经验借鉴

1. 完善制度建设

制度建设是工作开展的首要前提和必要基础,建立健全并不断细化完善符合单位实际情况的固定资产管理制度,能够为固定资产规范化管理打好基础。制度建设要全面、可操作,对固定资产管理的购置、采购、验收、入库、入账、维护、清查、处置等各个环节都要进行明确的制度规定;对固定资产管理不同职责的部门,要明晰其工作权限及职能;对固定资产管理人员,应保证不相容岗位不由同一人承担,相互之间可以监督制约。只有建立健全覆盖固定资产管理全流程的相关制度,才能有制度可循,防止各部门推诿扯皮、管理缺位,保证固定资产的安全完整及有效利用。

2. 强化职责监督

首先,需不断完善固定资产管理的监督机制,确保各部门设立专门的资产管理员,负责资产的日常保管维护及变动申请,固定资产管理的各个环节及相关手续,做到责任到人、监督到人;其次,需强化内部监管监督,充分发挥资产实物管理部门的作用,日常抽查各部门的固定资产保管使用情况,定期开展全单位的资产清查盘点,及时做好资产变动、盘盈、盘亏等事项的申请及账务处理,做到账实相符;再次,需强化外部监管监督,发挥舆论监督的作用,定期主动向社会公开固定资产的采购、使用、维护、报废等状况,保证全流程的公开、透明;最后,需重视审计监督,根据审计出现的问题下发负面清单,避免同类问题的再次发生。

3. 加强信息化建设

随着当前信息化技术建设水平的不断加快,其应用于固定资产管理所凸显的优势就愈加明显。一方面,完备的固定资产信息化管理系统是提高税务部门各单位固定资产管理科学化、合理化的重要技术手段,是提高固定资产管理水平的重要载体,在防止资产流失、提高部门工作效率方面作用明显;另一方面,减少了固定资产对资产管理员的依赖程度,根本性地改变了传统的手工记账的管理方式,极大地减少了工作量和工作压力,提高了固定资产的管理效率。

4. 严格绩效考核

在固定资产管理中推行绩效考核制度,不仅可以提高专业管理人员的重视程度,最大限度地提升管理效能,还能进一步督促全体人员做好固定资产管理工作,从而将该项工作提升至全局性,极大地提高了固定资产管理整体水平。科学合理的绩效考核制度对各项考核指标有着明确的定义和详细的评分标准,保证每名被考核人员都能了解到自己在该项工作中扮演的角色和应当履行的义务,真正实现固定资产管理工作的全员参与、齐抓共管。

5. 重视人员培养

固定资产管理人员的职业素质和职业道德水平,直接影响其提高资产利用效能、防止固定资产流失的能力。在固定资产管理、转让、合并、重组等过程中,各部门权、责、利必须明确,并有规章制度保障。在这些既定的条件下,具体资产管理人员的素质就起到决定性作用。固定资产的不流失是保障固定资产安全完整的根本前提,因此,必须采取有效措施,加强对固定资产管理人员的培养与管理,认真积极地抓紧、抓好固定资产管理人员的培养工作。

三、完善 W 市 C 县税务局固定资产管理的对策分析

(一)完善固定资产管理配套制度

1. 完善配置和使用制度

资产配置是资产管理的起点环节。C 县税务局应当严控资产配置入口关,严

格按照标准进行资产配置,规范固定资产配置管理流程。C县税务局目前暂无资产配置制度,仅下发了资产配置标准,难以对资产进行合理的规划和配置。资产配置制度应从资产配置管理部门职责、配置条件、配置计划、配置预算、配置标准等方面进行规定。资产配置管理部门包括:财务管理部门,其主要负责制定固定资产配置管理办法,并组织实施和监督检查审核资产配置计划,编制资产配置预算,进行会计核算;实物管理部门,要严格按照有关规定的配置标准进行配置申请审核,按需求完成配置计划,并且负责配置资产的验收、入账等日常管理使用;实物使用部门,主要负责按照标准提出资产配置申请。资产配置计划上报要遵循业务流程,每年各部门根据自身需求提出资产配置计划,资产实物管理部门对所有需求进行整理留存并归口审核,财务部门根据单位资产实有情况、资产配置标准及年度预算,调整资产购置计划,分别反馈至实物管理部门,再由实物管理部门反馈至申请部门。

资产使用是资产发挥价值的重要环节,主要包括资产验收、入库、保管、发放、领用、维修保养等方面,需建立完善的配套制度。资产验收制度,要分门别类地建立验收程序,待验收合格后再办理入库手续,同时实物管理部门登记资产账,财务部门登记财务账。实物管理部门通知使用部门领取资产,领取时应登记使用部门的使用人、责任人及资产的存放地点,双方确认无误后办理资产出库手续,实物管理部门对使用部门申领使用的资产应建立发放和回收制度。使用部门负责固定资产的日常使用管理,实行"谁使用、谁负责、落实到人"的制度,使用期间发生损坏或丢失的,按规定赔付。退休人员或调动人员的资产调整及时按要求上报,确保资产信息的真实准确。实物管理部门负责固定资产的维护保养,保证各资产均能保持在最佳使用状态。

2. 完善清查和处置制度

C县税务局目前虽然有年度资产清查方案,但是还需建立起一套完整的资产清查制度。一是明确资产清查的范围。对单位内所有的固定资产进行全面清查,将账务核对与实地盘点相结合,重点对房屋构筑物、车辆、大型设备、占有使用土地情况、资产出租出借、闲置和待报废资产等重点情况进行清查。二是建立清查领导小组,财务部门分管局领导担任组长,各资产使用部门负责人担任组员,自上而下提升资产管理水平。三是划分资产清查的部门职责,确保资产清查的每一步都有责任部门。财务部门主要负责账务的管理,要对固定资产账务及时处理并核销;实物管理部门负责具体资产的清查盘点,实地检查资产的状况,并对资产提出处置建议;实物使用部门负责配合资产清查工作,建立部门资产台账。四是资产清查结果的考核与应用。对资产的使用质量进行评价,对于资产使用较差的部门,应该进行绩效考核扣分,同时要将资产清查的结果及时应用于日常资产管理。

资产处置制度应该对资产处置的条件、方式、流程以及后续工作进行明确的规定。一是在资产清查工作结束后，实物管理部门应该根据清查的结果，对达到处置条件的资产提出处置申请，根据资产类别及资产使用状况的不同，采取不同的资产处置方式。二是在资产处置时要严格规范处置的流程，由实物管理部门提出申请，经过批准同意后，做好资产处置的各个环节，需要委托第三方评估机构的，要面向社会公开选取评估机构，做好待处置资产的委托评估工作。三是资产处置流程完成后，及时进行实物账的调整及财务账的核销，确保账实一致。四是除资产报废及出售等方式外，需要资产调剂的，应向实物管理部门和财务部门提出申请，经审核同意后，再进行资产的交接，并完善相关手续，没有经过审批的，不能擅自进行调剂。

3. 完善内控和培训制度

第一，资产使用部门、实物管理部门及账务管理部门，既要各司其职，又应该互相监督、互相制约。第二，要遵循人员岗位不相容的原则，资产实物管理人员应与资产采购人员相分离、资产购置处置等的申请人员应与审核人员相分离、资产使用人员应与资产使用情况监督人员相分离。第三，规范监督审计工作。内部审计自查自纠，能够促进单位整体的资产管理规范，C 县税务局目前没有独立的审计部门，承担审计职责的部门也未将资产方面的审计作为专项工作，甚至没有审计计划，审计作用无法有效发挥，因此，必须加强固定资产内部审计工作。

只有建立起完善的资产管理培训制度，才能够培养出专业的资产管理人才。进行岗前培训，学习基本的资产管理业务知识，掌握必需的资产管理规章制度。正式接管资产业务后，要不断进行业务培训，针对资产管理的各个环节详细开展实例进行讲解培训，规范资产管理的全过程。同时，开展系统操作教学培训，提升资产管理人员网络信息化操作水平。

4. 完善考核制度

建立资产考核体系时，应该与资产实际管理相结合，从促进资产的科学规范管理角度出发，制定相关的绩效指标。一是资产管理制度贯彻落实情况，按照资产制度中对资产使用部门、资产实物管理部门及资产账务处理部门职责的划分，检查其日常的资产使用台账、实物管理台账及资产账、财务账是否合理完善，以此作为考核依据。二是资产管理人员配备情况，资产使用部门是否设置部门内部资产管理人员、资产实物管理部门是否设置专职资产管理人员等，或者是否配置责任心较高、专业知识较为丰富的人员管理资产。三是对资产管理工作的重视程度，可以通过部门内资产管理事务的研究次数、资产实物的安全完整程度、资产利用程度进行反映。四是资产管理工作的效能，可以对资产的使用情况及管理情况进行打分，也可以从全体干部职工对资产管理工作的满意度和意见、建议来反映。

（二）明晰各部门管理职责

1. 实物使用部门负责固定资产日常维护

各职能部门应该对各自使用的固定资产做好登记；对日常使用的固定资产要多加爱护，定期汇报固定资产的使用状况；对长期闲置的固定资产要及时上报办公室和信息中心，并配合进行退回或调剂；对已经损毁或无法使用的固定资产，要及时上报使用情况，配合办公室和信息中心进行处置；对由于人员变动或承接工作等因素影响而引起的固定资产新需求，上报后由办公室和信息中心进行统一配置，各职能部门也要及时更新部门资产台账，做好固定资产的日常维护工作。固定资产由单人使用的，由具体使用人负责；如果是部门共用的，就由各部门资产管理员专项负责。

2. 实物管理部门负责固定资产配置清查处置

一是要联合制定本单位固定资产管理的规章制度并组织实施；二是要对固定资产的购置、验收、入库、领用、发放等进行日常管理，及时做好台账登记及资产卡片的变动管理；三是根据各部门固定资产的实际需求及使用情况，对资产进行统一调剂或调配；四是对固定资产进行定期的清理盘点，并对发生的盘盈、盘亏等事项进行核实并办理相关入账、销账手续；五是要定期与账务部门和资产使用部门进行对账，做到账账相符、账实相符；六是根据固定资产的清查结果和实际使用情况，对固定资产提出合理的处置方式及建议，并进行处置事项的审核、报批手续。

3. 账务管理部门负责固定资产登记入账

一是要严格执行固定资产管理制度；二是对固定资产的新增、折旧、调拨、处置等事项及时准确地进行会计核算；三是定期与办公室、信息中心对账，保证账账相符；四是对发生的固定资产盘盈、盘亏、处置、出租、出借等事项进行上报、审核或审批，做好相关账务处理工作，办理好国有资产收入缴纳等手续。财务管理股要做好资产账务处理，及时登记会计账，及时提取固定资产折旧信息，及时填报资产月报及相关报表，及时进行资产结账以确保资产管理后续业务顺利开展。

4. 监督考核部门负责固定资产检查监督考评

一是要牵头制定适用于本单位的固定资产考核管理制度，对固定资产的使用情况、处置情况、账务处理情况等管理工作的各个方面组织实施考核；二是针对考核情况及考核结果，组织通报及研讨会议，研究加强资产管理规范的意见及建议；三是对考核情况进行复查，提高固定资产管理的质效。考虑到C县税务局机构设置情况，可以成立单位的固定资产监督考核领导小组，设立相关监督考核指标体系，对固定资产管理工作定期开展监督检查和考核评价。

(三) 强化资产各环节流程管理

1. 固定资产配置流程

首先,实物使用部门根据实际情况提出资产配置需求,交由实物管理部门,实物管理部门要考虑实际情况并对照资产配置标准进行审核,如可内部调剂或不符合配置要求则不予审核通过,审核通过的规范编报资产配置计划,并纳入资产配置预算。其次,财务部门根据资产配置计划安排相关预算指标,如购置的固定资产属于政府采购范围的,要经过合法合规的政府采购程序进行配置,经过逐级上报审核通过后,即可在执行年度内进行资产配置。最后,固定资产完成购置后,由实物使用部门及实物管理部门共同验收,再由实物管理部门登记入库,同时财务管理部门进行会计核算。

2. 固定资产日常管理流程

无论用何种方式取得的新增固定资产,实物管理部门都应该组织验收入库。属于专业技术设备的,还应该邀请相关技术部门共同验收。验收合格后,要根据固定资产相关的发票、申请单、验收单等办理资产入库手续,登记资产信息。实物管理部门要在系统中建立新增固定资产的卡片,录入资产信息,并及时推送至财务系统。财务部门根据资产系统推送的资产新增申请,生成新增固定资产会计凭证,登记财务账。未分配及库存的固定资产由资产实物管理部门统一保管,实物使用部门要根据资产配置审批手续向资产实物管理部门提出固定资产申请,实物管理部门在资产台账上登记固定资产使用的存放地点、责任人及使用人,经双方确认无误签字后办理出库手续。在固定资产的使用过程中,如发生故障或损坏,使用部门要及时向实物管理部门进行报修,实物管理部门负责联络维修人员对固定资产进行维修保养,同时实物管理部门要建立起固定资产回收制度,保证固定资产的有效利用。

3. 固定资产清查流程

在具体清查工作中,实物管理部门要从资产管理信息系统导出资产卡片存量清单,分离出各部门固定资产实际登记情况,并制定资产使用表格及盘点清单发放给各资产使用部门,使用部门根据盘点清单核实部门内使用的固定资产并填报资产使用表格,核对实际使用的资产与系统登记是否相符。如上报中存在差异,再由资产实物管理部门进行现场盘点,核实差异并找出原因进行相关说明。同时,根据固定资产盘点单及相关说明资料,对固定资产使用情况在系统内进行调整,对于闲置、报废、盘盈、盘亏等特殊情况的固定资产,提出合理的处置意见,并按照规定的流程及权限上报审批,进行相关的登记、变更、调动手续,并及时进行账务处理。

4. 固定资产处置流程

固定资产在使用过程中可能会发生闲置、损坏等情况,实物使用部门要及时向实物管理部门提出固定资产的处置意见。实物管理部门根据固定资产的明细类别及实际使用情况提出处置申请。需要技术部门提供鉴定的,要会同技术部门出具鉴定材料,再由财务部门进行处置申请的审核,提出合适的处置意见,如要处置的资产需要进行评估,必须面向社会委托有资质的第三方评估资产。处置方式等要经本单位的领导审核或会议审议同意后,逐级上报主管部门,主管部门根据固定资产处置的实际情况,对处置事项进行批复。下级部门在收到上级批复文件后,再办理相关的处置手续。在资产年度决算报表中,将本年度已完成的有关处置事项,按规定上报备案。

5. 固定资产监督考核流程

C县税务局首先要成立固定资产管理工作检查考核领导小组,成立后要共同研讨出固定资产管理工作检查的实施方案及检查标准,并在广泛征求意见后下发至各职能部门。各部门对照资产管理工作检查实施方案,进行自查自纠,并提交自查报告。根据自查情况填写相关的盘盈、盘亏等事项的表格,并上报给考核领导小组。考核领导小组根据各职能部门上报的表格及报告进行实地检查核实并盘点相关的固定资产,形成详细的检查报告,在检查完成后,要对检查结果进行通报,并且把盘盈、盘亏等特殊事项及时报送给财务部门,财务部门再依据相关材料进行账务处理。

(四) 加强固定资产管理队伍建设

1. 提高对固定资产管理重视程度

首先,要做好固定资产管理重要性的宣传。不仅是从事资产管理工作的人员,单位的每一名职工都要了解固定资产对促进税收工作开展的重要性。其次,要加强制度约束,通过单位内网网站下发通知等形式,对固定资产相关制度进行宣传与学习,提高每一名职工对固定资产管理工作的新认识。最后,通过绩效考核工作,将各部门的资产管理工作情况纳入绩效考核范围,激发每一名职工配合做好全单位固定资产管理工作的积极性和主动性,提高每一名职工对固定资产管理的重视程度。

2. 强化固定资产管理人员配置

一是固定资产管理人员配置数量,资产实物管理部门、账务处理部门都应至少配备一名专职的资产管理人员,实物使用部门要配备一名资产管理联络员,建立好上通下达的管理人员体系;二是固定资产管理人员要保持相对稳定,尤其是资产实物管理部门和账务处理部门,从而促进固定资产管理工作;三是固定资产管理人员尽量年轻化,目前固定资产管理工作越来越趋向于信息化管理,年龄优势在信息化管理中凸显的作用不容忽视,年轻一代人能够更快推动固定资产信息化管理进程。

3. 加大固定资产业务培训力度

一是单位要提高固定资产业务培训的重视程度,将固定资产业务培训列入每年必须开展的培训计划中;二是针对固定资产管理人员不同的业务水平开展不同层次的培训班,要加强对固定资产管理法律法规及相应规章制度和政策方针的学习,开展实例教学,有针对性地提升固定资产管理人员的管理业务能力水平;三是以查促学,在全市范围内开展互查互助工作,学习其他单位的长处,检视自己工作中的不足。

(五) 优化资产管理系统建设

1. 开发多系统互联

可以开发一种覆盖全流程的多系统互联资产管理系统,实现资产与预算、采购、会计处理、决算等多个方面的自动挂接。上报资产配置计划后,在系统中选择需要购置的资产,自动分配相应预算指标,并匹配需要完成的采购手续,上传相关采购手续及资产信息后,自动生成资产卡片并推送至财务系统,形成会计凭证,在有资产处置报废事项时,从系统中选择资产,自动生成财务凭证及资产处置事项报告,在年度资产决算及财务决算中自动从系统中获取数据并进行核对。这样不仅能够提升固定资产数据信息化水平,更能够大幅度提升固定资产清查的效率,更有利于固定资产管理的规范化、流程化。

2. 构建资产信息共享模块

依托现有的资产管理信息系统构建固定资产信息共享模块,由办公室和信息中心维护各职能部门占有、使用固定资产的基本信息,包括固定资产的价值、购置时间、地点等,推送给各职能部门进行查看,这样在整体管理状况清晰明了的情况下,也能够使各职能部门及时获取相关资产信息。各部门的资产联络员也可对固定资产的使用状况进行维护,主要包括使用人的变动、存放地点的变动、维修维护申请、闲置收回申请等。办公室和信息中心可以实时查看各职能部门固定资产的使用情况,对单位的全部固定资产进行分配调剂、合理统筹。

3. 手机客户端的开发

开发手机客户端,及时推送工作提醒、审批请求等内容的实时信息,不仅可以有效提高工作效率,更能及时掌握固定资产管理工作上的重要信息。在手机客户端增加条码扫描功能,通过扫描资产条形码,实时查看固定资产的登记信息及变动情况,可以快速核对资产账实是否相符,实现资产管理信息系统与资产的实时联系,可以大幅度提高清查速度,为全单位的资产清查提供便捷途径。同时,客户端可增加、查看并修改基础信息的功能,对资产使用人员、使用部门、存放位置等信息进行实时更新,实现固定资产的动态管理。

4. 拓宽系统问题反馈渠道

首先必须要增设客服座席人数,使人工运维电话拨打更通畅,减少等待的时间。拓宽其他问题反馈方式,如编写下发并定期更新系统操作说明及常见问题说明,一些因操作不当带来的问题可自行参照解决;建立问题反馈群,大家可以在群里交流问题、反馈问题,互相帮助、互相借鉴;开发线上咨询功能,使用者可以通过线上发送消息、实时截图的方式更加直观具体地反映问题;定期开展系统操作培训及问题解答课程,可以通过直播或者录制视频的方式讲解系统操作及问题解决课程,让资产系统操作人员更加直观地进行系统的学习与操作。

Z市
小学教师激励问题研究

季雨

（学号：1120203381）

教师管理是学校管理工作的核心，其主要目的是充分调动广大教师工作的积极性、主动性、创造性。其中，教师激励作为一种常规手段，根据教师的教育教学活动和学校的既定目标，通过制定各种激励措施来满足教师的心理和物质需要，激励教师为学校的教育教学活动努力向前，积极工作。教师激励是一种引导、教育和管理活动，通过学校制定的各种激励措施来提高教师的内心驱动力，从而转化为行动的过程。

一、Z市小学教师激励的现状分析

（一）Z市小学教师激励的现状调查

山东省Z市是山东半岛区域性中心城市、全国县域经济与县域基本竞争力百强县市、国家新型城镇化综合试点地区，为全国沿海对外开放城市。2018年12月，入选全国县域经济综合竞争力100强、中国最佳县级城市30强，2019年入选全国营商环境百强县，2021年入选"中国智慧城市百佳县市"。截至2020年年底，全市共有各类学校323所，其中小学76所，先后被授予"全国社区教育试验区""全国社区教育示范区"等荣誉称号。2021年9月，Z市被教育部确立为首批基础教育综合改革实验区,其小学教育情况具有一定的代表性。

1. Z市小学教师激励的基本情况

(1)调查对象

本研究采用整群随机抽样的方法,抽取了Z市部分小学教师参与问卷调查。对调查对象的性别、年龄、教龄、学历、职称和在校职务分别进行统计。从调查的样本来看,女教师占的比例大,共153人,占总人数的78.5%;男教师只有42人,占总人数的21.5%。

年龄上,25岁以下的20人,占总人数的10.3%;26~35岁的97人,占总人数的49.7%;36~45岁的38人,占总人数的19.5%;45岁以上的40人,占总人数的20.5%。青年教师占比达到总人数的60%。由此可见,Z小学教师人口年龄偏小。

教龄上,1~10年的122人,占总人数的62.6%;11~20年的10人,占总人数的5.1%;21~30年的48人,占总人数的24.6%;30年以上的15人,占总人数的7.7%。

学历上,专科或以下有6人,占总人数的3.1%;大学本科有181人,占总人数的92.8%;研究生及以上有8人,占总人数的4.1%。由此可见,大学本科学历教师最多。

专业技术职称上,无职称(实习期)的教师34人,占总人数的17.4%;初级职称的92人,占总人数的47.2%;中级职称的59人,占总人数的30.3%;高级职称的10人,占总人数的5.1%。由此可见,初级职称教师人数较多。

担任管理工作上,没有任何职务的61人,占总人数的31.3%;担任班主任的93人,占总人数的47.7%;任年级组组长或教研组组长的有35人,占总人数的17.9%,有行政职务的6人,占总人数的3.1%。

(2)调查问卷的设计及内容

调查问卷是参照湖南师范大学堪学英编制的教师工作满意度量表和电子科技大学刘景峰编制的中学教师激励管理调查量表,结合Z市小学教师激励工作的实际情况,稍做修改而制定的。

调查问卷共分为两大部分,第一部分是了解被调查人员的基本信息,方便按不同的关键词对调查结果进行统计分析,主要包括性别、年龄、教龄、学历、职称、在校职务。这一部分主要由3个人口变量、3个职业变量两大内容构成。人口变量包括性别、年龄、学历;职业变量包括教龄、职称、在校职务。其中,年龄、职称、在校职务只被用来确保小学教师激励满意度调查问卷的全面性,在后面的统计分析中不会涉及。

第二部分是采用综合评价的方式,对满意度的6个维度进行度量,分别是经济报酬、工作环境、领导管理、培训晋升、人际关系及工作本身,具体分为26个细化指标。

问卷量表采用五级评分法,5 表示"非常认同",4 表示"比较认同",3 表示"一般",2 表示"较不认同",1 表示"很不认同",分值越高,表示激励满意度越高。

(3)信度和效度检验

采用 SPSS26.0 对调查问卷进行信度检验和效度检验,采用内部一致性信度(Cronbach's Alpha)测量调查问卷的无偏差程度。在正式测试前,先在 Z 市一所公立小学进行初测,以电子问卷的形式通过腾讯问卷平台和微信平台发放了 60 份问卷,回收 51 份,问卷回收率达到 85%。经检验,该问卷量表的总体克隆巴赫 Alpha 系数为 0.923,说明问卷量表的信度较高。检验统计量(KMO)值为 0.785,说明该量表的结构效度一般。

因此,本研究又对该群体进行项目分析和探索性因素分析并对相应项目进行删减、修改或调整,最终形成正式问卷。删掉了原问卷中的第 9 题教师的绩效奖励是按多劳多得、优绩优酬的原则分配的,发挥了激励导向作用;第 25 题您会因为自己是一名小学教师感到非常自豪;把原第 15 题与领导关系融洽,领导的指导工作缺乏艺术性不影响彼此的关系改为您与领导关系融洽程度;又添加了 3 个题目,分别为学校福利保障足够,后顾之忧得到很好的解决;学校执行的奖励分配方案合理,能激励您去努力获取;老师之间有良好的团队精神。调查问卷量表由原来的25 个题目变为 26 个题目。

采用修订后的正式问卷对 Z 市小学教师进行问卷调查,调查问卷以电子问卷的形式通过腾讯问卷平台和微信平台发放,共发放问卷 200 份,回收 195 份,问卷回收率达到 97.5%。通过探索性因子分析检验该问卷的结构效度,并计算内部一致性信度系数。经检验,该问卷量表的总体克隆巴赫 Alpha 系数为 0.915,说明问卷量表的信度较高;KMO 值为 0.898,说明该量表具有合理的结构效度。

(4)调查结果分析

本研究采用的教师激励满意度量表包含 6 个维度,分别是经济报酬、工作环境、领导管理、晋升培训、人际关系及工作本身,具体细化为 26 个指标,即:①经济报酬(教师待遇的稳定性增长需提高;个人薪资收入与其他行业相比偏低;所得报酬与付出相差较大;学校福利保障足够,后顾之忧得到很好的解决;学校执行的奖励分配方案合理,能激励您去努力获取结果)。②工作环境(学校的校园文化建设得好,有良好的文化氛围;学校教学硬件设施配置完善,能较好地满足教学需要;学校发展前景明朗,会发展得越来越好)。③领导管理(领导能调动个人工作的积极性、能动性;领导的工作能力和方法不能令您信服;学校内部缺乏沟通机制,领导与教师缺少沟通,对教师的需求了解少;学校管理层很少听取教师的意见,教师参与学校民主管理有名无实)。④晋升培训(享有的培训与进修的机会较少;教育部门和学校组织的培训非常有用,收获很大;学校缺乏良好的晋升机制,不能享受公平的晋升机会,导致晋级无望;学校缺乏科学合理的考核评价机制,教师的业绩评价不合理;职称评审制度不合理)。⑤人际关系(老师之间有良好的团队精神;您与领导关系融洽程度;辛苦工作后因得到反馈、赏识而感到很幸福;在工作中得不到足够的信任和支持;同事之间相互尊重,相处融洽)。⑥工作本身(能力、特长在教学中得不到充分发挥;工作压力大,任务繁重,还要应付很多非教学的琐事;在工作中享有的自主性有待提高;在工作中不能带来成就感)。

对构成小学教师激励满意度的6个维度平均得分进行描述性统计分析,以Z市小学教师激励满意度的6个维度平均数为指标进行数据分析,比较各个维度对Z市小学教师的影响程度,发现Z市小学教师激励满意度的排序从低到高依次为经济报酬、工作本身、晋升培训、领导管理、人际关系、工作环境。其中经济报酬、工作本身这两个维度满意度较低,晋升培训、领导管理这两个维度满意度一般,人际关系满意度高,工作环境满意度很高。Z市小学教师激励度的总体评价数值为3.21,可见小学教师对现行激励评价为一般。

在进行描述性分析时,对反向题进行了重新计分发现,指标均值得分很低的是"教师待遇的稳定性增长需提高""个人薪资收入与其他行业相比偏低""工作压力大,任务繁重,还要应付很多非教学的琐事""所得报酬与付出相差较大"。指标均值得分低的是"在工作中享有的自主性有待提高"。指标均值得分较低的是"职称评审制度不合理""学校缺乏科学合理的考核评价机制,教师的业绩评价不合理"。指标均值得分一般的是"在工作中不能带来成就感""学校缺乏良好的晋升机制,不能享受公平的晋升机会,导致晋级无望""享有的培训与进修的机会较少""学校管理层很少听取教师的意见,教师参与学校民主管理有名无实""学校内部缺乏沟通机制,领导与教师缺少沟通,对教师的需求了解少""在工作中得不到足够的信任和支持"。可见,小学教师对激励管理的不满意主要集中于经济报酬、工作本身、晋升培训和领导管理方面。

小学教师认同较高的是"同事之间相互尊重,相处融洽""老师之间有良好的团队精神""学校发展前景明朗,会发展得越来越好""学校教学硬件设施配置完善,能较好地满足教学需要""学校的校园文化建设得好,有良好的文化氛围""您与领导关系融洽程度"等。可见,小学教师比较满意人际关系、工作环境方面对他们的激励。

本研究又对问卷数据进行了深入分析,按照教师的性别、教龄、学历进行分类,比较不同教师群体的激励满意度情况。采用t值和显著性进行分析,当$p<0.05$时,表示差异十分显著;当$p<0.001$时,表示差异极其显著。结果发现:不同性别的教师在经济报酬、工作环境、领导管理、晋升培训、人际关系、工作本身这6个维度

上没有显著的差异。

不同教龄的小学教师在工作环境上有显著差异,11~20年和30年以上的教师的满意度最高,现在与二十年前相比工作环境发生了巨大的改变,办公环境更加舒适,教学设备也更加先进。而1~10年的教师满意度最低,因为这个阶段的教师处于工作的磨合期,现实情况跟他们想象中的要有一定的落差。

比较不同学历的Z市小学教师激励满意度的差异情况,结果发现:不同学历的小学教师在经济报酬、工作环境、领导管理、晋升培训、人际关系、工作本身这6个维度上没有明显差异。

2. Z市小学教师激励采取的措施

第一,制订并实施了Z市小学教师绩效工资考核方案。首先,学校管理者召开教职工代表大会,宣传关于实施教师绩效工资的理念,使教师对绩效工资有一个基本的了解,方便接下来的工作;其次,鼓励教师积极参与方案的制订,通过公示的方式寻求广大教师的意见,聚集集体的智慧;再次,在完成寻求教师意见的程序后,学校组织召开教职工代表大会,在会上对焦点问题、有分歧的问题进行重点商议和修改,并举手表决通过该方案;最后,经上级部门的审批后,在全体教师大会上进行宣布。

第二,制定了教师薪酬奖励制度。学校按照多劳多得、优绩优酬的奖励标准,使教师间的薪酬出现差距,刺激获得较低薪酬的教师努力工作,优化自己的教学方式,提升自身的教学能力,也无意当中调动了教师的积极性。当教师为教育事业做出突出贡献时,会对教师进行表彰奖励,突出了激励的公平性。Z市根据本市的特点,在当前教师薪酬结构的基础上,制定了本市的教师薪酬奖励制度。Z市的教师薪酬由岗位工资、薪级工资、基础性绩效工资、教护龄津贴、物业补贴、住房补贴、奖励性绩效工资等构成。

第三,制定了详细的教师量化考核标准。Z市为了激励小学教师,制定了详细的教师量化考核标准。Z市依据相关政策,完善了对教师工作业绩的量化评价,包括对教师师德师风的量化评价、教学业绩的量化评价、对教师考勤的量化评价等。学校首先通过学校教职工代表大会让教师对量化绩效考核有一个基本的了解;其次,在量化标准制定的过程中尽可能地照顾到教师的各个方面,确保了教师绩效考核的公平、公正。

3. 取得的成效

第一,绩效工资的发放在一定程度上激发了教师的工作积极性。在对Z市小学教师的绩效工资考核过程中,学校遵循多劳多得、优绩优酬的发放原则,使教师愿意继续在教学岗位上发光发热。另外,Z市小学教师绩效工资的制定过程强调了教师的参与和民主决策,体现了公平、公正的原则。

第二,Z市的学校优化了薪酬福利的设计,小学教师的地位得到了提高。薪酬体系以贡献为基础,拉大了教师与教师之间的薪酬差距。当看到与其他教师的薪酬差距时,有些教师就会用高薪酬标准来要求自己,提高自身的教学水平。Z市对有重大贡献的教师进行奖励,形成良性竞争的循环,树立了优劳优酬的典范。

第三,Z市的学校在教师的管理中有对教师工作业绩的考核。根据教师的工作态度和工作表现,教师的考核结果不可避免地因人而异。有些教师表现优异,而有些教师则表现一般,这种差异使教师之间形成了对比,产生了竞争。

(二)Z市小学教师激励中出现的主要问题

1. 小学教师的薪酬待遇低

在小学教师的薪酬中,奖励性绩效工资在激励教师方面起着主导作用。笔者对Z市一位小学班主任进行访谈时了解到,Z市的小学班主任工作量大、任务重、压力大、工作辛苦,一学期下来奖励性绩效工资只有1 000~2 000元。因此,教师不愿意当班主任,没有真正发挥出绩效工资的激励导向作用。在与学校领导的访谈中发现,Z市小学教师的奖励性绩效工资所占比重偏低,学校能够进行分配的数额有限,在这种情况下,要想调动广大教师的教学积极性,难度很大。

2. 激励评价存在单一性和不公平性

在Z市,学校从德、能、勤、绩这四个方面评价小学教师。其中,教学业绩在评价中占首要地位。只要教师所教班级的学生平均成绩高、优秀率高、及格率高,这名教师就被认为是优秀的。对小学教师的评价以教学业绩为主,考核指标是以班级的整体成绩为依据,在这样的量化标准下,教师整个学期的努力工作到最后只换得一个分数或一个等级。这种以教师的工作量和学生的考试成绩为量化成果的评价标准过分强调了眼前的教育成效,而忽视了教师个体的差异性和教育的延迟性、创造性。

3. 小学教师的培训管理不规范

Z市的小学教师对晋升培训这一维度的满意度一般。由此可见,Z市的小学教师平时参加培训和进修的机会不多。教师提升自身学识、提高教学技能、增加自身修养、促进专业发展的渠道有3个,分别为在职深造、在职培训和校本培训。在与小学教师的交流中了解到,2020年Z市的教育部门降低了教师研究生学历的补贴,工资补贴由原来的每月400多元降到了200元。这大大降低了小学教师去校外深造的热情。另外,小学教师的学习和培训缺乏规划,随意性大,培训模式缺乏实效性、多样性和先进性。学校领导对派谁去参加培训学习有最终决定权,而不是每名教师都能获得培训学习的机会。学校内部校本培训采取的培训模式落后、培训方式缺乏全面性,对提升教师专业化水平作用不大。

4.教师激励的人本管理意识不够

学校管理者没有"一切为了教师,为了一切教师,为了教师的一切"的初心,没有尽最大努力挖掘教师的能力,让教师真正参与到学校管理工作中来,没有实现教师的全面发展。在进行激励的过程中,对于出现的问题没有考虑到个性的差异,忽视了与教师的交流、沟通,很容易使他们产生不满的情绪。一些学校管理者通过约束的手段来管理教师,忽视了教师的劳动特点和合理合法的需求。

5.激励缺乏针对性和差异性

当前,Z市对小学教师的激励没有做到以教师为本,学校管理者没有根据小学教师的多层次需求和个性特点来选择合适的激励方式,而只是依据个人的经验和主观认知来进行激励。不同性别、年龄、职称、背景的教师,其需求是不一样的,学校管理者需要准确了解不同层次的教师的需求,才能有针对性地进行激励。同时,小学教师的激励缺乏及时的反馈,大多数采取奖惩的手段来进行管理,后期没有与教师进行及时有效的交流、沟通,不利于及时发现激励过程中的缺陷,不利于激励工作的良性循环。

(三)存在问题的原因分析

1.政府教育性经费投入不足

Z市小学教师的工资变动不规律,教师的工资缺乏稳定的增长机制。其中2006年和2009年的教师制度的两次改革对教师工资增长均未起到明显的作用,愈发加剧了教师收入和社会物价之间的矛盾。相比社会经济和商品物价的上涨,教师工资增长的水平不足以应对当前物价增长的速度。稳定而可预期的工资增长,不仅是分享经济发展成果、抵消物价水平上涨的重要手段,也是提升教师工作积极性的机制。

2.评价考核机制不健全

目前,Z市小学教师的绩效工资分配、奖金的发放、职称评选等都与评价考核机制密切相关,但由于学校的评价考核机制不健全,考核实施过程公开度和透明度不够,从而造成绩效考核过分量化、评价标准单一和不公平等问题。另外,教师的工作具有创造性和独特性,纯粹依靠量化标准来评估教师绩效的做法会导致教师的工作趋向产生偏差,没有考虑到教育对质量的需求。教师绩效与教师的工作质量无关,而与教师的工作量有关,这完全是本末倒置,严重影响了教师的工作动力。

3.培训管理体制不完善

Z市存在着培训制度不健全、培训方式有限、培训覆盖面小、吸引力不够等问题。培训管理体制的不成熟使得培训的效果大打折扣,从而对培训的评价不高。教师继续教育管理制度是在遵循国家教师教育政策的前提下提出的。虽然学校制定了该制度,但是仍然会出现很多问题。目前大多数的继续教育的管理和培训制度只是中小学教师管理制度的子条例,并未完全涵盖足够的教师继续教育所发生的状况,使得该制度完善程度不足,造成无规则可依的局面。

4. 学校管理者缺乏领导艺术

学校管理者在对教师进行管理的过程中,要转变管理思想,以教师为本,应该更加关注教师的身心健康。目前,教师要承受学生的升学压力,家长的高要求、高期待,学校的教学压力,还有生活压力等。教师承受了这些压力却没有办法释放,面对这些压力,教师缺乏专业的心理疏导,从而产生了职业倦怠问题。此时,学校管理者对教师的激励就显得尤为重要。

5. 学校缺乏良好的沟通机制

在 Z 市,学校缺乏良好的沟通机制。学校也没有开设专门的沟通平台供教师们反馈意见,学校管理者与教师缺乏便捷的沟通方式,没有深入分析教师的需求,教师的工作积极性受到了打击,不利于学校各项工作的开展。通过对教师的访谈了解到,现在 Z 市的小学教师面临各方的压力越来越多,他们表示需要一个宣泄的出口,希望有一个能了解教师情况、听取教师意见与反馈的沟通渠道。

二、国内外教师激励的经验借鉴

借鉴国内外成功的教师激励的经验,可以在教师激励这条道路上少走弯路。在参考 Z 市小学教师激励实际情况的基础上,借鉴国内外好的经验,以此来改进 Z 市小学教师的激励措施。

(一)国外教师激励的主要做法

1. 美国:重视对教师内在发展动力的激发

在外在条件激励方面,首先注重的是薪资待遇的制度激励。美国最初也是单一工资制度,后来逐渐转变为绩效薪资制度。对于教师激励人数,也是从教师个体激励发展到教师群体激励。教师群体的收入也会受到美国教师工会的保护。对于外在条件激励,还有教师群体的工作环境激励,其中包括规范校园文化、实施健康项目以及小班化教学改革等。对于教师群体的健康项目包括定期检查教师群体的身体健康、心理健康,让教师有足够的精力进行学生的教育,保证教师健康且愉快地进行教学活动。

对于如何强调教师激励的内在动力,美国政府也制定了一系列措施进行督促。为了培养足够优秀的教师,美国的教师体制实行的是雇佣制,教师是雇员,其雇佣期限通常在签订合同时就已明确。由于缺乏就业保障,教师随时都要接受校方的评估,以决定是否续聘或解雇他们。在这种体制下,一方面,教师需要不断地学习和提升自我,才能继续留在工作岗位上,否则就可能面临被解聘的风险;另一方面,如果教师重视这份工作,则会主动寻求进步,而不需要外在机制来强迫其参加培训。为了促进教师自觉、主动地接受在职继续教育,美国将接受在职培训与提升教师职务、薪酬待遇等联系起来,其中最具有激励作用的是将参加继续教育与教师资格证书的更新紧密联系起来。

2. 法国:义务教育教师公务员制

法国义务教育阶段教师属于国家公务员,包括所有小学和初中教师。教师公务员制也是一种激励措施,这有利于提升教师群体的社会地位,从心理层面和社会层面鼓励更多的年轻人和优秀人才从事教师行业。法国义务教育教师的薪资待遇直接由法国最高教育部门决定,工资的支出全部由国家负担,地方教育部门和学校无权处理和改变,直接保障了教师群体薪资待遇的稳定性。法国最高教育部门将教师的工资分为两部分,包括基本工资和额外支付。对于教师承担课程计划之外的任务和绩效奖励多于额外支付部分进行补助。教师的工资占据法国教育支出的很大比重。教师群体的工资相比社会中其他行业有明显的优势。在学校,教师群体的薪资待遇是学校经费支出的主要部分,且工资水平相比其他周边国家往往高出许多。

3. 日本:以立法的形式保障教师的社会地位和工资待遇

日本教育公务员特例法将为国家服务的教师群体归类为日本的"教育公务员",也通过法律来保护教师群体的社会地位和薪资待遇。除此之外,日本教师的工资待遇相比社会其他行业是比较突出的,处于较高的水平。根据日本近几年的官方数据统计发现,中小学教师群体的年平均收入比社会中其他全职行业收入高近1万美元。而且除了基本的工资收入,日本的中小学教师群体每年固定发两次年终奖,相当于每年5个月的收入。日本的中小学教师群体的收入是由基本工资和各类津贴组成的。津贴主要包括生活津贴、职务津贴、加班津贴和其他津贴等。津贴的总数占工资总数的近15%。针对偏远地区,日本有针对性地颁布了《偏僻地区教育振兴法》,以此来根据当地条件来制定教师和学校的各项收入和补贴。

(二)国内其他地区教师激励的主要做法

1. 杭州市西湖区:中小学"学科带头人"激励制度

杭州市西湖区以中小学为试点,选拔优秀教师作为"学科带头人",通过学科带头人的引领和激励,广大教师群体逐步开始重视学科教研和教学研讨等促进教学能力的方法和手段,极大地提高了教师群体的教学活动的热情和积极性。

对于学科带头人的选拔具有一套较为完整的流程和条件。教育部门要求学科带头人必须专业能力足够强,且长期工作在教学一线,足够了解目前的教学形势,对学校领导也提出同样要求。此外,教育部门还要求竞选者足够年轻,有精力担负起带头工作的任务,要求竞选者年龄不超过50周岁。对于评选者,还要求学历在本科及以上,有足够开阔的视野和学习能力。对于竞选者的教学素养和学术素养,在区级及以上规模中开设过公开课程,或在教育学刊上公开发表过学术论文,这些均为竞选者的加分项。

在设置"学科带头人"时,也相应地分配了等级,包括一级学科带头人和二级学科带头人。这两种分配等级对应的年终奖励也不同。有奖励就要有考核,学科带头人并非终身制,具有任期。每个学年学校都会对学科带头人进行年度考核,考核优秀者进行绩效奖励,考核不达标者不奖励,但如果连续两年考核不达标,则进行学科带头人的更换和重新选拔。学科带头人的设置是对教师的专业技能的个人能力的认可,不仅从精神上对教师是一种促进,也从物质上对教师进行奖励,激发了教师的工作积极性。

2. 北京:构建多元的教师激励机制

第一,把检查和评价分开,淡化和慎用评价。淡化评价有利于对教师群体的激励。学校定期以各种方式开展学生学习情况大调查,从学生角度发现教师教学问题,改善教学方法和方式。此外,将检查和评价分开是一种科学的方式,能够引导教师发现教学中存在的问题,从而促进教师的快速成长。

第二,提供各种平台和机会展示教师的成就。学校定期举办"优秀教师闪光点""你我身边的好老师"等主题活动,每季度推选出"教师明星",并设置海报,通过学校宣传栏展示给校内外学生和家长。通过提供自我展示的平台,激励教师不断挑战自我,提高工作的积极性,为学校教学发展做出自己的努力。

第三,注重教师的专业技能的进步。为了提高教师的专业技能,学校出台了一系列措施。如学校组织了"教学讨论会""教师书院"等活动,还针对不同学科、不同年龄的教师进行多种类别的教学活动。教师群体根据自身特点和兴趣爱好,有选择地参加各种活动,由被动式参加变成主动式加入,积极性明显提高。

第四,奖励是教师激励最为直接的方式,设置各种奖励办法去奖励教师工作获得的业绩。激励主要包括教师教学获奖、主持或参与学术课题项目,以及与自身学科相关的学术成果发表等。根据具体评分制细则,设置多档次、多等级奖励,每学年表彰一次。这些奖励和教学成果为教师群体的职称晋升、绩效分配等提供了依据。

3. 山西省太原市:完善教师激励机制

第一,太原市政府建立了教师待遇保障机制,确保中小学教师的平均薪资待遇与当地国家公务人员的薪资持平,甚至高于当地国家公务人员的薪资水平。对于教师绩效,政府规定从 2019 年 9 月起开始补发增加 20% 的绩效工资。对于学校班主任教师,政府注重增加补贴,最低补贴标准 1 000 元。为平衡农村教育和关心乡村教师,政府在制定教师晋升、提拔等相关政策时给予一定的倾斜和优惠。在薪资待遇上,乡村教师每月都会从教育部门领取乡村补贴,其补贴标准不低于1 000 元。

第二,单独对优秀教师和优秀班主任等设置专项教师奖励,激励在日常工作中积极工作且取得一定成绩的教师个人和团体。除此之外,加大开展对教师的培训和再深造的力度,设立教师再教育的制度,提升教师的教学能力。

第三,政府注重提升教师的社会地位。在市内区域设置宣传栏,形成尊师重教的良好风气。在医院、银行等服务性质部门设置与军人优先类似的教师专用通道。除此之外,政府对任教超过 20 年教龄的教师群体给予一次性奖励。

(三)经验借鉴

1. 提高教师的地位和待遇

建立国家教育公务员制度,中小学教师享受国家教育公务员的权利,使教师享受到较好的薪酬待遇,以财政预算来支付教师的工资,保证了对教师实施的工资标准符合实际情况,也提高了教师队伍的社会地位,有利于营造尊师重教的良好社会风尚。同时,工资水平的提高也增加了教师职业的吸引力,可以引进更多人才加入教师这个行业中,从而有效地解决了教师短缺的问题。

2. 构建教师职业保障体系

一是建立教师流动制度,满足教师对工作流动的需要。二是建立教师评估体系,不仅要考查教师的教育教学能力,还要考核教师的职业道德和职业情操。如果教师因身体问题不适合承担教学工作,学校可以减少教师的工作量,从而减轻教师的工作压力。在身体问题严重的情况下,政府可以允许其提前退休;如果教师因为有道德问题或者不符合教师职业的行为,教育部门可以终止与教师的劳动关系。

3. 建立科学有效的教师培训管理体制

建立科学有效的教师培训管理体制,激发教师内在的发展动力,努力为教师创造一个民主、开放的工作环境，保持教师求知动力，从而促进教师的专业发展。另外，教育部门可以出台相关政策鼓励教师继续深造，提升自身学历，将教师参加深造的时间折算为培训的时间，从而激发教师参与继续教育的热情。教育部门还可以建立教师带薪进修制度，使教师在进修的同时可以获得一定的工资，根据教师参加工作的时间确定不同比例的带薪进修时间。学校可以请专家型教师对新教师进行专业指导和培训。

三、Z市小学教师激励建议

（一）政府宏观指导小学教师激励

1. 提高小学教师工资标准

2006年《中华人民共和国义务教育法》强调："各级人民政府保障教师工资福利和社会保险待遇，教师的平均工资水平应当不低于当地公务员的平均工资水平。"但是政策中的细则并没有明确提出教师群体的工资水平对应于什么级别的国家公务人员，这就使得中级以上职称教师群体的工资待遇高于当地公务员工资待遇水平，但是中级以下职称教师群体的薪资待遇水平并没有达到政策中提到的不低于当地公务员的薪资水平。还需注意的一点是，拥有中级以上职称教师群体的人数远少于中级以下职称教师群体的人数。总体来看，教师群体的薪资收入是低于当地公务员的薪资水平的，这样就造成了教师群体收入的两极分化的局面，使得大部分教师群体工作积极性降低，不利于教师激励政策的实施。因此，当前亟须完善教师工资待遇制度，增大教育财政投入。

2. 进一步完善工资结构制度

对于外部结构，教育部门要注重调整教育财政结构，增加教师工资支出所占比重，从源头上切实提高教师群体的收入。在上述举措的支持下，还需要具体落实教师薪资待遇，能够使教师真正得到实惠。对于内部结构，需要统一区域内不同学校绩效工资的标准，使得教师群体能够得到同等对待，缩小地区差异性。还要注意学校内部不同职能人员的分配标准，保证能最大化起到激励教师的作用。

3. 建立定期小学教师工资标准调整机制

为保证教师群体工资待遇的上涨与经济增长同步，亟须建立一个定期调整中小学教师工资的机制。至于如何调整，就是在任意一个时间段，对该时间段内的经济状况、财政收支、市场物价水平等做出分析,才能确定教师群体的工资调整。除了工资需要设定调整期限和幅度外,还需调整程序设计。我国需要建立中小学教师工资的定期调整机制,保证义务教育教师工资两年一调整的标准。从制度上确保义务教师群体的工资待遇和经济增长、物价水平保持同步增长。

4. 完善教师工资保障机制

教师工资待遇的落实需强有力的财政保障机制和权责明确的政策督查机制。面对当前小学教师工资分配过程中存在的弊端,要想解决这一问题,需要加强省级政府对小学教师工资的统筹,建立"以省为主"的管理机制,从而减轻县级政府的压力,缩小地区间小学教师的工资差距。同时,贫困地区的教师工资应主要由国库支付,这样可以加大对贫困地区教师工资的统筹力度,从而减轻地方政府的压力,保证教师工资的发放。此外,要明确各级政府的职责和教师工资的来源、渠道,建立权责分明的工资保障机制。

(二) 完善小学教师的评价和晋升机制

1. 建立科学的教师评价机制

评价的目标在于评估教师是否达到了学校对教师的工作要求,以此为依据来判断是否对教师进行奖惩,这样的激励方式并没有起到良好的促进和改善作用。在当前教育改革和新课程改革的大背景下,教师评价机制必须要推陈出新,既要兼顾教师的个性化需求,又要建立多元化的、适用性强的教师评价制度,即实现从总结性教师评价到发展性教师评价的转变。发展性教师评价旨在推动教师的专业成长,提倡教师的个性化教学、强调教师对自身教学行为的分析与反思、激励教师主动顺应现代教育发展的需求。因此,学校管理者应该逐步转变理念,从以奖惩为主的教师评价转变为发展性教师评价,在学校积极推行发展性教师评价制度,以充分调动广大教师的工作积极性。

2. 建立公平的教师晋升机制

学校管理者要制定管理人员的选拔和任用制度,让每一位教师都有公平竞争的机会,并按常规方式选拔主要候选人进行培训和考察。教师职称的晋升对教师来说非常重要,有着很大的吸引力。所以,学校要建立公平公正的职称晋升机制,减少不必要因素的干扰,让其真正反映教师的工作能力。

3. 建立监督和反馈机制

为了让教师对考核结果心服口服,学校管理者应建立科学的监督机制,确保教师能够积极地参与到评价制度的制定、实施和反馈的过程中;同时,学校也要重视教师的后期反馈,通过网络虚拟平台及时了解教师对评价制度和晋升的想法和建议,并及时对反馈信息进行归类和分析;学校通过与教师聊天、谈心等方式来加强与教师的交流,摸清教师对考核和晋升的满意度,及时解疑释惑,避免其出现不良情绪。

(三)建立科学有效的教师培训管理机制

1. 注重激发教师内在发展动力

构建培训激励机制以激发教师内在的学习动力,开展自主学习,丰富自我学识,提升教师在职培训的积极性,激励教师努力提高教学专业水平。教育部门和学校还可以建立带薪进修制度,让教师在进修的过程中得到基本的生活和学习保障。除了上述提高教师自身专业能力的举措外,还需要创造一个注重教师发展的外部环境。外部环境对于教师的个人发展具有重要的意义,只有保证一个自主、开放的外部环境,为教师营造一个轻松愉悦的求知氛围,才能使得教师持续保持积极向上的精神面貌。

2. 创新教师培训方式

首先,学校要注重培训方式的创新,不再局限于传统填鸭式的培训方式,对部分滞后方式进行重点改革,注重教师培训的参与体验,以及角色互换等多种切实可行的培训方式。其次,学校要结合给学生授课的方式,注重讨论、模拟等新型教师培训模式。调动教师培训的积极性,学习和培训可以作为奖励教师的一种常规手段,在学习和培训中加入考核模式,制定考核制度,以一定的物质奖励作为激励教师的方式,鼓励教师积极参与学习和培训。最后,在学习和培训的内容上要做到具体情况具体分析,"因科制宜",根据不同学科的性质,对不同学科的教师采取不同培训内容,有针对性的培训更能满足不同学科教师的实际需要。

3. 构建符合教师实际需求的培养机制

教育管理职能部门和学校管理层需要具体情况具体分析,针对不同学科、不同教龄的教师群体设置专门的培训和学习内容。对于新入职的年轻教师群体,在保证培训内容紧跟时代发展的同时也要注重帮助他们尽快熟悉新的工作岗位,适应新的工作环境。对于教龄较长的教师群体,他们教育经验丰富,工作得心应手,同时对于其他的需求也会日益增多,要注重该群体需求的多样化,鼓励他们保持持续的工作积极性。

(四)改善领导管理

1. 学校管理者更新管理观念

学校管理者要更新管理观念,树立以教师为中心的基本原则。学校管理者是一个组织或团体的管理者,要时刻牢记以学校教师为出发点,尽可能满足他们的需求,最大限度地激发教师的能动性和创造性,增强教师对自身工作的认同感,给予教师更多的精神需求和物质需求,这样才能有利于学校更好地发展。

2. 学校管理者注重管理艺术

学校管理者需要注重管理的艺术性。在管理过程中,管理者可以借鉴优秀且成功的管理模式,但直接照搬不一定适用,需要在实际过程中灵活运用,以教师的激励为最终目的。学校管理者在实行管理权时,要注重教师的内心需求,同时在工作中给予他们足够的信任和自主权,使他们感受到被重视,从而激发自身的内在驱动力。同时,教师作为一个个体,学校管理者要注重发挥他们自身的特长,最大限度地满足他们的精神需求。除此之外,学校管理者还需要加强自身修养,找到非权力因素对教师工作积极性的影响,注重发挥人格魅力,工作中以身作则,在教师群体中形成"杖履相从"的影响力,共同为教育事业做出贡献。

3. 关心、关怀教师,凝聚向心力

首先,学校管理者要帮助和关心在工作中遇到困难的教师,并及时对他们进行心理疏导,保持他们工作的积极性。同时,要尽最大努力为教师争取应得的利益。其次,学校管理者要建立健全教师管理制度,要在科学的教师管理制度保障下实施人文关怀,只有在公平、公正的教师管理制度下,教师才有机会参与重大事项的讨论,行使自己的发言权和参与权。最后,学校管理者要带领教师建立独特的校本文化,倡导教师树立正确的人生观、价值观、教育观、道德观。

(五)建立新型的人际沟通机制

1. 全面了解教师需求

学校管理者需要清晰地认识到教师不仅有物质方面的需求,也有精神方面的需求。学校管理者要知道教师有哪些物质方面的需要,如工资待遇、住房问题、子女教育等。学校管理者要尽量满足教师的合理需要,而对于学校暂时没有办法解决的需要,要及时与教师交流并做出解释,避免其出现不良情绪。教师的需求因人而异,并且也会在不同的发展阶段发生改变,因此学校管理者要有灵活的头脑和发展的眼光。在激励教师的过程中,学校管理者要灵活运用激励理论,避免简单化的理解方式。

2. 建立良好的人际沟通体系

学校管理者要清晰地认识到自己与普通教师只是分工不一样,两者之间的新型关系应该是双向的、民主的、平等的。学校管理者与教师要互相尊重和理解,构建和谐的同事关系。学校管理者要用自己高尚的人格和独立的思想去影响教师,增加与教师的情感交流，用和谐、平等的方式与教师沟通工作，让教师能够主动地向学校表达自己的想法和意见，发挥自己的聪明才智，让教师真正地参与学校的管理，尽心尽力地为学校服务。在学校内部建立良好的人际沟通体系，在日常工作中，多走访普通教师的办公室，多与教师进行交流，了解他们的工作状态和想法，努力为他们争取更多的福利，这样可以拉近管理者与教师的心理距离，使教师心甘情愿地参与到学校工作中来。

3. 搭建有效的教师反馈平台

学校有必要为教师搭建一个有效的反馈平台，通过畅通信息和反馈意见可以让教师及时地查漏补缺，弥补自身的不足，同时也可以利用这个平台宣传学校的管理观念和管理思路，获得教师的认同和支持。通过反馈平台，学校管理者也可以随时、及时地了解教师的动态。只有对教师的需求和想法了如指掌，学校管理者制定的教师激励措施才会更加科学、有效。可以建立校级信息资源共享与交流平台，为教师及时表达自己的意愿提供了便利，这也有利于学校管理者清晰地了解教师的情绪状态和想法。虚拟平台能够实现教师信息数据的智能分类和导出，便于学校管理者及时汇总教师的反馈信息，不仅方便了两者之间的沟通，也提高了工作的效率。

大连金普新区
税收营商环境优化研究

刘伊

（学号：1120203364）

营商环境从广义的层面分析指伴随市场主体从创立、经营到关闭整个过程的各种周围境况和条件的总和。狭义的营商环境则一般指市场主体遵循相关政策法规在开设、营运以及缴费、纳税、注销等方面所需要的成本与时间。税收营商环境涉及法律、行政、社会等多个领域，是营商环境的重要一环。

税务部门作为政府体系内主管税收工作的机构，在发挥税收职能、调节经济管理过程中，影响着企业等各类市场主体的经济行为，构成税收营商环境的重要基础。《优化营商环境条例》规定，税务部门应该简化纳税过程，减少申报次数，税收过程中做到对外公开，降低办税花费的时间，税务部门应当积极推广电子发票，鼓励网上纳税，不断提升纳税服务质量。

世界银行以营商环境为核心构建的指标评价制度当中，与税收有关的指标有4个，分别是：总体税收以及缴费率、缴纳税款的时间、缴纳税款的次数，还有报税后流程指数。中华人民共和国国家发展和改革委员会（以下简称"国家发改委"）在2018年进行营商环境评价时，在世界银行上述4个纳税指标的基础上，增设"税收执法规范水平"和"税外负担"2个子指标。税收执法规范水平能够综合评价税务机关行政执法情况，包括行政执法程序规范性、依法征收及公开情况；税外负担考察的是涉企行政性收费、基金收入以及垄断性商业收费情况。

一、大连金普新区税收营商环境优化现状分析

(一) 大连金普新区税收营商环境优化目前所采取的措施与成效

大连金普新区注重在政策辅导、因企施策、个性服务、科技助力以及房产交易领域优化税收营商环境,取得政策落实有保障、征集意见有反馈、税费服务有质量、房产交易有升级、实体发展有贡献的良好成效。

1. 所采取的措施

(1)多管齐下开展政策辅导。建立"线上线下全方位分级分类全覆盖"的政策辅导机制,通过办税厅 LED 屏、微信公众号、税企微信群等多元渠道,实现政策辅导精准、及时、高效。强化征纳互动平台运用,制定管理办法,规范发布流程,通过"一对一"辅导持续推广应用,发布政策阅读率从 6.9%攀升至 63%。大力推广"云辅导",利用微信、互联网直播、智能问办系统、电子税务局等媒介,加强政策辅导。

(2)画像扫描推进因企施策。针对制造业中小微企业名单,精细划类,为"三类企业"画像,落实落细缓税政策。第一类是"应享",采用先广推送、后精辅导的模式,通过电子税务局和征纳互动平台精准推送。第二类是"重点应享",逐户专人点对点政策推送、电话辅导。第三类是"应享未尽享",通过电话、微信等方式深度辅导,为企业打消疑虑,解答重新享受需办理的退税流程。

(3)精细精准提供个性化服务。制定精细化纳税服务管理办法,组建专门工作室,成立服务团队、健全相关制度,细化服务准则、固化服务流程,并围绕具体问题展开个性化、定制化辅导,实现主动对接、精准辅导、定期走访、后续追踪,"一站式"解决企业难题 100 余个。

(4)科技助力缩减办税成本。大力推广"自助办""网上办""掌上办"业务,让"非接触式"深入人心。"小视频课堂"精准投放。梳理纳税人使用率最高的电子税务局、自助终端业务操作,创新制作系列小视频 40 余个,投放于"智慧政务"触摸屏,"菜单式"观看让纳税人"秒懂"业务,真正做到"哪里不会点哪里"。大力推行"智税大厅"建议,合理规划窗口设置,建立"智能问办"导税团队和专属服务区,扩大电子税务局体验区规模,增加视频咨询功能,将企业疑难问题"可视化"。

(5)加速升级房产交易涉税业务。本着"进一个门、跑一次路、叫一次号、排一次队"的原则,重点了解非住宅"一窗受理"业务操作细节和难点、堵点,经过与大连金普新区不动产登记中心的反复沟通和联合测试,首次受理成功并正式实行非

住宅"一窗受理"。为规范二手房交易和经纪行为,维护房地产交易市场良好秩序,房产办税厅多次与新区住建局、自然资源局沟通协商,实现存量房全面网签。

2. 取得的成效

(1)政策落实有保障。不断创新税收宣传的方式方法,税收政策的普及程度更深、覆盖更广、精准度更高,打消企业害怕因享受缓缴政策影响纳税信用等级的顾虑,严格落实中央减税降费各项政策措施,保障了纳税人及时准确享受改革红利,极大地缓解了企业的资金压力,盘活资金流,呈现强劲的发展态势,全力支持企业平稳发展,为工业经济平稳运行贡献税务力量。

(2)征集意见有反馈。主动征集纳税人意见和建议,全年发放各类调查问卷1 700余份,对反馈的问题逐一跟踪解决。持续提升"解难题"能力,成立"找我办"问题专班,严格落实一次性告知、容缺办理、告知承诺制等制度,"急难愁盼"在倾心倾力中逐一解决。

(3)税费服务有质量。政策"码上可知"、咨询"线上可答"、业务"网上可办"等线上服务,让"非接触式"成为办税新常态。进一步简化办理程序,减轻办税负担,提高服务效率。推行纳税申报"提醒纠错制""容缺办理""承诺制",适当下放审批权限,全面理清行政审批事项,改善税务注销免办即办服务措施,持续缩短办税时间,提升办税效率。

(4)房产交易有升级。非住宅交易实现"一窗受理",办税时长从4天改为即时办结,办税效率极大提升。圆满完成存量房网签系统上线,实现房屋交易申报"无纸化""免填单",促进交易行为透明、规范,涉税风险有效降低。这一举措可直接通过网签备案平台获取交易信息,实现房屋交易申报"无纸化""免填单",便利纳税人的同时提高了工作效率;实现税务部门、银行、交易管理部门的"三价"合一,提高交易的透明度,各项税费应征尽征,防范执法风险和弥补管理漏洞;为全区房地产交易提供了真实有效的基础数据,不再依赖于系统评估价格,为科学有效掌握整体房屋交易税收情况提供了数据保障。

(5)实体发展有贡献。坚持把推动减税降费政策落地生根作为政治任务来抓,切实让市场主体和百姓感受到实实在在的政策红利。为实体经济增添动能,助力夯实经济发展基本盘。税收成本的降低,成为点燃科技创新的"新引擎",有效地支持了科技创新发展。

(二)大连金普新区税收营商环境优化存在的问题

1. 税费服务成本高

第一,纳税人缴费人合法权益保护不到位。在调查问卷"落实税收优惠政策方面,税务部门应改进完善哪些服务举措"一题中,选择"运用大数据精准推送税收优惠政策"的人数占样本的84%。实施重大税收改革时,以往开展的宣传辅导更多的是不加区分地推送各类政策规定,优惠政策宣传泛而不精,对纳税人缴费人的实际需求了解分析掌握程度不够,难以提供精准服务,在一定程度上制约了政策落实的及时性。纳税人缴费人权利救济和税费争议解决机制不够健全,诉求有效收集、快速响应和及时反馈渠道尚未完全畅通。第二,纳税人缴费人办税成本负担偏高。在调查问卷"您认为涉税事项办理耗时最多的事项是什么"一题中,选择"纳税申报"的人数占样本的94.7%。纳税人缴费人资料重复报送现象仍有发生。部分办税缴费事项必须前往办税服务厅办理,以表单为载体的传统申报较为复杂,填写难度较大。依然存在办税过程"通而不畅"、办税渠道"多而分散"、办税事项"杂而不简"等问题,影响纳税人办税体验。第三,欠缺智能个性化服务。在调查问卷"您希望税务部门提供哪些个性化服务举措"一题中,选择"及时反馈企业集团及成员企业的涉税诉求""定期提示共性和行业性的重大事项税收风险""成立税务专家服务团队,加强税企互动沟通"的人数占样本的比例均超过五成。纳税服务较为格式化、无差别化,无法满足纳税人缴费人精细化、个性化、多样化的服务需求。

2. 税务执法行为不规范

大连金普新区全面推进依法治税,税务干部运用法治思维和法治方式的能力全面提升,但同时仍存在一些问题。在调查问卷"您认为以下哪些措施更能促进执法规范、公平?"一题中,选择"推进执法标准统一"和"严厉查处涉税违法行为"的人数均占样本的82%以上。首先,存在"同案不同罚"现象。纳税人缴费人相同的涉税行为因为由不同税务人员或税务机关处理,存在面临不同处理结果的可能性。部分税务执法行为没有严格依照法定程序和权限进行,存在对涉税案件的处理不严肃、执法程序不规范等现象。其次,税法力度不适当。行政处罚裁量基准的科学性和合理性不足,执法的自由裁量权没有得到有效的约束和限制,存在权力寻租的空间,侵害纳税人缴费人的合法权益。最后,内部监督效力不足。税务执法和管理的信息化留痕不足,系统间数据共享存在问题。业务软件内控程度不足,跨税种、跨事项、跨区域的风险提示不及时、不到位,事前事中防范不足,限制全面防控、全程防控、全员有责的税务执法风险信息化内控监督体系的实现。

3. 税收治理现代化水平较低

在调查问卷"您到办税服务厅而不是在网上办税的原因是什么?"一题中,75.5%的被调查者选择"有的业务网上无法办理或者不能完全办结,仍需要跑到办税服务厅",53.2%的被调查者选择"网上系统经常出现升级情况,故障多,不稳定"。在调查问卷"您在纳税缴费过程中遇到过哪些困难?"一题中,77.1%的被调查者选择"办税缴费软件智能化不够,影响办税缴费效率",62.8%的被调查者选择"申报时税款计算复杂"。在调查问卷"您认为目前办税缴费系统需要解决哪些问题?"一题中,选择"运行不稳定""操作不便捷""网上办理税费指南不清晰""问题解决不及时""办税缴费系统多,需要来回切换""全程网上办理业务覆盖面不够"的人数均达样本的半数以上。在调查问卷"您希望网上申报系统哪些功能进一步优化?"一题中,选择"扩大通过财务软件自动提取或转换财务报表数据功能覆盖面""申报表数据自动预填或自动提取后可自动计算税额""推进税种要素申报,减少填报数据"的人数均占样本的八成以上。反映在税收大数据方面,仍存在数据标准不统一、数据不同步或数据不关联等问题,给后续的综合分析和应用制造了阻碍。税收数据依然存在"数据主权""信息孤岛"现象。

4. 税收共治合力薄弱

一是部门协作不够。涉税信息共享的广度和深度不足,常态化参与涉税信息共享的单位较少,共享信息内容不全面、传递不及时、数据不精确。二是社会参与度不足。目前以税务机关为主导、社会广泛参与的力量依然比较薄弱。这体现在涉税服务组织发展不充分,业务水平参差不齐,广大群众对税收的关注度不够,协税护税意识不强,相关配套制度尚不完善,税收共治机制还不健全。三是司法保障机制有待健全。行政执法与刑事执法衔接还不顺畅,仍有一些涉税问题亟须出台司法解释,明晰裁判标准。

(三) 存在问题的原因分析

1. 信息化顶层设计滞后

目前纳税人缴费人办税时间成本负担重,税收宣传大水漫灌,税费服务无差异都暴露出信息化建设顶层设计滞后于征管需求,更滞后于纳税人缴费人的热切期待。税收环境和征管手段不断变化的大背景,对税务部门征管改革的逻辑和模式均产生了一定的影响和作用。尤其是在经济数字化快速发展的态势之下,税源结构、形式和流动性均发生了深刻变化。因此,税收征管的底层逻辑和信息化建设的顶层设计必须要与时俱进,及时进行更新。

2. 依法治税理念缺失

依法治税理念应贯穿税务执法的全过程。"同案不同罚"现象固然有税务人员业务水平不全面、不精进的客观限制,但更多则受法治理念缺失的主观限制,尤其是在自由裁量权的行使存在上下浮动空间且浮动标准没有明确规定的情况下,执法人员没有从根本上树立权责一致的观念,遑论维护税法的权威。不当甚至错误的执法行为发生后,对执法过错的追究往往以行政处分为主,警示教育和惩治作用收效甚微。

3. 大数据应用成本较高

大数据应用成本通常由采集成本、协调成本以及处理成本三部分构成,成本过高,为大数据应用带来了阻碍。首先,税务数据采集难度大,采集成本高。市场主体经营业务日益复杂多样,税务机关应该积极设法采集与纳税人缴费人有关的真实、准确、系统的生产经营信息,这无疑将面临高难度和高成本的问题。其次,数据来源受限,协调成本高。我国采取的税收征管模式充分体现了管事与管户的结合,涉税数据主要来源于纳税人申报的信息以及税务部门在日常工作中所收集到的信息。最后,利用大数据面临困难,处理成本高。当前大数据应用还在初始起步阶段,涉税数据的真实性由企业对自身负责,并由税务部门进行事后管理,但分析能力多方面受限,数据分析的广度、深度都很难有所突破,严重影响有效应用程度。

4. 税收共治格局未形成

目前,政府部门在开展公共服务的过程中,需要社会、市场以及政府部门三者进行合作。税务部门在提供税费服务的时候,并未充分认识到三者合作的必要性和重要性,所以未能较好地协调三者之间的关系,未能形成多方共治的良好局面。在信息化快速发展的时代,税务部门和其他部门,比如社保部门在信息传递过程中还存在很多阻碍,数据信息不能实现快速融合,信息障碍依然存在。此外,税务部门没有发挥自己对于社会中介组织作用,比如税务师事务所的帮扶作用,税务部门对税务师事务所等中介组织在业务指导和监管方面投入明显不够。

二、国外和国内其他地区
优化税收营商环境的经验借鉴

(一) 国外优化税收营商环境的做法

在世界银行发布的全球营商环境报告中,美国、韩国和德国的排名较为靠前,他们在打造优质税收营商环境方面富有代表性的先进做法,可以创造性地借鉴。

1. 美国:健全涉税服务体系

世界银行发布的《2020营商环境报告》显示,在营商便利度排名中,美国位列190个经济体的第六位。早在1988年,美国出台了《纳税人权利法案》,这是美国对纳税人权利保护最初的雏形。美国采取多种方式,获取纳税人的纳税需求和纳税感受,进而提升服务质量,提高纳税人满意度:2006年美国发布《纳税服务蓝图》,研究纳税人动态变化的纳税需求;近十年按时面向纳税人开展问卷调查,有针对性地提高服务水平;组织研究机构和税务局等部门,成立纳税人委员会,分析纳税人需求,了解纳税人感受;召开税务大会,旨在搜集整理涉税中介行业对办税工作的意见和建议。为了维护纳税人的合法权益，美国还成立了专门的服务机构，颁布专门的法案为纳税人提供服务，并将上诉委员会更名为税务法院，帮助纳税人获得司法救济。美国建立以中介机构、社区组织和税务机关为主体的办税机制，美国国内收入局对中介机构和社区组织开展的纳税代办业务相当关注。美国充分借助第三方力量，开展税法知识宣传，提供法律帮助，例如，所得税志愿者援助项目和老年人税务咨询项目都可以提供免费的专项服务。

2. 韩国：注重保护纳税人合法权益

韩国政府在开展纳税工作的过程中形成了"以纳税人为本"的观念，更加关注纳税人需求，注意维护纳税人的合法权益，在《2020 营商环境报告》中，韩国"纳税"指标排名第 21 位。2002 年，纳税人就可以通过"Home Tax（家庭税收系统）"随时随地完成线上申报，并通过该系统完成缴税和开具纳税证明等，解除了上门申报的限制，减少申请人来回跑的次数。线上电子税务局覆盖了 95% 的业务，提供全年无休服务，办税便利化得以提升。2014 年，韩国《国税基本法》新修订的内容包含纳税人保护委员会制度，对纳税人投诉以及批准延长调查范围与时间等内容做出具体规定，保障了纳税人的合法权益。在纳税方面采取奖励措施，评选出按时、按规定缴税的纳税人，给予降低贷款利率、医药费等优惠，提高企业和个人纳税积极性。从人性化和合理化管理纳税人来看，不允许对同一纳税人进行重复检查，仅是稽查部门拥有检查权，在制度设计层面避免扰乱纳税人的正常经营与生活。此外，鼓励信用良好的诚信纳税人与税务部门进行签约，其间纳税机关不能对纳税人的报表、记账凭证等内容进行税务检查，减少纳税人为应对税务部门核查而影响企业运营的情况，为企业营造稳定的税收营商环境。

3. 德国：规范发票管理实现"数据管税"

德国营商环境综合排名居世界 190 个经济体的前列，这表明德国法律制度较为完善，整体营商环境较为平稳。在税收方面，德国重视对个人信息的收集和获取，重视财务资料的严谨性和细致性，税收征管体现对纳税人的信任和公平，注重税务检查程序的合法性。发票管理制度规范相对完善，特别是对于电子发票的管理具有完善的制度基础。电子发票的管理受到一般税法、联邦数据保护法、商法典、增值税申请法令、增值税实施条例、增值税法、民事诉讼法、欧盟委员会建议书等规范的制约。电子发票的推广使用有长期的发展战略作为指导，"2020 数字议程"作为欧洲数字经济的战略，推动了德国电子发票的发展。随着电子发票不断发展，通过发票控制税收的功能不断转向通过数据、信息管理税收，即"数据管税"，从而有利于减少通过发票控制税收导致的少开票、少缴税等问题。

(二)国内其他地区优化税收营商环境的做法

1. 重庆两江新区:"一键申报"压缩办税时间

重庆两江新区税务局上线试点以交互式智能申报为特点的小规模纳税人"点即报"二期,体验一键申报7项税费的加速度和"申报即享受"税收优惠的便利。"点即报"二期已实现增值税及其附加税费、企业所得税、个人所得税、文化事业建设费等7项税费一次性集成办理。对于这7项税费,由填表改为系统自动抓取信息,纳税人只需轻点鼠标确认就完成了办理,极大地提升了办税效率。这个变化依托工商部门共享的企业登记数据,系统自动抓取企业基本信息,判定企业类型,同时再根据发票数据、财务数据,自动判定企业能享受的优惠政策是什么、能优惠多少,最终直接生成一个计算好的申报结果,纳税人确认即可。除了"点即报"二期,在增值税留抵退税方面也推出了大数据智能化应用——增值税"报退合一"功能,即一般纳税人在电子税务局申报增值税时,系统自动抓取办税人员填报的发票、财务等数据,并结合系统内嵌的政策条件,自动判定企业是否符合退税政策。如果符合,自动弹窗就提醒纳税人。办税人员若立即申请退税,只需点击确认键。

2. 武汉东湖新技术开发区:"云服务"提升便利度

武汉东湖新技术开发区税务局积极主动融入武汉市政务服务"马上办、网上办、就近办、一次办"的"四办"改革大局,推出一系列"云服务"举措,"四办"改革任务全面达标,优化税收营商环境向纵深发展,市场主体便利度和获得感持续提升。一是"云直播",精准推送税收政策。借助湖北省"税企通"、斗鱼等平台,每周播出"直播时代",由税务专家、业务骨干等担当主播,开讲税收减免政策、实务操作。二是"云辅导",轻松填报申报表格。"轻松填"增值税申报辅导软件升级后,在重要数据均设有批注,填表人填写少数关键数据,软件便可智能运算,自动关联到申报表相应栏次的基础上,集成"模拟申报、案例演示、防疫新政"等功能。三是"云办税",便利办理涉税事宜。电子税务局新增企业所得税更正申报、无盘登录、税控发票升版增量、抗击疫情减免税等功能。四是"云配送",网络申领税务发票。升级打造全国首家"税邮云仓",实现全市网上领用发票的时候可以自动受理以及审核,审核完成后自动配发,建立信息化以及一体化的网上申请和配送发票新平台。五是"云支付",灵活缴纳各项税费。利用现代支付手段,与湖北银联合作推出"云闪付"缴税方式,纳税人无须签订三方协议,不用POS机现场刷卡,只要将银行卡以及"云闪付"APP进行绑定,就能够自由灵活地缴纳税款。六是"云导航",合理疏导就近办税。通过税务服务站进驻街道社区、自助办税设备进驻银行等,最终形成以"办税服务厅+税收服务站+邮政代理点+自助办税终端"共314个办税点为载体的"15分钟办税服务圈"。七是"云管理",升级优质办税体验。办税服务厅智能化管理系统对全市办税服务厅涉税业务办理数据实时提取、统计分析,实现了办税服务厅数字化、智能化指挥管理。通过系统预警管理,纳税人单笔业务平均办理时间提速 40%,按时办结率由 75% 提高到 92%。

3. 烟台市龙口市:"一户一策"精准发力

建立完善税收专家顾问制度,是确保企业对税费优惠政策"应知尽知""应享尽享"专门推出的创新举措。烟台市龙口市税务局专家顾问团队在某炼化一体化大项目规划建设之初,就与企业深入对接、无缝沟通。在处理涉税业务和享受优惠政策的过程中,在项目规划与税收预测方面给予专业化指导,帮助企业少走了很多弯路,税收预测的结果也让企业对项目未来发展充满信心。税收专家顾问服务畅通产业链、供应链的重要作用同样不容忽视。税收专家顾问团队从增值税发票、出口退税等税收数据入手,积极主动帮助企业展开行业分析,比对形成购销匹配名单,全省促成合作 474 项,签约金额 10.28 亿元,帮助 400 多家企业解决了产品(服务)短缺或滞销问题,有力地促进了企业复工达产和经济企稳回升。

(三)经验借鉴

1. 注重纳税人权益保护

优化税收营商环境应当以纳税人为中心,最大限度地保护他们的合法权益。若想实现保护纳税人缴费人合法权益的目标,首先要积极和纳税人缴费人进行沟通,建立良好的税企关系。纳税人缴费人作为推动市场经济发展的核心力量,税务部门应当注重提升纳税人满意度。其次,对于纳税人提出的需求应该重点关注,并以此为基础增强服务能力,实现良性沟通关系。税务机关应该设立相关服务平台,专门搜集整理纳税人缴费人的相关需求,在分析需求的基础上,提出相应的解决方案,营造更加优良的服务氛围。

2. 利用信息技术提升质效

信息技术的发展将推动税收征管工作的变革,只有运用信息化管理方式,才能建立更加优良的税收营商环境。全面统筹顶层设计工作,明确统一信息格式以及口径标准,力求涉税信息数据都能够通过平台实现实时共享,这样更加便于对税收数据进行分析。对于所有纳税人进行分级管理并且建立相应的平台,通过这个平台开展税费服务以及满意度调查工作。对税务部门的官微以及 APP 开展资源整合工作,将它们整合到税务局系统当中,纳税人通过这些入口可以快速进行办税。针对移动互联网用户数量逐年攀升,电子税务局只局限于网页形式的现状,集中力量研发电子税务局 APP 版本。此外,电子税务局还应当尝试与支付宝、微信等软件创建接口,帮助纳税人实现通过这两个软件就可以进入电子税务局办理税款申报缴纳、发票领取等业务的目的。

3. 依托大数据促进现代化

在创新风险防范方面,大数据扮演着重要角色,对大数据进行分析,构建预警分析体系,可以有效提高纳税人遵从度。对重点税源企业的风险管理延展时间范围,覆盖事中、事后监督全流程,通过采取分级分类管理和税源扁平化管理,提高工作效率。为了获得数量更大、质量更优的各方数据,应积极推动内外部涉税数据汇聚联通、线上线下有机贯通。借助先进技术手段对大数据开展智能分析,可以感知需求并灵敏地加以反馈,为提供精细化、智能化、个性化的税费服务打下坚实的基础。

4. 鼓励社会力量参与

首先应明确税务部门的核心地位,优质社会服务资源是作为补充力量的存在。社会化体系的构建需要涉税中介服务、法律中介机构、税务服务商、银行、新闻媒体、教育机构等共同参与,以弥补税务部门力量不足的劣势,充实税务部门职能之外的功能。涉税中介服务业可以为纳税人提供专业的税收咨询、税务筹划,避免纳税人因不了解税收政策错失政策红利或者陷入税收风险。法律中介机构可以为纳税人提供税收法律救济,保护纳税人的合法权益。税务服务商提供专业的开票软件服务,银行可以帮助资金紧张的纳税人缴费人渡过难关,新闻媒体和教育机构能够联合优势,更好地开展税法宣传。

三、大连金普新区优化税收营商环境的对策建议

从党中央和国务院的总体要求上看,税收治理距离国家治理体系和治理能力现代化的要求仍有差距;从经济社会发展客观规律上看,日趋复杂的新业态、新模式对税务监管服务提出了更高挑战和新的征管需求;从纳税人缴费人的期待诉求上看,税费服务时效性、便利度、精细化有待提高。大连金普新区税收营商环境完善,需要从大力推行优质高效智能税费服务、运用法治思维完善税务执法、持续优化税收治理能力、持续深化拓展税收共治格局等方面发力。

(一)大力推行优质高效智能税费服务

1. 维护纳税人缴费人合法权益

税务部门主要应从确保税费优惠政策直达快享以及完善权利救济和税费争议

解决机制两方面保障纳税人缴费人的合法权益。

"应享未享"纳税人缴费人中,很大一部分是由于不了解政策或者嫌麻烦而放弃享受优惠政策。为了进一步增强政策落实的及时性、确定性、一致性,应及时做好优惠政策的解读工作,并跟进发布征管操作办法,最大限度地避免优惠政策落地生根的"真空时段"。充分借助大数据构成的信息网,主动提取符合优惠政策享受条件的纳税人缴费人,分类施策,有针对性地做好政策宣传解读工作。依托电子税务局,探索部分退税业务由税务机关自动提示提醒,纳税人缴费人实现一键确认、在线申请、在线退税,持续提升退税电子化水平。

充分保障纳税人缴费人的合法权益,必须提高诉求收集和响应反馈的速度和质量,进一步完善权利救济和税费争议解决机制。信息化手段可以帮助大企业、"小巨人"企业以及瞪羚企业实现与税务机关的诉求直联,获得税务机关团队的通力解决。继续做好共性问题批量办、个性问题个别办、简单问题专干办、复杂问题专班办工作。探索实施大企业税收事先裁定并建立健全相关制度,规范受理、处理、反馈工作流程和方式,给企业吃颗"定心丸"。完善简易审理、听证审理、调解和解等税务行政复议工作机制,保证纳税人缴费人顺畅、有序地行使救济权利。完善纳税人缴费人信息保护等相关制度,充分利用管理数据查询痕迹以及限制数据查询权限的作用,以期保护商业秘密和个人隐私,严防信息泄露与滥用。对违反相关规定和疏于监管造成重大损失的,依法严肃追究责任。

2. 切实减轻办税缴费成本负担

不断加强部门间的协同配合和互联互通,最大化减少信息屏障,坚持涉税涉费数据"一次采集、共享共用"的原则,才能减少重复报送,进一步减轻纳税人缴费人办税缴费负担。进一步扩大"不见面""非接触式"办税缴费服务,最终实现掌上办理个人税费、网上办理企业税费事项、办税缴费方式得到改进升级的目的。

3. 积极推行智能型个性化服务

充分发挥大数据智能分析,推出"非接触式"精准服务,明确纳税人缴费人的个性需求与实际体验的需求。打造智能化、个性化、全业务的"12366"税费服务平台,不但要在延展工作时间上下功夫,实现 7×24 小时可咨询,更需要在咨询解答的准确性、规范性和友好性上做文章。能够直接解答的即时答复,无法直接解答的分类转办责任部门限时办理,并反馈纳税人缴费人,一次性给予解答,避免纳税人缴费人重复问、多头查。以"个性化信息推送+智慧化人机交互"为切入点,推进纳税咨询从解答问题向解决问题转变。同时,始终坚持线上线下两手抓,不因线上服务的高速崛起而放松对线下服务的管理,要充分把握特殊人员、事项对服务的需求,力争实现高效化、智能化的推进办税缴费服务。

（二）运用法治思维完善税务执法

1. 严格规范税务执法行为

统筹做好落实减税降费和依法组织收入，真正做到应收尽收，避免不当行政干预税收工作的情况发生。规范税务执法行为依赖于执法质量控制的闭环管理，闭环中存在三项要素，即行政执法公示制度、重大执法决定法制审核制度与执法全过程记录制度。执法前，向社会公开执法主体、人员、职责、权限、依据、程序、救济渠道等基本信息；执法中，表明身份、告知权利、说明理由、规范记录具体执法行为、收集固定执法证据，实现执法过程可回溯管理；决定前，对事实、证据、依据、程序、拟处理意见等进行法制审核，对执法质量进行检验把关；决定后，执法结果要进行公示，接受社会监督，接收评价反馈，持续改进执法质量。促进税务执法规范透明，应全面落实行政执法"三项制度"，对权力运行的源头、过程、结果通过信息化、数字化的方式进行全面规范，录入执法信息、流转执法程序、监督执法活动和查询执法结果均可在网上完成。此外，还需要升级税费服务和完善征管工作规范，持续完善行政处罚裁量基准制度，严格按照法定权限和程序履职尽责。

2. 不断提升税务执法精确度

改变以往粗放式、选择性、一刀切等随意执法的错误做法，需要税务行政处罚裁量基准符合科学化和合理化的要求，裁量结果与违法行为程度契合、与大连金普新区社会经济发展水平契合。创新执法方式，在不违背执法原则的前提下，更多采取非强制性执法方式，比如说服教育和约谈警示，通过宽严相济、法理相融的方式，彰显执法的温度与力度，明确涉税犯罪与涉税违法行为，真正做到依法处置、罚当其责。推广"首违不罚"清单制度，在法定范围内，给予纳税人缴费人自我纠错的空间。对新产业、新业态、新模式，做到鼓励创新、包容审慎，广泛开展调查研究，持续跟踪新业态发展动向，及时了解其创新发展涉税诉求，提供更加精确、精细的涉税服务，坚持以问题为导向，促进依法纳税和公平竞争。

3. 强化税务执法内部控制和监督

首先，要求各类业务应用系统首先实现执法、管理全流程信息化，特别是对重要执法事项、重要业务节点实现信息化留痕，并形成标准化数据。其次，在业务信息化基础上，梳理内部风险点，形成全面覆盖的内部风险目录，细化业务岗位职责，明确岗位内部风险，自觉规范执法。再次，通过内控内生化方式进行防控，实现风险的事前预警和事中阻断。最后，通过在各业务部门设置内控岗，在督察内审部门设置内控管理岗和督审岗，形成业务主责部门、内控管理部门、监督部门的内部风险防控工作闭环。注重对内外部审计监督和重大税务违法案件"一案双查"，坚持做到"三化",即常态化、精准化、机制化监督。强化监督执法应充分发挥纪检监督、巡视巡察监督、内外部审计监督和群众监督作用,切实解决权力监督缺位问题。对纳税人缴费人诉求庸懒散拖、冷硬横推、推诿扯皮,以及随意执法、选择执法、情绪执法等问题,持续整治吃拿卡要等微腐败行为,加大直查直办力度,对典型案例通报曝光,不断提高政治觉悟和税务执法法制化、规范化水平。

(三)持续优化税收治理能力

1. 加快推进智慧税务建设

逐渐实现"一户式"归集法人信息,"一人式"归集自然人信息,"一局式"归集税务机关信息,"一员式"归集税务人员信息,自动分析管理纳税人缴费人的行为,考核考评税务人员自控性,并落实全程性考核,自主推送税务决策信息、任务。通过打破各系统、各业务模块的数据壁垒,让数据通起来;提供更多跨数据源、"多兵种"作战的数据服务,让数据动起来。充分挖掘税收数据的生产价值,实现数据资源融合、联动,服务改革发展大局。

2. 深化大数据共享应用

首先,对于传统数据进行定期维护。建立科学的税收数据管控机制,建立与税收数据相关的质量评价制度,对于税收数据进行管理,提升对于税收数据的辨别能力,对于数据质量进行严格把控。其次,打造税收大数据云平台。统筹协调好顶层设计,整合信息平台,制定出台新一批数据共享责任清单,消除信息孤岛,着力推进数据汇集和发掘,持续推进与有关部门信息系统互联互通。最后,科学规范利用大数据。对税收大数据开展智能分析,发挥其在经济运行研判和社会公共管理领域的重要作用。创造性地尝试借助区块链技术,实践中在不动产登记、房地产交易以及征收社会保险费等方面进行探索。通过建立一系列的制度,有效实现大数据的共享应用,即数据管理制度、数据保护和审查制度、数据安全治理制度等。

3. 创新推进人工智能应用

运用人工智能开展风险管控工作,建立科学的智能分析系统,运用计算机技术对数据进行分析,税务人员只需在电脑中输入工作内容,系统就能进行自动处理并且给出相应的解决方案,使最后得出的结果更加准确。对于涉税咨询来说,可以模仿购物平台的智能化系统,纳税人缴费人进入查询窗口进行咨询,需要连接各个数据库接口,智能系统根据纳税人缴费人的咨询信息进行关键词提取,随后和知识库内容展开对比,整理纳税人缴费人有可能想要咨询的事情,供纳税人缴费人进行选择。升级"智能咨询"服务,完善智能咨询知识库,深度分析咨询问题,精准把握纳税人缴费人需求,提供政策解答、办理渠道、操作指引等一站式服务。

(四) 持续深化拓展税收共治格局

1. 加强部门协作共管

以法人"一户式"数据库建设为核心,强化部门协作,优化多维数据采集。依托大数据、区块链等新技术,在进一步强化内部数据集成、外部数据采集的基础上,创新数据采集共享方式,打破数据采集工作面临的瓶颈。在确保数据安全的前提下,进一步探索税收大数据的增值应用,开展跨部门数据交互比对,通过更加灵活、更加安全、更为可控的数据交互验证机制,提升数据共享水平,形成数据应用的良性循环。各部门主要应在情报交换、信息通报和执法联动方面齐抓共管,实现跨部门协同监管的良好局面。税务部门除了自身的各项工作外,还需要联合财政、档案、商务部门积极推动信息化财务管理与会计核算,确保电子档案管理信息系统、金融支付与各类单位财务核算系统、电子发票与财政支付系统有效衔接,加大对电子发票的普及,逐步推进无纸化电子发票,并贯穿至报销、归档、入账、存储等各个环节之中。持续深化税务部门与金融机构的合作互动,在帮助小微企业解决融资难、融资贵的难题上发挥应有的作用。

2. 凝聚社会协同合力

要加大引导力度,促进社会化纳税服务健康发展,构建三元纳税服务模式,充分发挥非政府的专业性与亲和力优势,最大限度地利用社会中介与行业协会。倡导第三方纳税人基于市场化原则推出个性化服务,让优惠政策惠及更多纳税人缴费人的同时,促进纳税人缴费人依法诚信纳税。目前,税务师事务所、会计师事务所、律师事务所、代理记账机构、税务代理公司、财税类咨询公司等各类涉税中介组织,在涉税专业服务市场上开展公平竞争。涉税专业服务机构应以市场需求为导向,不断扩大纳税服务范围,积极改善税收营商环境,促进各大企业充分享受税收优惠政策,从源头上避免涉税风险。政府部门还应当出台与社会化纳税服务相关的法规,对于这些社会性机构的权利和义务进行具体说明,确定它们在纳税服务工作中的独立地位,详细说明它们的服务范围以及需要承担的责任,在其开展服务的过程中给它们提供一定的帮助,同时也要对它们加强监督,形成行业自我管理、自我净化的约束机制。

3. 强化税收司法保障

要求税务部门不断加强警税合作、检税合作、行政与司法良性互动,为推进依法治税、切实保护纳税人缴费人合法权益营造公平正义的法治环境。公安部门应该加大力度查办涉税犯罪案件,完善公安派驻税务联络机制,推动常态化、信息化、制度化警务联合办案,有效衔接刑事执法与行政执法,有力打击涉税违法犯罪活动。检察机关应该对负有税务监管相关职责却不依法履职的行政机关提出检察建议,有效维护国家和社会公共利益。审判机关完善涉税司法解释,明晰司法裁判标准,进一步推动涉税违法犯罪司法审判工作。积极开展涉税审判专业化,开展推广"诉调对接"机制,充分发挥税务机关与司法机关合力,维护好纳税人缴费人合法权益,实质化解税务纠纷。

大连市 A 区
涉众型经济犯罪协同治理研究

丛聪

（学号：1120203347）

当前,涉众型经济犯罪频发,引发了社会的广泛关注。其中,涉众型经济犯罪具有受害范围广、涉案金额大、危害性强、社会影响大等特点,对我国社会的安全稳定造成了不良影响。涉众型经济犯罪是指基于同一法律事实,而且利益受损人数多,对社会秩序的稳定会造成不良影响的经济犯罪案件。它主要包括非法吸收公众存款罪,集资诈骗罪,组织、领导传销活动罪,擅自设立金融秩序罪,擅自发行股票、公司企业债券罪等。

近期,大连市 A 区涉众型经济犯罪案件呈现上升趋势,主要体现在非法吸收公众存款和集资诈骗案件的增多,对经济社会的稳定和发展都造成了不良影响。因此,协同治理涉众型经济犯罪刻不容缓。本文所强调的涉众型经济犯罪协同治理,是指为实现对涉众型经济犯罪的事前防范、事中治理和事后打击,以政府为主导,与包括企事业单位、民间组织、非营利团体、家庭组织等社会组织和团体在内的其他治理主体,共同协作,有效打击涉众型经济犯罪的治理行为。

一、大连市 A 区涉众型经济犯罪协同治理现状分析

（一）大连市 A 区涉众型经济犯罪案件概况

大连市 A 区经济犯罪从 2018—2021 年总体呈现上升趋势,其中,涉众型经济犯罪有升有降。从多方位、多角度分析涉众型经济犯罪的相关数据,有助于探寻深层次原因,实现有效治理的目标。

1. 涉众型经济犯罪案件概况

（1）经济犯罪案件总体上呈现上升趋势。根据调研数据,2018—2021 年 A 区经济犯罪案件呈现逐年小幅上升趋势。其中,涉众型经济犯罪案件呈现小幅下降趋势,而非涉众型经济犯罪案件呈现小幅上升趋势,如职务侵占案、合同诈骗案、挪用资金案、骗取贷款案等。

（2）经济犯罪中的涉众型经济犯罪案件近年来有所回落。2017—2019 年涉众型经济犯罪案件呈现出大幅上升趋势,主要体现在非法吸收公众存款和集资诈骗案件的增多,涉众型经济犯罪案件数量的攀升,对经济社会的稳定和发展都造成了不良影响。从 2019—2021 年呈现下降趋势,由此可以看出以政府为主导的政务部门在打击涉众型经济犯罪案件举措的有效性。

（3）涉众型经济犯罪案件具有跨区域作案占比高的特点。根据大连市 A 区涉众型经济犯罪案件跨区域作案的相关数据,跨区域作案的案件占比 85%,非跨区域作案的案件则较少,仅占比 15%。在跨区域作案的案件中,总部设在大连市 A 区的约占跨区域作案总数的 30%。这也代表了在大数据背景下,涉众型经济犯罪利用互联网技术,使得犯罪空间突破了地域障碍,导致了犯罪蔓延速度快、涉及地域范围广、社会危害性强、防范难度大等结果。

2. 涉众型经济犯罪原因分析

一是法律法规亟须完善。近年来,虽然国家大力支持大众创新与创业,但是中小微企业融资难、融资贵的问题却仍未得到根本解决。我国金融法律体系对融资虽有相关规定,但实施细则并未明确,仍存在空白地带。不法分子便以此为突破点,设置虚假的投资项目或者承诺有国家政策扶持,游走在法律边缘,大肆宣扬高额返息,实际从事非法吸收公众存款或者集资诈骗的行为;有的甚至利用政策上的便民措施,以开办正规公司为名,暗地里从事非法之事。

二是投资渠道不通畅,居民防范风险意识差。涉众型经济犯罪高发的本质原

因是金融投资渠道少,民众防范风险意识差。根据大连市 A 区 2014—2021 年的数据,这四种犯罪按占比从多到少依次为非法吸收公众存款、传销、集资诈骗和非法经营。我国目前的投资理财渠道较少,正规的投资渠道远远不能满足群众投资理财的需要。民众由于缺乏金融市场知识、风险辨别能力差、防范意识弱,无形中成了不法分子的"帮凶"。

三是犯罪行为和手段日益多样化。根据调查数据,A 区主要的犯罪行为包括理财、P2P、私募、借贷、养老和销售商品等,其中理财、P2P 和借贷占比比较大。理财类主要体现在购买和投资虚拟类理财产品、虚构金融项目,并且通常伴随着高回报率,不法分子在得到投资后,一般会采用小额返利的方式诱使投资人继续加大投资,并鼓励其拉拢周边人参与投资。P2P 按照《网络借贷信息中介机构业务活动管理暂行办法》中的规定,只能是个体与个体之间以互联网平台为依托实现的直接借贷。在正规的 P2P 模式中,平台与借款方和投资人均无债权债务关系,发挥的是信息中介的作用。但是在涉案的伪 P2P 中,平台参与到了用款方和投资人之间的借贷关系中,平台既是借款人,也是放款人;借贷行为主要体现在向不特定人群、采用宣传的手段、以借贷的方式吸收存款,还有可能非法成立的类似于金融机构的组织,如投资担保公司等。随着互联网与传统行业的深度融合,以及共享经济和移动支付的普及,不法分子的犯罪手段亦紧跟时代变化,呈现出多样性趋势。

四是违法犯罪成本低,刑事处罚的震慑力不足。从调查数据来看,涉众型经济犯罪以非法吸收公众存款罪居多。在司法实践的过程当中,由于集资诈骗罪的证明标准高,因此多数按照非法吸收公众存款罪来进行定罪和量刑。虽然非法吸收公众存款罪中的涉案金额由百万到百亿元不等,数额跨度极大,但是在量刑上却很难拉开差距,这就造成了不法分子敢于做出冒风险以求得高收益的行为。

五是监管职能缺失,防控困境重重。涉众型经济犯罪无论是从犯罪发生还是从司法机关办理案件来看,时间跨度都较长。在犯罪分子酝酿发展期间,包括创办组织、营业宣传等过程,要历经多个政务部门,如工商、税务、金融局、公安以及群众自治组织(如街道)等,同时非政府组织如行业协会等亦会有所介入,这就要求相关部门应及时了解相关情况,提前介入,随时掌握动态信息,加强以政府为主导的协同治理能力,发挥协同治理主体作用,构建协同治理制度,创建协同治理平台。另外,相关部门还可以发动群众力量,拓宽信息搜集和反馈渠道,将违法犯罪行为遏制在萌芽状态。

(二)大连市 A 区涉众型经济犯罪协同治理所采取的措施与成效

1. A 区所采取的措施

一是制订打击涉众型经济犯罪总体方案。该方案的总体思路是以地区和职能部门为依托,以建立健全预防打击、监管工作机制为抓手,以保护人民群众切身利益、维护社会稳定为目标,采用多形式、多层次、多途径的综合立体化、防控化解方式,推动防范、化解和打击涉众型经济违法工作有效开展。该方案强调要全方位开展宣传教育,多形式营造舆论氛围;积极开展各项宣传活动;加大风险排查力度,防范大案要案的发生;建立联动机制,搭建防控涉众型经济犯罪宣传平台。

二是搭建政府与群众的沟通信息平台。该平台可对涉众型经济犯罪等情况进行举报和投诉,提高服务群众的效率。此外,该平台时常发布案件进展信息和涉案金额的分配情况,让群众第一时间了解案件的具体情况,安民心、解民忧,缓解群众与政府间的矛盾。

三是健全体制机制、加强日常监管。按照"防打结合、打早打小""依法打击、规范处置""疏堵结合、标本兼治"的原则,消灭涉众型经济犯罪的生存空间,净化市场环境。加强组织领导,同时对涉众型经济犯罪涉及的行业进行把关,各部门落实属地责任,对高发行业加强监管。政府制订的方案,涉及政府众多部门,政府对每个部门的具体分工都进行了详细的说明。公安、工商、税务等各部门都在立足本职工作的基础上,提高信息利用率,将有效信息和情况及时反馈和沟通。为了使整个政务系统和非政府组织及社会力量都能发挥作用,以政府为主导,协调各方力量,争取将涉众型经济犯罪的发生概率降低。

2. 取得的成效

一是综合立体化、防控化解涉众型经济违法活动实施方案成效显著。该方案是以政府为主导、协同相关政务部门对涉众型经济犯罪治理的体现。首先,全方位开展宣传教育,大大提高了群众自觉抵制涉众型经济违法活动的意识,从根本上治理了涉众型经济犯罪滋生和蔓延的土壤,多形式营造了舆论氛围;其次,积极开展"四进"活动,将推动防控、化解和打击涉众型经济违法活动宣传教育进机关、进企业、进社区(进村屯)、进院校,让公众深入了解涉众型经济违法活动的多样性、危害性,增强了群众的风险意识和辨别能力;第三,建立了综合立体化联动工作机制,使各部门加强了沟通配合,为政府协同治理奠定了坚实的基础,同时亦为创建群防群控群治打下良好的基础;最后,积极推广大连防控经济违法犯罪宣传平台,拓展关注人群及举报线索来源,为办案机关提供了收集线索的有效渠道,对处于萌芽和初始状态的事件采取坚决果断的措施并予以查处,遏制其发展和蔓延的势头。

二是营造了安全稳定的经济发展环境。虽然 2018 年和 2019 年涉众型经济犯罪案件数量有所增加,主要体现在非法吸收公众存款案件数量的增加上,但是自2020 年开始,随着优化营商环境的深入开展,公安局、司法局等政务部门,纷纷把打击涉众型经济犯罪作为优化营商环境的重点工作方向,始终坚持"预防胜于打击"的原则,"露头就打",发现一起查处一起,坚决严厉打击,防止形成"气候",从而达到加大防范打击力度的目的,营造了安全稳定的经济发展环境。

(三)大连市 A 区涉众型经济犯罪协同治理存在的问题

1. 对涉众型经济犯罪协同治理的组织管理机制不健全

涉众型经济犯罪的协同治理需要多部门协调配合。虽然大连市政府构建了综合立体化防控化解涉众型经济违法活动实施方案,但是组织管理机制仍存在问题。一是该协作小组缺乏独立性。协作小组往往由多部门联合组建,各部门负责人员多为上传下达,针对突发问题或者现实性问题不会发挥主观能动性去积极参与,导致领导小组的命令或者指标在落实的过程中被打折扣。二是协同治理的主体缺乏多元性。大连市政府针对涉众型经济犯罪协同治理中,未将第三部门纳入其中,第三部门主要指的是企业、非营利性组织等部门。近年来,涉众型经济犯罪发生的行业和领域较为集中,如养老、旅游、教育行业及金融理财公司等,但政府并未将行业协会等非政府组织纳入协同治理范畴,这导致作为行业沟通渠道和信息汇聚地的行业协会的作用被大大削弱。同时,企业本身的自我管理、自我监督作用也未被体现,诸多非吸案件涉及的企业或者公司,其内部的部分员工在工作的过程当中对公司的行为及运营模式是能够区分其合法性的。因此,由于组织管理机制的不健全,政府协同治理的作用并未显现。

2. 对涉众型经济犯罪协同治理的制度保障不充分

制度保障是指在协同治理过程中,子系统之间需要一套行之有效的制度来保证实现协同治理的目的,但针对涉众型经济犯罪,大连市协作单位之间整体性缺乏。无论是综合立体化防控化解方案,还是公安局、司法局出台的相关文件,虽然对多部门的职能分工进行了明确的划分,但没有协同机制,各单位仅仅是表象上的参与,工作内容实则多有重复且难以深层次推进。一是制度保障的缺陷导致"踢皮球"现象频繁发生。当发生由于涉众型经济犯罪造成的群访时,政务部门之间因为没有明确的责任划分,使得群众经常出现投诉无门、问题难以解决的情况。二是法律规范亟须完善。健全金融法治体系是从根本上减少法律漏洞,保障金融高效、稳健发展的基础。贯彻落实上级部门防范和处置涉众型经济犯罪的意见、保证政策的连贯性、考量当地实际情况,这些都是市(区)政府在完善法律法规时亟须考虑的问题。

3. 涉众型经济犯罪协同治理过程中的利益协调有冲突

在协同治理过程中,每个部门虽然都存在共同的治理目标,但也会存在利益的相对分化。此外,大连市针对涉众型经济犯罪的信息共享平台并未完全建立,市人社局、市行政执法局、市金融局、市工商局、中国人民银行大连支行、大连银监会、大连证监会、大连保监会、大连通信管理局等部门虽有职能分工,纵向上由政府主导,但横向上各部门之间的信息并不畅通,数据化平台未有效建立是形成这一现状的原因。因此应建立基于本地区特色的数据信息系统,打破信息孤岛,实现数据资源共享,为涉众型经济犯罪治理寻求智慧治理的新模式,创建协同治理的有效模式。

(四)存在问题的原因分析

1. 缺乏有效的制度保障

一是制度建设难以保证其时效性。涉众型经济犯罪的犯罪手段更新极快,发生的领域五花八门,协同管理的主体在治理的过程中针对新出现的问题都是"单兵作战",待"敌人"成"气候"后才能实现协同治理,因此,组织的制度建设应该随着组织行为的变化而迅速更新。二是在制度执行方面存在不作为的情况。制度条文的失范,制度体系衔接不畅、新旧并立、滥用自由裁量权等,协同主体之间的此类行为时有发生。涉众型经济犯罪的治理是一项综合性极高的治理活动,在治理活动过程中,任何一方钻制度的空子或者打制度的"擦边球",都会降低治理效能。

2. 涉众型经济犯罪协同治理的主体具有单一性

协同治理的重要特征之一是协同治理的参与主体具有多元性。根据大连市近年来防范涉众型经济犯罪的公示政策和具体措施可以看出,其治理主体具有单一性的特点。对涉众型经济犯罪的防范,主要负责单位是以政府为主导的政务部门,如市处置非法集资领导小组、市公安局、市税务局、市金融局、市工商局、中国人民银行大连支行、大连银监会、大连证监会、大连通信管理局等部门,而民间组织、非营利团体及企事业单位和广大群众,都未能有效参与涉众型经济犯罪治理。其中,民间组织中的行业组织、行业协会等,对其所在行业的具体情况和发展前景都较为了解,对于防范涉众型经济犯罪有着至关重要的作用,是情报来源的最前端,但当前来看并未充分发挥其有效作用;企业内部的自我监管职能亦被弱化,导致政府处于被动地位;广大群众的作用亦未显现,未充分发挥其防范涉众型经济犯罪的"网格员"作用。

3. 各个协同单位之间的交流存在障碍

一是政务系统之间以及政务组织与非政府组织之间的异构导致沟通障碍。众所周知,不同政务系统的管理模式存在差异,非政府组织的管理体系更是大相径庭,而且这些组织的目标不同。因此,创新协同机制,使得不同组织之间能够共同努力、创造公共价值是打破障碍的关键所在。二是协同组织之间存在"语义"障碍。主要体现在如何打破信息的藩篱,使各个组织之间的个性化信息、个性化的服务能够以一种共通的语言实现信息的有效传递,并且能够使得信息的传递体现出实效性、客观性。涉众型经济犯罪涉及税务、工商、银行等部门，每个部门的信息都具有其特殊性，跨行业的信息传递格外需要打破这种"语义"的障碍，才会发挥各部门的协同作用。

二、国内先进地区的经验借鉴

对涉众型经济犯罪的治理，近年来国内各地区逐渐开始走向"协同治理"的路径，不再是一味地强调公检法部门的事后打击，在政府的领导下，只有多个公共管理部门的重拳出击，其意义才更加深远。

（一）国内先进地区对涉众型经济犯罪协同治理的做法

1. 深圳市设立风险防控与监测预警系统

为破解和防范涉众型经济犯罪，深圳市以深圳市公安机关为主导，协同其他政务部门，运用风险防控与监测预警系统对经济犯罪进行综合性防范和打击。深圳市公安局研发的金融风险防控实战预警系统，从全方位、多角度、深层次提升非法集资风险提示能力，提升预警敏锐度以及相关部门处置能力。

首先，调动内外部资源，提升信息感知度。深圳市公安局分别从机关内部和外部进行协同。一方面，在机关内部成立了情报部门，突破了机关内部各个警种之间数据未共享的现状，统筹数据资源，实现了公安机关内部信息的互联互通；另一方面，深圳市公安局调动外部力量，与金融办、市场监管委等多部门建立数据库，共享信息资源，实现事前预警、事中查询和事后调查的目的。其次，处置工作分工明确，提高办事效率。在事前防范中，与互联网公司合作，利用互联网向群众提供针对性的风险信息提示，防止群众受骗；企业出现风险预警时，将风险信息直接推送给社区民警，由社区民警直接负责、直接管理，核查企业风险，进而及时排除风险企业。在事后打击方面，实现集合内外部力量开展综合打击，实现对涉案企业及人员的精准侦控。

2. 福建省晋江市创新治理模式

（1）建立警企联系制度。福建省对经济犯罪的治理主要侧重于服务发展大局，在各市创建了警企联系制度。警企联系制度主要体现在以下三个方面：一是对企业提供法律咨询，提高公安机关的服务意识，保障企业的安全发展；二是定期走访，及时为群众推送经济犯罪最新情况，了解企业信息，维护群众的利益；三是发布预警通报，提高群众对经济犯罪的关注度，积极做好信访工作和积案清理工作。

（2）将电子政务与社区警务的创新相结合。研发了基础信息平台和"随手采"微信端，将犯罪防控下沉到最基层，转变了对涉众型经济犯罪的治理模式；社区民警利用大数据的预测功能，在事前对该地区的基本情况做出预测，结合情报研判体系，制定相应的勤务规划；在事中，根据大数据技术平台有效地进行数据采集和分析，及时进行警务干预，建立三级巡防体系和合作作战机制，加大涉众型经济犯罪社区的防控力度；在事后治理的过程中，完善警务数据的采集，提升警务数据服务的及时性，不断加大对涉众型经济犯罪的打击力度。

3. 江苏省常州市钟楼区办案流程信息化

江苏省常州市钟楼区的公安局、法院、检察院三部门联合研发了一体化办案软件，其主要有以下特点：一是自动处理相关数据信息。在对涉众型经济犯罪办理的过程中，银行流水、公司账务、报案人数据等，大量信息化数据的处理成为横亘在工作中的一大难题。该软件可以有效地处理信息，如统一格式、形成架构图、降低审计报告的处理时间等，解决了信息处理的大难题。二是办案信息的电子化。从公安局到检察院，工作人员对信息的处理都要经过纸质到电子化的过程，这无疑也增加了工作量。该软件对于取证以及后期侦查，都可以将信息直接智能化填入，形成电子登记表；检察院也可提前介入，了解相关信息，法院则是可以直接掌握其中的所有信息，一键调取，为后续的债权分配工作提供了极大便利。三是网络化办理贯穿全流程。从报案人员报案采集信息到报案人员了解办案流程及经过，全部是数据化、可视化的电子信息，方便报案人核对确权，减少了工作人员的工作量。

（二）国内先进地区对涉众型经济犯罪协同治理的启示

1. 明确协同主体及其职责

无论是市级行政单位还是区级行政单位，任何一个协同组织的成立都需要有协同主体，并由其中一个协同单位发挥好引领作用。于深圳市而言，其协同主体有公安局、金融局、市场监管委，以及非政府组织如高风险行业的公司等。而江苏省常州市的协同主体则是公安局、检察院和法院。福建省晋江市则拓展到发挥群众的力量。因此在对涉众型经济犯罪进行协同治理的过程中，需根据当地情况，明确协同主体及其职责，同时明确主导单位。

2. 建设信息化平台

深圳市和江苏省常州市钟楼区都依据本地区情况建立了相应的信息化平台。随着现代信息技术、网络技术以及办公自动化等进行办公的管理模式越来越普遍，涉众型经济犯罪的协同治理也需强化其信息化、网络化和平台化的特征，有利于提高事前的防范敏锐度、事中的有效打击力度和事后的办案效率。

三、进一步加强大连市 A 区
涉众型经济犯罪协同治理的对策

(一)明确协同治理主体的作用

涉众型经济犯罪协同治理需以政府为主导,与其他治理主体,包括企事业单位、民间组织、非营利团体、家庭组织等社会组织和团体,运用协同规则、治理机制等方式,共同协作。因此,根据大连市 A 区的现状,应明确各个协同治理主体的作用,从而发挥市(区)政府的主导作用、其他政务部门的协同作用及非政府组织的补充作用。

1. 发挥市(区)政府的主导作用

本文中的政府,是指行政学意义上的狭义政府,专指根据官僚制原则组织起来的国家行政机关。涉众型经济犯罪的防范涉及部门众多、权力结构复杂,协同模式仍需探索,而政府作为协同治理的主体,发挥着"掌舵"的作用。其具体体现在事前防范、事中监管和事后打击处理三个方面。

在事前防范方面,政府应加强管理,发挥政府的调控作用。一方面,积极优化本地产业结构,减小企业融资难度,加大信贷支持力度,避免给涉众型经济犯罪提供温床。另一方面,完善金融监管相关的法律法规,统领全局,为其他部门工作的开展奠定扎实的基础,营造法治化的环境。

在事中监管方面,政府应避免协同主体权力分配不合理的情况。各个主体应各司其职,避免作为主体的政府部门管不好、各部门不敢管的情况发生。

在事后打击处理方面,政府的主体地位可适当弱化,因为事后打击处理主要体现在公、检、法三部门,以及市(区)信访部门和市处非办、市打传办和其他相关单位,但由于涉众型经济犯罪往往存在受害群体大、舆论影响范围广的情况,因此在事后打击和处理的时候,往往也离不开政府部门的协调。

2. 发挥其他政务部门的协同作用

目前,涉众型经济犯罪的协同主体通常涉及市处置非法集资领导小组、市处非办、市打处办、市公安局、各区市县政府、先导区管委会、市打传办、市综治办、市发展改革委以及市教育局、市民政局、市人社局、市行政执法局、市金融局、市工商局、中国人民银行市中支、市银监会、市证监会、市保监会、市通信管理局等部门。发挥政务部门的协同作用,对协同主体进行选择时,应遵循三条原则,即适应性原则、互补性原则和成本效益原则。

一是适应性原则,是指政府在协同治理中,把各部门的协同工作放到动态的社会环境中,根据外界环境的变化做出相适应的举措。如市金融局,可以建立数据模型,将违规行为、资金特征、网络舆情等多方面数据作为参考指标,建立多维度、多指标的数据比对模型,针对企业运营过程中出现的风险进行及时有效的提示,防范公司出现非法吸收存款的情形;与此同时,中国人民银行市支行应根据企业发展情况及时调整政策,防止中小企业融资难问题的发生。二是互补性原则,是指政府在选择协同治理主体时,要了解本部门职责,积极寻求其他政务部门的有效合作来弥补政府主导过程中存在的不足,通过这种功能和优势的相互补充,共同发挥作用,进而实现协同效应。三是成本效益原则,即各部门间协作要注重成本效益,防止信息数据的重复采纳和设备的无效购置,带来无价值的损耗。

3. 发挥非政府组织的补充作用

针对涉众型经济犯罪的协同治理,应加强与非政府组织的协同,发挥其补充作用。一是补充监督作用。非政府组织如行业协会,由于其组织的特殊性,能够灵活、及时地对本行业的产品和服务、经营作风、运营模式等进行监督,发现问题及时反馈给公安机关等政务部门,防患于未然。二是沟通协调作用。行业协会是政府与企业之间的桥梁,一方面向政府传达企业的要求;另一方面协助政府制定和实施行业发展规划。在这种双向沟通中,行业协会通过调查统计对本行业的内部情况较为了解,若本行业出现了舞弊等突发状况,行业协会的预警能力要远远高于政府机构。因此,政府应运用激励行业协会来揭露本行业中存在的灰色地带,让行业协会与政府之间的沟通更加顺畅,真正发挥行业协会的协同作用。

(二)完善协同治理机制

1. 构建科学的组织管理机制

目前,虽然初步形成了以政府为主导、多部门协同治理的良好开端,但是在具体实施过程中仍难以实现其预定目标。目前大多数的政府协同治理模式是"金字塔式",即以政府为主导,垂直管理,下属的横向的部门仅完成上传下达和相应指标即可,横向部门间沟通交流极少,信息资源形成"孤岛",没有将信息资源流动以达到实时监控的目标。因此,应改变以往的协同治理模式,强化各部门之间的信息资源沟通与共享。针对涉众型经济犯罪,在以政府为主导的模式下,确定具体协调的执行部门,如市打击非法集资办公室、市打击传销办公室以及市公安局,其他协同部门在完成既定工作量时,各部门之间应利用电子政务平台实现信息共享。

2. 优化制度保障机制

一是将责任装进制度的笼子里。为了防止"踢皮球"和推诿现象的发生,政府在协同治理的过程中,要建立与之相匹配的责任终身制、绩效考核制等。由于针对涉众型经济犯罪通常涉及的部门较多,各部门工作又往往缺乏自主性,纵向上仅仅完成上级部门的指令,横向上没有监督部门的约束,且没有相应的制度予以保障,往往造成协同机构冗杂但难以产生政府效率的局面。因此,应利用责任制度对各部门进行约束,制定详尽的责任清单,发挥各部门的实际作用,市(区)也完全有能力实现这一目标,使得各部门的作用能够最大限度地显现。二是健全法律法规制度。完善的法律法规是实现协同治理的重要保障。一方面是内部立法,比如大连市公安局、检察院、法院曾就非法吸收公众存款发布地方性管理规定,为执法人员的具体工作提供了详细指导,提高了工作效率,创新了政府工作方式。另一方面是外部立法,主要体现在协同主体之间信息的管理、安全保障。为了更好地实现各部门之间的互联互通,应对各部门的管理方式、信息共享、服务手段等多方面进行规定,使得各部门能够打破数据的鸿沟,突破壁垒。

3. 构建交流沟通机制

第一,应使各多元主体之间达成对涉众型经济犯罪协同治理的目标,在此基础上建立纵横交错的交流沟通渠道,充分发挥各个协同主体的作用,共同为治理涉众型经济犯罪贡献力量。搭建电子政务平台,利用互联网技术创新交流沟通模式,既能实现政府内部的交流沟通,又能直接对接群众,回应群众的诉求,不断推动协同治理的互动性;注重信息协同,各协同主体应在同一目标的指引下,促进电子政务标准化,改善协同治理过程中各自为政的局面。第二,对各协同主体要普及普遍信任的原则。让协同主体有渠道共享信息资源并且敢于把信息资源进行共享。普遍信任的大环境才能为协同治理营造和谐的治理氛围。

(三)加强协同治理信息平台及应用系统建设

1. 增强信息平台的建设力度

建设信息平台是协同治理的保障。涉众型经济犯罪的信息平台涉及的部门跨行业、跨地域,涉及的数据种类繁杂。因此,政府应加大信息平台构建力度,对政务系统的建设给予财政支持。拓展信息平台,不仅要有政务部门、企事业单位的相关权限和模块,非政府组织,如行业协会的反馈信息、银监会的预警信息、税务局的相关信息等,都应在该平台实现数据的协同,进而实现对涉众型经济犯罪的事前防范、事中止损、事后处置。

2. 深化协同部门的应用系统建设

合理的应用系统可以及时解决政府协同治理过程中出现的问题。各政务部门、企业、非政府组织、公民在该系统中的信息都应达到协同性。这需要从以下三方面构建合理的应用系统。一是应用系统流程化。参与协同治理的主体应打破部门之间的桎梏,从全局的角度出发,考虑到治理涉众型经济犯罪的整体目标。政府的协同治理涉及的部门众多,应竭力将各部门的沟通协调拓展到协同治理的各个部门。二是部门信息协同化。信息的协同是指多个不同的信息源在规定的时间和空间内,按照统一的规则实现信息的有序流转。可以借助智慧城市的建设,搭建多主体、多部门、多层级的部门数据,充分借力多部门的信息资源,扩大数据的范围和边界。这需要政府发挥主导作用,协同部门积极配合,打破信息孤岛,实现资源共享,构建大数据中心,寻求智慧治理涉众型经济犯罪的有效机制。三是信息安全标准化。首先,应制定信息安全的等级标准,针对不同部门发放不同的信息等级权限,统一标准。其次,对协同部门的工作人员要定期开展安全教育,保障工作人员在日常工作中时刻遵循规章制度,防止信息泄露等事故发生。最后,要时刻落实安全排查,建立网络安全督查工作机制,保障电子政务的顺利开展。

(四)提升公民社会治理参与度

1.增强社会公众的防范意识

加强防范涉众型经济犯罪的宣传。目前,在 A 区的大街小巷经常能够看到防范经济犯罪的宣传标语,且电视、广播里也会经常滚动播放此类宣传作品。在此基础上,应邀请司法机关定期进入社区举办讲座,邀请金融领域的专业人士进行知识普及,增加居民的理财知识和提高居民的防骗能力。针对老年人群体,可以与社区教育开展合作,定期在社区和老年大学等机构开展老年人投资理财知识讲座,提高老年人防范意识。此外,要健全网格组织体制和犯罪治理单元。不仅要发挥公安系统社区民警的网格作用,还要将辖区内的党员、人大代表等编入网格体系中,在社区街道设立经济服务的窗口与相应的网格进行对接,推动经济犯罪治理深入居民生活。

2.畅通公民举报渠道

发挥微信平台作用。大连市自 2015 年便在微信创办了"大连防控经济违法犯罪宣传平台"。该平台发展至今,共设有 3 个栏目,分别是《百姓须知》《公告通告》《有奖举报》。此平台为群众提供了本市最新的有关非法集资、非法传销等涉众型经济违法犯罪防控信息,最快速地处理反馈举报,帮助群众远离经济违法犯罪的侵害。该平台自创办以来,完善了大连市人民群众举报机制,为相关部门提供了多条有效的情报信息,在防范涉众型经济犯罪方面发挥了巨大作用。因此,应继续维护好该微信平台,定期开设法律讲堂、发布典型案例、普及法律法规;同时发布公告通告,在第一时间为群众止损;拓展有奖举报机制,发布奖励公告、公布奖励办法,丰富举报方式,比如图文举报、文字举报等。

（五）提升工作人员的素质和文化共鸣感

1. 提高工作人员的素质和能力

人力资源素质的提高有利于提升政府的工作效率。近几年，我国的公务员素质水平逐年提高，对于新的知识接受能力较快，执行能力较强，这对政府开展协同治理有极大益处。因此，为了实现政府对涉众型经济犯罪的协同治理，选拔和任用一批综合素质高、能力强的工作人员至关重要，这更加有利于部门之间的协同沟通，减少部门之间的摩擦，实现协同治理的目标。

2. 促进协同单位人力资源间的文化共鸣

近年来，随着互联网技术的发展，社会的包容性更强，这种文化对当代人的影响亦较深，在潜移默化中人们会进行更多的换位思考。这一社会背景对公务人员及群众的世界观、人生观和价值观亦有重大影响，其在履职的过程中责任心更强，更具有大局观。因此，应大力弘扬文化，使得协同主体能够统一思想、统一行为，寻求价值观和行为模式的统一，减少文化冲突，进而减少心理及行为的对抗。这种由思想引发的协同对外在的行为协同起着决定作用，更有利于打破部门组织间旧的利益格局，创建极具活力的新型政府协同治理模式。

大连市 A 区
税务局优化纳税服务研究

王捷

（学号：1120203320）

探索优化纳税服务路径是进一步深化税收征管体制改革和营造稳定公平透明、可预期的营商环境的紧迫需要和根本要求。尤其是基层税务部门纳税服务工作，更应当创新思路，完善纳税服务内容，提升纳税服务质效。推动大连市 A 区税务局纳税服务进一步优化，为区域经济发展保驾护航显得尤为重要。目前，纳税服务大多是指由税务机关和税务工作人员提供的纳税服务。纳税服务涵盖的内容较为广泛，是税务机关及其工作人员在税收征管各流程为纳税人提供的所有涉税服务，主要包括税法宣传辅导、税务咨询、涉税业务办理、纳税人权益保护等。纳税服务的提供是以纳税人的需求为基础，以纳税人满意为目标，塑造和谐的征纳互动模式，进而达成理想的税收遵从。

一、大连市 A 区税务局纳税服务现状分析

大连市 A 区税务局现有行政编制工作人员 145 名，试用期未转正人员 10 名，政府派遣人员 35 名。大连市 A 区税务局下设有办公室、国际税收管理科、税收风险管理局、考核考评科等 21 个职能业务科室，1 个驻街税务所和 1 个综合办税服务厅。大连市 A 区税务局综合办税服务厅全员进驻该区行政服务中心，对外设立业务办理窗口 23 个，另有"12366"热线服务人员 3 名。大连市 A 区税务局主要负责

集中受理纳税人涉税业务,包括税费申报缴纳、证明开具、行政处罚、纳税咨询等综合业务;同时还负责承接处理局内各部门和市局纳税服务处有关纳税服务事项的相关职责,组织税法宣传,处理与纳税服务质效相关的投诉等事宜。

（一）大连市 A 区税务局纳税服务基本举措

1. 加强税收宣传力度

2021 年大连市 A 区税务局通过纳税人学堂开展现场辅导培训,惠及纳税人 3 000 余人次。根据纳税人的不同需求,举办新办企业政策辅导会、小微企业普惠性政策等减税降费新政、研发费用税前加计扣除政策指引、企业所得税关联业务往来申报表问题讲解会等专题培训,助力纳税人充分了解办税流程、享受政策红利;利用先进的信息化媒体,充分发挥线上优势,扩大税收宣传覆盖面,以大连税务"税云堂"直播平台为载体,开展网络直播,区局精选业务骨干作为讲师,对纳税人遇到的较多疑惑进行剖析解答;组织军税联学共建送政策到部队活动,为官兵们讲解退役士兵、转业干部、随军家属等就业创业的相关税费优惠政策;组织税法进校园活动,帮助孩子们从小树立依法纳税意识;在办税服务厅安装 LED 屏幕,宣传最新税收政策和税收动态,展现税务形象;设置公示栏,主动张贴政务公开事项和政务公开信息;在自助办税区和休息区摆放宣传资料,纳税人可自行取阅;各税源管理科所通过微信群、短信、电话等方式向纳税人宣传最新税收政策;利用征纳互动平台线上向纳税人点对点精准推送税收政策和办税提醒。

2. 完善纳税咨询辅导服务

为及时准确解答纳税人问题、回应纳税人诉求,大连市 A 区税务局通过多种方式提供纳税咨询辅导服务。辅导服务主要包括对外公开电话咨询、"智能问办"网上咨询、办税服务厅现场咨询。其中,电话咨询和网上咨询由 2019 年的 70 次/天、0 次/天,增长至 2021 年的 82 次/天、40 次/天,增幅分别为 17.14%、400%;现场辅导由 2019 年的 35 次/天下降至 2021 年的 18 次/天,降幅为 48.57%。由此可以看出,大连市 A 区税务局在推广"非接触式"办税方面取得了一定成效,越来越多的纳税人选择电话辅导和网上咨询,便利纳税人的同时提高了征管效率,促进了税收遵从。横向对比之后发现,纳税咨询总量由 2019 年 105 次/天增长至 2021 年 150 次/天,增幅为 42.86%。显而易见,开通"智能问办"网上咨询后,咨询渠道拓宽、咨询方式多元化,纳税人有了更多选择的余地,获取咨询服务更加方便快捷,在纳税咨询方面的获得感也更加强烈。

3. 落实纳税人权益保护举措

大连市 A 区税务局严格贯彻落实大连市税务局有关纳税服务投诉管理的相关

要求，设立纳税服务投诉专干，按照相关时限要求及时快速处理"12366"平台和"12345"政务网转到基层局的有关纳税服务言行和纳税服务质效的投诉件;在关于小微企业权益保护方面，建立涉税诉求和意见快速响应机制，组建工作小组，明确分工，畅通小微企业的诉求反馈渠道，快速满足小微企业合法合理需求，目前在工作组的帮助和努力下，已有 13 户小微企业的诉求得到妥善解决;研发征纳互动平台，实现线上互动，纳税人通过其中"@税务局"模块提出意见、建议和办税难题。大连市 A 区税务局安排专人受理，100%回应，并通过税务局内部服务流转体系转至相关部门快速解决。

通过数据分析可以看到，大连市 A 区税务局纳税服务方面投诉举报总量在近三年有所下降，由 2019 年的 121 件下降至 2021 年的 70 件，下降幅度为 42.15%，一定程度上说明大连市 A 区税务局在近几年纳税服务水平有明显提升，纳税人对其纳税服务工作的认可度在逐年增加;规定时限办结率和群众满意率都在呈逐年上升趋势，分别由 2019 年的 96%、95%增长至 2021 年的 100%、99%，可见大连市 A 区税务局在近三年纳税人权益保护意识有所提升，相关工作力度也在进一步加大。

4. 深化"非接触式"办税推广成效

大连市 A 区税务局创新工作思路，探索更多"非接触式"办税缴费事项，不断深化"非接触式"办税方式的宣传广度和深度。本文选取纳税人发生较多和比较具有代表性的 4 项业务分析近三年网上办理情况，非常明显选取的 4 项业务网上办理比重都有所增加，尤其是在 2020—2021 年，网上办理业务上涨幅度尤为明显。可见，近三年大连市 A 区税务局在推广"非接触式"办税方式方面取得了一定成效，纳税人对"非接触式"办税方式接纳度更高，对于实体办税服务厅的依赖有所减少。

（二）大连市 A 区税务局纳税人满意度调查情况

1. 调查问卷设计

为了全面掌握大连市 A 区税务局纳税服务现状，了解纳税人对税务机关提供纳税服务的主观真实感受以及迫切的涉税诉求，对其辖区内纳税人采用调查问卷的形式开展纳税人满意度调查。在调查问卷的设计过程中，力求调查数据真实、评价指标客观、评价方法科学，综合考量，以倾听纳税人心声、优化改进纳税服务为目的，结合大连市 A 区税务局本年度重点税收工作、纳税人关切的税收政策和服务措施等实际情况设计调查问卷内容。

调查问卷的主体包括三部分内容:第一部分主要表达对于辖区纳税人积极配合、支持理解区局税收工作的感谢以及开展本次问卷调查的初衷和目的;第二部分主要收集包括纳税人企业性质、所属行业及办税人员文化程度等基本信息;第三部分主要设计5个大类问题、17个小问题项，从不同角度、不同方面了解纳税人办税体验，最终形成纳税人对大连市A区税务局纳税服务的整体满意度评价数据。

2. 问卷调查的实施

本次问卷调查开展时间为2021年6月至2021年10月。为保障调查结果的科学性与全面性，本次调查选取大连市A区税务局辖区纳税人共800人。覆盖全地区不同企业性质、不同行业，涵盖不同身份、文化程度以及各年龄阶段的纳税人。

3. 问卷调查结果分析

对调查问卷的问题设置了非常满意、满意、比较满意、不满意和非常不满意5个选项，纳税人根据自己的真实感受进行选择。为方便整理，分别为这5个选项赋分为5分、4分、3分、2分和1分。

通过对纳税人满意度调查数据进行分析，得出如下结论：

（1）"办税服务厅服务"满意度：在此维度内设置4个问题小项，其中"最多跑一次"落实程度和"自助办税区环境"指标得分较高，基本达到满意水平；"办税排队等待时间"和"社会化办税"指标得分分别为3.45分、3.16分，刚刚达到比较满意的程度，说明这两项工作提升空间较大，需格外关注。

（2）"网上办税便利度"满意度：在此维度内设置3个问题小项，主要是想了解纳税人通过线上办税渠道办理涉税业务的体验感和便利程度。其中"电子税务局运行速度等情况"指标得分为2.90分，明显低于其他指标；"网上办税渠道操作是否简单明了"和"网上办税渠道便利程度"指标得分分别为3.32分、3.55分，介于比较满意和满意之间，还需优化。总体来看，这一维度得分较接近于比较满意水平。

（3）"纳税人权益保护"满意度：在此维度内设置的问题小项包括"涉税诉求反馈渠道是否畅通便捷""投诉建议反馈速度和内容""公平公正执法满意度"，3项指标得分都在3.50分左右，趋近于满意水平，表明大连市A区税务局对纳税人权益保护工作给予重视，纳税人权益保护意识也在逐步提升。

（4）"税收宣传辅导"满意度：在此维度内设置3个问题小项，其中"政策辅导及时"指标得分为3.53分，趋近于满意水平；"政策辅导准确有效"和"大连税务企业号"知晓度和使用度满意度得分分别为2.96分、3.32分，相对较低，一定程度上表明大连市A区税务局在税收宣传辅导方面应当注重税收宣传实效，加强税收宣传效果。

（5）"办税工作人员素质"满意度：在此维度内设置4个问题小项，分别是"工作人员服务态度""工作人员业务技能及解决问题能力""工作人员一次性告知方面""工作人员办事效率"。得分分别为3.20分、3.25分、3.38分、3.35分，得分更趋向于比较满意，因此办税工作人员素质还有很大的提升空间。

(6)总体满意度:对大连市 A 区税务局纳税服务总体满意度为非常满意、满意、比较满意占比分别为 24.88%、34.38%、35.63%,不满意和非常不满意占比之和仅占 5.13%;总体满意度得分为 3.78 分,较趋近于满意水平。总体来讲,大连市 A 区税务局的纳税服务工作获得了辖区纳税人的初步认可。

(三)大连市 A 区税务局纳税服务存在的问题

1. 纳税服务质效不高

(1)纳税服务存在形式主义问题。上级部署规定的纳税服务动作全部做到位,对于纳税人是否接收到则关注较少。例如税收宣传,大连市 A 区税务局在税收宣传辅导方面做了大量的工作,但是部分纳税人对税收政策的理解仍然是一知半解,尤其是一些小微企业财会人员不能及时准确掌握最新税收政策。

(2)办税成本较高。"办税服务厅服务"中"排队等待时间"问题较为突出,尤其是在大征期,问题会相对更加严重。

2. 纳税服务人员能力不足

纳税人满意度调查结果反馈出大连市 A 区税务局部分税务人员仍存在业务能力不强、服务意识不够,难以适应当代纳税服务要求的情况。一是部分税务人员对税收政策一知半解,业务不够熟练。税收是专业性很强的工作,尤其是近年来深化征管改革、减税降费等一系列利好企业的税收优惠政策的出台,没有足够的知识积累和经验支撑,税务人员难免心有余而力不足。二是未真正贯彻落实"微笑服务"。在实际工作中部分税务人员理解的"微笑服务"仅指面部表情,忽略了真正内涵。在与纳税人交流沟通中仍存在态度生硬、言语不当等现象,甚至出现急躁情绪,从而引发征纳矛盾。

3. 纳税服务考核评价未充分发挥作用

大连市 A 区税务局现有的纳税服务考核评价并未充分发挥应有的对于优化纳税服务的指引作用,对于纳税服务中存在的问题不能直观如实反馈。其对于纳税服务的评价指标主要包括纳税人满意度、优化营商环境、政务服务等几个大类指标,大多为定性指标,但指标设置较为片面,只涵盖部分纳税服务工作,使得考核结果有所偏颇且不利于纳税服务工作的开展。在对于纳税服务的考核评价中,内部评价占据主体,社会化程度较低,纳税人意见在整个考核评价过程中只占据非常小的一部分,评价结果不能真正反馈纳税人的诉求,很难有效应用考核评价结果优化纳税服务。

4. 信息化水平不够

问卷调查数据反馈出目前大连市 A 区税务局在推动"非接触式"办税缴费方

式过程中仍有两大阻力:一是网络系统保障力度不够。纳税人登录电子税务局办理业务时会出现系统卡顿、运行不稳定甚至闪退的情况,给纳税人带来极为不好的办税体验。尤其是在纳税人集中登录使用时段,如征期前或大征期,同时登录系统纳税人超过系统本身负荷量,运载力不够导致系统运行迟缓甚至偶有瘫痪情况发生。二是网上办税电子税务局端操作程序复杂,界面设计不够简单明了。在频繁的升级之后,财会人员就要相应地摸索新的操作方法,给日常业务的办理带来诸多不便。此外,与其他政府部门的信息共享领域尚未建立深入合作关系,各部门之间缺乏信息数据的交互过程,纳税人办理业务时需重复提交相关资料,增加纳税人负担。

5.纳税服务社会化程度偏低

(1)社会化办税业务类型较少且涉税服务内容不全面。大连市A区税务局所管辖办理涉税业务的税务师事务所数量较少,大多为会计公司且这些会计公司大多只提供申报、缴税等基础性服务。

(2)大部分纳税人已经习惯接受税务机关提供的无偿纳税服务,因此涉税中介机构提供的有偿服务对他们来说不必要且不认可。另外,税务机关与社会力量沟通合作较少,很少借助社会力量提供纳税服务。

(四)存在问题的原因分析

1.忽视纳税服务工作开展实效

大连市A区税务局在开展纳税服务过程中偏重于完成纳税服务规定动作,"广撒网""一刀切",以税收宣传为例,在税收宣传过程中对不同企业需求关注度不够,大体上还是一样的培训内容、辅导方式,一味追求量,而忽略了质。精细化服务不到位,税收宣传效果自然大打折扣。纳税人在办税服务厅办理业务排队等待时间较长,主要是因为工作人员业务能力有所欠缺,解决复杂、疑难问题需要时间较长;部分工作人员办理业务慢,责任感和主人翁意识不强;窗口设置不够动态,工作人员有忙闲不均现象;征期前辖区纳税人办理业务较集中。

2.纳税服务人员学习能力和动力不足

当前大连市A区税务局纳税服务人员的综合素质不够高,不能完全满足纳税服务需求。

(1)纳税服务一线政府派遣人员占比较高,达81.40%,政府派遣人员普遍为专科学历且没有相应专业背景,学习能力方面有所欠缺。

(2)开展培训的频次无法满足目前纳税服务需求,内容不够丰富,工作人员接受更多的是碎片化知识,无法建立完整的知识体系。对于工作人员自我学习、主动学习方面的激励措施不足,大部分工作人员缺乏学习原动力。

(3)未树立正确的纳税服务观念,部分税务工作人员在工作过程中未摆正自己的位置,认为自己是管理者和执法者,未将自己和纳税人放在平等的位置上。尤其是不在办税服务厅工作的税务人员,未将自己纳入提供纳税服务的队伍,在征管过程中一味强调"管理",而忽视"服务",使得管理与服务关系失衡。

3. 纳税服务考核机制不完善

大连市 A 区税务局纳税服务考核机制未发挥相应的指引作用与目前所应用的纳税服务考核机制不完善有直接关系。其纳税服务评价指标内容泛泛,以定性为主,考核内容和方法都不够细化具体,导致考核时主观因素影响较大,有失公允;且指标设置较为片面,只涵盖部分纳税服务工作,使得考核结果失之偏颇且不利于纳税服务工作的开展;考核评价过程中纳税人意见未被充分考虑,其考核评价结果不能准确客观地反馈纳税人群体想法;对于考核结果的运用较为匮乏,未设立相应切实可行的激励惩戒措施,通常是为考核而考核,难以通过考核实现优化纳税服务的目的。

4. 信息化建设滞后

(1)系统建设缺乏整体考量。电子税务局建设对于纳税人数量未做科学估算,导致系统运载力不足,在纳税人集中申报期间难以满足需求;业务程序开发时考虑兼容性不足,不同系统之间部分功能不兼容;设计界面内容、操作流程时未充分考虑纳税人需求,部分纳税人对系统的操作比较吃力。

(2)数据资源共享仍有欠缺。当前大连市 A 区税务局在与其他政府部门的数据资源共享方面的工作正处在起步阶段,信息共享机制尚不完善,信息共享方面的沟通协调并不完全畅通。

5. 社会办税环境缺失

首先,税务机关对于社会办税机构的运行发展缺乏有效监管和规范化引导。部分社会办税机构的发展运行并不规范,而目前税务机关在对其引导和监管方面几乎是空白的,甚至不能完全掌握辖区内社会办税机构的发展情况。其次,对社会化办税未形成正确的认识。纳税人并不信任社会化办税机构,因此难以认可其作用和价值,只愿意相信税务部门所提供的涉税服务。有偿服务也是很多纳税人不愿意选择社会办税机构的重要原因之一。最后,税务机关还未认识到社会化办税力量在纳税服务中的重要性。

二、国外与国内其他税务机关
优化纳税服务实践经验的借鉴

伴随经济全球化的飞速发展以及公共管理发展的进程不断加快,国内外税务机关越来越提高对纳税服务的重视程度,在此基础上形成了很多纳税服务实践经验,可以为大连市A区税务局探索优化纳税服务提供参考。

(一)国外其他税务机关优化纳税服务的举措

1.美国:纳税服务差异化

美国纳税服务的发展时间长、速度快,目前已经建立了比较完善的纳税服务体系。美国税务部门认为纳税服务应当细化服务,根据纳税人的需求和喜好的不同提供服务,满足纳税人的合法合理需求,即让纳税服务存在差异化。了解不同纳税人的需求和喜好是开展差异化纳税服务的前提,运用各种手段通过对纳税人群体进行细化分类、关注纳税人的诉求、分析纳税人税收不遵从原因以及研究纳税人的未来发展趋势等,在此基础上调整纳税服务方式、完善纳税服务内容,为纳税人提供有差异的服务以满足其不同的需求,提升纳税服务质效,同时提高税收遵从度。

2.日本:重视考核监督和税务代理

日本税务部门的纳税服务考核机制建立的时间相对较早且趋向完善,其考核机制不但能够客观如实反映税务部门开展纳税服务工作取得的成效,而且能准确反馈纳税服务存在的问题,为纳税服务优化及未来纳税服务战略提供参考。日本税务部门纳税服务评价的指标体系呈现出多层次、多元化的特点,设置的指标更加合理具体,具有很强的可操作性,不仅能全面考核监督纳税服务开展情况,也避免了定性指标在实际考核中受到主观因素的影响,考核结果更加客观准确,保证了优化纳税服务的正确方向。日本税务部门纳税服务评价主体将社会外部力量纳入进来,包括纳税人和社会公众等群体。评价主体的扩大化推动纳税服务考核评价结果更科学真实。此外,日本注重应用社会化办税力量意识较早,早在1942年就制定了专门法律对税务代理业加以约束规范,加速推动了日本税务代理行业的发展。法律不仅明确规范代理内容,同时严明税理士资格取得的相关规定和违法惩戒措施等内容。

3.澳大利亚:重视数据交换

澳大利亚信息化发展程度较高,内外部信息交换数据技术尤为成熟先进。其各政府部门之间已经形成一套相对完善的数据交换机制,税务机关与海关、银行等各政府部门在数据交换方面开展了深入的合作。例如,税务机关能够直接接收到银行关于公民工资薪金和所有银行账户收入的电子数据,对公民所有收入数据进行实时掌握。税务机关也会将纳税人偷逃税款等违法违规行为及时传递给征信部门,对于纳税人的信用形成全方位监管,从而建立社会信用体系。

(二)国内其他税务机关优化纳税服务的举措

1. 宁波市镇海区税务局:推动纳税服务社会化

宁波市镇海区税务局纳税服务社会化发展较为成熟,初步形成税收共治新格局。宁波市镇海区税务局逐步探索与社会化办税机构合作的纳税服务事项,主要包括:

(1)信息系统维护。宁波市镇海区税务局借助社会力量进行涉税软件和系统的开发维护工作,按照政府采购相关规定选取符合条件的有资质的软件企业进行合作,软件企业负责开发和日常维护管理。目前税务局已与软件企业合作开发税务内部办公系统、纳税人移动终端 APP 程序等多个项目,不仅提高了税务机关的办公效率,也为纳税人办理业务带来了便利。

(2)税法宣传。镇海区税务局将社会办税机构力量纳入税收宣传,与涉税中介组织、志愿者团队合作策划宣传活动、设计宣传海报等,扩大了税法宣传覆盖面,也丰富了税收宣传形式和宣传内容。

(3)涉税业务办理。镇海区税务局将部分税款征收业务交托社会办税机构,大幅提升税收征管效率的同时推动了纳税服务社会化。

2. 厦门市同安区税务局:大力发展信息化办税

厦门市同安区税务局大力发展"互联网+纳税服务",依托信息技术优势推动纳税服务发展,为线上办税提供强有力的技术支撑。

(1)2021 年,厦门市同安区税务局新版电子税务局的上线,实现了 300 余项业务网上即可办理,无须到厅;通过归集数据,为纳税人提供预填数据服务智能辅助纳税人进行申报,同时为纳税人推送涉税风险信息,提升风险防控能力。

(2)以大数据为基础进行智能分析,为纳税人推送适用的税收优惠政策,做到让纳税人应享尽享,推动市场主体焕发生机,促进区域经济健康发展。

(3)与各政府部门加强数据共享合作,提升征管效率。通过信息共享简化纳税人办事流程,避免纳税人重复提交资料,提高税收遵从度。

(4)数据应用能力不断提升。通过分析办税服务历史数据,精准测算纳税人到厅办理业务高峰时段,提醒纳税人合理安排时间,为高效分配纳税服务资源提供数据支持,同时减少纳税人到厅排队等待时间,促进税收遵从度。

3. 深圳市罗湖区税务局：提升纳税服务队伍素质

深圳市罗湖区税务局高度重视提升纳税服务队伍素质。

(1)严格把好人员招录关。在招录公务员时严格贯彻落实相关工作要求,设置学历、专业背景等条件作为准入门槛,确保被招录人员具有胜任相关工作的能力。

(2)做好人才培养工作。根据纳税服务人员的专业背景、知识短板、工作弱项和培训需求,为纳税服务人员量身制订人才培养计划,设计培训目标,提供培训机会和培训课程。

(3)组建专业化团队。依据工作人员的专长对其进行分组,组建了4支纳税服务专业化团队,包括宣传团队、咨询辅导团队、信息保障团队和数据分析团队。

(三)经验启示

1. 分析纳税人的需求是优化纳税服务的有效手段

满足纳税人的需求、迎合纳税人的偏好是做好纳税服务工作的重要原则,广撒网的服务模式已经逐渐被"大浪淘沙",无法满足当下深化税收征管体制改革的需要。应强化对纳税人的需求分析工作,了解不同纳税人的涉税诉求和行为偏好,在此基础上对纳税人进行分类,为不同类型、不同需求的纳税人提供不同方式、不同内容的纳税服务,贯彻当前《深化税收征管改革的意见》中提出的精细化服务工作要求。让纳税服务真正做到始于纳税人需求,基于纳税人满意,终于纳税人遵从。大连市A区税务局应建立纳税人涉税诉求快速响应机制,让纳税人诉求有渠道反馈、有声音回应、有部门解决,对税务机关的纳税服务建立信任感和认可度,提高税收遵从。

2. 信息化建设是优化纳税服务的基础要素

依托信息手段推动纳税服务工作的优化已经成为当今国内外税务机关达成的共识。因此税务部门应当重视纳税服务的信息化建设,完善系统软件运行功能,加强硬件系统建设,使之与纳税人的办税需求相匹配。同时,税务部门应深化与其他政府部门信息数据交互工作,加强集成化网络数据建设,强化通过信息共享。此外,加强数据处理应用能力,收集税务局内网和电子税务局等外网端口纳税人信息并进行汇总分析,建立纳税人数据档案,分析纳税人涉税诉求和行为偏好。

3. 工作人员素质是优化纳税服务的必要条件

税务机关工作人员是税务机关的"形象展示板",其能力素质、知识储备、性格修养等方面都能直接决定提供纳税服务的好坏和纳税人对于税务机关的印象及认可度。税务机关工作人员素质是纳税服务质量高低的关键性因素。因此,税务部门应当重视工作人员素质培养,包括业务能力、服务意识、礼仪、沟通技巧等。同时,还应优化人力资源配置,科学安排纳税服务人员数量。

4. 社会化办税是优化纳税服务的有效途径

税务部门应当主动探索与社会化办税力量合作的可行性,将部分纳税服务工作交由社会化办税力量,提高征管效率的同时促进税收遵从。同时应加强对社会办税机构运行的监管,引导纳税人形成正确的社会办税观念。除了营利性社会办税机构,税务部门还应当关注扶持纳税服务志愿者组织的发展。与各大高校相关社团、行业协会等组织开展合作,定期招募符合条件的志愿者并做好业务培训工作,为其开展系统业务培训课程,提升志愿者的专业水准、职业素养等综合素质,签订纳税服务协议,约定志愿提供纳税服务时长、遵守相关纪律规定等事项。志愿者组织无偿为纳税人提供纳税服务,在提高税收征管效率的同时丰富社会化纳税服务方式,加强社会化办税力量的同时扩大其影响力。

5. 完善的考核评价是优化纳税服务的重要支撑

税务部门应合理设置定性指标与定量指标的比例,以保证纳税服务考核工作的客观性和可操作性。运用绩效考核思想,合理确定考核评价方法,确定评价主体的客观性与全覆盖,建立全面、客观、科学的纳税服务考核评价机制,让纳税服务考核评价充分发挥对纳税服务工作的指导参考作用。如何高效合理地运用纳税服务考核评价结果也是至关重要的。税务部门应当建立切实可行、科学合理的激励惩戒措施,发挥纳税服务考核评价作用,推动纳税服务工作的进一步优化提高。

三、大连市 A 区税务局优化纳税服务的对策建议

《深化税收征管改革的意见》文件明确规划了纳税服务未来战略发展方向,为了适应新时代纳税服务的更高要求,税务机关势必要提供更高水准的纳税服务,这对于基层税务机关来说是挑战也是机遇。如何在这样的大背景下优化纳税服务、打造标杆税务部门、构建优质税收营商环境成为大连市 A 区税务局亟须考虑的问题。

(一)完善纳税服务内容

1. 提高税收宣传水平

(1)税务部门应当对辖区内的企业进行归类管理,对于不同类型、需求、行业的企业制订不同的宣传辅导方案。常态化开展新办企业政策宣讲辅导,主动宣传税

收政策、办理流程，做好新办企业指导工作；针对辖区内的重点企业、税源较大的企业，应做好"一对一"辅导，为每户企业建立档案信息，加强日常沟通指导，帮助企业及时学习最新优惠政策、适用口径和执行办法，充分享受政策红利，助力地方市场经济发展；针对小微企业，通过举办税收宣讲会、走进商场等形式开展宣传辅导，制定有针对性的宣讲内容，开通小微企业咨询专窗，针对小微企业的涉税政策、办税流程等给予解答，提高服务的针对性。

（2）丰富税收宣传渠道和方式。充分利用新媒体传播速度快、影响力大、群众接受度高的优势，依托微信群、公众号、抖音等平台，加大税收宣传力度；充分利用行政服务资源，将部分税收政策、宣传重点录入机器人系统，在大厅巡检的过程中讲解税收政策，引导大家关注"大连税务企业号"；应当"走出去"进行税收宣传，走进学校，为学校里的孩子们讲解税法知识；还可以通过税企党支部联建、走进社区、走进市场等方式进行多样化、多层次税收宣传，强化税收宣传效果。

2. 不断提升办税服务厅效率

（1）合理规划设置窗口。窗口办理业务事项并不相同，根据历史经验和近期税收重点工作合理规划设置窗口数量，并随时根据需要进行动态调整。一方面避免窗口工作人员忙闲不均；另一方面提高服务资源利用程度，提升办税服务效率。

（2）充分发挥导服人员作用。在填单区设置导服人员，预审纳税人填写表单资料的完整性和合规性，审核通过后到窗口办理业务事半功倍，大大缩短了办税时间，提高了办税效率；自助区设置导服人员，指导纳税人使用发票自助机器等设备，及时解决纳税人诉求和疑惑，比如机器提示该纳税人当月发票购买数量已达上限等；在电脑办公区设置导服人员，指导纳税人进行网上业务办理，将纳税人分流到电子化办税，帮助纳税人形成网上办税习惯，减少到厅办理量；在等待休息区设置导服人员，主要解答休息区纳税人的问题和政策咨询；配备流动导服人员，同时负责处理办税服务厅突发事件。

（二）加强纳税服务队伍建设

1. 设置人员准入门槛

（1）明确学历要求。根据公务员招录要求以及现实需求，在设置公务员岗位时明确报考条件为全日制本科以上，确保招录的人员具备一定的学习能力和履行岗位职责的素质。应注意的是，不能一刀切，设置过高的文化程度门槛，与岗位需求不匹配，只会导致人才浪费且容易使招录的人员对工作没有归属感。

（2）明确专业要求。公务员的招录一般会有专业要求，税务部门工作需要很多领域的人才，譬如国际税收领域需要外语人才，税收宣传需要新闻方面的人才。根据岗位需求明确专业要求有利于招录的人员更好地开展工作，利用所学在工作中进行创新。在招录纳税服务一线工作人员时应偏向税收、财会、法律等专业方向的人才。

2. 注重工作人员业务能力提升

(1)明确纳税服务工作人员必备知识储备以及上岗标准。纳税服务一线工作人员,应对税收政策以及税收相关法律法规、纳税服务规范有基本的掌握和了解,并具备一定的沟通能力和应变能力,以便与纳税人顺畅沟通,更好地开展纳税服务工作。

(2)建立人才培养机制。对区局所有工作人员建立学习档案,了解税收工作人员知识短板和能力弱项,挖掘擅长领域和优秀人才。根据需求制订人才培养计划,有针对性地组织开展培训;加大培训力度,增加培训频次,满足大家的培训需求。建立激励机制,激发所有人员的学习原动力。

(3)提高培训实效。拓宽培训渠道,丰富培训方式。采用"线上+线下"相结合的方式开展培训;选择优秀培训师资,精心设计培训内容,讲授时应当简明易懂、由浅入深,注重培训实效;以考试形式检验学习成果,巩固学习内容,为下一次培训提供重要参考;还应注重各领域突出优秀人才培养工作,为区局纳税服务工作的开展提供人才支撑。

3. 合理配置纳税服务人力资源

(1)增加纳税服务一线人员数量。大连市 A 区税务局应当增加纳税服务一线人员数量,选派区局素质高、能力强的工作人员并将其输送到纳税服务一线,缓解现有工作量和工作压力大的问题。

(2)提升纳税服务一线人员的素质。目前大连市 A 区税务局纳税服务一线多为政府派遣人员,整体素质和文化程度偏低。应将更多的公务员力量充实到纳税服务一线,加强对纳税服务一线人员的素质培养,从业务能力、政策理解、服务意识、沟通能力等方面加强培训,增强对税务机关的归属感和责任意识。

(3)定期轮岗,全员参与。大连市 A 区税务局结合实际,制定轮岗制度,全员参与纳税服务一线,确保纳税服务一线人员合理良性流动,也有利于区局培养全方位人才。

(三)完善纳税服务考核考评机制

1. 完善纳税服务考评指标体系

大连市 A 区税务局应构建能够反馈纳税人诉求、反映纳税服务存在问题的纳税服务考评指标体系,客观真实评价纳税服务质量,发挥对优化改进纳税服务的指引作用。首先,在指标内容设置方面,应当涵盖本年度全部纳税服务工作,突出重点工作,细化指标内容。其次,在指标评价方式上,应适当增加定量指标比例,对能够量化的工作均设置定量指标,以更加客观真实地反映纳税服务评价质量。

2. 创新纳税服务评价方法

纳税服务质量的评判不应当故步自封,要广泛吸收社会各界的意见、建议。将外部评价引入考核评价体系中,直观反馈纳税人诉求的同时还可以监督税务机关纳税服务工作。大连市A区税务局还可以与专业数据调查公司进行合作,以购买服务的形式选取资质较好、符合条件的公司开展纳税服务满意度调查,并形成数据翔实、逻辑缜密的分析报告,为大连市A区税务局优化纳税服务提供参考指引。

3. 科学运用考核评价结果

首先,应当聚焦问题,分析原因,提出改进对策,为下一步优化纳税服务提供重要参考。其次,应对于积极主动承担难点工作、工作表现积极、取得优异成绩的工作人员给予表扬,在不违反相关规定的情况下给予一定奖励。反之,对于工作中推诿扯皮、完成质量不高的工作人员要及时与其进行谈心谈话提醒,剖析个人问题,激励其更好地完成之后的工作。

(四) 加强纳税服务信息化建设

1. 加大信息网络维护力度

办税系统的流畅度和快捷度是影响纳税人满意度的重要指标之一,大连市A区税务局应当重视这方面的不足,加以优化改进。

(1)完善系统功能。大连市A区税务局应当加大网络系统保障力度,科学测算纳税人办理业务数量和频次,提升系统运载力,修复系统不稳定、闪退等问题。简化纳税人办税端操作流程,界面设计尽量简单明了,方便纳税人操作。

(2)加强系统运行维护力量。组建系统运行维护团队,对系统运行情况进行实时监控,处理突发情况,对于超出权限或者无法处理的应当及时向上级部门报备。系统更新维护相关信息应当及时通过微信群或以通知形式告知,税收管理员向纳税人及时传达并做好解释工作。

2. 加强纳税服务平台建设

(1)整合所有涉税系统。应对所有涉税系统,如电子税务局、ITS申报系统、社保费系统等进行集中整合,实现同一端口登录、数据实时传送,提升纳税人的办税效率。同时加强掌上办税系统的开发,在现有大连税务"云税厅"的基础上实现更多业务掌上办理,降低征纳成本,促进税收遵从。

(2)建立信息共享平台。应发挥进驻当地行政服务中心的优势,加强与各政府部门之间的沟通协调,创建信息共享平台或对接当地政务服务平台。强化与市场监督管理部门的信息共享力度,提高征管效率,降低征纳成本。强化与海关、公安、银行、房产等部门的信息共享力度,深化信息资源共享,提高行政效率,提升纳税人满意度。

(3)优化信息系统功能。开发智能辅助申报系统,实施预填式一键申报,减轻纳税人办税负担。

(五)发挥社会化办税作用

1. 鼓励并规范社会化办税机构发展

应及时进行纠正并采取措施监管,同时对于规范化机构应当对其加以鼓励引导,促使其发展;规范涉税中介机构的发展,明确其服务范围、资质要求、准入门槛条件等,促进涉税中介行业健康发展;加强对涉税中介机构的考核监管;梳理辖区涉税中介机构信息,建立中介机构档案;定期对其开展业务抽查、与其法人或单位负责人进行约谈,了解业务发生情况,提出改进建议;建立奖惩机制,对于规范运行、信用等级良好的中介机构建立白名单并进行公示,对于运行不规范、信用等级较差的企业,应根据情节轻重对其采取口头警告、限期整改甚至让司法机关介入等措施;鼓励涉税中介机构的发展,将其纳入纳税服务的提供主体中来;提高中介机构从业人员素质,定期组织培训讲座,推动中介机构的更好发展;加强与涉税中介机构合作,积极探索合作事项和合作方式,以政府采购的形式让涉税中介机构承担部分纳税服务工作;建立与涉税中介机构定期座谈机制,指派专人负责中介机构相关工作,及时沟通了解其发展运行中存在的问题诉求。

2. 扶持纳税服务志愿者组织与行业协会发展

(1)扶持纳税服务志愿者组织发展。以高校社团、现有纳税服务志愿者组织为基础,鼓励更多税务、财会等专业在校大学生、退休人员、公益律师等参与到组织中去,制定组织规范,推动组织规模化、规范化发展。注重对纳税服务志愿者的培训,通过线上课程、讲座培训等方式对志愿者进行培训,提高其专业素质和服务能力。加强与纳税服务志愿者组织合作,组织志愿者到税务部门办税服务厅进行"办税体验一日游"等活动,提高志愿者在纳税服务中的参与度;税务部门选派业务骨干对志愿者开展培训课程或税收讲座,增加志愿者对纳税服务的了解,拉近距离,推动志愿者与税务部门和谐关系的建立。

(2)推动行业协会发展。应重视行业协会的力量,积极探索与行业协会合作的可能性和可行性,进一步推动纳税服务社会化。利用行业协会的影响力,将最新优惠政策、紧急通知等传达至行业协会,由行业协会发挥与纳税人密切联系的优势,向纳税人推送相关通知、进行税收宣传,降低征收成本。

大连市海船船员
劳务市场海事监管研究

孔美琪

（学号：1120203351）

　　海船船员劳务市场是指以海船船员作为求职者的劳务市场，海船船员的劳动力供求关系受市场机制调节，以一定的劳动力价格来实现海船船员劳动力的合理流动与配置。海船船员劳务市场可以实现海船船员人力资源的最优配置，调节海船船员劳动力的供需关系。针对海船船员劳务市场的海事监管，主要包括：（1）制定和修订与海船船员劳务市场相关的方针、政策与法规，包括国家层面的立法和各直属海事局和分支局因地制宜出台的具体政策制度。（2）监管海船船员适任资格的培训、考试和发证，包括对海船船员培训机构和各航海院校的资质审查与认定、海船船员培训计划大纲的制定和更新、海船船员各类适任考试的组织、成绩的核对与公布、海船船员各类证书的审核与发放。（3）海船船员适任证书、培训合格证及其他各类证书的使用监管。海船船员持有的适任证书，规定了行驶的航区、船舶的吨位或轮机功率等级以及海船船员的职务等信息。（4）监督管理水运企业和各中介性质单位的运营资质、安全管理体系和运营活动等，包括针对海船船员服务机构、外派机构、港航企业以及其他所有涉及海船船员劳务市场的单位的资质审核与日常监管。

一、大连市海船船员劳务市场海事监管现状分析

（一）大连市海船船员劳务市场海事监管采取的措施与取得的成效

为了规范且高效地对大连市海船船员劳务市场进行海事监管，维护大连市海船船员劳务市场的正常运行，大连海事局采取了以下措施，并取得了相应的成效。

1. 采取的措施

（1）保障海船船员劳务市场海事监管法规和扶持政策的落实。全面履行《2006年国际海事劳工公约》，推进国际公约国内转化机制建设，加强海事履约立法、执法和监督，形成一批具有国际影响力的国际海事公约和规则的制定、修订建议的议案提案，加强与全国各地海事监管部门的海船船员劳务市场相关的信息共享和交流培训。2021年《中华人民共和国海上交通安全法》（以下简称《海上交通安全法》）施行，大连海事局开展了一系列深入研究，编写了多篇解读科普文章并发表在公众信息平台上，确保了《海上交通安全法》在大连辖区内的落地与实施。

为了进一步优化海船船员的发展环境，大连海事局健全海船船员劳务市场的劳动关系三方协调机制，推动建立海船船员劳务市场的相关行业组织。与经济欠发达的中西部地区开展合作，鼓励当地适龄学员从事海船船员职业。保障海船船员权益，进一步优化海船船员服务，完善海船船员权益保障制度，构建海船船员职业保障公共服务体系，推动优化海船船员保险和薪资制度，实施海船船员身心健康关爱行动，保障具体扶持政策的落实。

（2）严格审查海船船员适任资格的认定。大连海事局严格审查初次注册的海船船员适任资格，2021年，新签发的不参加航行和轮机值班船员适任证以及同时发放的海船船员服务簿共1 270套，其中沿海航区241套、国际航区1 029套。大连海事局加强对社会类航海培训学生和航海院校在校学生的适任资格审查，采取学校课程信息与中国海事综合服务平台的海船船员个人信息互通的方式，对学生的航海类专业课程和海船船员的适任培训进行资格认定。提升海船船员职业素养，加强高素质海船船员队伍建设，大连海事局联合辖区内各海事院校和航海类教育培训机构，深化产教融合，鼓励校企合作，提高海船船员适任操作能力，进一步规范航海类培训与授课标准，对符合适任培训要求的培训课程，需要按照教学大纲的规定取得相应的学分，方可认定是否具有相应的适任资格。

（3）进一步监管海船船员各类证书的使用。海船船员在船期间需要持有由专

109

业的健康体检机构出具的健康证明,以确保身体状况适应航行,截至2021年年底,大连辖区内共有海船船员健康体检机构3家。2021年,大连海事局新签发的有值班职责的海船船员适任证书共3587本,其中国际航区2515本、沿海航区1072本。大连海事局加强现场执法监管工作,检查海船船员的适任证书、培训合格证、健康证明及其他各类证书的使用情况,确保海船船员在船期间所持证书与其相应担任的职务相匹配,且切实符合船舶的最低安全配员证书要求,杜绝安全隐患。

(4)加强航运企业和海船船员服务类机构的资格审查与日常监管。加强对航运企业用工制度的监管,保证航运企业符合行业准入标准,监管其合规运行,加大对海船船员与用人单位签订劳务合同的规范性的监管力度,积极推进海船船员的社会保障权益和各种社会福利待遇的落实。重视航运企业和各海船船员服务机构运营资质的审查,包括营业执照、办公场所、企业法人、公司持有资产等。定期开展实地调查,通过问卷、走访和访谈等方式,深入了解海船船员的就业现状、航运公司和海船船员服务机构的运营情况,及时跟进海船船员劳务市场的发展现状,确保海事监管紧跟时代发展,进一步提升海事政务监管能力和水平,拓宽政务办理工作沟通渠道。

(5)海事监管新举措。大连海事局将政务中心搬迁至大连市公共行政服务中心,进一步优化营商环境建设,开设海船船员现场服务窗口,为海船船员劳务市场的各个主体提供更加专业便捷的服务。将海船船员各类适任证书的受理、审核、制作和发放等流程进行一站式服务,同时推行海事并联服务,简化办事流程,提高海船船员劳务市场的海事监管效率。

2. 取得的成效

(1)相关法规与政策的宣传落实更加专业。大连海事局率先成功打造海事系统内由公职律师组成的专业化法律工作室,发挥专业人才优势,针对大连市海船船员劳务市场开展法律法规与政策问题研究,推进执法难问题有效解决。制作的"行政检查裁量基准解读"等视频课程和海事行政执法"一图读懂"系列面向社会的宣传材料广泛传播,其中"一图读懂海上交通安全法"内容被交通运输部海事局在全国海事系统推广使用,为海船船员劳务市场的法规与政策宣贯提供针对性指导。积极与国际接轨,培养专业技术人才,提高海事工作人员的履约能力,并向国际海事组织提交多项有关海事履约方面的提案,更好地为海船船员劳务市场相关法规与政策的落实提供更为专业的技术支持。成立大连市公共法律服务海事局服务站,面向海船船员劳务市场中的港航企业、船东、海船船员等,提供专业的海事法律法规与政策咨询服务。

(2)新注册的海船船员数量明显回升。无论是国际航区还是沿海航区,2016—2019年,大连辖区内海船船员的新增注册人数都呈现出稳步上升的态势,进一步佐证了我国航运业持续蓬勃发展的现状。但是 2020 年,受新冠疫情影响,大连辖区海船船员的注册人数大幅减少,这对大连海事局在海船船员劳务市场的监管工作提出了新的要求。在疫情防控期间,大连海事局积极作为,通过对海船船员劳务市场进行有效监管,在保证对适任资格严格审查的前提下,2021 年大连辖区内海船船员新注册的数量已有明显回升。

(3)海船船员各类证书使用更加规范。海事监管部门通过多个信息系统辅助监管海船船员各类证书的规范使用。海事监管部门通过整合对照多个系统内的信息,将海船船员使用的各类证书与其任职船舶的具体情况进行对应,提高海事监管工作的便捷程度和准确性,从根源上杜绝造假行为和船员不适任的情况发生,使海船船员各类证书使用更加规范。

(4)航运企业和海船船员服务类机构良性运行。海船船员劳务市场中的航运公司和企业等用人单位都被大连海事局纳入信用体系建设中,建立对应的"白名单"和"黑名单",保证海船船员劳务市场的长效运行。此外,引导航运公司与海事院校形成人才对口输送机制,鼓励航运公司实行海船船员自有化,有效地改善了航运企业海船船员流失的现象。海船船员服务机构和外派机构企业资质的逐年审查,有效地避免了非法营利组织进入海船船员劳务市场,使航运企业和海船船员服务类机构的运行实现良性循环。

(5)营商环境进一步优化。营商环境的优化具体体现在"互联网+政务服务"的应用、并联办理和一次办结制度的实行、"一站式服务"和"放管服"改革的深入推进和海事许可"极简"审批的实施上。推进电子证照的应用,探索多证合一,持续推进与全球航运国家进行海船船员证书互认,使大连市海船船员劳务市场的海事监管与国际接轨。

(二)大连市海船船员劳务市场海事监管过程中出现的主要问题

1.海船船员劳务市场海事监管相关法规政策不完善

目前大连海事局针对海船船员劳务市场相关法律法规的研究深度和力度尚有不足,没有形成配套的政策制度。我国现有的法律体系中,与海船船员劳务市场的海事监管相关的法律法规,没有形成一套完整的专业的法律文件,而是分散在通用法律和交通运输部及其各直属海事监管部门制定并公布的各项制度和条例中,相关法规政策不具备国家级别的针对性,还没有一部专门针对海船船员劳务市场的法律法规出台。同时对海船船员劳务市场的具体海事监管方面,缺乏明确的法律条文的规定,海船船员劳务市场相关政策制度尚未形成完整的法律体系。大连海事局在针对海船船员劳务市场的海事监管过程中,时常陷入无法可依,只能在其他法律中寻找具体条文解释的尴尬境地。此外,当前大连海事局还未实现对重大执法决定法制审核的全覆盖,对有关海船船员劳务市场的重大行政处罚决定和相关海事规范性文件起草的法制审核的实施,只能根据宏观文件进行解读,不利于海船船员劳务市场的规范化管理。

2. 海船船员劳务市场海事监管的服务工作有所欠缺

(1)海事监管服务不注意细节。基层海事监管人员的工作模式较为单一,服务意识有待提高。对于海船船员的任解职管理、适任培训和考试的海事监管不够细致,没有随着海船船员劳务市场的发展及时调整细节,存在按照以往经验办事的现象。在工作期间,海事工作人员未按规定摆放岗位铭牌,执法人员在现场的海事监督检查时,未按规定向行政相对人出示执法证,海事监管服务过程中的细节处理有待加强。

(2)海事监管队伍的服务质量有待提高。部分新入职的工作人员的专业知识和工作经验不足,执法能力和水平还需要强化提升。部分海事监管人员的法律知识较为薄弱,在工作过程中无法很好地回答行政相对人关于法律的相关咨询,海事监管法律服务的质量较差。

(3)海事监管过程中的服务效率较低。海船船员劳务市场的海事监管过程中,对"放管结合"概念的贯彻不够深入。行政审批事项不够精简,职能结构还需继续优化,审批环节较多,海事监管的服务理念仍未彻底转变,服务方式不够创新,服务层次有待提升。

3. 海船船员劳务市场海事监管的协调性有待加强

在海事系统外部,大连海事局在海船船员劳务市场的海事监管具体实施层面上,工作方式较为单一,没有联合多个政府部门共同开展海事监管工作。海船船员劳务市场涉及的行为主体种类非常多,只依靠大连海事局的海事监管能力,会导致海事监管的工作力度较弱,工作广度不足。同时,由于海船船员职业的特殊性,海船船员团体相对较为小众,如果海事监管部门没有联合其他相关单位共同执行海事监管,海船船员劳务市场的活跃范围将进一步缩小,不利于海船船员劳务市场与外界进行资源与信息的交流,不利于其长期稳定发展。

在海事系统内部,整个海事监管过程的投诉反馈协调机制不够完善,存在与海船船员劳务市场的实际发展状况脱节的风险。当前海事监管部门的工作多是由以往的工作经验沿袭,按照从前海事监管的惯例做法较多,不太注重海船船员劳务市场的行为主体的反馈。投诉举报的渠道较为单一。海事系统内部对于收到的投诉建议并没有形成畅通的反馈协调机制。在解决投诉建议的过程中,海事系统内的部门与部门之间的协调机制不够成熟,接收投诉的部门对投诉的后续处理缺乏跟踪、回访与总结,往往仅停留在转交层面,与执法部门的协调程度不足,无法形成海事监管的工作闭环。

4. 海船船员劳务市场海事监管信息化水平有待提高

当前大连海事局政务服务门户网站未公开海船船员劳务市场的海事监管相关统计数据，未公开相关海事法律法规的汇编和配套的查询指南，已公开的政务办事指南存在内容缺失、材料不细和流程不清等问题，在办事内容的详细程度、在线申请功能、办事服务评价和统计专题或集成服务等方面存在不可用或者不实用的现象。对于海船船员劳务市场各行为主体的网上留言，存在答复不及时和答复内容不详细等问题，公开答复内容有时仅提供了电话号码，网站调查征集渠道未实现在线功能。

对海船船员劳务市场领域的政府信息的主动公开力度不够，未及时公开海船船员劳务市场的海事监管相关行政强制信息，未认真履行信息发布审核流程，信息公开质量方面存在信息不全面、内容不完整、发布不及时等质量问题，在权力清单方面未及时进行动态更新。大连海事局现存的执法记录仪的配备和管理还不能有效满足执法实际的信息化需求，执法记录仪使用不规范行为时有发生，存在部分关键现场的海船船员劳务市场海事监管的流程缺失记录的情况。

（三）存在问题的原因分析

1. 缺乏针对性的配套法律

《中华人民共和国船员条例》是目前我国唯一的一部对海船船员具有相关规定的国家层面的法律，对于海船船员劳务市场的其他主体，我国在法律上依然存在空白，这就导致大连海事局在航运公司和海船船员服务机构等单位的相关政策制度的出台和落地过程中，没有相关的上位法进行参考，只能参考现行法律中的某些单独的条文，海事监管工作存在一定的滞后性。不仅如此，相关释义以及国家层面的配套文件未及时出台，配套的处罚裁量基准尚未公布，给基层的海事监管工作带来困难。

2. 海事监管的公共服务意识不足

（1）海事执法人员的服务意识淡薄。目前部分海事监管部门的执法人员，思想认识仍然存在偏差，没有摆正严格监管与文明监管的关系，海事行政公共服务意识不足，难以统筹监管力度与监管温度之间的平衡。

（2）不注重海事综合性服务人才的培养。对与海事监管相关的知识基础较为优秀的工作人员没有重点培养，很多基层工作人员无法融会贯通多个领域的知识与技能，仅仅维持当前掌握的知识，无法适应当前海船船员劳务市场的多层次发展。

（3）"放管服"改革不够彻底。大连海事局还未完全改变从前的传统海事监管模式,未将对海船船员劳务市场的海事监管融入海上交通行业发展的大环境中,构建服务型海事监管模式的理念不够深入。对于积极推进简政放权,在海船船员劳务市场的海事监管工作中全面梳理海事监管的职能等方面还存在着一定的挑战。

3. 海事监管工作缺乏协调机制

在海事系统外部,在海船船员劳务市场中的行为主体进行海事监管的过程中,多年来对海事监管的业务不断精进占据了大量的工作内容,并且已经形成了习惯做法,没有协同多个政府部门共同进行海事监管工作的经验,海事监管部门对于现有的工作模式的改革相对滞后,联合其他政府相关多个部门共同参与海事监管的意识不足;在海事系统内部,海事监管部门对于海事系统内部的协调性不够重视,对监管行为实施后的执行效果以及后续产生的社会影响跟踪落实效果不佳,没有收集海船船员劳务市场中的各个行为主体对于海事监管工作的及时有效的反馈以及后续的运行情况,没有建立切实有效的执法督查流程和海事监管的投诉反馈协调机制,未能形成层级内和层级间的沟通协调机制,整个海事监管部门的合力作用未能充分发挥。

4. 信息化数据的应用和创新程度较低

大连海事局的海事监管政务网站数据开放和创新发展力度不足,信息化数据建设的应用程度较低。在政务服务门户网站的海船船员劳务市场海事监管专题的建设过程中,大连海事局的门户网站缺少对同一类型的信息资源整合模块,无法细化办理对象、条件和流程等。对网站数据的可视化展现、解读形式、数据开放服务、实时互动、"搜索即服务"等紧跟时代发展的信息化创新的应用能力较弱。

运用信息化的方式对海船船员劳务市场相关的重要政策的解读能力不够,部分政策解读内容采用直接转载交通运输部海事局出台文件的方式,转载解读的政策文件与解读材料缺乏有效关联,缺少运用图表、图解、音视频或动漫等多种创新型数据形式的角度进行政策解读的能力。在监管过程中,仍然按照以往传统的海事监管工作流程,采用纸质化台账的执法工作记录方式,线下实际的现场海事监管行为记录和有关的档案没有实现电子化和数据档案化,造成部分档案缺失。在海事电子政务平台的使用过程中,海事监管人员对平台内政务服务事项处理的流程不够熟悉,查看待受理的业务不够快速,收取纸质材料后未在系统内及时提交,使用信息化海事监管各个电子系统的程度不高。个别执法人员在现场监督检查时,存在未在执法流程开始前开启执法记录仪,或未全程佩戴执法记录仪的情况,执法全过程记录的信息化管理不够规范。

二、国外与国内其他地区
海船船员劳务市场海事监管的经验借鉴

（一）国外海船船员劳务市场的海事监管概况

菲律宾和印度都是传统的海船船员劳务大国，日本是典型的海洋经济发展国家，它们在长期的实践和应用中，在海船船员劳务市场的海事监管方面拥有宝贵的经验，通过对这些经验的学习，对大连市的海船船员劳务市场的海事监管有所启发。

1. 菲律宾：健全海船船员劳务市场相关的法律法规

菲律宾政府大力支持本国海船船员劳务市场的发展，建立了完备的相关法律法规，对海船船员劳务市场的每一个参与主体及其活动都做了明确的规范，使政府的海事监管行为有法可依。1985年，《菲律宾海外就业署（POEA）管理规则和条例》颁布，强调由海事监管部门成立高效免费的公共就业系统，用来统筹监管海船船员劳务市场中的劳务雇佣行为。1994年，《技术教育和技能开发委员会法案及实施细则》公布，此法案主要针对高等教育之外的航海方向技术类工种人才的培训和教育，即对非学历教育的短期培训、岗前培训、在职进修等航海类培训进行了规范。1995年，《海外移民劳工和海外菲律宾人法》颁布，该法将菲律宾海船船员列为移民劳工的范围，着重强调了海事监管部门需要维护海船船员劳务市场中人力资本的权益。2003年，《船员招募雇佣规则》颁布，在海船船员劳务市场的招募和雇佣行为中，对菲律宾海船船员的各项权益都做出了明确的规定和有力的海事监管。与此同时，菲律宾海事监管部门出台规范的海船船员劳务市场雇佣政策，制定了标准合同范本，作为海船船员劳务合同的最低标准，签订劳务合同的双方在不违反相关法律法规和公序良俗的前提下，可以订立比标准合同要求更高的合同，从而对海船船员劳务市场的各个主体的权益进行有效的保护。

2. 印度：维护海船船员的生存和发展等权益

印度的海事监管部门，即印度航运总局，非常重视维护海船船员的权益，加大建设海船船员的福利制度与社会保障体系，保障海船船员在整个职业生涯过程中的生存与发展。印度航运总局成立了印度航海教育培训委员会，通过相关文件对印度的船员培训机构实行严格的海事监管，对其航海课程研发、优秀的师资力量、完备的教学设备、先进的教学方法和科学的教学过程进行资格认定和标准认可；印度航运总局建立了新的公司自有海船船员注册体系,即以单个的航运公司为单位,深化海运院校与航运公司的战略合作,要求海船船员劳务市场中新入职的海船船员在航海类院校内完成相应的岗前适任培训,使航海类教育背景的毕业生符合海船船员劳务市场人力资本的资质要求,同时各航运公司也可以享受点对点的航运人才的输送;印度航运总局设立社会公益组织,为新入职的海船船员提供入职前的职业生涯规划和指导,为所有在职的海船船员提供相应的法律援助服务。

印度航运总局在海船船员劳务市场中设立专门的信息交互窗口,通过海事监管部门的统一官方渠道为海船船员、航运公司、船舶所有人和各服务代理机构等主体发布海船船员劳务市场相关的各种最新行业信息;印度航运总局专门针对海船船员的住房问题实行《船员公积金法》,规定了海船船员在购买岸上房产时可以得到的具体优惠政策。税收方面,实行税收福利政策,印度航运总局规定在外籍船舶上供职的印度籍海船船员,无论航行区域在印度领海内外,只要工作时长累计超过183天,就享受非居民身份的税收优惠,无须缴纳个人所得税。

3. 日本:规范海船船员劳务市场的劳务雇佣行为

日本的海事监管部门,即国土交通省的各地方运输局,根据《船员职业保障法》的有关规定,依法在公共职业介绍所设立船员职业介绍窗口,作为海船船员和航运公司之间的桥梁,规范海船船员劳务市场的劳务雇佣行为。举办多场海船船员就业双向选择会,邀请全国各地的航运企业和待入职的海船船员,进行现场的匹配与筛选,有利于促进航运公司和海船船员加深相互之间的了解。日本地方运输局还在公共职业介绍所设置了海船船员就业促进指导官,负责统一领导公共职业介绍所的海船船员就业指导工作,并对每年举行的海船船员职业介绍行为实施监督,有效防止海船船员或者航运公司的权益受到损害。除此之外,日本的海事监管部门允许非政府组织进行海船船员的职业介绍行为,但是对其资格认定有严格的审查机制,防止不良机构混入,损害船员和航运公司的权益。为了促进海船船员职业介绍事业的发展,日本在全国各地交通运输部门设置了自由检索招聘和应聘信息的数据终端,进一步规范海船船员劳务市场的劳务雇佣行为。

(二)国内其他地区海船船员劳务市场的海事监管概况

1. 舟山:引导多部门共同参与海事监管

舟山海事局与舟山政府劳动和教育主管部门合作,跟四川、安徽、江苏和河南等中西部地区签订了战略合作协议,建立对口援建互助项目,将当地有意愿从事海船船员工作的应届和往届的高中毕业生招收至浙江海洋大学、浙江大学海洋学院和浙江国际海运职业技术学院,进行合法合规的航海类教育培训;舟山海事局与浙江国际海运职业技术学院进行深入合作,联合港航局、市委组织部、旅游管理委员会等 16 个部门或单位与该学院进行对接,进行航海类人才的培养,每年的优秀航海类毕业生都成为补充海船船员劳务市场中人力资本的新鲜血液;海事监管部门协助开展的"航海教育咨询会",落实"政、校、企"合作沟通机制;成立舟山市海员管理协会、舟山市海员就业服务中心,大力发展舟山市国际海事服务基地,市委组织部在商务局、经信委等 8 家单位中选派骨干成员进行多部门联合工作;联合海关和边防检验检疫部门,对海船海员出入境工作进行简化,舟山海事局联合当地银行建立了"海船海员金融服务站",与海事法院、公安机关合作,进行一站式跟踪调查与调解,切实维护海船船员劳务市场中各个主体的权益。

2. 潍坊:调控海船船员劳务市场的高素质人力资本供给

潍坊海事局综合打造海船船员劳务市场的高素质人力资本供给"潍坊模式",强化航海人才培养,为海船船员劳务市场引入新的活力。潍坊海事局构建海船船员终身教育和现代化培训体系,配合山东船员考试评估中心,协同航海类院校,共同修订了专业课程的认证标准,建立了航海职教方案和教学设备的规范化管理。潍坊海事局联合潍坊华洋水运学校和山东海事职业学院等航海类院校,探索跨校建立"学分银行"制度;依托公共实训基地,着力培养符合海船船员劳务市场需求的高素质海船船员,及时将最新的航海技术、机舱知识、国际公约、海事规范等渗透到海事院校的日常教学课程中,共享优质航海教育资源;建立航海院校与航运企业的新型联动机制,深入了解潍柴控股集团有限公司、山东通达国际船舶管理有限公司等航运企业当前急需的高素质航海类人才的类型。潍坊海事局联合政府与航运企业,开展海运业相关的教育精准扶贫项目,航运企业资助中西部地区贫困家庭中的符合要求的适龄学员参加高质量的海船船员教育与培训,填补了海船船员劳务市场的高素质人力资本的缺口问题。

(三)经验借鉴

1. 推进海船船员劳务市场相关的法治建设

对海船船员劳务市场的海事监管,需要推进相关的立法工作,还应该促进法律法规的执行与落地。新《中华人民共和国海上交通安全法》的生效实施将进一步提高我国海上交通安全管理水平,为海船船员劳务市场的海事监管提供强有力的法律武器。以新《中华人民共和国海上交通安全法》的生效实施为契机,充分发挥其引领、规范和保障作用,促进后续海船船员劳务市场海事监管相关的一系列法律法规的出台,让制度生威,让法律见效。

2. 重视海船船员劳动保障工作

在进入海船船员行业之前,海事监管部门需要对海船船员进行符合现代海运要求的适任培训与考试,保证其掌握进入海船船员劳务市场内应具备的专业的航海类技术和能力。同时,海事监管部门要定期举办宣传活动,营造浓厚的航海氛围,加强海船船员的职业荣誉感,提高海船船员的职业认同感。在海船船员入职后,海事监管部门需要建立完善的社会保障制度和行业福利制度。通过对海船船员劳务市场中航运企业和公司等用人单位的社会保障制度进行规范和监督,来保障海船船员的权益。定期对航运公司与海船船员签订的劳务合同进行海事监管与检查,防止不规范的劳务雇佣行为的发生。保证海船船员在医疗保险、养老保险以及住房公积金等方面都能得到相应的社会制度保障。对于海船船员职业生涯中与用人单位产生的劳务纠纷,海事监管部门可以提供一定的法律援助。由于海船船员的工作环境特殊,海上航行时间长,自然条件复杂多变,具有一定的危险性,海船船员在工作期间产生的受伤和死亡的情况,海事监管部门应该牵头出台相应的赔偿措施并监督用人单位实行。对于海船船员退休后的社会福利保障制度,也应对接国家相关政策,保证海船船员享受应有的福利待遇。

3.建立多部门联合的海事监管机制

海事监管部门可以与教育部门联动,与中西部的欠发达地区进行战略合作,实现海运人才的跨区培养。海事监管部门还可以与外事部门联合,积极推进航海类教育与国际标准接轨,履行国际公约,为海船船员提供世界一流的海员适任培训,提高我国海船船员在海船船员劳务市场的竞争力。海事监管部门与文化旅游部门共同进行航海文化的宣传,通过建立"海员小镇",打造"海员文化节"等文旅类综合项目,提高海船船员职业的吸引力。海事监管部门可以协同社会保障部门,进一步落实海船船员的社会保障制度相关政策的落地。海船船员的工作环境相对封闭,职业相对小众,常有与社会脱节的风险,海船船员劳务市场的海事监管应该保证海船船员的权益不受侵害。海事监管部门还可以联合市场监督管理部门对海船船员劳务市场内的航运公司、企业和各类海船船员服务机构进行深入的检查与监管,规范行业准入标准,规范公司运营。通过与多部门的联动,调动社会各类资源,从多角度做好海船船员劳务市场的海事监管工作。

三、进一步完善大连市
海船船员劳务市场海事监管的对策建议

(一)加大海船船员劳务市场海事监管的法规落地与政策扶持力度

在大连市海船船员劳务市场的海事监管工作中,应该坚持依法行政,促进海事监管相关法律法规和政策制度的落地实施,加大政策扶持与宣传力度,进一步促进大连市海船船员劳务市场中海船船员这一重要的人力资本健康发展。

1. 因地制宜落实相关法律法规制度

要深入研究《中华人民共和国海上交通安全法》,同时挖掘大连市本土的管理制度优势,严格落实《辽宁海事局规范性文件制定程序规定》,不断完善大连市海船船员劳务市场相关的海事政策体系。要积极参与地方立法和专业法学理论研讨,参与修订《辽宁省海上搜救应急预案》等应急指导文件,推动《辽宁省加强水上搜救工作实施方案》的落地实施,参编《航海类专业学生职业发展与就业指导》,落实《中华人民共和国航运公司安全与防污染管理规定》《中华人民共和国船舶安全营运和防止污染管理规则(试行)》和《航运公司安全管理体系审核发证规则》等行政法规和规章的修订,积极协助参与《中华人民共和国海商法》和《中华人民共和国港口法》的修订,跟进《中华人民共和国船员法》的立法研究课题,为《中华人民共和国海上海事行政处罚规定》《海事行政复议工作规定》《中华人民共和国海事行政强制实施程序规定》等二十余部法律文件的制定提供专业的海事意见,进一步加强在海船船员劳务市场海事监管方面的立法参与度。

针对海事监管工作过程,规范执法业务管理类文件制定,开展《现行有效业务类文件目录清单》更新工作,动态调整《大连海事局现行有效执法业务类印章清单》。参考《中华人民共和国行政处罚法》和《交通运输行政执法人员应知应会手册》,认真学习贯彻《交通运输部关于严格规范公正文明执法的意见》,出台具体的海船船员劳务市场海事监管的流程手册。

2. 加大海船船员劳务市场的政策扶持与宣传力度

加大海船船员劳务市场各参与主体的政策扶持力度。拓宽海船船员的培养渠道,鼓励非航海相关院校毕业的学生参加海船船员职业技能培训,支持与中西部地区建立合作机制,引导经济欠发达地区走船员致富路,助推引进退役军人培训就业的航运企业享受财税优惠政策,帮助符合运营资质的海船船员服务机构制订点对点航海类人才供应计划。

加强舆论宣传工作,大力弘扬航海文化,提高海船船员的国际竞争力与国际职业声望,提升海船船员的社会认可度和美誉度。充分利用"世界海员日"这一联合国的官方国际纪念日作为相关宣传活动的载体,提升海船船员社会认可度,激发海船船员职业自豪感,倡导全社会尊重和爱护海船船员。

3. 建立健全海船船员社会保障制度

发挥海船船员劳务市场的海事监管职能,及时掌握大连辖区内的船舶情况,督促航运公司和海船船员服务机构严格按照《中华人民共和国劳动合同法》《中华人民共和国船员条例》《2006年国际海事劳工公约》《中华人民共和国海上交通安全法》等要求,保障海船船员权益。完善海上劳资关系三方协调机制,制定并推广海船船员劳动合同范本,完善行业薪酬体系。强化海船船员劳务市场中各航运企业的主体责任,推进航运公司海船船员自有化,督促航运公司建立合理有效的自有海船船员内部晋升渠道和工资增长调整办法,保证航运公司支付的薪水不低于大连市最低工资标准。要启用职业优惠政策,落实海船船员相关税收优惠政策,完善事业单位和国有企业海船船员工资制度。推进建立海船船员的社保缴纳机制,在行业内倡导尊重海船船员职业和劳动的企业文化。

成立大连市海船船员服务行业协会,促进行业自律,充分发挥行业的组织作用,制定大连市海船船员、航运公司和海船船员服务机构的行为规范。协调处置海船船员境外突发事件,建立海事劳工公约履约平台,协调解决船员权益保障问题,制定系统的海船船员人身伤亡赔偿措施,对出现意外的海船船员及其家属的权益提供进一步保障。开展大连市海船船员心理健康感知和干预体系研究,积极开展海船船员身心健康关爱工作。

(二)提升海船船员劳务市场海事监管服务质量

1. 服务型政府意识的强化与落地

大连海事局要提高认识,转变思想观念,将传统的监管模式转变为新的服务型工作模式。在海事监管过程中始终贯穿服务型政府的理念,加强对纲要实施的组织领导、监督落实和沟通协调。要优化对海船船员劳务市场中各行为主体的服务,在工作过程中不断加快服务型政府意识的落地,重点解决海船船员和各港航企业等海船船员劳务市场从业人员关注的热点问题;搭建海船船员职业生涯发展的公共服务平台,开通海船船员服务热线,实施海船船员身心健康关爱行动,建立完善的海船船员劳务市场信息发布机制;在航运企业和各海船船员服务机构方面,强化信访维稳责任,帮助大连辖区内港航企业切实解决海船船员劳务市场运行过程中遇到的难点、疑点问题,并辅以法律法规、政策制度和安全知识等的宣贯,优化传统的咨询答疑服务,树立服务型海事监管的形象。

2. 加强海事监管人才队伍建设

注重培养在政治意识、国际规则、专业素质和法律水平上优秀的人才梯队,为海船船员劳务市场的海事监管提供优秀的人才支持;开展大连海事局新入职人员的初任培训,对海事业务知识和技能进行学习和指导,举办海船船员劳务市场相关的讲座,帮助新入职人员快速了解海事监管的工作范围和具体责任;做好海事人才队伍建设的总体规划,注重专项人才的培养;持续推进实施海事职衔制,完善职务职级并行制度,探索实施专业技术类公务员制度;建立专业海事人才培养、选拔、锻炼和使用机制,分批次选拔局内的优秀工作人员,通过外派留学深造、脱产培训和专项锻炼等形式进行人才梯队培养;开展海事监管队伍全员执法轮训,确保海事监管人员全面理解和准确掌握各项法律和规定;要创新公职律师培养模式,提升公职律师法治理论素养和实践能力,为大连市海船船员劳务市场的海事监管工作提供强有力的法律背景支持;要持续组织开展大连海事局执法知识竞赛,提升海事监管执法队伍的职业素养和履职能力;加强海事人才队伍的思想建设,引导海事监管工作人员增强公共服务意识。

3. 推进海事监管的一站式服务

大连海事局要组织海事监管大调研大走访活动,与相关从业人员和海船船员互访交流,认真听取提出的意见和建议。在现场的海事监管工作过程中,要持续改进海事监管执法人员的执法流程,进一步加强海事监管的执法规范化建设,健全海事监管的行政许可等政务办理自由裁量基准及审核标准,保证海事监管工作的合理性。推广说理式执法,开展现场监管与法制宣传教育相结合的执法方式,强化海事监管的一站式服务。

对大连辖区内的海船船员服务机构、外派机构以及航运公司等用人单位每年进行检查,保证其运营的合法合规,简化机构与公司的年审等较为复杂的行政审查步骤,杜绝行为主体多次跑腿的现象,进一步加大海事监管一站式服务的力度。

推行一系列便民举措,持续简化大连辖区内海船船员劳务市场相关的政务服务办理流程,深化海事政务"一站式"改革,实行"窗口综合受理、专业主管审批、一站式办结"的海事政务服务模式。加快推进数字海事建设,完善海事信息一体化基础设施建设。推行电话预约服务、邮寄服务、绿色通道等便民举措,不断推进海事监管的一站式服务。

(三)重视海船船员劳务市场海事监管多部门协同

1. 协调外部多个政府部门合作助力海事监管

大连海事局要与教育部、商务部和退役军人事务部就业创业司联合,落实退役军人和中西部地区适龄人员的定向培养协议的签署,鼓励校企合作等制度实施,助力海船船员劳务市场的人才流入;要与卫生部门联合,制定海船船员上船工作前的健康证明标准,对有资质的体检医院进行资格审查、认定与监管,保障海船船员的身心健康;与海关和边防部门联合,便利相关从业人员的出入境审查步骤,提高海船船员劳务市场的运转效率;与大连市政府合作,强化资金保障,建立社区公共服务组织,建设生活服务设施,招商引资,促进海船船员劳务市场的产业集群发展;与公安、海警等部门加强合作,积极组织海船船员劳务市场违法犯罪行为的专项整治行动,建立并完善规范化的海事监管执法检查机制,为大连市海船船员劳务市场海事监管的违法案件审查提供制度保障。

2. 针对投诉举报建立有效的海事内部多部门协调机制

要联合投诉举报处理部门,共同优化海事监管投诉举报处理工作流程,明确职责分工,统一工作标准,实现投诉举报工作信息化流转及管理,提高调查处理的效率。投诉举报处理部门与投诉举报涉及的现场执法部门要进行充分合作,形成横向协调、纵向沟通、上下联动的良好工作机制。要联合舆情监控部门,持续畅通社会投诉举报渠道,提升海事监管工作的服务质量。要持续提升海事监管的执法能力和水平,通过海事系统内部的投诉举报多部门协调机制,加强规范海事监管的事中、事后处理行动方案,保证海事监管工作的有效性。

(四)促进海船船员劳务市场海事监管的信息化建设

1. 应用信息技术协助海事监管

充分发挥海事"一网通管"平台上线的海事数据服务系统相关模块的功能,有效提升海船船员劳务市场海事监管的科学决策水平和一线业务的日常工作效率,从而更好地发挥信息技术的数据服务效能。通过数据大屏的"基础数据、船舶动态、运输保障、航海保障、数字支撑"5个主题屏,辅助了解海船船员劳务市场的实时状态;通过"船舶看板"功能,为海事监管工作人员提供船舶登记和船舶安全监督相关的统计指标;通过全景查询的"一员全景""一船全景""一司全景"功能,协助海船船员劳务市场的海事监管工作。

提高海事应用管理信息化平台的使用程度,包括海船船员信息查询、海船船员培训考试管理、海船船员证书办理、外派机构年审、公司委托代办协议录入等。加强海事系统内信息技术的应用,在大连市海船船员劳务市场的海事监管过程中推行执法档案电子化、执法监管数字化和监管活动智能化,规范执法记录仪的使用和信息数据留档,探索实行远程执法,构建线上线下结合、业务协同、层级联动的海事监管信息化联合机制。

推进大连市海事信息公开网站中海船船员劳务市场专题的建设,及时通过影音、图片、流程图等易于理解的方式公开与大连市海船船员劳务市场海事监管相关的重要政策的解读,及时更新相关的行政强制信息,更新问题清单的落实结果。优化数据信息的传输与互通,强化海事大数据应用,提高大连市海船船员劳务市场海事监管的预警、研判、分析和决策能力,提升智能化应用水平。

2. 创建大连市海船船员劳务市场信息化交易平台

要依托"一网通办"和"一网通管"平台,充分发挥海事监管部门的职能优势,结合信息化建设,创建大连市海船船员劳务市场信息化交易平台。对大连市的海船船员劳务市场中的信息资源进行整合和共享,利用信息化的技术,打造一个集服务、交易、监管于一体的信息化交易平台,既为海船船员劳务市场各行为主体的活动提供便利,也方便大连海事局的海事监管。

针对海船船员开通信息采集、学历资格、培训状态、考试成绩、证书办理、船舶任解职和公司委托代办协议等基本信息的查询功能及船员合法权益保障维权渠道;针对航运公司、海船船员服务机构和海船船员外派机构等企业单位,对其运营资质进行审查后实行资格认定,发布就业招聘和求职信息,协调海船船员劳务市场的供需平衡;针对大连辖区内海事院校、航运学院与海船船员培训机构,提供教学数据的共享,实现航海类在校学生的信息采集和培训考试记录与海事监管部门的互联;创建线上论坛板块,尽可能多地将海船船员、外派机构、服务机构、航运公司、船舶所有人、航海院校、培训机构、体检机构等海船船员劳务市场的参与者纳入其中,强化大数据关联分析和智能应用。

大连市
网约车政府监管研究

张奇

(学号：1120203353)

"网约车"全称"网络预约出租汽车"，是出租汽车的一种新的形式，通过网络预约的方式提供出行服务。网约车极大地提升了出行效率，但与此同时，各种安全问题也逐渐暴露出来，对政府监管提出了全新的挑战。

2013年以来，网约车进入大连市场，起初以传统巡游出租汽车为营运主体，由于高额的补贴和新兴的出行模式，深受广大出租汽车驾驶员和消费者的欢迎。2014年，相关平台将私家车纳入经营范围，对传统出租汽车行业造成极大冲击。为了进一步加强大连市网约车监管，让新兴行业有法可依，2016年11月大连市在全国率先出台了《大连市网络预约出租汽车经营服务管理实施细则》，为行业管理提供依据。但"滴滴出行"等网约车平台多数车辆和人员未取得网络预约出租汽车道路运输证和从业资格证、诸多营运车辆不在政府监管范围内、发生事故后商业保险不予理赔、部分市民投诉问题得不到解决、车辆安全存在隐患等问题始终影响着行业的发展。

一、大连市网约车政府监管现状分析

"大连的士"微信公众号发布的《网约车经营通报》显示，大连市现有合规网约车近4 000台，实际营运车辆20 000余台，约16 000台网约车未取得网络预约出租汽车道路运输证;大连市网约车投诉主要依靠平台处理,由于很多车辆和驾驶员未取得政府的许可审批,安全等问题存在监管空白。

(一) 大连市政府网约车监管所采取的措施与成效

目前,大连市网约车监管主体为交通运输主管部门,针对非法网约车营运、部分人员车辆不受监管等问题,采取的主要手段是查扣车辆和处罚平台,通过路面稽查的方式查扣人员未取得从业资格证和车辆未取得网络预约出租汽车道路运输证的网约车,针对查扣车辆的数量,对违规数量较大的网约车平台公司进行行政处罚。针对市民通过"12345""12328""8890"等平台的网约车投诉,交通运输主管部门一般交由平台调查处理。

1. 采取的措施

(1)出台大连市规范性文件。根据关于推进出租汽车行业改革工作要求,大连市深入研究探讨行业改革相关事宜,2016年《国务院办公厅关于深化改革推进出租汽车行业健康发展的指导意见》和《网络预约出租汽车经营服务管理暂行办法》正式公布后,立即组织相关管理部门认真学习领会文件精神,制定出租汽车行业改革工作总体实施方案,全力推进改革各项工作进程。大连市于2016年11月1日在全国率先出台了《大连市网络预约出租汽车经营服务管理实施细则》和《大连市人民政府办公厅关于深化改革推进出租汽车行业健康发展的实施意见》。

(2)摸清市场需求,做好信息登记。根据《大连市网络预约出租汽车经营服务管理实施细则》的相关规定,交通运输主管部门认真梳理制定网约车平台、车辆、驾驶员资质的许可流程,全面启动网约车审批相关工作,开展网约车车辆网上登记。为进一步摸清大连市网约车市场底数,交通运输主管部门专门开通了"大连市网络预约出租汽车登记系统",采用网上报名形式受理符合条件车辆登记,开展登记车辆信息审查工作。

(3)做好人员车辆许可审批工作。一是逐步发放网约车经营许可证、网约车车辆许可证。根据网约车运力投放计划,经市政府批准,于2017年5月起按照"动态调控,分批有序"投放原则,对符合条件的车辆发放网约车车辆运输证。二是推进网约车从业资格考试工作。根据国家、省、市关于网约车从业资格考评工作要求,参照交通运输部相关规定以及巡游出租汽车从业培训方案,大连市积极研究制订网约车驾驶员从业资格考评方案,于2016年12月启动网约车从业资格考试工作。

(4)做好行业安全稳定工作。针对大连市网约车平台违规经营行为,交通运输主管部门多次约谈网约车平台企业,就做好出租汽车行业维稳工作、规范经营行为提出具体要求。要求在大连市经营的网约车平台企业合法经营、诚信履约,切实承担企业主体责任和必要的社会责任。加强乘客信息安全管理,迅速开展自查自纠,清理不合规车辆和驾驶员,重点对"滴滴出行"等平台应尽到安全维稳主体责任,对维护行业良好营运秩序提出具体要求,严禁接入不合规车辆从事非法营运,严禁对未取得从业资格的驾驶员开展网约车业务。

(5)严格市场监管,2020年以来,根据《大连市交通局关于开展出租汽车市场集中专项整治工作的通知》精神和出租汽车市场百日专项整治工作要求,大连市各级交通运输主管部门进一步加大非法营运治理力度,通过联合执法、群众监督举报等方式重点对"两站一场"、商业网点、高校周边等区域出租汽车市场进行专项整治,集中清理不符合标准从事网约车经营的车辆、不具备从业资格从事网约车驾驶人员和带有出租汽车标识的非法营运车辆。

2. 取得的成效

(1)2016年,国家和大连市的出租汽车改革指导意见、《网络预约出租汽车经营服务管理暂行办法》颁布实施,大连市关于出租汽车改革实施意见、《大连市网络预约出租汽车经营服务管理实施细则》率先出台。新政落地,为传统出租车改革和网约车规范管理奠定了基础。为使新政更好地实施,交通运输主管部门进行了广泛的政策解读,通过解读使社会加深对这一新业态的了解,使传统出租车和网约车进一步增强守法经营和遵循市场规则的意识,使政府监管部门更加认识到维护市场经营秩序,创造公平公正、竞争有序的市场环境的使命感,在全市营造了良好的氛围。

(2)根据《大连市网络预约出租汽车经营服务管理实施细则》及相关要求,2017年年初启动网约车平台、网约车车辆、网约车驾驶员审批工作,所有审批事项、办事流程公开、透明、公示上墙,并实行网上登记许可。按照《网络预约出租汽车经营服务管理暂行办法》和《大连市网络预约出租汽车经营服务管理实施细则》等规定,综合考虑本市网约车市场存量、市场需求和行业稳定等多重因素,截止到2021年,大连市累计投放网约车运力4 000余台,并为10家网约车平台办理了网约车经营许可证。

(3)大连市打击非法网约车情况。根据大连新闻广播《行风热线》节目介绍,2017年以来,大连市交通运输局与公安局等部门联合出动执法人员万余人次,以"两站一场"、商业周边、旅游景区、高校周边等人流密集区域为重点,对网约车经营行为进行全面整治。2017—2020年,累计查扣非法网约车近4 000台,有效地净化了网约车市场环境,切实维护了行业公平竞争秩序。

(4)大连市查处网约车平台非法派单情况。为保障合法网约车权益、提升合法网约车比例,行业管理部门多次约谈滴滴平台大连分公司,要求严禁向非法网约车或驾驶员派单,限期清理不合法车辆。针对个别网约车平台非法派单等违规行为,2017—2020年以来行业管理部门共开罚单109张。

(二)大连市政府网约车监管中出现的主要问题

1. 政府部门协同监管不到位

2018年,交通运输部、中央网信办、工业和信息化部、公安部、中国人民银行、国税总局和国家市场监督管理总局等7个部门联合印发了《关于加强网络预约出租汽车行业事中、事后联合监管有关工作的通知》,明确了网约车行业事中、事后联合监管工作流程,明确提出网约车监管不是交通主管部门一家的事,涉及网络安全、大数据信息和交通营运等方方面面,需要多部门联合监管,形成合力,建立长效机制。

目前网约车协同监管能力不足,没有取得良好的社会效果。大连市网约车监管主要由交通运输主管部门负责,并未成立大连市联合监管小组,大连市也未出台相关联合监管文件,联合监管在法律法规上存在空白。从网约车兴起到现在,行业监管手段单一,只能对违法营运车辆进行查扣处罚,对违规经营平台进行罚款。由于网约车平台公司体量大,罚金对部分大型网约车平台公司起不到震慑作用,且部分网约车平台公司为非法营运网约车驾驶员提供保护,虽然多次约谈违规经营平台,但是由于政府各部门之间协同监管不到位,并未取得良好效果。

2. 政府监管模式落后

目前大连市对于网约车的管理始终采取管理巡游出租汽车的方式,主要抓车辆和驾驶员的违章,对平台公司监管力度不大。目前,大连市网约车数量是出租汽车总量的2~3倍,其中70%是未备案的非法营运车辆。依靠原有的管理思路重点监管车辆和驾驶员,监管难度巨大,应该重点放在平台监管,做好源头治理。

针对网约车监管问题,大连市于2016年出台了《大连市人民政府办公厅关于印发大连市网络预约出租汽车经营服务管理实施细则的通知》,未修订《大连市客运出租汽车管理条例》,在法律法规层面上存在部分规定缺失。同时,随着行业不断发展,未及时调整相关政策法规,政府监管模式出现滞后等现象。

3. 政府对平台公司约束力不够

由于交通运输部并没有明确规定网约车平台企业及车辆退出机制,大连市层面对企业和个人的监管以行政处罚为主。随着全国进一步优化营商环境,《中华人民共和国道路运输条例》和《辽宁省出租客运汽车管理条例》进一步降低"非法营运"罚款金额,导致政府部门对平台企业和驾驶员的约束力下降。同时,交通运输主管部门对平台缺少有效监管和处罚手段,无法通过大连地区信号屏蔽、APP下架等网络手段对平台进行行政处罚,且面临上位法缺失、信用惩戒等联合监管措施难以成型等问题,导致部分网约车平台不执行相关政府部门规定、无证车辆营运率居高不下、车辆性能安全问题不被重视、乘客投诉随意处理等问题。

4. 政府缺乏有效监管手段

目前，大连市对网约车的监管手段仍停留在路面巡查和投诉处理上。针对市民投诉问题，因交通主管部门未在车内安装时时监控系统，无法核对乘客投诉信息，平台拒绝提供相应数据信息，很难对车辆取证处罚，且大连运行的网约车70%为非法车辆，未登记在册，不在监管范围，市民投诉更是无法取证，无法联系驾驶员核实。执法人员在查处非法网约车时，也是通过现场取证方式进行查扣，网约车监管工作效率低下，手段单一。大连市缺少网约车科技监管手段，无法通过摄像头取证等非现场执法等方式查处非法营运行为，对平台信息数据监管也毫无办法，无法实时掌握平台运营情况，无法汇总全市网约车平台经营状况，对当前各平台运营车辆数、派单数等都无法监测，无法从根本上对平台进行全面监管，导致交通运输主管部门无法掌握平台具体的营运情况，无法实时、准确地了解本市网约车市场基本情况，给行业政策制定、加强监管、违章处罚等带来了极大的难度。

（三）存在问题的原因分析

1. 政府各部门监管难以形成合力

大连市交通运输主管部门是大连市网约车的审批及监管部门，承担促进网约车健康发展、规范网约车市场经营秩序的任务。但是，该部门对网约车的管理手段单一、基本以罚款为主、涉及大型安全隐患等问题，往往没有硬性的行政强制手段加以解决。网约车涉及的主体较多，构成复杂，靠单一主体管理很难监管到位。根据国家相关规定，网约车管理应由多部门联合参与，形成联合监管机制。大连市相关职能部门对网约车监管不到位，虽然多次召开联席治理会议，但其他部门参与度不高，无法形成监管合力，致使大连市网约车监管落在了交通运输主管部门一家单位的身上，因此无法取得很好的效果。

2. 网约车政府监管理念滞后

从各政府职能部门对于网约车行业的态度来看，管理观念依然存在滞后和僵化的问题。一是对网约车的界定不清。部分学者和政府管理部门认为网约车是共享经济产物，不应归类到出租汽车序列，应任由其发展，不应进行过多干预。但随着网约车的发展和普及，世界各国已经将网约车定义为出租汽车的一种，交通运输部更是明确网约车为网络预约出租汽车。由于政府内部对于网约车监管始终无法达成共识，使得管理效率低下。二是责任分配理念存在滞后现象。随着社会经济的发展，许多新兴事物孕育而生，继续按照之前的观念进行管理，将造成监管缺位，管理效力和手段会大打折扣。三是对网约车的监管方式观念落后。以往行政处罚大多通过罚款完成,无法从根本上解决问题。政府现阶段管理理念相对于新兴市场有些陈旧,在网约车等新行业面前显得反应不足,导致政府监管效率较低、处罚方式落后。

3. 网约车政府监管缺少完整的法律体系

一是相关文件层级较低。从目前实际情况来看,交通运输部等相关部门出台了一些文件,但文件大多为规章制度,约束力不足,效果不能和人大立法同日而语。大连市方面也只是出台了一个实施细则,并没有相应立法或者修改现行《大连市客运出租汽车管理条例》,无法解决当前存在的新问题、新矛盾。二是目前大连市网约车管理规定较少。《网络预约出租汽车经营服务管理暂行办法》虽然对平台公司、营运车辆以及驾驶员的相应责任做出了规定,但对政府主管部门在监管中存在缺位、监管不力等问题没有明确责任,这方面仍需完善。同时,对于一些关键性问题表述含糊不清,关于网约车平台、车辆等退出机制未明确规定,只是提出信誉考核不合格责令整改,责令整改仍不到位取消营运资质,但至今网约车信誉考核办法仍未出台,对于大量为非法营运车辆派单的平台公司没有有效的清退手段。

4. 政府对网约车平台违法行为处罚力度不够

由于大连市网约车监管无法形成联合监管机制,交通运输主管部门处罚手段单一,无法通过在大连市范围内屏蔽平台网络信号、下架 APP、查处随意降价恶意竞争等方式对平台进行处罚。只能对网约车非法营运和平台违规派单等问题进行罚款,与平台公司在大连市的收入流水相比微乎其微。大型网约车平台公司往往不会在意,有时会变本加厉,更加助长了部分网约车平台违规运营的嚣张气焰,导致网约车平台不合规率居高不下。目前,从国家到大连市级层面相关法律法规对网约车平台吊销许可、退出经营方面都没有明确的界定,在处理重特大安全隐患的时候,政府没有抓手。对市民投诉平台、车辆运营服务质量方面也没有很好的取证手段,导致平台对政府服务方面的监管不重视,行业整体服务质量有待提升。

5. 缺少网约车监管基础设施

一是大连市目前缺少网约车监管平台。对网约车及平台的实时营运情况不能及时掌握,无法深入了解各平台接入多少台没有营运手续的车辆。二是在执法方面缺少非现场执法摄像头。交警部门在道路违章问题的处理上,主要依靠摄像头抓拍等方式对违章行为进行处罚。大连市交通运输主管部门缺少有效非现场执法设备,只能依靠人员路面稽查,牵涉精力巨大,给执法工作带来极大困难。三是基础执法装备不足。交通运输执法部门执法车辆大幅缩减,给路面执法带来不便。交通执法部门有别于公安部门,在资金支持与补助方面存在很大短板。且由于每年执法经费有限,一线执法人员执法记录仪等设备存在严重短缺,执法硬件配备不齐。同时，缺少先进的执法探查设备，如无人监控机、夜视记录仪等，使执法工作始终停滞在路面巡查，没有更好的监控稽查手段。

二、国外与国内其他地区网约车监管的经验借鉴

（一）国外网约车政府管理概况

网约车在我国兴起较晚，国外先进城市已有网约车政府监管经验。通过学习借鉴国外发达城市管理办法，可以得到更多监管方面的启发，根据大连市实际，应用到大连市网约车的监管中。

1. 英国：网约车纳入《约租车法案》管辖

英国伦敦将网约车管理纳入1998年出台的《约租车法案》管辖，此后再未设立新的法规体系。英国伦敦对网约车平台采取开放政策，任何公司都可申请从事网约车经营服务；政府对网约车平台进行监管，平台来约束司机。网约车平台对驾驶员和车辆有着很强的约束力，私家车接入需要申请网约车执照；安装专用汽车拍照作为识别；司机无犯罪记录；保险承担金额为500万英镑。但是驾驶员申请执照需经过严格的审查。在英国伦敦，私家车辆想要从事载客营运行为，驾驶员本人已运营的车辆需要向交通运输主管部门申请执照，拥有从业执照的人和车才可以从事这一行业。而对于司机而言，申请人必须要年满21周岁，拥有合法驾照并且驾驶年龄在3年以上，必须"拥有在英国生活、工作的合法身份"。同时，交通运输主管部门还要求申请人必须品行良好，跟中国大部分城市要求一样，申请人需要接受犯罪记录查询，没有违法犯罪记录者方可申请。此外，申请人还需身体健康，并接受必要的体检。

2. 日本：禁止私家车提供网约车服务

日本网约车管理与欧美国家截然不同，日本禁止无资质的私家车提供营运出行服务。日本政府认为私家车从事营运行为会扰乱市场经营秩序，和没有营业牌照开设饭店从事经营行为本质一样，都是不合法的。目前，日本政府对出租车行业的管理非常严格，因为出租车涉及公共出行生命财产安全，且公共交通在日本十分便利，出租车在日本并不是必备品。

3. 美国：承认私家车从事网约车经营合法

美国加州政府创造了新概念TNC（交通网络公司），并将Uber、Lyft等都归为

TNC。TNC 与传统巡游出租汽车相比准入门槛低,无须准入许可私家车就可接入,车辆不需要转变营运性质,平台公司可以自行定价。但平台公司需对接入车辆负责。为保障乘客安全,私家车实行严格的安全审核;商业险不得低于 100 万美元;提供预约服务,不得巡游揽客;每次载客不得超过 7 人。而在美国纽约,则制定了新规定,将网约车定义为"运输网络公司"。私家车从事客运服务,需要向纽约交通运输主管部门申请执照。营业执照的申请者必须年满 19 周岁,且从最新一次违章记录之后的 15 个月内,驾驶证扣分不得超过 5 分。申请营业执照时,还需向交通运输主管部门提供自己的驾照以及各项相关的文件,其中就包括驾驶技能证书等,同时还需要完成相关药物的检测,并前往有关部门进行指纹录入,申请者还需要接受一系列的专业培训课程。

4. 印度:为网约车经营设置门槛

印度政府对网约车监管有所不同,其联邦政府可以制定最高限价。2015 年 10 月,印度公路交通和运输部发布了《网约车监管指导意见》,要求网约车平台公司的所有车辆不能进行巡游揽客。同时,要求这些平台公司须具备足够的营运与服务能力,如必须设置全天候的叫车中心、司机培训课程等。此外,载客营运的私家车必须拥有在运营城市、地区的营运许可,其中包括第三者责任险的商业险、车辆 GPS 定位设施、通用认证的计量设施得分。同时,车辆必须携带应急救援箱,有的地区要求安装紧急安全按钮以保障乘客的生命财产安全。按照《网约车监管指导意见》要求,在印度新德里从事网约车营运的驾驶员必须考取运营驾驶从业资格证或其他法律法规规定的相关资质,公安部门开具的驾驶员核查报告、驾驶员 2 名家庭成员的联系方式。此外,《网约车监管指导意见》还规定,联邦政府或相关监管机构可以制定最高的网约车营运限价。

(二)国内其他地区网约车政府监管概况

1. 南京:实施宽松政策

2017 年,南京市政府正式公布《南京市网络预约出租汽车管理暂行办法》,共六章二十八条,从网约车经营行为、经营许可条件、法律法规责任和监督检查等方面对南京市网约车平台公司经营行为进行了全面规范。南京市政府规定营运车辆除了应当符合交通运输部规定的条件以外,还要在南京市的公安部门和交通运输部门注册登记成为网络预约出租汽车。同时,为方便市民更好地识别网约车,南京市政府要求网约车的车身显著位置要具有统一标识,标识和外观要区别于传统巡游出租汽车。南京市政府在网约车的监管方面相对宽松,大力支持本市网约车合法合规。由于大规模发展网约车市场,造成目前网约车运力过剩,供大于求。

2. 北京：管理比较严苛

北京网约车新政对于网约车的司机和车辆有明确限制，车辆必须是北京车辆号牌5座三厢的小客车或者是7座商务车，在车身明显位置张贴网约车专用标识。车辆经营权期限自车辆注册登记之日起最长不超过8年（或行驶里程达到60万千米时），车辆经营权不得擅自转让。网约车驾驶员应符合网约车驾驶员资质条件，须为本市户籍、取得本市核发的驾驶证件，年龄男60岁、女55岁以下，身体健康，申请之日前1年内无驾驶机动车发生5次以上道路交通安全违法行为，未被列入出租汽车严重违法信息库等。北京市政府在网约车管理上比较严苛，对于非法网约车营运查处力度很大。主要采取平台、车辆同时处罚的模式，加大了网约车平台非法派单行为的处罚力度。对"黑车"的查处，除了按照相关法律法规进行罚款，还联合交警部门创新处罚举措，对"黑车"暂扣、罚款的同时，对驾驶员进行驾驶证扣分，从而进一步增加了驾驶员的违法成本，从根本上削弱了非法营运的嚣张势头。

3. 上海：对准入车辆进行限制

上海2021年发布网约车新规草案，相较于大连设置了比较高的准入门槛。一是从事经营的网约车辆注册登记地址必须是上海；二是网约车辆必须过环保和安全性相关的检查检测，同时为充分保障乘客安全，必须投保相关保险，不能以非营运险从事营运行为；三是根据交通运输部"分级管理、差异化经营"的总体原则；四是网约车驾驶员必须是沪籍和有上海驾驶证。在行业管理方面，上海市交通运输主管部门对非法网约车打击力度持续加大，联合相关部门全面整治市场秩序。同时，上海将"黑车"整治纳入信用联合监管，对于从事非法网约车营运的驾驶员进行信用惩戒，形成了一处失信、处处受限的交通运输监管体系。

4. 青岛：监管力度大于巡游出租车

《青岛市网络预约出租汽车经营服务管理暂行办法》从2017年正式实施，青岛政府要求车辆轴距在2 750毫米以上，功率在100千瓦以上；营运车辆必须是本市牌照；驾驶员必须是本市户籍或有本市的居住证。青岛网约车新政最大的特点是对网约车的车辆价值做出明确规定，要求网约车的车辆价值大于巡游礼宾型出租车。在管理方面，青岛市交通主管部门积极推进网约车政策落地实施，依据国家政策，结合本地实际，在出台网约车政策的基础上完善了车辆标准规范，优化了许可审批流程，强化了市场监管，通过开展"双随机、一公开"等工作，督导网约车平台落实主体责任。同时进一步强化事中、事后监管体系和陆续完善联合惩戒机制。

（三）经验借鉴

1. 重视大数据的支撑作用

网约车作为新兴产业,依托互联网提供信息对接服务,从根本上来说是一种"信息服务+出租汽车"的经营模式。大连市应该借鉴相关经验,通过对接交通运输部信息平台或者自建平台汇总营运数据,通过数据分析比对对行业发展进行分析,从而更好地制定政策。根据营运数据变化调整监管政策,不要一味地坐在办公室搞管理,要多"走出去""看数据",让管理更加人性化,更加符合市民和经营者的需求,切实保障各方利益,促进行业更好地发展。

2. 结合自身特色建设网约车监管平台

大连市政府应借鉴国内其他先进城市经验,建设大连市网约车监管平台。平台项目设计可借鉴南方先进城市经验,功能包括网约车动态监管和网约车信息服务两大部分。按照大连市关于巡游车、网约车平台融合的总体要求,充分考虑前端、中端、出口端连接功能,将网约车平台作为一个基本模块纳入交通运输局一体化平台建设中,实现与巡游车监管平台对接资源共享,并实现与市大数据中心数字平台对接。包含网约车监管在内的交通运输局一体化平台建设项目可以向发改委申请,积极推进。平台建成后,可以按照相关规定组织网约车经营者自行安装车载终端,将网约车统一纳入平台管理。

3. 加强多部门联动,形成监管合力

大连市可借鉴交通运输部成立网约车监管工作领导小组的经验,进驻网约车平台公司进行全面检查,进一步加强乘客信息保护。定期随机抽查线下运营车辆及驾驶员,核对注册信息与实际情况是否一致,严防修牌改号、冒充驾驶员顶替等问题。公安机关、交通运输主管部门和相关平台公司还应建立健全网约车、顺风车违法犯罪快速反应、联动处置工作机制。对妨碍人民警察依法执行职务、拒不向公安机关提供技术支持的平台公司和相关工作人员、驾驶员,要依法追究相关的法律责任。要对网约车平台公司、顺风车平台公司全面开展非法营运整治行动,要加大对网约车平台公司非法经营行为的处罚力度。进一步推进行政执法公示制、执法全过程记录制、重大执法决定法制审等相关核制,严格做到规范、公正、文明执法。

4. 加大违法行为处罚力度

（1）实行"交通、公安"联合整治工作机制,全力打击非法营运行为。通过开展打击出租汽车市场非法营运行为专项整治行动和出租汽车市场秩序专项整治行动,进一步规范出租汽车市场秩序。

（2）加大网约车平台监管,严肃查处违规经营行为。针对网约车平台违规经营

行为,进驻所在地区网约车平台实地查看、查阅信息数据,全面检查网约车平台企业安全生产和运输服务保障工作情况,采取"筛选排查"方式,对比筛选非法营运车辆信息,并对违规平台和车辆进行处罚。

（3）建立长效机制,持续巩固市场整治效果。公布24小时黑车、黑车"保护伞"监督举报电话,实行举报黑车有奖、举报黑车快速响应机制,完善违法经营失信惩戒制度和强化乘坐"黑车"危害性宣传。

5. 加大信用惩戒力度

上海市对从事公共汽车和电车、出租汽车、汽车租赁、道路旅客运输、道路旅客运输站、道路货物运输、道路货物运输站、机动车维修、机动车驾驶员培训、机动车综合性能检测和其他道路运输经营活动的主体进行严重失信行为认定并采取惩戒措施。大连市可比照上海市信用管理细则,推进网约车市场信用体系建设,完善网约车行业失信惩戒机制,对从事非法营运的自然人在其日后从事交通运输经营活动进行限制。

三、大连市政府进一步加强网约车监管的对策分析

（一）明确政府定位

要做好网约车监管,首先要明确政府部门在这个行业中的角色,要清楚自身的管理职责,不能既当"裁判员"又当"运动员",要做好管理本职、明确目标,不插手经营行为,对违法行为进行全面整治,切实维护良好的经营秩序,营造公平有序的市场环境。

1. 更新政府监管理念

政府管理部门应将新的管理思维贯穿到整个网约车的发展之中,最主要的就是建立符合网约车发展的管理体系。应该积极探索"政府+平台"的管理模式。现阶段传统管理模式效率低下等问题已经逐渐暴露,政府管理部门人少、工作量大等问题凸显。要适应网约车未来的发展,政府应该联合平台公司,以企业为抓手,让企业管理车辆,政府管理企业。制定相应法规,下大力气研究针对企业的监管措施,不要将人力、财力浪费在个别车辆的监管上,让政府成为宏观层面政策的制定者,而不是事无巨细的执行人。

2. 明确政府对网约车的定位

大连市政府相关部门应明确网约车在交通运输体系中的定位。网约车作为出

租车的一种,从网约车的实际使用性质来分析,网约车与公共交通方式的定点、定线、定时运营等特点并不一样,与传统巡游出租汽车也有所差异。其属于个性化的服务,通过互联网预约的方式接送乘客,与私家车的特点比较相似。网约车不应看作城市公共交通客运方式,只是公共交通的补充方式。同时,大连市政府应该明确网约车不属于共享经济,并不是绿色出行的衍生品,通过交通运输部关于网约车的定义和数据比较,网约车的本质就是通过搭载乘客送至目的地从而赚取利润,只不过是通过网络预约的方式完成的,因为订单不可挑选,所以并不存在上下班顺路接送他人的情况,而且其收费与出租汽车基本持平,只是出租汽车的一种形式。

3. 明确政府关于网约车监管目标

(1)规范网约车平台经营行为。网约车平台作为道路客运服务的提供者,应具备线上线下服务能力,承担相应社会责任和承运人责任,不能只作为一种信息交换的提供者。要进一步加大对平台公司的监管力度,对没有取得线上线下资质认定私自从事网约车经营的平台进行严肃查处,要求平台提供网约车服务的驾驶员及其车辆符合提供载客运输服务的基本条件。

(2)规范网约车车辆人员经营行为。应压实平台主体责任,要求网约车平台公司通过投诉处理与信息管理,加大平台营运车辆和人员的经营管理力度,进一步提高驾驶员服务水平。同时,要加强企业网络安全监管,建立专业信息安全管理制度,依法合规采集、使用和保护相关私人信息。网约车企业要切实维护司乘双方的合法权益,不得出现恶意欺诈等行为。

(3)规范私人小客车合乘。大连市应该在做好监管的同时出台相应的政策,鼓励共享出行服务。私人小客车合乘可以进一步缓解空气污染和道路拥堵,大连市政府应明确驾驶员、乘客和平台公司的三方权利及相关义务。

4. 明确政府关于行业发展目标

(1)优化网约车审批流程。一是推进容缺受理。对于符合容缺受理条件的事项,申请人可后补相关材料,工作人员要严格按照相关制度和要求办理,不得以任何理由拖延、不予受理。二是减少审批材料。对于内容重叠或可以起到互相佐证作用的受理材料,经与相关部门沟通同意,可将原有两份材料合并为一份受理,减少材料数量,减轻申请人负担。三是缩减审核环节。对于受理材料多、程序复杂、环节多的事项,研究优化审批流程,减少办事环节,逐步实现最多跑一次的目标。

(2)统筹推进网约车合规化进程。一是适当增加运力。根据市场调研情况,研究运力调配方案,分批有序增加合规网约车运力。二是开设节假日培训"专班"。为解决清退的无证网约车驾驶员短期内办证上岗问题,行业管理部门要采取简化报名流程、增加报名窗口、密集培训班次、缩短考试周期等方式,组织网约车驾驶员集中培训。

(二)加强规范网约车管理相关法律、法规制定

1. 制定专业性监管法律

制定大连市相关的网约车监管法律法规,一方面可以为相关执法部门对市场进行监管提供更好的法律依据、理论支持;另一方面也可以更好地提升行业监管效果。大连市在网约车监管方面的立法不能过于保守,不应照搬其他城市相关规定,应因地制宜,制定本市适用的办法,在加强监管的同时,不能抹杀行业的创新性和发展性,以人民生命财产安全为底线,以打造公平有序的市场竞争环境为基础,以支持行业更好发展为目的,以发展的眼光看待网约车发展,根据现阶段行业发展存在的问题及时更新、修订相应的条款,让法律法规具有适应性。

2. 优化大连市网约车准入机制

《大连市网络预约出租汽车经营服务管理实施细则》的主要原则是分类管理、差异化经营。从准入机制看,大连市政府制定了相应门槛,虽相较于全国同类型城市要求并不严苛,但对私家车辆进入网约车市场提出了一定的要求。随着近年来网约车行业的不断发展,可以降低或取消一些实际用途不大的准入门槛,将要求集中在车辆安全性能和加强与政府信息对接等方面,将准入机制作为政府监管的一个抓手。

3. 制定大连市网约车退出机制

目前,大连市网约车并无强制退出机制,对车辆非法营运和平台违规派单等行为,只能通过行政处罚等方式进行罚款,但无法让车辆、平台在大连市退出营运,无法从根本上解决违规经营等问题。可借鉴其他省市经验,构建市场退出机制。明确网约车平台公司、驾驶员的市场退出标准,实行严格的市场退出机制。交通运输、通信、工商、网信部门对网约车平台公司不再具备线上线下服务能力或有严重违法行为的,应依据相关法律法规责令其停业整顿、吊销相关许可证件;对网约车驾驶员不再具备从业条件或有严重违法行为的,应依法撤销或吊销其从业资格证件。

4. 制定大连市网约车市场联合监管办法

大连市应按照交通运输部等多部委要求,由市政府牵头成立大连市网络预约出租汽车整治工作办公室,分管交通的市领导任组长,公安局、交通运输局、通信管理局、网信办、税务局、工商局和市场监督管理局等多部门应建立健全大连市网约车联合监督管理机制。大连市政府应探索利用互联网思维创新监管模式,加强网约车事中、事后联合监管应急响应和处置,利用信息化手段实现部门间信息互通、资源共享,探索建立政府部门、企业、从业人员、乘客及行业协会共同参与的协同治

理机制。切实增加企业、个人违法成本,从根本上解决网约车行业违法乱象。

(三) 加大平台、车辆监管力度

1. 加大非法营运行为整治力度

(1)建立健全投诉及实时报警机制。网约车平台公司要向公安部门进行信息对接,提供车辆注册信息、车辆位置、运行轨迹、乘客信息等数据。平台应设置24 小时应急处置及安全管理专业团队。

(2)建立快速反应机制。建立网约车、顺风车违法犯罪快速反应、联动处置工作机制,交通运输主管部门和在大连市运营的平台公司要配合公安部门,全力提供信息、技术等方面的支持,公安部门在接到乘客报警后,应快速反应,立即组织警力有效处置。

(3)加大非法营运行为打击力度。要提高重视程度,根据自身职责加大监管力度,通过开展联合执法等专项行动,全面查处网约车非法营运行为。

(4)建立联合执法机制。可以建立大连市交通、公安、通信、物价、工商、税务等相关部门联运机制,重点打击网约车平台企业违规向不符合资质的司机及车辆派单,操纵网约车价格等行为,倡导优质文明服务理念。

(5)加大对网约车平台非法派单、无车辆运输证和驾驶员从业资格证的投诉举报处罚力度。

(6)建立有奖举报机制。

(7)持续规范执法工作。严格执行执法公示、执法全过程记录、重大执法决定法治审核制度,建立健全执法裁量权基准,实行执法事项清单管理,简化优化流程,提升办案效率。

2. 加强安全监管

(1)开展行业安全大检查。建立联合检查工作组,对本地运营的网约车平台公司和顺风车信息服务平台开展联合安全大检查。进一步查漏补缺,紧盯复杂领域、突出问题,加强协调协作,认真组织开展安全生产隐患排查和专项整治,坚决做到风险隐患见底、问题整治彻底、责任落实到底。

(2)督导平台企业严格落实维稳和安全生产相关责任。建立联合督查机制,要求在大连市营运的网约车和顺风车平台进一步落实企业安全生产和维稳主体责任,一是规范平台派单行为;二是强化运营风险管控;三是要规范顺风车营运行为;四是要提高车辆安全标准。

3. 加大信用惩戒力度

一是制定严重失信行为清单,并向社会公布。二是市交通行政管理部门建立统一的行业信用管理信息平台,并做好平台的运行和维护工作。三是建立道路运输严重失信主体信用档案,同步保存于信息平台供查询应用。四是建立严重失信主体名单并向社会公布,公布期限两年,期限届满移出名单。五是编制道路运输行业惩戒措施清单,市、区交通行政管理部门和管理机构可以依据清单内容,对列入严重失信主体名单的经营主体实施行业内的联合惩戒,并将其列入重点监管对象,加强日常检查。此外,建立网约车平台诚信经营榜。对长期诚信经营行为不达标的企业责令整改,对整改不合格、不到位的平台可按照相关法律法规处理。全面公开考核结果,提高行业管理透明度。

4. 加强从业人员背景审查

对大连市辖区的网约车司机进行全面背景审查,确保网约车司机没有违法犯罪行为,符合《出租汽车驾驶员从业资格管理规定》的相关规定。要求平台公司严格履行主体责任,遵守行业法律法规。要求所有在大连网约车平台公司不得新接入不合规车辆和驾驶员,制订不合规车辆清退计划,逐步清退现有不合规车辆和驾驶员。要对现有网约车和私人小客车合乘服务的驾驶员进行一次全面清理,全面清退不符合条件的车辆和驾驶员。对于落实要求不到位、整改不彻底的平台,相关部门可派人员进驻,督促网约车平台履行主体责任,严格按照法律法规合法经营。

5. 加强投诉处理

交通运输主管部门可以通过本单位门户网站或开通投诉电话等方式,主动接受并快速核查处治社会各界涉及网约车的各类投诉。畅通诉求渠道,按照"半小时内联系诉求人、3小时内形成解决意见并与诉求人达成共识"工作要求及时办结民心网、民意网、"12328""12345"等各类平台关于网约车方面的诉求,对于平台拒不提供信息、不配合调查等行为严肃处理。定期向社会公布各平台投诉率,通报典型投诉案例,增强社会舆论氛围,让群众自觉抵制服务水平不达标的平台公司。同时,政府部门可出台相应规定,对投诉率始终较高的平台进行行政处罚。

(四)加强网约车监管基础设施建设

1. 建立大连市网约车监管平台

大连市亟须建设网约车政府监管平台,加强网约车市场监管,功能包括大连市网约车动态监管和网约车信息服务两大部分,并按大连市关于巡游车、网约车平台融合的总体要求,充分考虑前端、中端、出口端连接功能,将网约车平台作为一个基本模块纳入大连市交通运输一体化平台建设中,实现与巡游车监管平台对接资源共享,并实现与市大数据中心数字平台对接。平台建成后,交通运输主管部门应按照相关规定组织网约车经营者自行安装车载终端,将网约车统一纳入平台管理。

2. 将各网约车平台服务功能接入大连市"96126"叫车系统

大连市交通运输主管部门应将原有"96126"电话叫车平台升级为全国统一叫车电话"95128",并参照网约车叫车方式,开发包括巡游出租车、顺风车等出行方式在内的一键式"95128"叫车软件。先期可利用国有企业出租汽车参与测试,进一步完善"95128"叫车软件功能,为乘客提供周到、满意的出行服务。在行业信息化建设方面,应与上海建立交流互通机制,学习上海电召平台"巡游车+互联网"先进模式和"大众出行"打车平台建设、运营、维护等方面先进经验,探索我市巡游车电召平台优化升级方向。

3. 建立信息化专业人才的培养体系

一是加大资金投入力度,尽快完善相关理论体系。适当提升网约车监管研究人员薪资和其他相关奖励,鼓励更多人才投入网约车行业的发展和研究之中。政府要出台相应鼓励政策,为从事网约车管理、发展等方面研究的专家学者提供便利、宽松的研究环境,督促相关部门积极配合研究,支持网约车监管项目的建立。二是加强网约车管理交流。倾听企业对于行业发展的意见和建议,了解行业当前存在的问题,要深入驾驶员群体,听取他们对行业发展的期许与愿景,以问题为导向,多措并举,在做好行业管理的同时,加大对从业人员服务力度。三是加强专业人员引进培养力度。重点培养专业人才,开展专题培训班。招录、聘用专业人员,加大组织力量,不断适应新形势、新行业、新模式,以更专业的模式和方法切实规范大连市网约车政府管理。

4. 切实加强队伍建设

应加强执法评议考核,针对企业和群众关切的热点、难点开展执法监督,建立问题预防、预警机制,及时进行提醒、函询、约谈,持续释放震慑效应,涵养行业清风正气。网约车主管部门要深化推行执法队伍素质能力提升,严格落实执法资格管理,开展全员培训、专项培训和业务竞赛,提升相关人员的执法能力和水平,培养业务骨干和能手。深入推进"四基四化"建设,换发执法证件和服装标识,规范提升队伍形象。

大连市
信访服务提升研究

孙睿

（学号：1120203372）

信访工作是党委政府群众工作的重要组成部分，做好人民信访工作要始终以人民为中心，以发展思想为总体原则，以服务群众为根本，以"一切为了群众"为核心。提升信访服务，解决服务中存在的问题，是推进信访工作科学发展的原动力，对于做好新时期信访工作有着重要意义。

简言之，公众向行使公权力的部门或组织反映涉及公共管理领域方面的诉求、建议、意见的活动都可以称为信访。信访是公众参与社会治理、维护自身合法权益的行为活动，也可以说是公众对于国家行使公权力的部门或组织的信任之访。信访服务，狭义理解是指对于信访人的服务，在公民、法人或其他组织向有公权力的部门反映诉求、提出意见及建议时所获得的服务即为信访服务。广义上的信访服务还包括服务党委和政府决策、服务经济社会发展。在推进国家治理体系和治理能力现代化的进程中，不断优化政府治理、建设人民满意的服务型政府是一项重要内容。依托信访这一送上门来的群众沟通平台，通过提高服务意识、规范信访程序，提高信访工作效能和服务质量，让信访人感受到政府服务群众的温度、处理事务的速度和解决问题的力度。

信访服务可分为"软服务"和"硬服务"。通过建立信访服务机制增强工作人员服务意识、端正服务态度、提升办事效率、提高办理质量，优化信访工作流程，利用互联网、人工智能等方便信访人提出、查询、评价信访事项，宣传《信访工作条例》等法律法规引导信访人依法合规信访、遵守信访秩序等，这些称为软服务。为信访提供便利条件的场所、服务设施属于信访的硬服务。

一、大连市信访服务现状分析

大连市作为全国 15 个副省级城市之一,5 个计划单列市之一,14 个沿海开放城市之一,有着得天独厚的发展条件和优势。但是近年来,大连的经济增速有所放缓,需要通过各方努力重现城市发展活力。信访工作是连通百姓和政府的桥梁纽带,信访服务提升作为整个政府服务效能提升的重要组成部分,在保障人民群众合法权益、加速经济社会发展等方面发挥着重要作用。

(一)大连市信访服务所采取的措施与成效

1. 大连市信访服务采取的措施

(1)不断强化服务保障。一是强化组织保障。大连市信访工作机构体制大致分为两个阶段。第一阶段:2002 年 8 月,大连市设置市委、市政府信访办公室(简称"市信访办"),正局级建制,受理人民来信、来访和征集人民群众意见、建议,内设 6 个处室,2006 年增至 7 个。2005 年,按照中央和省委要求,大连市建立处理信访突出问题及群体性事件联席会议制度。第二阶段:2007 年 4 月,市委、市政府信访办更名为市委、市政府信访局,正局级建制。2010 年 2 月,内设机构 9 个。2012 年 7 月,原群众来访接待二处整建制并入市政府驻京办事处,内设机构调整为 8 个。2013 年 6 月,行政编制增至 61 名。2015 年,按照中央和省委要求,处理信访突出问题及群体性事件联席会议制度调整为信访工作联席会议制度。2019 年 2 月,驻京、驻省来访接待处划归市委市政府信访局,内设机构 13 个,行政编制由最初的 32 名增加至 71 名。2021 年 5 月 15 日,大连市编委印发《关于调整市委市政府信访局领导体制的通知》,市委市政府信访局不再由市委政法委领导和具体管理。市委市政府信访局局长不再由市委政法委副书记兼任,调整为由市委副秘书长兼任。从大连市信访工作体制机制发展历程可以看出,大连市委市政府高度重视信访工作,信访队伍在不断壮大,信访制度在不断完善,服务保障能力在不断增强。

二是强化服务设施保障。建设优化市县两级群众来访接待大厅,要求信访问题涉及较多的工作部门,如住建、自然资源、公安、人力资源和社会保障、教育、农业农村、城市管理、卫生健康、国有资产监督管理、纪检监察等,统一进驻信访接待大厅进行接访,来访群众集中登记,各驻厅单位分别办理,实现了"一站式受理、一条龙服务、一揽子解决";提供人性化服务,保障来访群众安全,接待场所配有安检设施、AED等急救设施、老花镜、饮水机、网络等;同时设有律师室、心理咨询室,方便来访群众咨询,多措并举为来访群众提供便利。

(2)开展各类专项治理行动。近年来,按照中央和省委部署,大连市集中开展了信访矛盾减存控增三年攻坚、"治重访、化积案"、重复访集中治理、迎接建党百年等专项行动,对于疑难涉众问题实行市级领导包案、包领域高位推动化解。牢固树立"一盘棋"思想,坚持"把力量下在源头,把主战场放在当地",构建"三点三线四组"工作模式,部门联动,上下配合,做好历次党代会、人代会、政协会、"一带一路"国际合作高峰论坛、亚洲文明对话、历次夏季达沃斯年会、迎接建党百年等重要时期的信访保障工作,强力部署调度,化解矛盾风险,维护群众合法权益。

(3)落实领导责任体系。全面落实"四级书记抓信访"工作责任,构建起党委牵头、政府实施、部门协同、社会参与的信访工作责任体系,建立起党政一把手负总责、分管领导具体负责、其他领导"一岗双责"的责任制。各地各部门按照"属地管理、分级负责,谁主管、谁负责"的原则扎实开展工作,信访工作责任得以有效落实。建立并完善了信访联席会议制度,进一步强化统筹领导、综合协调、组织推动、督导落实等职能作用。完善信访工作政策制度体系,先后出台《关于创新群众工作方法解决信访突出问题的意见》《大连市信访工作责任制实施办法》等。

(4)推行信访信息化建设。深入推进网上信访工作,把做好网上信访工作作为提升信访公信力的重要途径,不断畅通和拓宽民意诉求表达渠道,实现国家、省、市、区(县)、乡五级互联互通,构建了集投诉受理、办理、查询、评价等于一体的网上信访综合应用工作平台。同时开通"大连手机信访APP""大连投诉"微信投诉平台、"一键网投"等便民服务功能。探索构建了"信访110"暨大连移动信访微平台。"信访110"平台将市区两级信访系统所有人员纳入手机端企业号,建立起全市健全、完备的线上移动信访工作体系。

2. 大连市信访服务取得的成效

(1)信访形势呈现良好态势。党的十八大以来,全市县级以上信访部门登记受理群众信访总量30余万(件)人次。但随着信访工作效能的提升,从2013年开始信访总量呈逐年下降态势,2020年有较大幅度反弹,主要与统计口径有关,受新冠疫情等影响。信访总量的下降趋势在一定程度上说明大连市信访形势呈现良好态势。从信访渠道看,网上信访占比呈逐年上升趋势,2013年占3.38%,2014年中2.72%,2015年占8.34%,2016年占22.56%,2017年占33.80%,2018年占35.85%,2019年占69.43%,2020年占80.32%。网上信访占比的逐年上升说明政府对于网上信访的大力宣传收到了实效,实现了让"群众少跑腿、数据多跑路"。

(2)大量疑难信访问题得到有效化解。通过集中专项行动,强化"书记抓信访"主体责任,严格落实领导责任体系,充分发挥信访联席会议调度协调作用,大量疑难信访问题得到有效化解。截至 2021 年 11 月底,国家和省交办信访案件化解90%以上,当前正在开展的重复信访治理工作,国家和省交办的案件化解率分别为88.3%、98.75%、96.65%,全省排位靠前。同时,办证难、回迁难、退役军人群体、农民工欠薪等一大批疑难复杂的共性信访问题得到有效解决。圆满完成了重大节日庆典、国际活动、全国两会等关键时期信访保障任务,解决了很多历史遗留问题,降低了矛盾上行风险,促进了社会和谐稳定。

(3)创新服务制度改革取得明显成效。在阳光信访方面,在群众来访接待场所设置 LED 显示屏及宣传板等,公示相关部门职责分工及领导接访日安排,宣传信访法律法规,引导依法有序信访;加快推进网上信访建设,大连市 81 个市直单位和12 个地区与国家和省信息系统实现无缝对接、资源共享,来信、走访、网络等渠道的信访信息全部实现网上流转、网上查询、网上评价,将信访事项办理过程、方式和结果在网上公开,接受群众监督;通过"大连手机信访 APP""大连投诉"微信投诉平台、"一键网投""信访 110"暨大连移动信访微平台等便民服务功能,让网上信访逐步成为群众信访的主渠道;加强信访规范化建设,信访事项及时受理率、按期答复率、群众满意率"三率"水平明显提升。在责任信访方面,正确处理五大关系,即属事与属地的关系、信访部门与行业主管部门的关系、化解与稳控的关系、源头预防与事后处置的关系、落实责任与责任追究的关系,建立起有权必有责、有责必担责的信访工作责任体系。在法治信访方面,全面落实诉讼与信访分离、依法逐级走访、分类处理信访诉求等改革措施,引入律师、社会监督员参与到信访接待、法律咨询的工作中,努力将信访纳入法治化轨道。

(二)大连市信访服务情况调查

1. 调查的目的和内容

问卷的设计主要通过对已有信访工作及政务服务民意调查问卷进行重新整理,以《信访工作条例》和现行信访工作的制度政策为依据,加入涉及信访受理范围、信访渠道、信访接待场所、网上信访体验、工作人员服务质量、信访服务水平影响因素等方面的调查问题,同时在一些问题后面备注概念解释,在调查的同时兼顾科普信访知识。

2. 调查的对象

为全面了解大连市信访服务情况,本次调查对象主要面向最有发言权的到市、县区信访接待场所反映问题的信访群众、有过信访经历的群众、对信访工作有过了解的群众和社区居民。

预测试调查和正式调查均采取了简单随机抽样和系统抽样相结合的方式,简单随机抽样是对到大连市群众来访接待中心、各县区来访接待场所反映问题的信访群众以及社区居民采取不加任何归类、分组或排序等形式，直接开展问卷调查的抽样方法。系统抽样是根据整个问卷调查开展的时间，按照时间间隔，即选取工作日8:50—11:10、13:30—15:30，节假日10:00—12:00、14:00—16:00四个时间段进行发放，间歇性地选取抽样人群，保证样本的真实性和有效性。抽样的样本中，男性占比57%，女性占比43%，没有明显的性别差异；年龄主要集中在36~60岁，占比59%，此年龄段的人群社会接触面大，更容易产生各种诉求，且行动方便，所以在上访群众中占比大；职业分布较为广泛，其中企事业单位人员占比最高，为31%；学历主要集中在高中/专科和本科，分别为24%和47%。因此，问卷样本具有较好的代表性，能够真实合理地反映大连市信访服务的现状。

3. 调查问卷的发放和回收

为了保证样本的科学性和有效性，本次调查分为预测试调查和正式调查两部分。预测试调查主要用于问卷的信度和效度分析检验。考虑到信访工作实际，为提高问卷数据的精确度和可获得性，问卷的发放和回收采取纸质形式。预测试调查的时间为2021年11月25日—2021年12月5日，共发放问卷100份，回收问卷99份，有效问卷97份，有效率为97%；正式调查时间为2021年12月8日—2021年12月24日，共发放问卷400份，回收问卷387份，有效问卷385份，有效率为96%。通过在大连市群众来访接待中心、西岗区信访局向来访群众发放调查问卷，请各县区信访局的同事帮助向所在县区的来访群众发放调查问卷，走进社区向社区居民发放调查问卷，向身边有信访经历或对信访工作有一定了解的市民发放调查问卷。在问卷发放的同时询问对于信访服务的意见和建议，认真进行记录并对调查问卷进行及时回收。

4. 预测试调查问卷信度和效度检验

本文使用SPSS23版本的数据分析软件对预调查问卷进行结果分析，以保证本次调查问卷的准确性和适用性，避免调查无效。

（1）信度检验。本次大连市信访服务问卷调查的开展时间集中在2021年11—12月，外在因素相同，所以信度检验的核心问题在于是否围绕某个相同的概念，从而分析得出各题项间是否存在一致性，即检验内在信度。这些项目结果的一致性越高，其评价结果的可信度就越高，主要运用Cronbach's Alpha系数值来判断。SPSS中对信度检验的模型比较全面，分别从4个维度和整体开展信度分析。从验证结果看，调查问卷在每个维度的Cronbach's Alpha数值均处于0.7~0.9区间，有两个维度的Cronbach's Alpha数值达到0.8以上，同时调查问卷整体的Cronbach's Alpha值为0.872，说明量表的内在一致性较高，问卷调查结果的可信度比较高，能够为本文写作提供可靠的数据依据。

（2）效度检验。效度检验能够影响信度检验成果。效度检验的定义为测量值和真实值比对得出的接近程度,因此能够代表问卷调查的问题是否能得出想要呈现的结果。本文在问卷设计过程中,邀请了 7 位专家对问卷的结构和内容进行了检验,其中 5 位专家认为合理、2 位专家认为基本合理,对部分不合理的题目进行了修改与完善,使问卷的效度成果得到了保证。

5. 调查问卷的结果分析

由于预测试调查结果可靠,因此最终结果分析将预测试调查和正式调查汇总进行,合计有效问卷 482 份,下面主要通过 4 个维度对调查问卷结果进行分析。

(1)对信访受理范围及信访渠道的了解情况

从调查结果分析可以看出,群众对于信访受理范围和信访渠道的了解程度尚可,其中对于信访受理范围部分了解的群众占一半,说明仍需对信访相关法律法规加强宣传;在信访渠道的选择方面,调查结果显示,网上和电话渠道选择最多,分别占比 58% 和 38%,总体占比 40% 和 26%,说明随着信息化的发展,人们更愿意选择方便快捷的网上信访反映问题,而电话渠道更加直接且可互动,也是受欢迎的信访渠道之一。经调查跟进,选择走访的群体多数为农民、农民工或老年群体。

(2)各信访渠道的服务体验情况

根据被调查者对各信访渠道的服务体验情况的调查,超过一半的被调查者认为信访渠道是畅通的,认为不畅通的被调查者占 18%,经调查跟进,主要原因是反映的诉求未得到及时解决,认为信访没有发挥作用;在来访接待场所的评价中,智能化相较于其他方面的满意度最低,占比 42%,说明大连市信访智能化水平还有待提高;在网上信访体验中,对办理时效性不满意的占比最高,说明网上信访还需提高办理效率;在调查过程中,也有被调查者反映网上信访稳定性还有待增强。

(3)信访服务质量满意度

根据信访服务质量满意度调查结果,信访工作人员的服务态度得到普遍认可,服务流程和工作能力分别位居第二、第三,而领导接访日的落实情况不尽如人意,41% 的被调查者不了解有领导接访日,知晓率偏低,在调查过程中很多被调查者反映领导接访日的效果有限,各责任单位派驻的领导很多为非实职领导干部,解决问题的力度不大。

(4)信访服务影响因素调查

在调查问卷中主要把影响信访服务水平的因素分为"信访渠道是否畅通""信访法律法规宣传是否到位""反映的诉求是否能得到及时回应和解决""工作人员服务意识""工作人员业务能力"5 类,并设置了其他因素选项。从调查结果分析可以看出,"信访诉求是否能够得到及时回应和解决"被认为是影响信访服务水平最重要的因素之一,有一半左右的被调查者认为以上 5 类因素均能够影响信访服务水平,选择其他因素的主要是接待人员的责任心、重大疑难问题的协调和推动化解能力以及"不了解"。

（5）信访服务方面的意见、建议

首先，被调查者提出最多的是希望政府部门加大对信访工作、信访渠道以及信访法律法规的宣传力度，让百姓知道什么问题可以信访、遇到问题可以通过哪些渠道信访；其次，提升信访工作人员的服务意识和业务水平，及时掌握法律法规调整信息，提高基层干部能力素质；最后，希望领导干部能多实地调查，增强信访协调力度，还有部分调查者对信访渠道的多元化提出建议，认为应该适应变化，实现"互联网+信访"，让信访更加便捷高效，提高服务水平。

综合整个调查结果分析，大连市信访服务群众满意度较高，达到一般满意以上水平的占比基本在一半以上，不满意占比较低，还有很多群众对信访工作不了解，无法做出满意度评价，说明应加大信访工作的宣传力度。被调查者对于信访受理范围和信访渠道的了解程度有待提高，其中对于书信信访的地址知晓率不足一半，对于网上信访不了解的被调查者数量超过三分之一，有三分之一的被调查者不清楚涉法涉诉案件政府部门不受理，说明信访法律法规、受理范围及信访渠道的宣传工作还需强化。被调查者对于信访接待人员的服务态度、接待场所的服务环境及设施、信访渠道的畅通程度方面的满意度相对较高，而在来访接待智能化、网上信访办理时效、领导接访日落实情况方面的满意度相对较低，说明在提升智能化水平、提高行政机关工作效率、落实领导接访等方面的工作还需要进一步加强。群众对于信访服务方面普遍的关注点主要还在于信访诉求是否得到及时有效解决，这也是其他影响因素的出发点和落脚点。通过调查征集，能够客观真实地了解大连市信访服务存在的问题与不足，为提升信访服务提供有力依据和工作思路。

（三）大连市信访服务存在的主要问题

1. 信访部门间缺乏有效沟通机制

一是重复信访率较高。一信多投、一访多接、多网重投、多渠道受理的现象普遍存在，不仅在一定程度上浪费了行政资源，也不利于信访问题的快速有效解决。二是涉法涉诉信访问题相对突出。近年来，国家在涉法涉诉信访方面推行诉访分离制度，打破了以往单一集中交办、过分依赖行政推动、通过信访启动诉讼的工作模式。但是在推进诉访分离制度的过程中，大部分群众认为信访成本低、流程简单，而其他法定途径程序复杂、很难进入，导致目前还是有很多涉法涉诉信访群众选择向政府信访部门反映问题，2021年1—11月，政法类信访问题占比达到了11.69%，引导群众依法理性信访的任务仍然艰巨。

2. 主动服务意识不够强

一是主动宣传力度不够大。在问卷调查过程中，很多被调查者对于信访工作知晓率不高,说明对于信访政策法规、信访渠道等的宣传有待加强。二是领导干部接访工作和领导包案工作落实不到位。一些领导干部对于信访工作的重视程度不够,部分单位没有按要求选派相关领域主管领导进行接访,接访后无回音、承诺的解决措施没有落实到位等问题仍有发生。三是基层矛盾化解能力有欠缺。由于基层信访服务力量不足,导致一些信访问题没有在产生之初得到及时解决,越级上访情况时有发生。四是工作推诿情况时有发生。在信访事项办理过程中,应该受理的却不受理,简单将信访问题推向诉讼程序或其他程序;不帮助信访人组织协调,不去核实信访人反映的问题和实际困难,而是直接出具不予受理告知书就算办结。

3. 服务方式方法相对简单

大连市信访工作服务模式较为全面,但是信访渠道还是以市县级信访工作机构走访为主,向市级以上信访工作机构、市领导、纪检监察、政法委、人大等部门寄信,大连信访网为主,将矛盾化解在基层的服务方式运用不足;信访接待中心虽然配备了基本的服务设施,但是智能叫号、智能接访、智能查件等人工智能设备运用不足,服务方式方法仍有待创新。

4. 服务能力素质稍显不足

目前大连市信访基础业务方面仍存在信访信息系统中信访事项录入不规范、应受理未受理、是否受理告知书及答复意见书内容格式不规范、答非所问、办理情况不详细、处理意见不明确、未进行满意度评价等问题,这在一定程度上会影响信访事项的办理质量和群众满意度。还有部分接待信访工作人员对于群众反映的问题敷衍了事,对于政策法律不够了解,无法对群众进行专业解答,引发群众不满。

(四)存在问题的原因分析

1. 信访工作统筹规划机制不健全

一是政府信息公开和宣传力度有待加大,群众在遇到问题时不知道该到哪个部门反映。二是群众对于政府部门和司法机关的信任度不高,认为只有"告御状"、反复信访给政府部门或司法部门施压才能解决信访诉求。三是各信访渠道沟通衔接不够顺畅。很多机关、单位因此建立了全国范围或全省范围的信访信息系统及信访制度,这些系统与党委和政府信访工作机构的系统并未实现互联互通和信息共享,导致很多信访问题重复登记、重复受理。

2. 为民服务思想认识不到位

信访问题产生的源头之一是基层一些责任单位在处理问题时存在处理不到位、不公平、责任心不强、政策执行不到位,导致群众只能通过信访反映诉求。究其根本还是为民主动服务意识不强,没有将全心全意为人民服务作为干事创业的根本宗旨;法律意识淡薄,在处理问题时受人情关系的阻碍,行政特权思想作怪;怕担责、怕追责的心理还存在,担当作为的意识缺乏。这样的心理和行为很容易损害政府形象和司法权威,引发社会矛盾。

3. 现代化技术手段运用不足

目前,现代化技术手段运用不足导致信访工作的方式方法过于简单,直接影响信访服务体验。在实际工作中,部分信访工作机构仍采用接访人工叫号、手写录入诉求、信件各级重复分拣等方式,严重影响了工作质效。究其原因,一方面可能是一些基层信访工作机构经费不足;另一方面主要还是对新事物的接受能力不强、创新工作方法的冲劲不足,顾虑较多,安于现状。

4. 专业人才的培养力度不够

当前信访业务的培训力度还有待加强,还没有形成人人研究业务的良好学习氛围,一些信访工作人员的业务能力和综合素质有待提升,一些地区和部门的信访工作人员更换频繁、业务不精,影响信访接待的质量和信访事项处理的效率。同样,相关单位的具体承办人员也需要掌握信访相关的法律法规,才能更规范地处理好群众的信访诉求,而目前信访部门组织的培训往往仅针对信访工作机构的工作人员、相关单位及基层的信访专干,没有将培训辐射到具体承办人员。

二、国内其他地区信访服务的经验借鉴

(一)国内其他地区信访服务的主要做法

在信访服务方面,上海的理念和做法值得学习借鉴。同时,安徽省、贵州省贵阳市的智能化信访建设以及江西省赣州市的大数据应用在提升信访服务方面的实践经验也值得推广学习。

1. 上海市:创新信访服务工作模式

(1)发挥市民服务热线总客服作用。"12345"热线是电话信访的主要渠道,上海市的"12345"热线设在上海市信访办。上海市"12345"热线荣获《客户世界》编辑推荐:2020年度中国最佳政府服务热线(12345)。同时,上海市还针对特殊群体提供人性化的特殊服务。2019年,"12345"热线上线了手语视频服务,结合上海国际化大都市的城市特点,上海市"12345"热线还专门开设了外语座席,有效地拓宽了服务范围,提升了服务质量和优化了上海的城市形象。(2)做好"家门口"信访工作。上海市信访办构建了信、访、网、电、移动端、手语视频等多种诉求渠道。不仅运用现代化科技手段畅通网上信访服务,还将网下信访服务体系铺到了家门口。通过创建"人民满意的窗口",在市、区、街镇接访地点实行形象统一化、功能模块化、参与多元化、设备智能化、服务便民化的"五化工程",这些接访点使用统一的标志、统一的颜色、统一的图案、统一的标语,就像是一家家连锁店,便于群众可以就近反映问题,提出意见、建议。

2. 安徽省:推行网上信访便民化

安徽省信访局创新"一网、一微、一端、一视频、一电话"的"五个一"信访渠道,打造省长信箱、微信小程序等 9 种网上信访渠道。运用机器客服在线引导、全领域智能回答、全流程辅助投诉、7×24 小时服务不打烊,将网上信访打造成群众信访的主渠道、直通车。打开安徽信访微信平台,可以直接链接到全省各级微信投诉入口,所有系统页面打开速度保持秒级响应,不卡顿、不延迟,成为全国在政务网络部署中打开速度最快的系统之一;保持全年稳定运行不掉线,群众投诉不中断,成为全国最稳定的网络系统之一。在跟踪回访方面,通过组建电话回访团队,应用智能外呼机器人电话回访,真人语音、智能对答、准确记录、客观收集群众评价意见,对群众不满意事项自动告警督办。打造了网上信访便民化的"安徽模式"。

3. 贵阳市:建设信访业务智能辅助平台

贵阳市信访局作为信访业务智能辅助系统试点城市,于 2020 年正式上线运行了"数智信访"智能辅助系统。系统充分利用人工智能、云计算、大数据技术,实现了智能接谈、智能登记、智能审查、智能推荐、一件多转、智能回访、智能分析研判等 12 项功能。智能辅助平台同时帮助规范信访流程,通过智能审查功能对受理、办理等每个环节以及出具的每份信访事项告知书、答复意见书等进行规范化系统普查,对办理时限进行跟踪预警,避免了以往人工抽查速度慢、查不准、查不全的问题,极大地降低了信访错情率,确保及时受理率和按期办结率达到 100%。同时,系统还会为每个信访件推荐最佳处理方式和处理单位,实现智慧转交办;在数据分析上,可以从多个角度对信访人、信访问题进行智能分析,及时发现矛盾苗头,为决策提供有效的服务。

4. 赣州市:用活信访大数据为民解难题

江西省赣州市信访部门将大数据应用于信访工作,利用信访大数据技术,为人民群众做实事,每年方便群众快速解决近万件急难忧盼问题。近年来,赣州市大力推进信访信息化建设,先后投资 200 多万元,升级和完善信访网上服务中心,实现了信访信息的统一联网及信访数据的采集和处理。建成统一的信息互联互通机制和信访数据收集网络,实现全市信访事项从一个口径进出,在一个系统流转,做到统一管理、一网通办。自动收集、汇总、分析国家、省、市、县四级信访数据,及时将来信来访数据录入信访网上服务中心系统,实现云端数据与实践数据高度契合匹配,不断丰富信访数据库,实现线上与线下融合。系统构建了覆盖市、县、乡三级的2 408个应用终端账号的信访信息共享网络,同时与公安、政法等部门实现系统互联,各部门之间的信息实时交流和共享。利用信访大数据分析平台,通过"云"研判,"智"分析,准确解决群众的诉求。

（二）先进经验借鉴

1. 建立一体化信访服务平台

学习上海经验,将"12345"热线作为电话信访的主渠道,发挥好"12345"热线的总客服作用,构建信、访、网、电、移动端、手语视频等一体化服务平台,充分考虑不同群体的需求,为群众提供更便捷、更贴心、更多样化的服务,有效提升信访服务水平。将"12345"热线与信访其他渠道联网运行,共享数据信息,实现全链条一体化受理,将有助于识别重复信访问题,查看信访事项办理情况,及时准确地回应群众诉求,进一步提升工作效率。

2. 夯实基层信访服务基础

将信访服务做到百姓家门口,发动社区、村镇及县区职能部门的力量,将矛盾化解在基层,是做好信访工作、提升信访服务水平的力量源泉。上海"家门口"信访服务点可以为基层信访服务提供有益借鉴,通过设置统一建设标准,建设从上至下如"连锁便利店"般的信访接待场所,配备专业的信访服务人员,有利于夯实基层服务力量,畅通基层诉求表达渠道,而以家门口"服务指数"为依据的信访示范创建工作,将进一步激发基层信访服务热情,营造信访服务良好氛围,提高基层信访服务水平,推动信访问题从源头化解。

3. 推行信访智能化建设

安徽省和贵阳市关于信访智能化的经验值得大连市以及有条件的地区在全国范围借鉴推广。随着人工智能、云计算、大数据和5G等新一代信息技术的成熟发展,信访业务新技术运用面临着全面创新,智能化已经成为信访信息化发展的必然趋势。人工智能辅助系统可以进一步提升信访自动化水平,可以做到智能机器客服在线回复、智能办理提醒、智能语音文字转化、智能回访评价等,实现信访像"网购"一样便利,在方便群众信访的同时,既节约了人力成本,又可以降低人为错误,有效提升信访案件办理效率和质量。

4. 发挥信访"晴雨表"作用

赣州巧用大数据实现信息共享、形势分析、预警提示的做法值得大连市以及国内其他地区信访部门学习借鉴。建设信访大数据分析平台,利用共享网络实现各部门信息有效联通,可以有效避免一些信访问题多部门重复接转,从而用更多精力去帮助群众解决合理诉求;也可以通过大数据分析及时发现群众反映的普遍问题、倾向问题、苗头问题,充分发挥信访反映社情民意"晴雨表"的作用,为信息预警、科学决策、完善政策提供有价值的参考。

三、进一步提升大连市信访服务的对策分析

(一)优化整合诉求渠道

信访渠道是否畅通,直接影响信访服务水平。因此需要有效整合信访渠道,建立各部门配合协调机制,降低信访重复率。

1. 与"12345"热线实现数据整合共享

目前大连市信访局与大连市"12345"市民服务热线尚没有实现数据信息交换共享。国内上海、厦门等地都将"12345"热线设在了政府信访工作机构,而像重庆、深圳、青岛等地的"12345"热线则设在了市政府办公厅。无论热线设在哪个部门,最终都发挥着倾听群众建议、解决群众诉求、提升社会治理水平的作用,与信访工作一脉相通。在问卷调查过程中,很多市民一提到信访就会想到"12345"热线,可见"12345"热线与信访工作是不可分割的。通过技术手段实现信访信息系统与"12345"网上平台系统的数据交换共享,可以有利于信访部门及承办单位全面掌握信访事项的办理情况,更好地回应信访人的诉求,提升承办单位办理效率和质量。

2. 加强多部门沟通协调

要继续完善行政机关信访与人大、纪委监委、公安、审判机关、检察机关、司法行政机关信访以及提供公共服务企事业单位信访的沟通协调机制,不仅停留在通知文件中的互相提及,在现有信访信息系统及政务网上可以开通互联互通的绿色通道,遇到涉及多部门的复杂疑难问题多召开协调、评议会议,形成"网上保证联通顺畅、网下积极调度配合"的良好局面,让涉法涉诉涉纪检监察的信访问题及时导入法定途径及纪检监察系统,让非涉法涉诉涉纪检监察的信访问题及时回归正常信访途径解决。

(二)完善信访宣传服务机制

1. 创新信访宣传服务机制

注重法律法规宣传,让公众清楚哪些是涉法涉诉信访问题,哪些信访行为是违法的,普及与信访相关的法律法规知识,做到依法信访;注重政府部门职能宣传,加强信息公开,让公众知晓遇到问题时应由哪些单位进行处理,做到精准信访;注重正面引导,积极宣传信访工作职能和经验做法,提升信访部门对外形象,提高公信力;丰富信访宣传形式和内容,充分利用信访接待场所 LED 显示屏、宣传板、网站、报纸、电视、微博、微信公众号、公交地铁广告牌、自媒体平台等宣传媒介和载体,开展进社区、进学校及信访宣传日等宣传活动,利用信访工作可以感知风险隐患的功能。

2. 建立各渠道"首接一办到底"机制

建立各渠道"首接一办到底"机制,即同一信访问题以第一次群众选择的信访渠道作为首办渠道,首接人员要跟踪到底、督办到底,确保每一件初次信访问题都能解决到位、解释到位、帮扶到位,形成"登记—受理—办理—反馈—满意度评价"的完整闭环。通过其他渠道收到同一信访问题应及时进行移交,并与信访人解释沟通不再重复受理,有效节约信访成本,让服务集中力量靠前行动,提高责任单位办理效能。

3. 落实好领导带案下访机制

各级领导干部要践行好群众路线,转变思想认识,从在上治理到向下服务,从被动接访到主动下访,要善于问政于民、问需于民、问计于民,走出办公室、会议室,真正落实带案下访、实地走访、上门回访,把"领导接访日"落到实处,全市统一安排每月或每季度领导带案下访日程表,并严格跟踪考核,确保"领导接访日"及领导带案下访工作不走过场,有过程有反馈;要坚持关口前移,重心下沉,深入群众开展信访工作,真正把问题找准、把原因厘清、把工作落实,解决群众急难愁盼,化解信访问题,做到"事心双解";把释法析理、帮扶救助等人文关怀融入案件化解全过程,构建起信访工作的第一道关卡,把矛盾和问题化解在基层,最大限度地避免初信初访演变为重信重访。

4. 推行基层网格化信访服务机制

积极发挥社区(村)网格化管理作用,建立基层信访联席会议协调机制,健全完善覆盖县区、乡镇(街道)、村(社区)的三级网络工作体系,把矛盾纠纷最大限度地化解在基层。为有实际困难、有合理诉求的行动不便的老年群体,文化水平不高的群体,患病伤残等特殊群体提供好信访代理服务。推进社区(村)信访服务站的建设,统一建设标准和人员设施配备,建立信访与人民调解、司法调解、行政调解的联动机制,邀请律师、心理咨询师、社会监督员等充分参与居民法律咨询、矛盾纠纷调处、疑难问题求助解答以及信访事项的受理、办理环节,让信访事项的办理结果可推敲、被信服,通过夯实基层信访服务力量,进一步促进相关职能部门依法行政。

5. 强化服务质量监督考核机制

通过科学设置考核指标,规范、细致地进行考核,才能确保信访服务各项工作切实地落实好,从而真正提升服务质量。要将考核重点落实在办理质效上,考核形式从依托信访信息系统数据网上考核到现场调研考核,组织考核小组,由各分管领导带队到县区信访局、乡镇街道、社区及村委会了解接待场所服务设施配套情况、工作流程规范情况、领导接访日落实情况、信访代办实施情况等,也可以以此为契机了解基层的工作现状及困难,收集基层工作人员的意见、建议,统一思想认识,为下一年度更好地做好信访工作打下坚实基础。

(三)运用智能技术创新服务模式

1. 利用信息化手段实现智慧信访

办理信访信件环节,引用类似快递扫码查询的系统或软件,在首次接信的信访工作机构尽量将有效信息扫描上传至信访信息系统,便于行政机关调查处理时参考,同时在信件原件上贴上类似快递单上的条形码或二维码,接收到转送信件的机构可以通过扫码迅速查询信件的流转情况,从而进行快速有效分拨。

在来访接待环节,可以在接访大厅设置类似银行、医院的信访自助终端机,一方面可供来访群众查询各政府部门及提供公共服务企事业单位的职能、查询以往信访事项的办理情况、打印受理告知书及答复意见书等材料;另一方面可以在工作人员的协助下通过自助终端机完成网上信访事项录入,同时,信访人可以清楚地看到录入内容,并进行签字确认,确保信访问题如实准确录入系统进行转交办,全流程公开透明。

在网上信访和人民意见征集环节,运用好市、县两级信访网站、微信平台、手机客户端,可以依托"辽事通"平台及大连市政府门户网站建立人民建议征集专栏,为网上信访、网上建议征集提供便利,汇集民智以更好地服务党委政府决策及经济社会发展。配合上级部门做好信访信息系统的改进建设,确保硬件设施保障到位,保证网上信访和信访办公系统有一个安全、稳定、畅通的网络环境,让网上信访、网上办公更加高效智能,运用大数据统计分析,加大信息公开力度,定期公示典型信访事项办理情况及意见、建议征集情况,运用"信访110"平台,进行信息预警、联合调度、督办调处。

在满意度评价环节,可以电话、短信、网上查询评价同步进行,群众可以任选其一，方便不同群体。通过智能外呼机器人进行电话回访，利用真人语音温情对答，运用智能系统准确记录评价意见，对于不满意的事项在系统上进行提醒督办、开通再评价，把回访工作真正落到实处；通过短信点对点提醒及短信回复直接完成对信访部门和责任单位的满意度评价；通过发送查询码在网上进行办理情况查询及满意度评价。

2. 依托大数据打通各部门信息壁垒

依托现有信访信息系统为大连市各个职能部门的信访工作人员开通相应查询权限，包括各级人大、政协、法院、检察院、政法委、扫黑办、巡察办、在连中省直部门等，与其他部门的信访系统进行数据对接，打通信息壁垒，实现数据共享。注意有查询权限的工作人员要签署保密协议，有效保护信访人的信息。利用大数据实时进行智能分析研判，及时发现普遍性、倾向性、苗头性问题，依托"信访110"平台第一时间向相关地区和主管部门发送预警提示，定期形成专题报告报送市级主要领导，为决策方针提供参考。

（四）注重人才培养提升服务能力

1. 提升思想培训水平

思想培训主要是增强各级信访干部及各责任单位工作人员的使命意识、服务意识，缓解信访干部的心理压力。可以通过聘请党校及高校的专家学者、心理疏导专家、纪检监察部门领导、善做思想工作的社会监督员、工作突出的先进单位及先进个人等，用理论讲授和真实案例的讲述提高信访干部及各责任单位工作人员的思想认识，通过组织到党史纪念馆、信访先进单位和地区等地参观学习，赓续为民初心，强化使命意识，借鉴先进单位的经验做法，开拓为民服务新思路，提升服务能力和水平。

2. 创新业务培训形式

业务培训又可以分为理论培训和实操培训。通过定期组织信访业务集中培训班，邀请国家、省、市信访工作机构领导及业务骨干、相关专家对信访相关的法律法规、信访常见问题涉及的法律法规进行讲解；在培训过程中进行分组案例分析讨论；以小组为单位开展法律法规竞答比赛；组织毕业考试，为比赛和考试成绩优异的单位和个人颁发证书和奖励；每年定期开展在线有奖答题活动，提高信访工作人员学习业务的积极性，提升信访工作人员的法治思维及业务能力，提高信访件录入质量及办理质量，让信访工作更加规范，提升信访法治化水平。实操培训可以通过"以干代训"的形式，定期组织基层信访部门工作人员、社区（村）信访专干等到市信访局的业务处室工作，在工作中巩固理论及业务知识，提高信访事项办理质量。

建立健全信访工作交接制度,通过"以老带新"的形式,做好新进人员的"传帮带"工作,注意信访资料的交接规范完整,保证工作的连续性。

3. 丰富综合素质培训内容

一是在信访业务培训班中增设中国历史与传统文化、哲学与道德、国内外政治经济形势分析等课程,拓宽信访工作人员的视野和知识面,提升处理问题和解决问题的能力。二是开展团队拓展活动。在各项有趣和充满挑战的活动中,缓解工作压力、提高团队协作能力、培养应急处置能力、增强队伍凝聚力。三是开展个人形象礼仪培训。聘请专业礼仪培训师,讲授个人形象提升技巧、言语礼仪、行为礼仪、沟通技巧等方面的知识,现场示范如何塑造良好的服务形象,规范日常生活中的行为举止。让信访干部把文明礼仪知识融入日常工作和生活中,把文明礼仪与服务群众结合起来,提升服务意识。在开展各类培训的同时要注意保留好培训资料和档案,建立知识库,形成常态化培训机制,为新进人员提供工作参考。

大连长海水域航标管理研究

邢玉林

（学号：1120203330）

随着长山群岛的总体开发和陆岛"大交通"体系的逐步建设，大连长海水域的通航环境有了新的变化，过往船只数量急剧增加，加重了航道通航压力，也给该水域的航标管理水平带来了巨大挑战。尽管该水域的航标管理基本上能够满足航标用户需求，但与大连海洋中心城市建设总体要求相比，仍存在不小差距，这就对该水域的航标管理工作提出了新的要求。

航标是指供船舶定位、导航或者用于其他专用目的的助航设施，分为视觉航标、无线电导航设施和音响航标。航标应具有定位功能、危险警告功能、确认功能及指示交通的功能。航标是航海保障设施的重要设备，是为船舶航行及其他各类水上活动提供安全信息及相关支持性服务的船舶之外的系统或装置的简称。航标管理，即航标配布设计、航标巡视巡检、航标维护管理、航标应急反应、航标保护等全部管理活动的总称，其目的是为涉海单位、机构、个人提供各类助航服务。鉴于航标具备公共产品的属性，航标管理本质上属于公共服务的范畴。

一、大连长海水域航标管理现状分析

本文所指的大连长海水域并非地理位置上的长海县周边水域，而是泛指辽东半岛东侧的黄海北部海域，该区域东部濒临朝鲜半岛，西南与山东半岛及庙岛群岛相对,西部和北部海域毗邻金州新区、普兰店区、庄河市。

(一)大连长海水域现状分析

1. 大连长海水域自然状况

大连长海水域属于北温带的湿润半湿润季风气候,具有明显的海洋性气候特征。该水域的潮型基本属于正规半日潮;该海域的风浪以混合浪为主;该海域属于内陆浅海,水温具有明显的季节性变化特征,冬季近岸水温低于外海水温,加之寒流肆虐,近岸时有大量海冰出现。总体来看,该水域自然状况对航标管理的影响主要是冬季会有大量海冰出现,给航标管理工作带来一定的困难和风险,特别是春冬两季的航标更换作业,会消耗大量的人力、物力。目前,北方海区只有天津航标处配备了具有破冰能力的大型航标船,作为受海冰影响较为严重的水域,该水域的基础装备设施建设水平有待进一步提升。

2. 大连长海水域港口状况

大连长海水域的陆域港口有皮口港、金州杏树港、大连金石滩码头,岛屿内有鸳鸯港、金蟾港等港口;石城列岛附近水域的陆域港口有庄河港、黄圈电厂码头,岛屿内有石城岛北嘴码头、大王家岛后滩码头等,此外还有数量众多的渔船码头及观光船码头等。该水域附近共有 8 条主要航道,分别为鸳杏水道、中长山海峡水道、鸳鸯港至皮口航道、石城岛北港至庄河港主航道、大王家岛陆岛运输航道、庄河港主航道、杏树屯航道、金石滩航道。该水域港口、码头数量多、分布广,航线复杂,通航密度大,给该水域的航标管理工作带来了空间和技术上的难度。

3. 大连长海水域船舶交通状况

大连长海水域属于通航密集水域之一。从统计数据看,大连长海水域过往船舶的主要类型为从事陆岛运输的客-货滚装船舶、货船及各类渔船和非运输船舶,船舶吨位较小,但流量较大。由于该水域的渔船及非运输船舶航行无规律,操纵上随意性很强,而且航路附近遍布各类非法养殖区域,经常出现养殖区域侵占航路的现象,导致该水域通航环境极其复杂。对于长海航标管理站而言,则需提升公共服务能力,保障过往船只通航安全。

4. 大连长海水域航标管理机构现状

长海航标管理站隶属于交通运输部北海航海保障中心大连航标处,其主要职能包括:负责贯彻执行航标法规、航标技术规范及上级关于航标管理的其他相关规定,负责辖区沿海公用航标的新设、调整、维护、撤除等工作,负责由航标处代管的专用航标的维护保养,确保辖区航标效能稳定发挥,承担为该水域广大航标用户提供安全、便利、高效、绿色的航海保障公共服务职能。长海航标管理站共有 11 名在编在岗人员,其中具有本科及以上学历6人,具有中级及以上职称2人,40岁以下人员4人,占所有人员的36%,且4人均为近两年招录的新进人员,航标管理经验严重不足,且负责航标业务的副站长一职长期空缺。

(二)大连长海水域航标管理目前所采取的措施与成效

1. 采取的措施

2004年,大连市政府为实现党中央、国务院振兴东北老工业基地的战略决策,把大连建设成为东北亚重要的国际航运中心,开始实施以"一岛三湾"为核心港区的港口建设。为提高航标技术性能、改善通航环境、降低维护管理成本,大连航标处实施了大连港航标近期综合改造(一期)工程。2006—2007年,大连航标处积极践行交通运输部海事局党组提出的"服务国民经济和社会发展全局、服务社会主义新农村建设、服务人民群众安全便捷出行"的三个服务理念,先后分两期实施了大连港及长海水域航标配布调整工程,共设置各类航标99座,基本构建了大连长海水域陆岛助航保障体系。

2015年,交通运输部北海航海保障中心在深入研判当前发展形势的前提下,研究提出了"到2020年,全面建成布局科学合理、功能配套完善、装备先进适用、运转协调规范、应急响应及时、服务可靠高效的综合航海保障体系,加快推进航保服务'三迈进'('浅蓝'向'深蓝','适应型'向'引领型','单一化'向'多元化'),打造北海航海保障升级版,率先实现航海保障现代化,为航海者和各类海上活动提供卓越服务"的发展目标。为全面完成上述目标,大连航标处自2017年起持续稳步推进专用标接收工作,于2018年分别进行了长海水域航标综合改造、四季通用灯浮标推广应用建设等大量实际而具体的工作,使航标维护和航标应急反应能力得到不断提高,给大连长海水域航运和地方经济持续、健康、和谐发展提供了科学、有力的保障,得到了当地政府部门、通航管理机构、港航单位等各类航标用户的一致认可和高度评价。

2. 取得的成效

(1)提高了航标技术水平。通过航标技术升级改造,大连长海水域航标遥测遥控覆盖率达到100%,其中公用航标全部接入北斗遥测遥控系统,基本实现了智能化管理;在重要航路点推广布设了四季通用灯浮标,减少了春冬两季换标作业的频次,使辖区航标在先进性、标准化、环保性、成熟度和节省有限的航标经费等方面均有了大幅提升。

(2)提高了助航服务水平。通过航标配布调整,大连长海水域航标总体布局得到进一步优化,助航体系更加合理完善,基本覆盖了整个通航水域,有效地标识了通航水域潜在的危险位置,航行风险大大降低;航标的识别效果也得到了极大提升,航标配布更加系统、科学、合理,在完整性、可靠性、适应性等方面都有了较大的提升。

(3)提高了区域经济水平。近年来,大连长海水域的航标配布更加系统、科学、完善,全面提升了大连长海水域航标助航服务水平,进一步降低了船舶航行风险,有利于陆岛客货运输服务和长海水域经济社会发展,海岛旅游业和养殖业得到迅猛发展,给当地带来了巨大的经济效益及社会效益。

(三)大连长海水域航标管理中出现的主要问题

1.航标行业管理力度不够

按照现行航标管理规定,公用航标的管理由 3 个航海保障中心下属的各个基层航标处具体负责,专用航标由直属海事局下属的各个分支海事局负责审批设置,部分专用航标的维护管理是由航标处负责代管,其余专用航标则由业主单位自行负责维护管理。由于航标管理体制改革,导致航标处对公用航标监督检查缺少行政执法权,面对破坏航标、扰乱通航秩序等行为,无法第一时间予以制止,只能借助海事、海警、渔政部门对违法行为给予打击,无法对破坏航标的行为产生足够的震慑力。

由于体制原因,各地海事局负责通航管理的工作人员在业务办理中很少涉及航标业务,对专用航标监督检查缺乏有效的技术支撑,在下发涉及航标布设、调整、撤除的海事行政许可时,往往需要征求包括引航、海事、港口、设计院等多家单位的意见,特别是必须由航标处出具技术审查意见,综合评估后方可进行航标施工,一方面业务办理流程复杂,不符合中央的减政要求;另一方面导致航标监督检查效果不佳,无法保证助航设施有效发挥航标效能。

2.航标维护管理能力不足

作为大连长海水域的航标管理机构,长海航标管理站负责航标业务的副站长一职长期空缺,干部职工队伍中具有中级及以上技术职称职务的仅有 2 人,40 岁以下的青年职工 4 人,存在人员不足、年龄老化、队伍结构不合理的问题;该航标管理站辖区具有面广、线长、点多的特点,且多数灯桩位于偏僻海岛之上,日常巡视巡检、应急抢修路途遥远,航标发生故障后,很难在第一时间恢复。但是上级单位并未给该航标管理站配备专业的航标巡检船艇,大量的航标业务需要借助港口拖船,甚至租借渔船才能开展,并且辖区范围内也无航标保养基地、喷砂车间、可供航标船靠泊的码头岸线,基础装备设施配备严重不足,导致难以应对愈发繁杂的航标管理工作。

3.综合助导航体系建设落后

一方面,大连长海水域遍布各类客滚码头、渔业码头,加之海岛旅游业蓬勃发展,导致该水域各类型船舶数量激增、航线密布且错综复杂,航标配布调整存在一定的技术难度;部分陆岛运输港口、航道及碍航物由于配布的助航标志不明显或没有充分标识,使过往船舶在能见度不良时无法对港口、航道和危险物标进行有效的识别,存在影响船舶安全航行的巨大隐患;部分新建港口为追求短期经济效益,没有及时补点建设助航标志便投入违规运营,给旅客人身安全、船舶航行安全、海洋环境安全和货物安全带来巨大威胁。

另一方面,智能航保建设还只是停留在航标遥测遥控系统及 AIS 基站建设层面,更加智能的航标管理系统还未引入;航标遥测遥控系统应用上还有很多待开发的领域,部分业主自管航标未接入北斗系统,不利于辖区航标的统一管理,航标信息化、数字化程度不高;新型材料、先进技术在航标上的应用比例也不高,具体表现为可大大减少春冬两季换标作业人力、物力、财力消耗的四季通用灯浮标的推广迟迟得不到深入推进。目前,大连长海水域只布设了 18 座四季通用灯浮标,仅占该水域浮动标志的 30%,更加绿色环保、功能更加强大的智能航标也未在该水域进行布设,综合助导航体系建设还有很多工作尚未完成,智能航保建设任重道远。

4.航标法规制度标准体系不健全

目前沿用的法规、制度、标准对航标管理的发展起了很大的作用,但随着时代的进步、科技的发展、形势的变化,现行的法规、制度、标准已经不能完全适应航标事业的高质量发展。

《中华人民共和国航标条例》(以下简称《航标条例》)是国务院 1995 年正式出台的,到现在已经使用了将近 30 年。尽管《航标条例》的出台实施使我国的航标管理步入了法治化进程,对保障航标管理事业发展发挥了重要作用,但是结合海上安全形势的变化、国际公约要求及 IALA 建议指南、航标管理执法工作的需要、先进航标技术的迅猛发展来看,现行的《航标条例》存在难以覆盖航标管理的所有业务、部分条款没有实施细则、与内河航标管理存在交叉等棘手问题,亟须对《航标条例》进行修订更新。现行《沿海航标管理办法》是由交通部在 2003 年颁布实施的,距今也有 20 年,部分条款已经无法作为航标管理的依据。比如有关劳兰–C 系统的规定,随着通信导航技术的快速发展,劳兰–C 系统早已被时代所淘汰,被 AIS 岸基系统和北斗卫星导航系统所代替,恰恰相反,《沿海航标管理办法》里并没有关于北斗卫星通信导航的条款;在航标配布方面,《沿海航标管理办法》同样也难以继续为航标管理机构提供技术支撑,比如海上风电场的航标配布设计,各海区航标管理机构通常是根据《国际航标协会助航指南》关于该业务的建议指南来进行审批的,《沿海航标管理办法》中却鲜有关于该业务的具体相关管理规定或实施细则,《沿海航标管理办法》已不再完全适应航标管理的高速发展。

（四）存在问题的原因分析

1. 航标管理机制改革成效不明显

2001 年,海区航标管理体制实施改革,将遍布全国的 17 个航标区(处、站)改为 16 个航标处,分别划归天津海事局、上海海事局、海南海事局管理,后来成立的北海航标处由广东海事局管理;2012 年,北海航海保障中心、东海航海保障中心、南海航海保障中心挂牌成立,三大航海保障中心整合了各自海区的航海、测绘、通信资源,分别由天津海事局、上海海事局、广东海事局代管;2020 年取消了天津海事局、上海海事局、广东海事局对三大航海保障中心的代管,全部交由交通运输部海事局直属管理,同时将各通信中心并入 3 个海区的航海保障中心。

航标管理机制改革在服务国家战略和经济社会发展、服务港口生产和船舶运输方面取得了一些成绩。但航标管理深化改革红利还未充分释放,制约发展的深层次体制机制弊端尚未根本破除,一些结构性、资源性矛盾依然突出,如通信中心职责定位并不清晰,绝大多数的通信基站仍由航标处的运行保障科负责管理;工作效率不高,存在"少干事、少担责"的消极现象;海事事业单位岗位设置和绩效工资改革尚未开始,导致部分职工消极怠工,并未真正履行好服务用户、服务社会的职责,航标管理水平提升的空间被限制。

2. 航标智能化技术应用较少

现行的航标助航服务以视觉航标和无线电航标为主,综合信息助导航服务仍处于建设阶段,智能化程度不高,尚未从技术层面实现对航标助导航信息、水文气象信息和安全通信信息的有效整合利用。航标遥测遥控系统还存在着功能不足、运行卡顿、用户体验差等问题;航标灯器虽然已经实现能源一体化,并能集成 AIS 导航系统和北斗卫星导航系统,但是可开发利用的功能仅仅局限在定位和简单的回传航标工况参数上,信息化开发程度不高,导致智能航标建设落后,跟不上 e-航海的发展形势,限制了航标管理提升公共服务水平的空间;现阶段航海技术研究领域的前沿是水面无人自主船舶,航标行业尚未在该领域投入研发力量,水面无人自主航标巡检船、作业船技术在国内尚属空白。

3. 航标人员队伍结构不合理

目前,大多数基层航标管理站的干部职工队伍结构不合理。作为大连长海水域的航标管理机构,长海航标管理站人员队伍共有 11 名在岗在编人员,具有本科及以上学历的有 6 人,具有中级及以上职称的仅有 2 人,航标管理经验严重不足;而且负责航标业务的副站长一职长期空缺,干部职工队伍结构的不合理极大地限制了航标管理水平的提升,客观上也降低了职工想学习、想创新的主动性和积极性。导致航标管理队伍无论是从数量上还是从质量上都跟不上航标事业的高质量发展，不能满足社会对航标管理提供更好公共服务的需求。

4. 航标法规制度标准体系建设滞后

修订版的《中华人民共和国海上交通安全法》（以下简称《海上交通安全法》）于2021年9月1日正式施行，但涉及航标管理的条款较少。其中，第十九条对专用航标的设置做出规定，要求海洋工程和海岸工程应当根据情况配备防止船舶碰撞的设施、设备并设置专用航标；第二十条明确指出国家应该建立和完善海上交通支持服务系统，为船舶、海上设施提供信息服务；第二十一条明确规定任何单位、个人不得损坏或者妨碍海上交通支持服务系统的工作效能；第二十五条对公用航标的管理做出规定，指出国务院交通运输主管部门统一布局、建设和管理公用航标；第二十六条要求任何单位、个人发现航标异常或破坏航标的行为，应当立即向海事管理机构报告。由此可以看出，新修订的《海上交通安全法》涉及航标管理的内容较少，给航标管理的整体发展带来了不利因素。现行的《航标条例》和《沿海航标管理办法》缺失部分航标管理业务的条款，许多航标管理机构为了开展工作，只是通过单位内部规范性文件的形式对某项具体业务做出了规定，缺少上位法的支撑，给不法分子留下了钻法律空子的机会，导致航标管理执法效果不明显。

二、国外与国内其他地区航标管理的经验借鉴

（一）国外航标管理的举措

美国、澳大利亚、西班牙三个国家的航标管理经验较为丰富，其经验可供大连长海水域航标管理机构借鉴。

1. 美国：开办国家航标学校

美国是由海岸警卫队承担保障通航水域航行安全的职责。航标管理水平的高低直接影响该水域过往船只的航行安全，因此美国海岸警卫队要求航标管理人员定期参加国家航标学校培训。国家航标学校极具专业特色，致力于推动船舶安全、高效航行。该学校组织专业师资培训力量负责制订培训计划、编制各类技术手册并及时更新培训内容，确保接受培训的航标管理人员的技术水平和管理理念得到有效提升，以此来确保航标管理队伍具有良好的从业资质和服务水平。培训中不断试验确定出更加规范、高效、安全的航标业务流程，对于新研发的装备和系统严格评估。美国海岸警卫队通过开办国家航标学校，建立注重实践的人员培训体系，

保证了航标管理人员具备充足的专业知识储备,为提升航标管理水平,满足社会对海上交通安全的需求,积累了先进理念和专业经验。

2. 澳大利亚:航标运行服务外包

航标管理所需业务经费来自船舶吨税收入,受限于政府财政支出计划,航标管理业务经费往往比较紧张,甚至存在部分缺口。为有效缓解经费紧张状况,提升航标管理水平,澳大利亚海事安全局(AMSA)与澳大利亚 AMS 公司签订航标运行服务外包合同,合同内容包括航标配布调整、新技术与新材料的推广应用、航标技术标准规范研究、航标巡视巡检、航标维护保养、航标基础配套设施建设等技术目标和技术标准,基本涵盖了航标管理的全部业务。澳大利亚 AMS 公司需确保自身具有优良的资质,包括业务精湛的航标管理人员和技术先进的设施装备等,并严格按照航标运行服务外包合同中明确规定的行业标准履行航标管理的具体职责;澳大利亚海事安全局负责与航标运行服务承包商签订合同,通过建立与航标管理要求相匹配的服务评估体系,监督航标运行服务外包合同的具体执行情况,在保障航标正常运行的前提下,通过合理控制运行成本,减少了政府在航标业务方面的财政支出压力。

3. 西班牙:组建航标委员会

西班牙政府为提高布设在港口附近航标的管理水平,由公共工程及交通环境部协调港口、船东、专家学者、行业资深从业人员等成立了航标委员会,属于国家层面的航标管理部门,负责统一管理航标的设置、撤除等重大航标事务的协调工作。同时,在全国共 26 个主要港口设置航标管理分支机构,类似于我国在沿海港口设置的基层航标管理站,负责航标的日常维护保养等具体的航标业务的执行。西班牙航标管理部门的主要组成人员多数是聘用制人员,不具备国家公务人员的身份;西班牙航标委员会是由各类航标用户及该领域的专家学者组成的综合机构,兼顾了航标调整审批管理、航标运行经费收支管理、航标基础设施建设管理、跟踪 IALA 最新发布的航标建议指南及规范等各项职能,同时承担指导分支航标管理机构开展工作的职责,西班牙由此实现了统一管理、分级负责的航标管理模式,航标管理水平得到显著提升。

(二)国内其他地区(海区)航标管理举措

1. 北海航海保障中心:推进沿海航标接收工作

为了贯彻落实国务院"放管服"改革要求和持续优化营商环境的决策部署,北海航海保障中心按照"开放水域、通航水域、交叉水域"顺序推进沿海航标接收工作,截至 2021 年已完成 812 座沿海专用航标的接收工作,总完成率接近 50%。结合北方海区实际,北海航海保障中心从基层航标管理站优化配布调整、航标基础装备配备、财政预算结构调整、基层一线航标管理人员配置、航标法规制度标准体系建设等方面入手,开展了沿海航标接收等配套研究工作。将已接收的812座航标划入辖区各个航标管理站管辖范围,组织各航标处对已接收的专用航标开展航标效能评估工作,根据评估结果开展航标效能改造工程,对新接收的自管航标统一按照公用航标进行运维,进一步提升北方海区整体助航服务效能,社会满意度极大提升。

2. 烟台航标处:布设四季通用灯浮标

烟台航标处辖区冰冻港区灯浮标目视效果差、雷达回波弱,整体助航效能较差。冰期来临前,烟台航标处需组织大量的人力、物力资源开展冬季换标作业,将常规灯浮标更换为冰标,来年春季需要将冰标再次更换为常规灯浮标,周而复始。航标管理人员及船舶的作业强度较大,且需要耗费大量的航标运行经费,航标管理维护效率不高。为了提高航标管理维护效率,烟台航标处于2019年在港区布设了20座四季通用灯浮标。四季通用灯浮标具备优良的防撞、抗冰性能,且不需要进行除锈刷漆等污染海洋环境的维护保养作业;四季通用灯浮标利用大容量锂离子电池作为灯浮标能源,延长了更换维护周期,减轻了作业任务量;四季通用灯浮标目视效果和雷达回波优于冰标,能够显著提高该港区冰期助航效能;减轻了烟台航标处辖区冰冻港口春、冬两季换标作业量,节约了大量的航标运行经费,综合测算每座次航标维护成本可降低75%左右,为助力山东半岛蓝色经济建设贡献了航标力量。

3. 南海航海保障中心:航海保障全天候集中统一值守

航海保障全天候集中统一值守系统是南海航海保障中心最新投入应用的航标数据综合服务平台。该系统可以实现对各类航海保障大数据的自主整合、分析、决策、应用。该系统功能更加完备、更加自主、更加智能。通过汇总航标经纬度、航标灯灯质与光强、水文气象等技术参数,分析研判各类航标的实时工况,进而为航标效能是否正常发挥提供决策依据。该系统的投入使用,可以实现航标故障"第一时间发现、第一时间响应、第一时间恢复",极大地提升了航标故障修复与航标应急反应的效率,可以有效提高辖区水域安全通航率,避免因航标故障导致航道封航;航标用户通过技术手段接入全天候集中统一值守系统后,可以主动获取所需的各类助航信息,如航行水域的潮汐、气象预警、泊位参数等助航信息,进而为航标用户提供航行技术支撑,同时为水面无人自主船舶的研发提供了智能航保支撑。航海保障全天候集中统一值守系统的投入运行,进一步加强了航标管理履行公共服务职责的能力,可以为社会提供更加高效的航海保障服务。

（三）经验启示

1. 优化航标管理人员队伍结构

为优化该水域航标管理人员的队伍结构，大连航标处近年来不断通过海事局事业单位招聘考试吸纳优秀航海类应届毕业生及各类技术人才，一方面充实了人员队伍，解决了人员短缺的问题；另一方面，随着一大批具有高学历、掌握先进技术、拥有远大理想抱负的青年才俊加入航标管理人员队伍，航标管理人员队伍整体情况得到显著改善，为实现航标事业的可持续发展提供了坚实的人才保障。

2. 优化航标管理培训体系

航标管理水平的提升离不开干部职工的整体素质的提升。鉴于此，航标管理机构要加大职工培训力度与培训师资力量，不断优化航标管理培训体系。岗位技能培训及知识更新培训是提高干部职工业务能力的重要方式，要针对不同岗位（管理岗和技术岗）、不同专业技术（高级、中级、初级）、不同年龄结构（老、中、青）的干部职工制订相应的培训计划，积极参加上级单位组织的各项业务培训和各类自主继续教育，不断提升干部职工的业务素质水平，确保在职航标管理人员的从业素质和知识储备得到及时更新。

3. 推广航标服务外包

航标服务外包是把一些技术含量不高、市场参与度较高、发包方选择面较广、市场资源可以配置的业务外包出去，比如航标的喷砂、除锈、涂装等维护保养业务和航标布设、调整、撤除等施工作业。航标服务外包可以减少航标管理机构及人员的数量，从而有效降低国家财政经费支出，进而可以增加航标管理部门在基础设施配套建设上的投入。从长久来看，航标助航服务外包是提高航标管理和服务水平的一种重要方式。

4. 推广应用新技术、新材料

当今社会科技迅猛发展，一系列新技术、新材料应运而生，航标管理机构需顺应时代潮流，不断提升管理水平和技术服务水平，通过对四季通用灯浮标的推广应用，可以减轻春、冬两季换标作业航标管理人员及船舶的工作量，降低航标船使用频次，节约有限的航标经费，提高航标管理维护效率。经统计测算，每座四季通用灯浮标使用后可节省维护费用约75%。航标遥测遥控系统应大力推广使用北斗遥测遥控技术，要加速遥测遥控国产化进程，扩大航标遥测遥控覆盖面，实现辖区航标运行监控自动化、管理信息化、决策智能化，有效提高航标维护管理水平；加大与航海类高校或科研院所合作力度，改善现有航标装备技术水平，积极研发无人航标船、艇，提高航标作业智能化水平。

三、提升大连长海水域航标管理水平的对策

(一)加大航标行业管理力度

1. 推进航标管理机制改革

2020年,交通运输部海事局大力推进航标管理机制改革,将原来由天津海事局代管的北海航海保障中心、由上海海事局代管的东海航海保障中心、由广东海事局代管的南海航海保障中心直接划归到交通运输部海事局直属管理。同时,将各通信中心按海区分别划归至3个航海保障中心。这次航标管理机制改革,精简了部分冗余的机构,大幅提升了航标管理的效率。目前,航标管理机制改革尚未完成,如岗位设置和绩效工资尚未实施。岗位设置是指彻底打破海事事业单位行政职务和技术职务"双肩挑"的局面,可以畅通干部职工的晋升渠道,而绩效工资则彻底打破"大锅饭"问题,大幅度调动干部职工的工作积极性,促进航标管理水平实现飞跃。

2. 丰富航标行业管理手段

航标管理监督检查主要包括巡视、巡检、遥测遥控。巡视是指航标 管理人员通过目视,观察航标位置是否准确、涂色是否鲜明、灯质是否正常、结构是否良好的手段;巡检是指借助一定的专业设备,如航标灯光强测试仪、手持GPS定位仪等,乘坐航标船或者汽车登上浮标或者灯桩、灯塔,进行现场检测,包括测试航标灯光强、周期及航标经纬度等工况;遥测遥控是通过航标遥测遥控系统对航标运行工况进行监督,航标运行工况的参数通过移动网络或者北斗卫星网络传输到海区遥测遥控系统界面,由航标管理人员进行数据分析并得出航标是否正常工作的结论。随着科技的进步,越来越先进的技术及新型材料应用到航标领域,航标行业管理手段也愈加丰富,如利用无人机进行远程巡检、在航标上加装CCTV视频监控系统、探索智能航运的前沿无人航标船等,可以提升行业管理水平。

3. 提升航标管理监督检查效果

随着海事航保一体两翼融合发展,各基层航标处与属地分支海事局联合巡航巡检的形式已经成为主流模式,海事局行政执法人员需要借助航标处人员的航标技术,航标处人员需要借助海事人员的行政执法权,通过联合巡航巡检,可以大大提升航标管理监督检查效果,联合巡航巡检的范围也可以适当扩大到联合海警局、

港口公安、引航站、气象局、交通局等多个部门,共同提升航标行业监督检查效果。

4.加快专用航标接收进度

新修订的《海上交通安全法》实施后,专用航标的设置审批由属地分支海事局负责,基层航标处负责提供技术审查意见。航标设置工程施工完成后,由分支海事局组织设计单位、施工单位、业主单位及航标处开展航标效能验收会,会上由专家组对航标设置进行评审,通过验收后方可投入生产使用。专用航标的维护保养可以委托属地航标处代管,也可由业主单位自行维护保养,由此专用航标可以分为代管航标和自管航标两类。由于长期以来部分业主自管的专用航标存在设备维护保养不到位、无备用器材等现象,导致自管航标得不到有效维护保养,进而导致助航效能较低。鉴于此,应加快专用航标的接收进度,在为业主单位减轻生产负担的同时,对新接收的专用航标按照公用航标的管理标准统一进行维护保养,必要时开展航标效能升级改造,为航海者提供更加优质的助航服务。

(二)提高航标维护管理能力

1.推进航标维护管理配套设施建设

为适应大连长海水域海洋经济的快速发展,政府及海事部门在该水域规划了多条航道来缓解与日俱增的通航压力,航标管理部门也设置了与航道相配套的各类航标,但是与之相应的航标维护管理配套设施建设却迟迟未开展,不断增加的航标数量与维护保养设施缺失的矛盾日益凸显。当前应迅速提高该水域航标管理水平及应急反应能力,补点建设航标保养基地、航标器材仓库、航标保养车间、航标堆场、航标船码头等。加强航标保养基地建设,配备现代化航标维护保养喷砂设备,可以大大提高航标维护保养能力,有利于提高航标维护管理水平;建设航标船码头,可以更好地满足航标船靠泊、航标作业、应急抢险等需求;加速推进中、大型航标船建造,尤其是具备抗冰能力的大型航标船,以满足冰冻港口自主换标作业的需求,同时加快推进小型航标船建造,以提高航标巡检、快速反应的能力。

2.优化航标管理人员队伍结构

长海航标管理站作为大连长海水域的航标管理机构,存在人员结构老龄化严重、学历水平不高、新老断档等问题。目前,作为长海航标管理站上级主管单位,大连航标处积极优化长海航标管理站人员队伍结构,在符合事业单位人员招考规定的前提下,已连续三年通过中国海事局事业单位招聘考试招录4名青年职工。未来仍需进一步加大队伍结构优化力度,助力航标管理水平提升。

3.优化现有航标管理人员培训机制

(1)丰富航标管理人员培训的内容。应立足航标发展前沿,聘请专业人员结合航标管理发展趋势,制定出符合单位发展规划的培训内容,尽可能做到航标管理业务全覆盖、航标管理机构全覆盖、航标管理人员全覆盖。

（2）优化航标管理人员培训的方式。应结合航标管理人员地域分布广泛且不易集中的特点,探索多样化的培训方式,可以从加强网络在线学习、搭建手机移动培训 APP、属地多家机构联合办学等方面入手。

（3）加强航标管理人员培训的师资力量。航标管理人员培训应该首选业务精湛、管理技能较高的行业领军人物作为培训教师,通过传授优秀的管理经验以及介绍行业先进的做法,不断提高航标管理人员的业务水平和职业素养。

4. 推广应用航标运行服务外包

将公共服务合同外包机制引入航标管理,可以吸引优秀的航标管理从业人员加入航标管理队伍,也可以减少大量的财政经费支出。作为引入航标运行服务外包的航标管理机构,只需要负责监督运行服务外包合同的执行即可,合同中明确指出运行服务外包人员应当达到的航标正常率及航标维护正常率等指标。未来五年内,长海航标管理站具有多年航标管理经验的干部职工将相继退休,而年轻职工航标管理经验不足,及时地引入航标运行服务外包,可以大大缓解长海水域航标管理能力不足的窘迫状况,也可为航标管理行业带来先进的生产技术及前沿的管理理论。

（三）完善综合助导航体系

1. 改造完善固定标志

目前,航标设施存在老化等问题,对通航安全会产生一定影响。皮口港客运码头灯桩、鸳鸯港北堤灯桩、多罗姆港阻浪堤灯桩、瓜皮岛码头灯桩由于建设年限较长,桩体破损老化,助航效能下降;獐子岛、金蟾港、巴蛸岛和财神岛近年陆续新建的客运和货运码头投入试运行,但堤头或者口门位置均未布设灯桩,严重影响了过往船只的通航安全。因此,大连航标处启动了大连长海水域航标综合改造工程,进行助导航设施的补点建设,并改造部分现有灯桩,以保障过往船只的通航安全。

2. 调整优化浮动标志配布

大连长海水域养殖区众多,渔船交错穿行,通航环境极其复杂,特别是养殖区侵占航道现象特别严重,部分渔船栓系航标,造成航标移位、结构损坏等。鉴于此,需要对浮动助航标志进行优化配布,与当地政府、交通主管部门、渔业部门、海事部门充分沟通并评估通航风险后,对养殖区进行清理,可以使航道清爽,也可以及时维护浮标,确保过往船舶的航行安全。

3. 积极探索智能航保体系建设

智能航保的基本内涵是指充分利用卫星通信、互联网、物联网、智能传感、大数据、人工智能等技术,智能化收集处理各类助导航信息,如航标的实时位置、旋回半径,航标灯的周期和光强,周围水域的潮汐及流速等,并反馈给航标用户及航标管理机构。其具体体现为航标技术装备现代化、助航信息服务智能化。作为航标管理机构,一是要加强智能航保建设架构研究,科学制定智能航保发展规划;二是要加强研发投入,确保先进技术、新型材料顺利应用到航标作业中,同时推进数字通信改造、深化装备智能感知、提高全域航海保障能力,推进北斗卫星通信、多功能航标、VDES、e-劳兰建设应用,有效拓展智能航保的服务范围,力争建成软硬实力均处于行业领先地位的智能航保体系,为交通强国建设提供强有力的航海保障支撑。

4. 推广新技术新材料在航标的应用

大连长海水域属内陆浅海,水温具有明显的季节性变化。随着航运经济及沿海港口经济的迅速发展,航标设置数量逐年增加,近年来基本上每年以20%以上的速度递增,导致大连长海水域春、冬两季换标作业量逐年增加,航标管理人员海上作业条件艰苦,而且需要消耗大量的人力、物力和财力。本着科学发展、绿色发展的理念,应推进新技术和新材料在航标领域的应用,如加大四季通用灯浮标的推广、将北斗卫星导航完全接入航标遥测遥控系统、增加AIS基站的覆盖水域等,提高航标作业效率,节约有限的航标运行经费,提升航标管理所提供的公共服务的质量。

(四) 推动航标法规制度标准建设

1. 推进航标立法建设

新修订的《海上交通安全法》于2021年正式施行,健全了我国海上交通安全管理体系,对提升我国海上安全保障能力、促进国民经济高速发展具有重要意义,同时也为航标立法提供了根本遵循和努力方向。随着海洋经济的不断发展壮大,航标管理的社会影响力也逐步提升,航标管理工作得到了中央及地方政府的高度重视和支持。鉴于此,各航标管理机构应抓住时机,积极呼吁推进航标立法建设。只有做到有法可循、有法可依,逐步提高航标破坏行为的违法成本,才能够更好地打击破坏航标的行为,进而为航标用户提供更加优质的助航服务,航标管理作为公共服务的属性才能够更加凸显。

2. 及时更新相关航标管理规定

为了更好地保护航标,确保航标效能正常发挥,提升航标管理水平,需尽快制定科学合理且具有针对性、实操性的航标管理规定。现行的《沿海航标管理办法》于2003年实施,《航标条例》于1995年实施,部分条款涉及的航标附属设施相对落后,与航标迅猛实践脱节。因此,航标管理机构应联合海事、渔政、海警等部门,明确各自的职责、执法流程、实施细则等,及时修订完善《沿海航标管理办法》和《航标条例》,明确相关工作流程,使航标管理切实做到有法可依,执法必严。

3.加快航标行业标准化建设

航标技术标准在规范行业管理、推动技术进步、提高航标管理公共服务水平方面发挥着重要作用。航标技术规范在航标配布、港口施工、海洋工程中运用较多,目前主要运用《海港总体设计规范》(2013)、《中国海区水上助航标志》(2016)、《海港总体设计规范》(2013)、《港口与航道水文规范》(2015)、《中国海区水上助航标志》(2016)、《中国海区水上助航标志形状显示规定》(2021)、《航标灯光信号颜色》(2020)、《视觉航标表面色规定》(2020)、《海区浮动助航标志配布导则》(2011)、《浮标通用技术条件》(2009)、《浮标锚链》(2005)、《中国海区水中建(构)筑物助航标志规定》(2020)、《沿海导助航工程维护技术规范》(2020)等技术标准,部分标准相对滞后,且分散于各个文件。鉴于此,航标管理机构需要统筹规划,科学、合理地建设航标标准体系。航标标准体系建设应遵循覆盖全面、结构合理、层次分明的原则,应体现航标领域的发展情况,并能够随着科学技术水平的高质量发展不断优化和完善,不断满足航标用户的需求。

4.加大航标保护宣传教育力度

目前我国已建成了覆盖全部沿海水域的 AIS 岸基网络系统,海区导航中心可以实时监控船舶 AIS 数据等。在提升硬件支撑水平的同时,要加大对破坏航标行为的惩治力度,震慑违法犯罪行为,提高破坏航标的成本,让违法者心生忌惮。更要加大航标保护的宣传教育力度,通过悬挂条幅、发放宣传手册、播放海岸电台广播等丰富宣传形式,也可以结合"航海日""海员日""航标日"等活动开展航标知识科普等系列活动,不断加大航标保护的宣传力度,使航标管理步入正规化、人性化轨道。

丹东鸭绿江水上搜救志愿者队伍建设研究

张鹏飞

（学号：1120203326）

水上搜救志愿者是我国水上搜救应急力量的重要组成部分，在应对各种水上突发事件中发挥着重要作用。21世纪以来，我国制定了一系列方针政策，加快推动我国水上搜救志愿者队伍建设，水上搜救志愿者队伍建设初具规模。水上搜救志愿者队伍是指由一定数量的水上搜救志愿者以弘扬"奉献、友爱、互助、进步"志愿精神为宗旨，自愿组成的、从事水上应急搜救等相关公益事业的队伍。水上搜救志愿者队伍的理想状态是做到在参与水上救援行动时能够有效发挥应急响应辅助作用，在没有救援行动时能有效宣传动员，提升社会整体水上安全知识水平，在自己的能力范围内，能够更好地服务社会，贡献自己的力量。2021年11月，丹东海事局成立全国第一个移动式水上搜救工作站——"绿江泽航"工作站，其成员由各行各业的人员组成，覆盖面广，提升了丹东地区鸭绿江水上搜救工作的效率，但水上搜救志愿者队伍建设问题也受到关注。

一、丹东鸭绿江水上搜救志愿者队伍建设现状分析

丹东鸭绿江水上搜救志愿者是当地重要的水上应急反应力量。作为中国最大的口岸边境城市，保障丹东水上安全形势稳定具有一定的政治意义。近年来，在丹东鸭绿江水上搜救志愿者队伍建设方面形成了一定的建设体系，水上搜救志愿者

队伍培养发展的相关机制也在逐渐完善。

（一）丹东市水上搜救志愿者队伍基本情况

1. 丹东市水上险情及救助概况

丹东市是辽宁省下辖的地级市之一，位于该省的东南部地区，东面与朝鲜民主主义人民共和国第二大城市新义州市隔鸭绿江相望，西面与鞍山市接壤，南面黄海北部是中国海岸线的最北端，西南方向和大连市毗邻，北面与本溪市相邻。丹东地区全年风力较大，尤其是秋冬季节，寒潮大风天气较多，对水上作业安全产生的影响较大。经丹东市海上搜救中心统计，2017—2021年间，丹东市海上搜救中心辖区共发生水上险情81起，遇险总人数595人，丹东市海上搜救中心共协调派出救助船艇886艘次，请求辽宁省海上搜救中心协调派出北海救助局所属的救助直升机10架次。累计成功救助遇险人员498人，水上人命救助的成功率为83.7%，累计成功救助遇险船舶39艘，从遇险船舶的数量、种类来看，渔船遇险数量占比49.4%，货船险情占39.5%，其他险情占11.1%。丹东地区的水上险情以渔船为主，尤其是在恶劣天气条件下，渔船容易发生失联、翻扣等突发情况，由于报警时效性差，这类险情往往无法搜救成功。

目前，由于丹东地区尚未建立专业水上搜救力量，所以丹东地区的水上搜救分为两种情况：第一种情况是当海上发生险情时，救助力量以丹东港口拖船及政府公务船艇为主，社会力量（包括过往船舶和附近船舶）及搜救志愿者队伍为辅；第二种情况是当险情发生在鸭绿江等内河或界河水域时，由于吃水受限或者是险情水域为非通航水域，拖船和公务船艇无法到达时，志愿者队伍则成为开展水上搜救的主力军。

2. 丹东鸭绿江水上搜救志愿者队伍概况

（1）水上搜救志愿者队伍状况。丹东市水上搜救志愿者登记注册人员为403人，主要集中在两支水上搜救志愿者队伍。一支是丹东市蓝天救援志愿者服务队，共有正式队员43人，非正式水上搜救志愿者300人；另一支是丹东鸭绿江"绿江泽航"水上搜救工作站，共有水上搜救志愿者60人。

（2）志愿者队伍成员情况。丹东市水上搜救志愿者队伍成员大都是热衷于水上救助事业的社会各界人士，从事的职业五花八门，有的是航运企业工作者如旅游船艇驾驶员，有的是专业的游泳教练，有的是业余潜水员，还有的是其他职业如教师、记者、私人老板或自由职业者等，他们都是有特长、有热情、有余力的爱心人士。

（3）志愿者队伍区域分布情况。为了能够做到快速反应，结合历年丹东地区水上险情发生的实际情况以及搜救志愿者队伍的规模、能力等，两支队伍主要分布在丹东市振兴区、振安区、凤城市、宽甸满族自治县等内河水系比较发达及从事水上旅游的水域。

（4）人员流动性。由于水上搜救志愿者的救助行动的自愿性和无偿性，导致搜救志愿者队伍没有相对固定的资金收入。水上搜救志愿者出于现实生活的种种考量，经常有人员流失的现象。为了储备足够数量的水上搜救志愿者，丹东市政府部门每年都要从涉水单位或非政府部门吸纳优秀的人才。

（二）丹东市水上搜救志愿者队伍建设措施与成果

1. 丹东市水上搜救志愿者队伍建设措施

丹东市水上搜救志愿者队伍主要由丹东蓝天救援志愿者服务队和"绿江泽航"工作站组成。这两支搜救志愿者队伍都是由社会各界从事不同领域工作却一直愿意投身于水上搜救志愿服务事业的人员组成，他们对提高丹东地区的水上搜救工作起到了积极的促进作用。

（1）明确水上搜救志愿者注册标准。丹东市海上搜救中心在制定丹东鸭绿江水上搜救志愿者的注册标准时，主要有以下四个因素：拥有的搜救装备要合格，数量要充足，包括救生艇、救生衣等；水上搜救志愿者要对水上搜救事业有热情、水上工作有经验、救助知识有储备；水上搜救志愿者队伍分布要符合当地水上搜救工作的需求；水上搜救志愿者人员和船舶都在中国应急管理部及丹东市应急管理局进行备案。截至目前，丹东地区约有注册志愿者400余人，注册船舶2艘。

（2）建立章程规范水上搜救志愿者队伍运行管理。丹东市海上搜救中心办公室设置在丹东海事局，主要负责丹东市海上搜救中心的运行管理工作。包括对丹东辖区水上险情的接警、信息的处理、搜救力量的协调等，同时也承担着为培养丹东本地水上搜救力量进行培训的职责。丹东海事局将水上搜救志愿者队伍建设和水上搜救工作有机统一，丹东市海上搜救中心组织各水上搜救志愿者队伍参与水上搜救行动。为了进一步促进水上搜救志愿者规范化管理，避免水上搜救志愿者参与搜救行动时无序化和表面化，切实提升搜救效果，丹东市海上搜救中心拟起草制定《丹东市水上搜救志愿者协会章程》《丹东市水上搜救志愿者管理办法》等一系列规章。

（3）强化对水上搜救志愿者队伍的全面管理。队伍的管理模式从最开始的"各自为政式"管理，逐渐转变为现在的"双中心管理模式"，即由丹东市应急管理局以及丹东市海上搜救中心共同对水上搜救志愿者队伍进行管理。非应急时，搜救志愿者们各自从事自己的本职工作，只有在发生水上突发事件时，在丹东市海上搜救中心的统一指挥下参与水上搜救行动。同时，丹东市海上搜救中心积极协调丹东海事局及丹东船舶检验局等相关单位，对水上搜救志愿者队伍所属的船舶、设备等进行检验和维护，保障参与救助行动时志愿者本身的生命安全。

(4)推进实施水上搜救志愿者激励机制。为提高丹东鸭绿江水上搜救志愿者参与水上应急行动的积极性,丹东市海上搜救中心采取多项激励措施,促进水上搜救志愿者队伍健康发展。主要采取了以下4点措施:一是表彰先进。评选丹东地区年度水上搜救志愿者先进人物,通过地方媒体宣传及颁发先进证书,使受到表彰的志愿者获得荣誉感和自豪感。二是发放一定数量的奖励金。丹东市海上搜救中心每年为搜救志愿者积极申请国家海(水)上搜救奖励金和辽宁省海(水)上搜救奖励金,对志愿者由于参与水上搜救行动而消耗的钱财和物资进行一定程度的补偿。三是制定激励政策。制定并印发了《丹东市海(水)上搜救表彰奖励办法》,为水上搜救志愿者队伍获得奖励政策保障。四是管理激励。主管部门与搜救志愿者们保持一定频次的沟通,尤其是当搜救志愿者家里出现重大变故等困难时,要积极协调相关单位和部门予以解决,解决志愿者们的后顾之忧。

2. 丹东市水上搜救志愿者队伍建设成果

(1)救助行动数量增多。2017—2021年,丹东市海上搜救中心共处置水上突发事件81起,共计派遣救助船舶886艘次,请求辽宁省海上搜救中心协调北海救助局所属的救助直升机10架次,成功救助498名遇险人员、39艘遇险船舶,水上人命救助成功率83.7%,其中有水上搜救志愿者参与的搜救行动中,获救人数为41人,占全部救助人员数量的8.2%。由此可以看出,丹东鸭绿江水上搜救志愿者队伍是丹东地区一支非常重要的、不可替代的水上搜救力量。

(2)救助效果明显提升。通过分析研判丹东辖区水上险情水域分布、数量、类型以及水上险情高发月份,丹东市海上搜救中心根据各水上搜救志愿者队伍的规模及特点,科学部署,最大限度地发挥水上搜救志愿者队伍的机动性,尤其是当险情发生在非通航水域及浅滩水域,大型救助船舶无法到达现场时,水上搜救志愿者队伍就显得尤为重要。这对提升丹东地区水上人命救助成功率、完善当地水上险情救助体系具有重大意义。

(3)社会反响普遍良好。丹东市水上搜救志愿者在水上搜救行动中为了救助遇险人员舍身忘我的优异表现,不仅多次获得辽宁省海上搜救中心及丹东市海上搜救中心的表彰,而且更多地获得了被救人员、家属和广大人民群众的赞扬。同时,丹东的水上搜救志愿者每年都会协助丹东海事局深入学校、社区,开展"水上安全知识进校园""水上应急宣传周"等一系列活动,全面提升全社会水上安全意识水平,广受好评。

(三)丹东市水上搜救志愿者队伍建设存在问题

由于发展时间较短,并受制于其他条件的影响,丹东水上搜救志愿者的队伍建设不可避免存在着这样或那样的问题和困难。

1. 志愿者队伍管理混乱

政府对志愿者的定位不明确,存在多个部门共同管理、职责交叉不明的情况。就目前我国颁布的政策法规来看,水上搜救志愿者队伍的管理部门可以是当地的水上搜救中心,可以是海事部门,可以是当地的应急管理部门,甚至连地方民政部门及团委都在一定程度上符合有关政策法规,各政府部门之间对水上搜救志愿者队伍在日常管理和搜救应急中的职责也没有非常清晰的界定。与此同时,由于丹东市水上搜救志愿者来自各行各业,文化水平和综合素质良莠不齐,缺乏强制约束力,从而导致其水上搜救志愿者队伍管理比较混乱。

2. 志愿者的积极性逐年降低

由于我国水上搜救志愿者建设起步相对较晚,相关法律保障还不够细致,志愿者在进行水上搜寻救助过程中发生致病致残甚至死亡时,相关救济程序和规章制度不够健全。而且,水上搜寻救助行动与人们熟知的、常规的志愿服务行为不同,往往具有更多的不确定性,如何从政策兜底或商业保险方面保障志愿者的合法权益尚属空白。目前来看,丹东关于水上搜救志愿者的奖励措施较为单一,水上搜救志愿者在水上搜救行动中发生伤亡等情况,尚未纳入有效的社会保障制度,政府部门也没有协调丹东相应的商业保险公司为积极参与救助行动的水上搜救志愿者们签订保险合同。上述原因使得志愿者在参与水上搜救时有后顾之忧,有时存在畏手畏脚、积极性不高等问题。

3. 志愿者队伍运行机制不健全

由于季节性原因,丹东冬季温度低,涉水企业大多处于停业状态,因此这个时间段的水上搜救志愿者的管理属于空档,如有水上突发事件发生,可能无法及时调派部分志愿者及船艇参与救助行动,从而降低了搜救效率。此外,部分水上搜救志愿者综合素质相对较低,虽然制定了一些相关的管理要求,但部分志愿者经常达不到要求,培训单位组织的与水上搜救相关的理论培训效果也不是很明显。在水上搜救志愿者的日常管理问题方面,志愿者队伍往往依靠自身进行管理,丹东地区的水上搜救志愿者还没有完全实现分组相互管理的模式。

4. 志愿者搜救应急能力单一

水上搜救工作风险性大,按照国际海事组织(IMO)相关规定,无论是民间社会救助力量还是专业水上救助人员,参与水上搜寻救助行动的人员都需要具备专业的水上救助知识和技能,包括基本的心肺复苏 CPR、简单的外伤包扎、水上遇险人员转移、落水人员的打捞、失踪人员的水上搜寻以及基本的游泳技能等。目前丹东鸭绿江水上搜救志愿者主要靠队伍自身组织相关培训,政府部门组织的水上搜救志愿者培训和考核较少,其专业能力差距较大。经随机向 50 名丹东鸭绿江水上搜救志愿者进行水上搜救应急能力的问卷调查显示：92%的志愿者取得了急救证，掌握最基本的心肺复苏以及简单的外伤包扎；26%的志愿者取得了船艇驾驶员或者轮机员证书；8%的志愿者取得了无线电操作员证书；1名志愿者取得了18米及以下资质的潜水员证书，没有深水潜水员；1名志愿者持有二级消防工程师证书。

（四）丹东鸭绿江水上搜救志愿者队伍建设问题的原因分析

1. 搜救志愿者队伍专业管理机构缺失

2008年以来，中央有关部门发布了《关于深入开展志愿服务活动的意见》《关于深入开展志愿服务活动的意见的任务分工方案》《国务院办公厅关于加强基层应急队伍建设的意见》《国务院办公厅关于加强水上搜救工作的通知》等文件，为各级政府在发展培养各地的社会水上搜救力量，尤其是为水上搜救志愿者队伍方面提供了政策支撑。目前，我国沿海、沿江、沿河的省、市几乎已经全部成立了当地的水上搜救志愿者队伍，不同省、市对各地的水上搜救志愿者队伍的管理部门却大不相同，没有一个专门的政府或非政府组织来完全负责搜救志愿者队伍的综合运营工作。

2. 搜救志愿者政策保障和社会保险不完善

由于水上搜救的不确定性和危险因素较多，所以针对参与水上搜救应急行动的志愿者制定相应的保障政策，是使水上搜救志愿者高效参与水上救助行动的基本保障。为参与救助行动的水上搜救志愿者设立专项社会保险，可以解决水上搜救志愿者在参加水上救援行动时的大部分忧虑。但在当前阶段，我国对志愿者的医疗政策保障和专项社会保险尚处于空白。

3. 搜救志愿者管理标准不统一

目前，中国的水上搜救志愿者的队伍建设还处于初级阶段，国家对水上搜救志愿者的建设尚未完善顶层设计。由于我国具有辽阔的海岸线以及丰富的内河水系，沿海、沿水的不同省、市、县的经济发展水平存在较大差距，队伍建设的规模也受到当地经济发展的限制，这就造成了水上搜救志愿者队伍数量和管理水平参差不齐、管理标准不统一的现象。丹东鸭绿江水上搜救志愿者队伍的建设也面临着这些困难，进一步加大了丹东鸭绿江水上搜救志愿者队伍的管理难度。

4. 搜救志愿者培训平台不完善

丹东经济发展水平相对较低，地方财政压力较大，尤其是受新冠疫情影响，经济波动巨大，用于搜救志愿者队伍建设的经费较为紧张，造成搜救志愿者队伍没有固定的训练水域和训练场地，技能培训内容和训练装备单一。

二、水上搜救志愿者队伍建设的经验借鉴

（一）国内其他地区水上搜救志愿者队伍建设经验

1. 江苏省镇江市

目前，我国的水上搜救志愿者队伍组织较为常见的模式是：由各级政府部门或海（水）上搜救中心牵头，由当地社会搜救力量包括港航企业、港口拖船、渔业船舶、游泳爱好者以及掌握其他与水上搜救相关知识和技能的人员，组成水上搜救志愿者队伍，在民政部门注册登记，归海（水）上搜救中心或者应急管理部门主管。

镇江市水上搜救志愿者队伍隶属于地方志愿者协会，志愿者队伍的日常管理由当地的海上搜救中心与地方志愿者协会共同承担，海事部门负责组织、协调搜救志愿者队伍参与水上救助行动，同时在非行动时期对搜救志愿者开展技能培训，以提升水上搜救志愿者参与水上搜救行动的能力。

"镇江市水上搜救志愿者服务总队"成立于2011年，该组织对其所属的全部志愿者进行了分级式管理。根据志愿者从事的职业、掌握的技能，志愿者总共分为三个级别，分别是具有非常丰富的水上搜救相关经验的专家级志愿者、在某一领域拥有一定资历的专业级志愿者和掌握基本水上搜救知识和技能的普通级志愿者。其中，专家级志愿者主要为拥有高级船长资历的船员、从事国内船舶或国际船舶引航作业的引航员及其他从事水上生产活动的资深专家，他们的主要工作是制订搜救方案，为搜救中心决策提供技术咨询；专业级志愿者的人数占比最大，也是搜救志愿者队伍参与水上搜救行动的主要力量，主要由普通船员、渔船船员、消防救生人员、医护工作者以及其他掌握一定与水上搜救相关专业知识的人员组成，他们主要是在水上搜救中心的组织和指导下，具体参与相应级别的水上搜救行动；普通级志愿者主要由社会上具有奉献精神的人员组成，他们可能不具备参与水上搜救行动所需要的专业技能和知识，但是他们在宣传水上安全知识、提升社会水上安全意识以及水域环境的保护等方面做出了非常重要的贡献。

2. 浙江省台州温岭市

除了由各级政府部门或者是海（水）上搜救中心牵头，组织成立水上搜救志愿者队伍的模式外，我国还有一种比较少见的志愿者队伍组织形式，就是由非政府组织、企业或个人自发组建水上搜救志愿者队伍，队伍的管理也不依赖于政府部门，而是由组织者自行管理。最具代表意义的，当属浙江省台州温岭市。

2008年,浙江省第一家"海上民间救助站"成立,开展水上救援志愿服务,这是由渔民自发组成的志愿者队伍。据有关部门统计,自救助站成立至今,参与海上搜救行动513次,成功救助遇险船舶约500艘,救助遇险船员超1 800人。

台州市海上搜救中心具体负责水上搜救志愿者队伍的管理和调派工作,指导开展水上搜救行动。据台州市海上搜救中心统计,在近10年间,由社会水上搜救志愿者参与并成功获救的人员数量,占了全部获救人数的30.4%,为当地水上人命救助做出了巨大的贡献,成为台州当地水上救助行动中一支不可或缺的力量。2010年,台州地方政府引导当地的社会力量组织建立了一个民间水上救助志愿服务组织。该组织共由15个志愿救助站组成,包括125名社会搜救志愿者和21艘社会志愿者船舶。为了更好地管理水上搜救志愿者队伍,台州市海上搜救中心先后出台了一系列规定,经过几年运作管理,效果明显。

(二)国外水上搜救志愿者队伍建设经验

1.日本:公益社团管理

日本四面临海,各种船舶海难事故时有发生。仅仅依靠日本的海上保安厅、警察、消防等国家力量以及部分地方自救互救组织无法做到迅速、准确地对海上遇险船舶和船员进行救援。"日本海难救济会"投入了大量的人力、物力来建设发展其搜救体系,主要包括搜寻救助船舶85艘、水上搜救志愿者约20 000人及其他搜救设备和物资。"日本海难救济会"的服务宗旨是:当水上突发事件发生时,全力救助遇险船舶、设施及人员,同时当发生海啸、地震等自然灾害时,协助日本政府进行搜寻救援行动,为日本的水上交通安全和水上产业发展做出贡献。

"日本海难救济会"主要工作有以下10项内容:对参与海上救援人员的培训教育;为海上搜救行动筹备充足的资金;表扬在海上救助行动中做出突出贡献的人员及船舶等搜救力量;快速协调力量、及时组织搜救;管理应急搜救系统、保障系统顺利运行;在日本全社会层面大力宣传"水上遇险救助思想";对水上搜寻救助进行相关的工作调查研究;组织像"蓝色羽毛"等海难救援基金等进行的筹款活动;沟通协调水上救援组织;开展因海上搜救牺牲的人员家属抚恤工作。自"日本海难救济会"成立以来,累计成功救助遇险人员约20万名,救助遇险船舶约4万艘。

2.德国:专业化管理

德国海上搜救服务中心是成立于1865年的海上救援社会组织,也是全世界成立最早的海上搜救团体之一,是国际海上救援联合会(IMRF)的成员,负责在北海和波罗的海进行全天候搜救。该组织运营54个水上救助站,共计拥有61艘救生艇,由185名全职工作人员和800名志愿者操作,每年航行超过70 000海里。自其成立以来截至2005年,该组织累计救助约72 000人。仅2004年这一年,就有

836 人得到了救助,其中 369 人得到了生命救助。德国海上搜救服务中心的运作资金,完全是由会员们上交的会费、社会人员和企业的捐款和遗产资助组成的,该组织不接受政府组织以任何形式提供的资金支持。他们根据 3 个主要原则来组织和实施世界上最专业最现代化的水上救援服务:"自愿原则"即在水上救助遇险的人,冒着生命危险是自愿的。志愿者、水上救援人员都是自愿参与的,他们是绝大多数水上救援人员的骨干。"独立原则"即所有的行动都遵循唯一的目标:尽可能有效和快速地在水上营救遇险人员,政府当局和个人捐助者都没有影响该决策。"捐款原则"即只通过自愿捐款来资助德国海上搜救服务中心的工作,为保持其独立性而放弃政府的任何公共资金支持。

3. 英国:理事会管理

英国的水上搜救工作主要依托英国的民间组织来完成,其中,英国皇家救生艇协会(RNLI)是历史上最悠久、建制相对比较完善的民间水上救助组织。该组织在不列颠群岛附近海域进行水上搜寻救助行动,但与英国海岸警卫队分开运行和管理,独立于英国政府公务搜救体系之外。RNLI 采取理事会管理模式,由首席执行官选取理事会,理事会指定主席和理事,对执行团队进行监督管理。协会提供救生艇服务、季节性救生员服务、水岸安全、研究和教育方案、洪水响应等服务。协会的核心理念是"平凡的人做不平凡的事"。自协会成立以来,共挽救了约 14 万人的生命。其所属的 237 艘救生艇提供全天候的搜救服务,有 4 800 余名来自各行各业的志愿者。每年 1.8 亿英镑的运营费用全部是由协会的商店和游客中心、公会和其他筹款团体及志愿者筹集的资金组成的。

(三) 经验启示

1. 管理制度完善化

一般情况下,由海(水)上搜救中心负责志愿者队伍的运行和管理。海(水)上搜救中心应当分别制定长期和短期的工作目标,研究水上搜救志愿者队伍建设规律,统筹安排和管理所管辖的水上搜救志愿者和船舶,加强建设以逐步壮大水上搜救志愿者队伍规模。当地上下级政府以及水上搜救成员单位应当大力宣传水上搜救志愿者服务队,包括服务理念、服务宗旨等方面,可以策划各种线上或线下活动来进行宣传,以此扩大志愿者服务队的规模。

2. 硬件支撑充实化

根据目前中国法律法规要求,志愿者队伍难以获得民政部门认可的公益组织的独立法人资格,不可能单独设立公益资金账户。但政府部门可以先接收社会各界人士对水上搜救工作捐献的物资,再统一协调分配,将物资发放至各搜救志愿者队伍,为搜救志愿者队伍的正常运行发展提供一定的资金保障。在水上搜救装备方面,各地方政府虽然提供了一定的支撑,如配备救生衣、救生圈、救生杆等基础搜救装备,但在搜救船艇、水上无人机及水下扫测探摸作业以及志愿者的个人安全防护设备等方面却普遍缺失,降低了水上搜救效率。

3. 激励政策合理化

通报和表彰是我国在当前阶段下最主要、最普遍的激励措施。可以通过表扬信的形式向表现优异的水上搜救志愿者队伍进行通报表扬;以地方政府的名义,组织各搜救成员单位召开水上搜救工作会,为先进水上搜救志愿者队伍和先进个人颁发证书,并通过报纸、微信公众号等新闻媒体大力宣传;各级海上搜救中心以政府名义向在当年水上搜救行动中表现优异的社会水上搜救力量发放专项奖励资金;省、市、县等地方人民政府出台相关激励政策。

4. 培训体系制度化

各级水上搜救中心应制订符合地方实际且具有实践意义的培训计划,聘请有水上救援经验的专业机构教师等,或者在航运高校的帮助下,对水上搜救志愿者进行理论和实践培训,以达到不断提高搜救志愿者水上救援能力的目的。按照培训形式及难易程度的划分,水上搜救志愿者的培训应该分为知识理论培训和实际操作培训。授课老师一般是由海事局、应急局、救助局、卫健委或海事院校等组成的具有一定水上救援经验及相关知识的专家教授。各级海上搜救中心应根据当地实际情况编写实用的培训材料。

三、丹东鸭绿江水上搜救志愿者队伍建设的对策分析

(一) 加强政策支持

建设丹东鸭绿江水上搜救志愿者服务队,首先要对服务队的长远发展有一个明确的规划。同时,要在政策上加大对丹东市水上搜救志愿者队伍建设的支持力度,在现有的模式上进一步定义丹东鸭绿江水上搜救志愿者组织的形式。

1. 规划志愿者队伍建设

丹东市海上搜救中心应坚持先为水上事故频发的地区建立志愿者服务队,集中人力、物力、财力优先为这些地区建立起专业的搜救力量。同时扩大服务范围,

包括劳动节、国庆节等节假日和其他重点时段涉水的旅游度假区的安全检查、水上搜救先进事迹的宣传等,这些服务对应急搜救都会起到很大作用,并形成社会影响。

2. 明确志愿者管理机构

建议确立丹东市海上搜救中心为丹东鸭绿江水上搜救志愿者的专业管理机构,由当地政府领导(搜救中心主任)担任志愿者组织的主要领导。同时,由市政府办公室或单独设置部门统一管理,并由市政府向民政部门备案;申请单独的资金账户,加强搜救经费管理;制定丹东市海上搜救志愿者服务队章程,指导并协调紧急情况下的志愿者服务。志愿者队伍可以接受海上搜救中心以及救捞部门的专业指导,同时也成为民政部门登记在案的公益性组织。根据有关规定和文件要求,在充分发挥港口拖船和政府官方水上救援力量的同时,要通过多种方式,支持并规范化社会水上搜救志愿者队伍的建设和发展。同时,管理人员应注重志愿者的基本需求,对志愿者的生活、经济方面要进行充分的了解和基本的支持。

(二)加大宣传力度

丹东相关政府部门应充分利用"航海日"等契机,加大宣传力度,营造浓厚氛围,打造具有丹东特色的水上搜救文化品牌,引导群众关心和支持水上搜救志愿者队伍建设。

1. 宣传内容多样化

第一,弘扬志愿者服务理念,加强人们对志愿者的认可程度,培树志愿者典型并加以宣传,让群众认识到志愿者队伍建设的重要性和必要性。同时通过水上安全知识进校园、鸭绿江安全知识讲座等各种宣传形式,将志愿者的理念讲解给大家,让更多的人参与进来。第二,引进在当地具有一定影响力且有意愿从事水上搜救志愿行动的人员,担任搜救志愿者队伍的管理职务,提升水上搜救志愿行动的影响力和认同感。第三,加大高校特别是海事院校的宣传力度,吸纳学生参与一些辅助工作,如搜救知识宣传和海岸污染清除等。

2. 宣传形式多样化

在多方部门的共同支持下,丹东鸭绿江水上搜救志愿者队伍体系逐步完善,并初步建立起了切实有效且具有当地特点的管理运行体系。通过宣传向社会各界人士征集搜救志愿者服务队队标、会徽,并在确认后在微信公众号、微博等官方账号上发布相关信息。丹东市海上搜救中心组织丹东鸭绿江水上搜救志愿者先后开展了水上安全知识进校园、水上搜救应急演练、水上应急知识宣传周等一系列活动,积极引导丹东当地媒体的关注和报道,并取得了良好的社会反响。

（三）提高水上搜救志愿者专业能力水平

利用现代化科技手段,提升水上搜救志愿者的搜救能力,有利于促进丹东鸭绿江水上搜救志愿者队伍快速发展。

1. 加强搜救志愿者培训

加强搜救志愿者培训,形成系统化、专业化的培训模式。掌握基本的搜救和自救方式是水上搜救志愿者的必备技能。丹东市海上搜救中心应根据丹东当地的实际情况制订培训方案。首先,组织水上专业的相关人员进行培训资料的撰写,并确定如何进行培训以及考试,安排好课程。同时,每年定期对志愿者队伍进行考试,对考试成绩优异的志愿者进行教师培训,培养更多的教师,扩大志愿者队伍。其次,采用模块培训方式。一是基础培训,主要包括丹东地区的水域环境特点、搜救志愿者的服务范围以及水上基本安全知识等。二是技能培训,包括基本急救、伤员包扎、心肺复苏等医学知识。同时,还可以邀请医生等专业人员对志愿者进行指导,模拟突发情况,组织应急演练,有助于使志愿者熟练掌握相关技能,提升救助能力。三是心理培训,通过定期或不定期对搜救志愿者开展系统的心理培训,提升其心理素质,使志愿者在搜救过程中能够保持头脑冷静,进而提高搜救效率及成功率。最后,提高水上搜救志愿者作战能力,尤其是使每个志愿者的自身优势得到有效利用,在业余时间定期组织志愿者开展经验交流或学习,实现信息共享,提升搜救水平,增强搜救志愿者队伍的配合和作战能力。

2. 加强搜救志愿者队伍科技化建设

开发建设丹东鸭绿江水上搜救志愿者队伍综合服务平台,有效发挥大数据技术,为水上搜救志愿者队伍建设提供科技支撑,提高其管理效能;加快水上搜救志愿者队伍在线管理系统建设,通过该系统的相关功能,最终实现丹东地区水上搜救志愿者队伍在搜救资源配置、数据统计等方面的功能最优化;积极发挥网络宣传和组织优势,嵌入艺术、时尚、文化等元素,大力培育志愿服务文化,打造网络化全方位展示平台,增强志愿服务影响力;通过"互联网+志愿服务",逐步实现线上线下志愿服务管理功能的全方位覆盖。

（四）加大资金支持

丹东市应不断创新思路,运用多种模式为水上搜救志愿者队伍筹集资金,促进水上搜救志愿者队伍良性发展,同时要建立透明的资金管理制度和资金公示制度,使水上搜救专项经费的使用和流转透明公开化。

1. 志愿者队伍建设资金多渠道化

丹东市海上搜救中心宜多措并举,要想为水上搜救志愿者提供资金来源,除了利用政府财政的托底作用外,还要吸引社会各方尤其是社会优秀企业的大力资助,为丹东鸭绿江水上搜救志愿者队伍的良性发展提供资金支持。就目前发展的趋势来看,"政府财政托底+社会资金支持+基金力量升华"是水上搜救志愿者队伍建设最终将形成的资金来源形式。

(1)政府财政托底模式。根据丹东辖区前一年水上险情突发总体情况,按照参与搜救行动的轻重缓急程度以及数量多少,政府财政分别向不同的水上搜救志愿者队伍专项拨款,确保各个水上搜救志愿者队伍的基本运行。

(2)社会资金支持模式。积极引导和鼓励全社会关注水上搜救志愿行动,在力所能及的范围内积极向丹东鸭绿江水上搜救志愿者队伍捐赠物资,为丹东地区的水上搜救工作贡献自己的力量。同时,充分利用新闻媒体等宣传手段,对赞助物资较多的优秀企业或个人通报表扬,以增强其自豪感。同时,还可以建议地方人民政府或其他部门制定一些优惠政策。比如,当水上搜救志愿者不参与水上救助行动时,可以帮助他们建立自己的产业以获得经济收入,如大棚种植蔬菜、水果等。

(3)基金力量升华模式。丹东地方政府及财务部门可以实施一定的优惠政策对社会资金进行积极正面的引导。由丹东市海上搜救中心或者其他的相关单位建立丹东鸭绿江水上搜救基金会,面向社会筹集搜救相关的物品和资金,通过建立详细实用的管理制度和配套的审核、公示制度,吸引更多的个人或企业来支持水上搜救志愿活动,用以完善和补充水上搜救志愿者队伍发展和日常训练等所需的花销和支出。总之,既可以借鉴现有的成功经验和模式,还可以不断创新思路,利用新的科学技术手段,开发创建新的资金筹集方式,来拓宽水上搜救资金的渠道。

2. 透明资金筹措和畅通管理渠道

水上搜救经费在筹措、使用和管理方面的畅通和透明,是维系丹东鸭绿江水上搜救志愿者队伍长远建设的基础,是志愿者队伍健康发展的重要前提。国内关于非营利性机构的基金管理出台了《基金会管理条例》(以下简称《条例》),丹东鸭绿江水上搜救志愿者队伍的资金可以参照《条例》进行规范管理,明确水上搜救志愿者队伍建设资金属于公益性质,是不以营利为目的的志愿服务活动,积极向社会各界募集资金,保障队伍顺利运行,按照资金公开、透明的原则,建立资金管理章程和各项自律制度,形成规范的内部自律和约束机制,保障资金使用安全,完善监督管理机制,定时向社会和资助人公开资金的使用,主动接受民政、会计等部门的监督和检查,促进自身资金运行的良性循环。

(五)加强水上搜救志愿者队伍管理

1. 建立统一的水上搜救志愿者组织管理标准

由于水上搜救工作涉及面广、专业性强、危险性大,丹东鸭绿江水上搜救志愿者专业管理机构应建立统一的水上搜救志愿者组织管理模式和标准,实施分级化管理。通过评估志愿者能力,让志愿者们循序渐进地、由浅及深地进行与水上搜救应急相关的志愿服务。据了解,一部分丹东地区的水上搜救志愿者队伍开始有意识地对备案的志愿者进行初步的专业化、层次化管理。其中,潜水员、旅游船船员等具有丰富的水上相关专业的人员,在以往的水上应急搜救行动中发挥了不可替代的作用。与之相对应的,在一些非水上专业人员的培训和调派方面仍然有很大的空间亟待提升。这里的非水上专业人员指的是接受过一定的与水上搜救行动相关的知识技能培训,但是又不具备完善的水上救生能力愿意积极参与和水上搜救行动的志愿活动的人。只有建立完善的志愿者组织管理标准,才能使这些非专业人员在开展日常科普宣传活动、物资调派等方面发挥作用。这样,无论是在应急情况下还是在非应急情况下、无论是专业人员还是非专业人员,都能够得到有效安排。

2. 继续完善水上搜救奖惩制度

水上搜救志愿者们必须认真研究与搜救行动相关的管理办法,在充分行使规定的权利的同时,必须履行相应的义务。在开展与水上搜救有关的活动时应做到以下几个方面:不得在任何场合发表抹黑搜救志愿者队伍形象的言论;在进行与水上搜救志愿者活动无关的其他活动时,不可以戴搜救志愿者标志;不得在未经队伍允许的情况下开展其他活动;不得假借队伍名号开展非法活动;在参与志愿服务活动的过程中,禁止擅自离开现场进行其他活动;禁止拉帮结派、搞小团体、孤立他人;在进行志愿服务活动时,不得损害被服务人的利益;不得故意损坏服务区域内的设备设施。对在水上搜救行动中表现突出或者做出重大贡献的志愿者,应当进行精神方面和物质方面的奖励,形成示范效应。对违反规定的搜救志愿者要视情节程度,给予相应的惩戒。

(六)完善水上志愿者保障和补偿机制

1. 发挥政府部门的保障作用

地方政府可根据自身财政情况,为搜救志愿者队伍购置一定的应急搜救设备。除了救生衣、防护服等基本装备,同时还要结合地区水域特点配备冲锋艇、充气泵、抽油机等设备。由于参与水上搜救可能会对社会志愿者的生活产生一定的影响,参与社会救援会耗费志愿者的时间、人力等,为提高社会志愿者的积极性,应对参与社会救援的志愿者给予适当的经济补偿。在每一次搜救行动结束后对参与本次搜救的志愿者进行搜救评估,对于表现良好的志愿者应当给予奖励,并且每年要对志愿者们进行年度考核,考核成绩优异的应当颁发奖状及适当奖金。完善水上搜救志愿者人身保障,由当地人民政府牵头,积极与保险公司沟通协调,为水上搜救志愿者提供人身意外保险等保障。

2. 充分利用社会保险补偿作用

我国的《志愿服务条例》于 2017 年 12 月 1 日开始生效,主要目的是保障志愿者、志愿者组织、被服务人的权利及利益,从法律层面上对我国志愿服务提供了依据。条例明确了志愿者服务组织安排志愿者参与有可能发生危及生命的服务前,需购买人身意外险的规定。因此,丹东市政府应建立实名注册保险制度,为志愿者出钱购买保险,保障志愿者在志愿行动中的生命安全和利益。以在丹东市应急管理局注册并通过身份认证的,并从事丹东市水上搜救志愿服务项目的志愿者为主要保障对象。

淮安市城市集中供热政府管理研究

冯磊

(学号:1120203416)

城市集中供热政府管理是指在城市集中供热发展、运营的地区,为维护广大群众日常生活采暖需要,由政府通过行政手段,运行国家权力对城市集中供热事务进行的一种管理活动,其通过计划、组织、指挥、控制、协调、监督和改革等方式,引导和监督供热单位以提高供热服务质量和效率。具有法定资格的集中供热行业监管机构依照相关法律法规等规则,对集中供热建设生产等环节进行了一系列的监督和管理活动,目的是维护公众的用热权益,保障社会公共利益和安全。

淮安市地处江苏省中北部,城市集中供热发展较早,具有居民供暖的良好基础。淮安市属于非强制供暖地区,居民供暖服务更趋向于高端化、个性化、市场化的服务产品,居民供热管理工作一直未受到政府的重视,管理办法缺少、市场竞争混乱、供热服务不到位、价格机制不灵活等问题接踵而来,导致群众信访矛盾不断。

一、淮安市城市集中供热政府管理现状分析

(一) 淮安市城市集中供热政府管理基本情况与举措成效

目前,淮安市区居民集中供热主要采取热源企业—热网企业—居民供热企业三级供应方式,工商业用户主要采用热源企业—热网企业二级供应方式,工业用户

主要采用热源企业直接供应方式,供热经营方式复杂多样。

1. 政府管理基本情况

(1)热源情况。市区热源点共计 13 家,其中公用热源点 9 家、自备热源点 4 家,在役 12 家、停产 1 家。其中,华能淮阴发电有限公司、江苏淮阴发电有限公司、淮安经济开发区热电有限公司、江苏国信淮安燃气发电有限公司、江苏国信淮安第二燃气发电有限公司、江苏苏盐井神股份有限公司 6 家热源企业规模相对较大,是市区的主要热源供应商。

(2)热网情况。淮安市热网企业以行政区域分布,热网企业较多。市区主要热网企业有 5 家,分别为淮安市汇能热力有限公司、淮安四方热力能源有限公司、淮安经济开发区热电有限公司(既是热源企业,又是热网企业)、江苏国信淮安燃气发电有限公司(既是热源企业,又是热网企业)、江苏国信淮安第二燃气发电有限公司(既是热源企业,又是热网企业)。共有市政供热管网近 400 千米,工商用户 200 多户,为居民供热企业和工商业用户供热。

(3)居民供热情况。居民用热小区 65 个,报装用户近 7 万户,实际用户近 2.1 万户,开通率约为 29%。各居民供热企业供热价格相对统一,皆按照基础热价加计量热价实行两部制热价计费,其中基础热价为 5.40 元/平方米、计量热价为 0.23 元/吉焦。

2. 政府管理举措和成效

淮安市城市集中供热管理原由淮安市经济和信息委员会负责,因淮安市为非强制供暖地区,对供热管理的重视程度一直不高,主要精力着重于供热小区项目、供热管网的开发和建设管理,故政府出台了《淮安市城市供热管理办法》,制定了《淮安市城市供热工程规划(2003—2020)》,加快了淮安市城市供热行业的发展,成为江苏省内供热规模仅次于徐州市的城市。

随着 2019 年机构改革,为解决多年来供热历史遗留问题,参考城镇燃气、城市供水行业监管,城市集中供热监管职能由淮安市经济和信息委员会转至淮安市住房和城市建设局。为进一步加强供热行业监管,淮安市编办对淮安市住房和城乡建设局下属参公单位淮安市市政公用事业管理服务中心(以下简称"市政中心")编制进行重新核定,增加 3 个参公编制,具体负责供热行业管理工作。自淮安市住房和城乡建设局市政中心正式接管城市集中供热管理职能后,局主要领导亲自部署,迅速开展行业调研,多措并举,开展了一系列卓有成效的管理工作。

一是编制管理办法和规划,建立行业监管体系。为推进淮安市集中供热规范化、法治化建设,夯实供热监管的基础,淮安市住房和城乡建设局积极推进《淮安市城市集中供热管理办法》(2021 年版)和《淮安市城市集中供热发展规划(2020—2035)》编制工作,深入开展调研,广泛征求各界意见。

二是制定供热服务标准,提升供热服务质量。为规范供热企业服务行为,提升供热企业服务水平,压减信访矛盾数量,淮安市住房和城乡建设局参照强制供暖地区标准,结合淮安市实际情况,出台了《淮安市居民集中供热服务标准》,督促供热企业做好供热服务工作。同时,对供热企业换热站、营业厅开展常态化督促检查,发现问题及时督促供热企业整改。

(二) 淮安市城市集中供热政府管理出现的主要问题

1. 法规政策不健全

淮安市供热管理主要依据 2002 年出台的《市政府关于印发市区集中供热管理办法的通知》,其关于集中供热的范围、供热设施配套费、供热用热合同、供热价格、供热设施的维修和养护等规定在具体执行中存在部分偏差,而且管理办法对于供热市场的准入没有限制,有效管理不足,市场失灵,造成供热发展和服务相对混乱,用户体验感不佳,投诉较多。同时,群众使用意愿不强,导致供热整体开通率不高,有效的供热需求未能充分开发,供热经营企业管理和运营成本无法摊薄,经营举步维艰。以上情况恶性循环,导致供热矛盾不断,陷入"低效""低质"发展。

2. 政府管理力量薄弱

江苏省全省范围皆属于非强制供暖地区,居民供热并不普遍,省级层面暂未明确监管主体(部门),无专人负责城市集中供热行业的监管工作,也未制定发展、建设、管理的法律法规及文件,监管层面的探索和研究严重不足。随着近年来城市供热行业的快速发展和无序竞争,供热行业矛盾日积月累、逐步增多,管理部门疲于应付投诉,无法进行有效监管。2019 年,随着全国机构改革的推进,城市集中供热监管工作由市经济和信息委员交市住房和城乡建设局管理,仅核增 3 名参公编制(尚未招录),也未设置专门机构,供热管理政府力量仍然薄弱。

3. 供热价格规制不合理

北方强制供暖地区城市供热有一定的补贴,主要包括公务事业机关补贴、企业补贴、非企业补贴 3 种模式。而淮安市等非强制供暖地区,供热服务更多的是一种改善型、商品化、市场化的服务产品,政府无任何补贴,是否开通完全根据市场的需求决定。而在供热价格规制方面却与市场化经营模式不相适应,由淮安市发展和改革委员会通过价格监审后定价,而政府将供热服务视为民生实事,考虑到各地营商环境和群众反响,供热定价确定又与实际监审价格存在差距。此外,由于居民开通率普遍不高,导致热损较大,供热经营企业实际运营成本高于供热定价成本,供热企业经营亏损严重,不愿发展新的用热用户也导致服务质量普遍不高,用户体验感逐年下降,造成恶性循环。

4. 供热市场监管失灵

淮安市为非强制供暖地区,政府对供热管理重视程度一直不高,且主要精力着重于规制供热小区项目、供热管网的开发和建设,因此对于供热企业的监管不够。特别是江苏省内暂无供热管理的相关法律及政策文件,淮安市自身也未配套出台相关的制度性文件,导致对供热企业的监管不到位。由于营商环境和"放管服"要求,从国家层面已取消供热企业资质要求,江苏省和淮安市皆无具体的供热企业资质和规模等要求,导致供热企业进入市场的门槛极低,部分企业通过恶性竞争压低供热工程价格进入供热行业市场;众多企业在淮安市有限的供热市场激烈竞争,只顾眼前利益,导致市场混乱、供热服务质量参差不齐、投诉信访多、协调管理困难。

5. 服务质量监管不到位

随着供热行业的快速发展,用热人数急剧增加,服务需求日益强烈,但供热服务质量不到位,存在拒绝供热、户内温度不达标、服务电话接通和上门服务不及时、服务收费不合理、投诉渠道不畅通、工作人员态度恶劣等问题。出现以上问题的原因众多,关键还是因为淮安市为非强制供暖地区,供热服务一直被定性为改善性需求,未纳入民生服务事项进行监管,缺乏具体的服务导则。政府管理部门制定服务标准和体系,建立常态化供热企业服务质量检查和监督机制具有重要意义。

(三)存在问题的原因分析

1. 集中供热法律体系建设滞后

2003年以后,我国北方城市就开始了集中供热体制改革,各省、市陆续出台了供热行业的管理办法、条例和意见等,规范供热行业有序发展。然而,出台的一系列相关管理办法并没有达到很好的效果,供热企业往往会通过一系列手段来干扰管理,寻求自身利益最大化,从而损害了公众的权益。究其原因,还是因为我国集中供热法律体系建设不完善且滞后,仅靠一系列指导意见、办法和地方规范来进行管理,导致不同地方管理标准不一,且存在个别文件不成熟、指导能力不足问题。相对于北方城市,由于淮安市属于非强制供暖地区,江苏省内除了出台与城市集中供热相关的《江苏省节约能源条例》,此外再无相关法律法规。

2. 供热行业政府管理缺位

我国对于供热行业的监管主要由住建部门牵头,工信、发改、民政等部门配合。这样的监管模式有利有弊,好处在于多部门齐抓共管,如果有效配合的话,有利于形成监管合力;弊端在于监管权过于分散,各部门监管手段和标准不统一。而且各部门监管权限设置过于狭窄,一旦有综合性问题发生,容易造成推诿扯皮,导致问题得不到妥善解决,监管效率低下。淮安市也存在监管缺失问题,多数小微供热企业随时可能跑路停供,居民供暖保供压力巨大。

此外,除了缺少独立、专项监管部门的同时,还缺少专业的监管队伍。供热行业作为一项公共事业,监管涉及面广泛,如市场准入、生产经营、安全生产、供热质量、节能环保等多方面的监督,都对监管人员的专业性提出了较高的要求。但目前来看,政府管理人员往往专业才能欠缺,在管理过程中会由于能力不足出现管理不到位的情况。

3. 供热价格体系不完备

目前,国家层面关于城市供热价格管理只有2007年制定的《城市供热价格管理暂行办法》和2010年制定的《关于进一步推进供热计量改革工作的意见》,暂未有统一的规范性文件作为定价依据。而江苏省内也没有出台具体的价格管理文件和成本监审办法,导致各地在供热价格管理上,特别是苏北部分城市小区集中供热价格管理上缺乏操作性文件。

淮安市供热价格实行供热商品化、货币化收费原则,政府无任何补贴。按照相关文件,由淮安市发展和改革委员会通过价格监审后定价,实施两部制热价,即面积基础热价和按流量计量热价相结合。随着煤炭等价格上涨,供热企业成本增加,但相对而言供热价格偏低,企业压力大。总体看,政府层面并未制定完备的价格体系,导致供热价格无法适应快速变化的市场经济,供热价格体系不具备随上游热价、企业经营成本、下游用户开通等情况变化调节的机制,高度依赖政府价格监审定价,而价格监审周期长、结果相对滞后,且存在政府干预,无法适应南方非强制供暖地区的供热发展情况。

4. 供热行业具有特殊性

一是供热产品具有不稳定性。供热产品与自来水、管道天然气不同,供热产品具有明显的差异性。其原因在于热是依靠工质进行传导的,人们一般使用热水管网作为工质,由于不同住宅的房屋保温性能不同、每户居民的使用习惯不同、单元楼内开通集中供热的居民数量也不同,都会影响供热的稳定性,导致供热质量有好有坏。二是供热服务具有周期性。整体供热服务具有明显的冬季周期性,导致供热服务、供热设施运营不稳定,冬季人员紧缺,换热机房、管网运行时断时续,对整体供热系统要求高。三是供热管网具有垄断性。从某种角度看,因为供热管网的垄断性导致了供热服务具有天然的垄断性。用户,特别是居民用户,几乎没有选择供热单位的权利,只能被动地接受供热企业提供的服务,因此供热企业在一定程度上没有所谓的市场竞争,供热投诉协调难度大,供热价格完全由政府成本定价,没有充分发挥市场在资源配置中的主导地位。四是供热企业的逐利性。供热企业追求经济利益和资本回报,是企业运营、发展的首要任务,而根据相关政策,集中供热具有较大的社会影响力和效益,供热行业利润被压缩至不超过3%,供热运营带来收益对社会资本的吸引力不大。在供热服务中,供热企业往往通过降低人员投入,减少设施运维,以低质量的服务换取经济效益。

5. 新型供热模式引导不够

南方供热城市供热是在北方供热经营理念的基础上发展的,供热经营企业的运营、服务、管理都借鉴了北方强制供暖地区的供热经营方式,将经营重心放在供热设施的建设和运营上。同时,民用供热被作为工商业供热的补充,未充分重视居民供热快速增长的"蓝海"市场。而政府作为市场"有型的手",并没有重视供热行业的发展,也简单借鉴北方强制供暖地区政府管理经验,重视以房地产开发为主的供热设施建设,在新型供热模式的推进和引导上力度不够,缺乏必要的鼓励和优惠政策。

二、国外与国内其他城市集中供热现状分析的经验借鉴

(一)国外供热行业管理概况

国外一些发达工业国家集中供热发展较早,在综合管理、热费制度改革、新能源利用等方面具有较为丰富的经验,为我国政府管理提供了很好的管理范本。

1. 德国:实施供热综合管理

由于德国能源缺乏,政府对能源形势的严峻有较为充分的认识,再加上工业发达,能耗较高,因此德国人环保与节能意识较强,极大地影响了供热行业的管理。德国政府非常重视供热行业管理,对城市集中供热实行"综合监管"的管理思路,即设置一个综合管理部门负责城市公共事业,其中一项包括监管城市集中供热。这样设置有利于管理资源的协调,提高管理的专业化程度。针对这种综合管理机构,其职责主要是法律法规体系所明确规定的,对于具体的监管工作主要是通过权力下放的方式分给各联邦州。对于依法制定准入条件、规范供热协议、调控资本占比、统一管网规划、引入监事会监督等工作,仍由综合管理部门采取必要的措施予以管理。此外,德国是全球按供热计量收费做得比较好的国家,具有丰富的计费改革经验。1981年,德国就在《节能法》中明确规定了计量收费相关细则,该法于1984年和1989年先后进行了两次修订,为全面推行按供热计量收费提供了法律保障。

2. 波兰:实施热费制度改革

波兰政府重视建筑节能补贴,引进并安装了大量供计热量表具。目前,半数以上的城市建筑安装供计热量表具。波兰目前对没有热量表的住宅建筑按面积收费,对有热量表的住宅建筑按热量收费。随着热计量表具的进一步普及,供热公司收费也逐渐由按居住面积收费转变为按热量用量收费,每个热力用户应支付的热力费由专门的能源服务公司计算,服务公司的劳动报酬由热力公司提供。波兰成立了能源管理办公室,负责协调供热矛盾。所有新建和现有建筑都已配备热量表,用户计量热量和生活热水用量,所有供热费用皆已按实际用热费用收取。

3. 俄罗斯:加强供热行业节能环保引导

纵观俄罗斯全域,冬季气温普遍在零下 30 ℃ 至 35 ℃,属于极寒地区,冬季长达 180 天,供热、用热成为群众生活的必需品,拥有较长的供热历史和习惯。因此,俄罗斯也是目前世界上供热规模最大、供热范围最广、供热时间最长、供热技术最先进的国家之一。目前,俄罗斯采用"热电联产"作为主要热源,用热效率高,能耗低,能源利用总效率在80%以上。此外,俄罗斯政府为减轻居民负担,对供热费用补贴力度较大,为避免浪费,还引入用热分段收费机制,鼓励公众节约环保。为协调供热领域各方主体及管理者、供热企业、用户等之间的关系,有效约束政府行为,规范企业行为,提升社会行为,2010 年俄罗斯出台了供热行业基本法《供热法》,将节能环保、提高供热效果作为重点,对各方主体行为进行了有效约束,在保障供热安全、稳定的情况下,更利于资源节约和环境保护等国家、社会利益的有效实现,是能源新形势下的发展必然。

(二)国内其他城市供热管理概况

1. 青岛:统筹供热行业管理

青岛市属于典型的北方强制供暖地区,供热管网达 12 380 千米,体量巨大。青岛市统筹供热行业管理,多措并举,强化城市集中供热发展。一是在供热价格方面,青岛市居民供热采用包干面积热价,并实行分户计量两部制热价,在包干面积价格的基础上实行"少退多不补"政策,即总热价超过包干热价无须补交费用,总热价低于包干热价要向用户退还差价,鼓励居民节约热能。二是在建设监管方面,自 2020 年 9 月起,新建、改建、扩建各类房屋建筑工程项目,依据建设工程规划许可证核准的规划建筑面积缴纳供热配套费,配套建设从热源点到用户规划红线或用热计量装置,相关项目建设由青岛市住建局统一招标委托建设。三是在矛盾化解方面,青岛市持续开展了供热市场整顿、整合工作,利用经济、行政等手段挤压微型供热企业退出市场,要求国有供热企业接手问题小区,鼓励热源企业、供热管网企业直供,有效化解了群众信访投诉。四是在供热服务方面,青岛市鼓励国有企业承担城市供热职能,严格要求国有供热企业加大服务投入,同时为供热企业开通市政府服务热线端口,全年24小时接听群众供热来电。此外,青岛市还建立了市、县、区两级供热管理制度,落实属地管理原则,提高供热矛盾化解效率。

2. 徐州：出台地方性法规政策

徐州市属于非强制供暖地区。2015年,徐州市人大通过了《徐州市集中供热条例》,在江苏省内率先通过立法形式对城市集中供热相关管理工作进行了明确的规定,明确了供热规划、建设、经营、使用和监管环节权责,设置了相关的处罚条件。特别是在供热工程建设方面,徐州市规定所有供热工程必须满足集中供热规划要求;从事供热工程勘察、设计、施工、监理等活动的单位,必须依法取得相应等级的资质证书,并由徐州市住建局热力监管处登记备案;所有供热项目必须经过初步设计及实施方案审查、施工图纸审查、供热专项验收及备案等程序。同时,徐州市住建局收取供热工程单项合同金额的10%作为供热工程质量保证金,在供热工程竣工验收合格并正常运行一个采暖季后,将质保金一次性返还建设单位。此外,徐州市将小区集中供热方式、缴费形式等内容在预售合同中进行明确,保障了群众的知情权。

3. 合肥：引导冷热联供多种模式发展

合肥市集中供热发展较早,集中供热行业发展迅速。合肥市为加快市热电联产资源的整合,实现"统一建设、统一规划、统一采购、统一服务"。在城市集中供热发展的过程中,合肥市积极创新,摒弃北方强制供暖地区纯燃煤供热的老方式,能够结合南方城市特点,立足技术、管理,创新突破旧式"北方供热模式",探索出一条别具特色的南方非强制供暖地区供热模式"合肥模式",创造性地提出了"五个结合"的理念。一是多种形式供热相结合,在传统的燃煤集中供热模式基础上,采用分散式供热模式进行局部补充;二是新能源结合,率先提出了"零碳"理念,发展地源、污水源、空气源、工业余热等"绿色能源",采用风能、光能等多种能源供热;三是与供冷相结合,充分发挥南方城市的地域特点,分析居民的消费习惯,提供多样化的能源服务,有效化解了供热周期短、夏季负荷低、能源需求不均衡的问题;四是政府引导与企业经营相结合,政府积极加大支持和引导,从优惠政策、城市规划、税费减免、土地供给、资金补贴等方面给予大力支持,而企业则利用市场化的经营手段,自负盈亏,追求适当的经济效益,以经济杠杆撬动行业的快速发展;五是社会与经济效益相结合,供热企业在获得较好的经济效益,为人民群众提供更加温馨、舒适的居住环境的同时,也减少了分散供热造成的资源浪费,实现了绿色、生态、和谐发展,通过不断的提升技术、管理成本,实现社会效益与经济效益的"双赢"。

(三)经验借鉴

1. 制定地方性法规强化管理

2002年出台的《淮安市市区集中供热管理办法》作为政府规范性文件,使淮安市城市集中供热市场得到了长足发展,但因其法律效力层级较低,出台时间长,已经难以适应集中供热市场管理和生态文明建设发展的需要,如缺乏统一规划,现有供热局面较为混乱;管理模式不成熟,难以适应城市发展需要;居民供热的矛盾突出,需求下滑;供热设施配套费用缺乏统一管理;供热管网的建设、维护、更新缺乏统一管理等。因此,有必要制定专门的政府规章进行规范,将淮安市集中供热管理工作中好的经验做法通过政府规章加以固化,并针对存在的问题,提出切实可行的办法,可以更大力度地为集中供热的规划建设、运营维护、供热用热管理等提供制度保障。此外,重新制定《淮安市城市集中供热管理办法》,也有利于鼓励城市集中供热的发展,加快取缔不符合环保要求的分散小锅炉,有计划地改造现有污染大、耗能多的供热方式,既节约资源又能让民众温暖过冬。

2. 建立完善市场监管体系

参考北方强制供暖地区经营,可由政府主导的国有企业负责城市供热市场的运作,或通过特许经营方式,将城市各片区的供热特许经营权进行公开招标,设置企业规模、经营方式、投资计划、服务内容等招标条件,委托有实力的城市供热运营商负责片区内所有的城市供热运营服务,特许经营设置要符合国家要求,最高不超过30年。通过建立健全城市供热市场准入机制,在推进服务市场化的过程中,避免小微企业参与供热无序竞争,规避后期运营困难、抗风险能力差企业倒闭退场的风险,本质上提高了城市供热行业的抗风险能力。

3. 引导新型供热模式发展

结合南方气候及经济发展实际,以及《中华人民共和国大气污染防治法》及《国务院关于印发〈大气污染防治行动计划〉的通知》等相关环保要求,淮安市应充分学习"合肥模式"经营,倡导"五个结合":在传统的燃煤集中供热模式基础上,采用分散式供热模式进行局部补充;发展地源、污水源、空气源、工业余热等"绿色能源",采用风能、光能等多种能源供热;分析居民的消费习惯,提供多样化的能源服务,有效地化解供热周期短、夏季负荷低、能源需求不均衡的问题;政府积极加大支持和引导力度,从优惠政策、城市规划、税费减免、土地供给、资金补贴等方面给予大力支持,而企业则利用市场化的经营手段,自负盈亏,追求适当的经济效益,以经济杠杆撬动行业的快速发展;供热企业在获得较好的经济效益,为人民群众提供更加温馨、舒适的居住环境的同时,也减少分散供热造成的资源浪费,实现绿色、生态、和谐发展,通过不断提升技术、降低管理成本,实现社会效益与经济效益"双赢"。

三、进一步加强淮安市城市集中供热政府管理的对策分析

(一) 强化城市供热监管制度体系建设

城市集中供热政府管理是一项系统性的综合监管工作,单一政策无法从本质上提升城市供热行业的管理水平。特别是对于例如淮安市这样的南方城市,因为气候、习俗等因素的存在,城市集中供热管理更不能简单粗暴地"一刀切",更应该注重城市供热监管制度体系的综合性和整体性考虑。

1. 制定并出台地方性法规

为妥善解决淮安市城市集中供热市场矛盾,规范供热市场秩序,就要建立并逐步健全地方性的法律法规。制定地方性的城市供热管理办法,具有可行性和操作性。《中华人民共和国节约能源法》《江苏省节约能源条例》等法律、法规,为淮安市制定相关管理措施提供了上位法支撑,徐州等非强制供热地区的集中供热实践和相关立法也为制定相关管理措施提供了借鉴。同时,淮安市近20年的供热市场发展,无论是管理部门还是热源单位、供热单位、用户,都在实践中摸索出很多有益于供热市场良性发展的经验、做法,这些都可以上升到立法的层面,以便热源单位、供热单位和用户能共同遵守,共同促进淮安市城市集中供热市场良性发展。

2020年年初,淮安市住建局已着手起草《淮安市城市集中供热管理办法》。起草工作由住建局分管领导牵头,市政公用事业管理服务中心具体承办,法规处和相关业务处室共同参与,并通过公开招标委托专业团队国浩律师(南京)事务所具体承担调研和起草工作。在起草过程中,团队竞相全面实地调研,并在初稿完成后广泛征求意见和建议,组织专家评审。《淮安市城市集中供热管理办法》于2021年12月经市长常务会审议通过,2022年3月实施,为规范淮安市城市集中供热,促进供热行业健康、有序发展提供法律保障。

2. 充实行业管理力量

作为政府监管的主体,人才队伍的建设非常重要,一支专业、高效的监管队伍有利于各项管理政策的制定与执行,是政府落实监管工作的重要保障。重视人才队伍的建设,进一步充实行业监管力量,提前明确专门部门和人员,是淮安市高效

发展供热的前提,应明确供热管理的具体部门,并给予不少于6人的行政编制,给予充足的办公经费,提倡管理队伍建设早于市场发展。

3. 理顺供热价格体系

城市供热价格管理是供热政府管理的核心,理顺供热价格体系,建立"市场化为主,兼顾民生"的价格体系是规范城市集中供热政府管理的关键。由于江苏处于非强制供暖地区,省级层面未出台过供暖价格相关政策性文件,2007年国家发改委、建设部出台的《城市供热价格管理暂行办法》成为当前淮安市小区供暖价格调整唯一政策指导性文件。《江苏省定价目录》已将热价授权给市、县人民政府制定。

在制定淮安市城市集中供热价格时,应首先回顾多年来供热价格演变的过程,并结合淮安市当前实际,进行主城区小区供暖价格调整方案的制定工作。同时,淮安市发改委开展成本监审工作,根据价格监测结果,淮安市发改委会同淮安市住建局形成价格调整听证方案,制订合理的价格方案。供热价格方案需在践行国家定价标准的基础上,更加注重供热价格的市场化特性,允许基础热价随小区的整体开通率上浮或下浮,充分尊重群众意愿和供热企业的实际经营情况。同时,应建立联动调价机制,促使供热价格与供热企业经营状况联动,让供热价格调整更有时效性,满足供热市场发展需求。

4. 完善供热服务考核

淮安市可以借鉴北方强制供暖地区通常采用政府部门打分—第三方抽查评估—用户满意度调查3级考评机制,由供热主管部门统筹,制定供热服务考核细则,同时组织市场监管、民政、财政、工信、发改等多部门共同参与,对供热企业的运营、服务、抢维等多环节进行综合打分。第三方抽查评估,是通过委托独立、专业的第三方服务机构,邀请行业专家,从行业角度,对供热企业的设施运维、投诉处理情况进行深入调查,广泛收集各方资料,形成深度的调查评估结果,供管理部门参考使用。用户满意度调查是通过设置举报电话、意见箱、网络留言板,目前多地以"12345"热线广泛接受群众意见,而群众意见往往差异性较大,特别是用户基数较小的供热企业,由于样本数量有限,特别是个别用户的"无理诉求",降低了评价的准确性。通过以上3级考评机制,充分地调动各部门在供热监管中的主动性和积极性,发挥第三方专业机构的智囊作用,在坚持问需于民的基础上,形成供热管理的科学、高效、准确评价,为供热行业管理打下基础。

(二)鼓励社会资本参与供热行业投资

1. 引导社会资本参与供热行业投资

淮安市应加快引入社会资本投入,鼓励央企、上市企业等实力雄厚的供热经营企业参与城市供热,推行区域供热特许经营,对供热市场较大企业进行培育和发展;抑或可以由外地的大企业主导,本地政府所有的地方国有企业参与,成立股份公司,共同推进供热行业的发展。通过此方式,能有效地吸引社会资本投入本地供热基础配套工程的建设中,同时引入较为先进的发展、管理和服务经验,提升地区整体的供热管理和服务水平,提升整体效率,实现共赢。在引进社会资本参与的同时,政府应给予企业一定的税费减免,鼓励外来企业做大做强。

2. 利用行业协会加强行业自律

行业协会通过把城市中个体的供热企业组织起来,形成一个团体,在团体中更易把行业内碎片化的信息整合起来,站在企业的角度来思考问题,能够为政府工作提供另外一个视角,使决策更加科学合理。淮安市目前暂未建立供热行业协会,主要是由于淮安市供热行业还处在起步发展阶段,未形成一定的规模,因此行业协会在市场上暂时还发挥不了应有的作用。淮安市供热行业协会的建立可以参考北方已有经验。供热行业协会能够在政府指导下开展企业评优评先工作、组织研讨学习工作、行业自查自清工作、企业信用等级评定工作等,是政府管理供热行业的好帮手。

(三) 加强供热行业创新和发展引领

1. 指导建立科学的发展规划

供热行业发展规划对行业的发展起到了引导作用,为行业的近期、中期、远期发展和管理指明了详细的道路。淮安市为了有效促进淮安市节能减排,提高能源利用效率,建设淮安市"绿色高地、枢纽新城",依照《中华人民共和国城乡规划法》和《中华人民共和国节约能源法》,编制了《淮安市城市供热发展(专项)规划(2020—2035)》。该规划的总体原则是,坚持因地制宜,技术先进,经济合理,提高区域集中供热的覆盖率。区域统筹规划、分步组织实施;合理布局热源、提高运行效率;确定供热分区、调节供热市场;扩大民用供热、改善居民生活;合理布局管网、确保管网落地;适时发展汽改水、运行节能与安全。该规划的总目标是,依据国家相关政策法规,结合淮安市发展的实际情况,理顺淮安市供热系统结构,使资源得到合理有效利用,从而探索适合淮安市热电联产和集中供热发展的有效途径,构建合理、高效、环保、节能的集中供热框架,保障区域经济发展。

该规划明确提出,要强化城市供热体制的改革工作,进一步清理供热主体市场和理顺供热管理体制,尽快改变过去多家经营、各自为政、互不联系的分散经营状况,逐步向供热集团化方向过渡;进一步充分开放淮安市的供热市场,实行供热特许经营制度,将供热项目建设的特许权,通过招标或招募形式授予符合条件的特许经营者;进一步完善供热市场的"准入、退出"制度,对供热企业进行整合,通过资质审核评价及认定,对服务意识差、抗风险能力差的供热企业开展清理整顿,促进供热企业的规模化、集约化经营。

2. 鼓励可再生能源利用

新时代的供热企业的发展应朝着绿色与智能的方向发展,要求企业在发展理念、用人标准、技术改进、创新激励上多下功夫。对于政府来说,应当从多角度助供热企业技术创新一臂之力。一是紧紧围绕党中央最新方针,提前对供热行业进行规划布局,制定相关规范和政策;二是监管与引导并行,引导企业进行技术创新,给企业一个良好的创新环境;三是在供热企业技术改造、管网更新等方面,优化相关流程,压缩办理时限,鼓励供热企业在提高供热效率、降低管网漏损、智能化调节等方面进行技术探索。

3. 引导新型冷热联供发展

从技术角度考虑,供热和供冷具有技术、设备上的共同性,在供热设施建设之初增加投资,即可实现冷、热双供,可操作性较强。区域供热(冷)项目是综合利用各类高效和清洁供能技术,通过多能流相耦合的模式,促进多类能源的融合、互补、协同,提升能源利用效率,从而加快能源清洁低碳转型。实施区域冷热联供,能够节约建设用地面积,发挥能源站所处位置的土地集约价值,实现土地综合利用;通过多能流相耦合的模式,促进多能源的融合、互补、协调,提高能源利用效率;入住用户无须自建空调冷热源系统,可节约用户冷热机房,有效改善建筑空间布局。

淮安市涟水县
税务局纳税服务问题研究

赵亦悦

（学号：1120203435）

纳税服务作为承载纳税人和税务机关之间的桥梁,是税收征管中最重要、最直接的一环。广义上来说,纳税服务是提供给纳税人的一系列服务,包括提供税务帮助、维护其合法权益等。其服务提供者包括税务部门、专业涉税服务机构、其他组织或个人等。而狭义的纳税服务专指税务机关在有关税收法律规范的指引下,进行税收征管、法律救济的工作。本文所称的纳税服务是指为了让纳税人能够更加便捷地履行法律规定的纳税义务或行使其应有权利,税务机关为其提供规范、高效的服务。服务内容主要是涉税事项办理、纳税申报、纳税咨询及辅导工作、个性化服务、税法宣传、投诉和反馈结果。

国家税务总局涟水县税务局于2018年8月组建,由原涟水县地方税务局和涟水县国家税务局合并而成。涟水县税务局在纳税服务方面进行了多角度、全方位的探索和实践,取得了明显的成绩,但也存在诸多问题,面临不断变化的形势和多方面的挑战。在征纳"放管服"的大背景下,涟水县税务局纳税服务急需改革。

一、淮安市涟水县税务局纳税服务现状与分析

(一) 纳税服务征纳双方的简介

税务机关与纳税人缴费人是纳税服务的参与者,涟水县税务局应对双方基本情况深入了解,才能有针对性地实施具体措施,改善纳税服务环境。

1. 涟水县税务局概况

淮安市涟水县税务局内设财务股、风险股、收核股、征管股、纳服股、税政一股、法制股、税政二股、非税股、机关党委,包括办公室、人教股、纪检组、信息中心,下辖一分局(办税服务厅)、二分局、开发区分局、朱码分局、五港分局、唐集分局、陈师分局等机构。其中,纳服股、税源管理局和办税服务厅负责全县具体的纳税服务工作,如纳税申报、税款征收工作;办税服务厅是税务局进行纳税服务的窗口,是纳税人与税务局打交道的第一站,承担具体纳税服务工作。窗口主要分为前台和后台两块。前台分综合一区、综合二区、契税缴纳、车购税、发票领购、个人免税发票代开和个人房屋出租发票代开,后台主要处理线上审批业务。窗口现有干部63人,其人数占涟水县税务局总人数的29.6%。本科以上学历占比79%,有50人;党员人数占比57%,有36人;共青团人数占比70%,35岁以下人数占比79%。

2. 涟水县纳税人概况

截至2021年年底,淮安市涟水县进行税务登记户数27 296户,其中含有个体经营户15 307户,占到登记总户数的55.1%,占比最高。其次是内资企业11 682户,我国港澳台商投资企业60户,外商投资48户,非企业单位174户,其他25户。其中个体经营户户数一直占总户数的50%以上,体现了涟水县纳税人以小规模个体经营户居多,整个纳税人群体分散、年龄偏高、整体学历不高、财会知识薄弱,对于信息化接受能力不强,比较依赖实体办税大厅来进行涉税业务办理的特点。从行业分类来看,涟水县企业以传统行业为主,如批发零售业、建筑业、住宿和餐饮业、交通运输业,占整体户数的70.55%。这些行业受疫情影响较大,对政策辅导需求大,是减税降费的重点宣传对象。根据这些因素,涟水县税务局应有针对性地改善纳税服务方式和纳税宣传方式。

（一）目前所采取的措施与成效

1. 采取的措施

为了提高纳税质量和效率，涟水县税务局采取多项措施，如建立全方位线下服务区、24小时后台处理服务和纳税服务监察制度等，先对涟水县纳税服务现状做详细说明。本文数据由纳服股提供。

（1）制定相应制度。一是严格执行落实首问责任等制度、延时服务、办税服务厅局领导值班制度，让纳税人更好地享受服务；二是通过党员示范岗与值班长相结合，选出3名青年党员业务骨干担任值班长，负责每日晨会的召开，按时巡检，负责跟踪办理进度，解答纳税人的疑惑；三是制定日常监督制度，由纪检组对纳税服务人员行为进行监管，征收管理股对日常纳税服务办理事项进行监督，"12366"特服号开通投诉举报及意见、建议线路。

（2）理顺纳税服务流程。涟水县税务局由办税服务厅负责直接面对纳税人和对接其他科室部门。一是分区域设立综合性服务窗口，承担着全县企业和个体工商户各类涉税业务，从设立登记到税费申报再到最后的企业注销，实现了各类业务一窗通办；二是设立专窗，针对新办企业、企业注销和出口退税等复杂业务进行一站式服务，确保每笔业务办结时限严格控制在0.5个工作日；三是部门联办，与不动产部门沟通协调，顺利实现不动产、契税联办，形成一号、一窗、一次办理；四是设立审批团队，将发票审批、股权转让、留抵退税等行政审批事项划归办税大厅管辖。

（3）加强纳税信息化建设。一是以电子税务局为基础，扩展功能，纳税人可通过电脑、手机完成绝大多数业务，方便纳税人的同时也减少大厅拥堵；二是增加电子设备，配备自助开票机、自助领票机实现24小时自助服务；三是城乡居民、灵活就业人员社保缴费渠道由原来的税务大厅、支付宝扩充为微信、银行网点、缴费服务站、支付宝；四是扩大线上服务范围，推广电子专票，纸质发票提供"网上申领、邮寄配送"服务。

（4）丰富税务宣传方式。一是组建青年宣传志愿队，负责协助其他科室完成突击性宣传工作；二是开通网络电话咨询服务，"12366"特服号负责电话咨询、税收业务查询、预约、自然人电子税务局服务咨询、在线智能咨询、投诉及举报工单受理、"12345"电话转接办理等工作；三是进行纳税服务大厅宣传，主要以海报、宣传册、电子屏等方式宣传税收新政；四是进行上门宣传，主要由税源管理局负责，对其辖区管户开展网格化宣传。

2. 取得的成效

（1）办税服务厅服务更高效。根据涟水县税务局纳服股提供的数据，涟水县办税服务窗口日均受理业务300笔，在申报期时更是达到每日400余笔业务，从基本的税款征收到纳税人自查补正等复杂税务业务,前台人员均可以熟练解决,有效地提高了纳税人的办事效率,支撑起全县大中小企业税务事项正常运营。多措并举下,纳税人可以用较少的时间办理业务,县纳税服务高于淮安市平均服务水平,如增值税申报平均时长为4.06小时,位居淮安市首位;契税窗口全年契税申报量达13 425户;"12366"纳税服务热线日均接线70个,辅导纳税人处理各类业务百余次。

(2)依托大数据,信息化服务范围广。一是各类退税更加便捷,依托大数据分析,增值税留抵退税由专人受理办结时长仅为0.5个工作日;二是套餐审批更加智能,引入外部套餐审批系统,日均完成套餐审批40户,办结时长仅为0.5小时;三是注销税务登记更加快捷,引入智能分析系统,符合即办注销条件的可以当场注销。

(3)流程更规范,纳税满意度提升。一是后台业务团队高效工作,日均不见面审批发票200余户,较以往审批效率大幅提升;二是积极融入地方政务服务一张网,按照职责划分,有机提升整体服务水平;三是按照省、市、县、局工作部署,开展纳税人满意度辅助工作,建立纳税人之家,开展插花烘焙、走进苏北小延安等活动,增进税企联系,畅通交流渠道,涟水县纳税人满意度评价在2021年获得全省第二的成绩。

(三)纳税服务中出现的主要问题

1.办税服务厅设置不够合理

(1)在办税服务大厅等候时间长。涟水县企业现状是小规模居多,尤其是个体工商户多。法人学历中专及以下偏多,对于新知识接受能力较差,依赖于实体办税大厅办业务。遇到大征收期办税人在大厅办理业务时往往会出现等候超过0.5小时的情况,最长甚至超过1小时,自助机设置也不够合理,来大厅办理业务的群众意见较多。虽比历年有所缩短,但和淮安市各县区的平均值相比仍然较长,涟水县窗口日办理件数和窗口使用率超过全市均值,办理时间也低于全市均值。

(2)过于注重形式考核。如非接触式服务的考核初衷是为了统计线上服务数量和占比,便于进一步改进线上服务内容。但税务局过分追求数据,强制要求能线上办理的业务全部转为线上办理,导致流程上拖沓,影响纳税服务效率。如果纳税人至窗口办理业务,窗口人员告知这项业务需要线上提交申请,纳税人需要至办税服务区提交申请后再返回窗口办理,影响纳税人办税体验感。

2.跨部门业务办理较为烦琐

(1)内部科室配合度有待提高。涟水县税务局下设的各单位科室各司其职,协同性较差;制定政策缺乏实际操作性,机关内部缺乏协调机制,导致在涉税服务、管理各环节之间衔接不到位,影响工作效率;管理部门视纳税服务为技术部门的事情,不管不问。

(2)部门间业务流程不够顺畅。如风险评估需要补缴税款,需要纳税人至所属管理分局领取纸质补正通知书,由办税服务厅来处理。管理分局和办税服务厅之间的信息网络不畅通,只实现部分电子化,容易产生扯皮推诿现象。

(3)税务部门和其他业务部门衔接不够畅通。市场监管和税务部门信息融合不够,如未在税务部门登记或登记未申领发票的简易注销,需企业人员至税务部门申领清税证明,再去市场监管部门注销;税务与银行等金融部门在个体工商户登记时,不能线上开户,需要户主至服务大厅领取纸质银税协议,后至银行签订协议后,再返回服务大厅将签订的账号在税务系统中登记。

3. 纳税服务线上平台功能不全

(1)"12366"平台不够完善。涟水县税务局"12366"平台利用率较全市平均使用率来说较低,目前只接受咨询和举报,对来电者的问题只提供解决思路和建议,无法直接解决其提出的问题,且来电者打完电话后仍需要到大厅去办理。

(2)手机电子税务局 APP 不够完善。如企业递交发票票种核定申请后,如果被系统驳回,无法再次申请,需要通过电脑网页电子税务局来进行处理;无报表申报作废等功能。

(3)网页版电子税务局有待完善。如消息通知在纳税人办理业务的相应模块中没有显示,无法及时更正。

4. 税收宣传效果不明显

(1)宣传不够主动。虽然宣传渠道变多了,但大多照本宣科,将国税总局的政策转发,没有根据纳税人的需求和关注点去进行纳税宣传,始终无法提高宣传的影响力。

(2)宣传内容不够结合实际。涟水县税务局每年4月份进行集中税务宣传,这种做法虽然能够在固定的时间进行短时间的集中宣传,但忽略了实际情况,各项涉税政策颁布频次越来越快,仅靠集中宣传难以达到效果。

(3)宣传内容可用性不足。纳税宣传过于笼统,停留表面,落地性较差,未根据涟水当地涉税主体的特点和多样性给出有针对性的宣传。

5. 专业人才队伍不够合理

(1)人员数量不足。目前,分局总人数共63人,但外借9人、退二线2人、实际工作人数仅52人。前台负责综合一业务的同志共12人,但经常遇到数据整改等突发性业务,需要抽调人手,很难全部在岗受理业务,使得前台压力增大。业务融合性变差,出现忙闲不均现象。

(2)人才呈现年龄结构性问题。对于办税服务厅这种需要业务素质和服务技巧兼备的岗位来说,丰富的经验有助于提高服务效率和鉴别风险能力。根据人才年龄分布,涟水县税务局占比较多的是 35 岁以下的年轻干部,35~45 岁的骨干缺失,无法有效保证纳税服务的准确性和时效性。

(3)缺少专业化人才。目前,涟水县税务局工作人员财会类和金融类占比合计53%,计算机专业人才占比9%。办税服务厅通过注册会计师、注册税务师考试的人数仅 1 人。软件操作、税务等相关专业人才也严重缺乏。

(四)淮安市涟水县税务局纳税服务存在问题的原因

1. 纳税服务理念有偏差

(1)纳税服务理念不够先进。部分税务工作人员仍将自己定位为"管理者",而不是"服务生"。虽然涟水县税务局为优化纳税服务制定了大量的政策,但如果执行人思想理念跟不上政策要求,政策执行效果也会大打折扣。

(2)纳税服务主动性不高。部分税务工作人员对待纳税服务仅仅是领导要求做什么就做什么,缺乏对纳税服务的思考和创新;存在不求精、不求细,最好只求过得去的表现。

(3)纳税服务创新性不足。面对不断推陈出新的政策,要改变过去惯性思维,不断创新宣传的形式,改变过去照本宣科的方式。

2. 线上服务建设不够成熟

(1)信息化平台稳定性不佳。信息化纳税的运营是在信息化平台上面运行操作的,在一般状态下,平台处理的数据远远没有达到它的上限,运行状态良好。当业务访问量和数据传输量巨大时,信息化平台处于严重的超负荷运转状态,经常出现数据无法导入和信息无法反馈等问题,需人工手动导入和扣缴,使工作人员重复劳动。

(2)平台个性化设计不足。网站平台的设计往往是根据实际纳税服务主要业务和遇到的主要问题进行设计的,与社会发展相比具有一定的滞后性。目前,网页信息没有实现 24 小时实时更新的目标,无法及时指导和回复纳税人,只能通过纳税服务电话求助。

3. 纳税服务流程不够优化

(1)办理流程整体规划不够完善。例如,纳税人几乎不清楚违规处罚中简易处罚和一般处罚的区别,不知道应该如何去处理相应的业务。虽然纳税人可以通过手机 APP 或网上电子税务局查询违规情况,但无法得知是简易处罚还是一般处罚,只能到大厅前台查询,如果是一般处罚,则需要纳税人至属地分局去接受处罚,再到大厅前台缴纳罚款,导致多头跑的情况发生。

(2)办理流程稳定性不佳。由于机制不完善导致部门间流程不固定,变动性大,可能纳税人办理同一项业务在不同地方需要的材料都不一样,只能无奈地多次跑腿。这有悖于现代公共服务的理念,也不利于责任的划分。

(3)办理流程流转不够通畅。涟水税务局办税服务厅作为窗口部门,承担着服务兜底的责任,这也有了导致其他部门不配合的漏洞,对于涉及其他部门一些数据整改,本该由涉及的部门去整改,但往往因为人手不够,或对流程不熟悉,而将整个业务都交给办税服务厅,出现只出数据不出人的情况。

4. 税收宣传多样性有待提高

(1)税收宣传个性化不够。随着经济的快速发展,纳税人规模变大、行业变多且呈现行业交叉的特点,针对不同规模、不同行业的纳税人,其需求呈现多样性的特点。涟水县税务局虽然通过微信、钉钉等网络平台进行宣传,但宣传内容大多只是对上级宣传内容进行转发,没有结合涟水县的实际情况,也没区别不同种类纳税人。

(2)税收宣传主动性不足。当下涟水县税务局税收宣传形式主要是纳税大厅摆放宣传册、网络转发相关政策链接、依靠纳税人电话或现场咨询等。这些形式都依赖于纳税人主动去咨询了解。税务局应主动出击创新宣传形式,让纳税人真正了解税收新政,落实减税降费。

5. 工作人员队伍建设不足

(1)对办税服务厅人员培养不够重视。涟水县税务局新任公务员必须在服务窗口锻炼,使得窗口服务人员流动性大,虽然学历较高,但没有形成以老带新的培养模式,没能充分利用高层次人才的优势,从而造成了资源的浪费。

(2)人才培养质量与效果有待提高。办税服务厅年轻干部专业种类多,对于不同专业的人才没有针对性的培养,违背了当初招考设置岗位的初衷。

(3)有效激励机制不足。税务局一直通过常用税法知识考试进行人才选拔,纳税工作人员为了参加选拔需要投入大量的时间进行复习,无法及时有效地完成服务大厅的业务工作。不同岗位之间流动不畅,没有针对性地培养复合型人才。

二、国内其他地区纳税服务的经验借鉴

税收是一个国家发展的保障,纳税服务是税收工作的重中之重,它能促进征纳和谐,提高纳税满意度,从而提高征税遵从度。世界各国以及我国各级税务机关都非常重视税收工作,对此进行了大量的探索和研究,形成了丰富的研究经验和成果。

(一)国内其他地区纳税服务概况

1. 山东省济南市高新区:优化信息化建设

(1)组建信息化服务团队。山东省济南市高新区税务局为建立大数据人才库,一是在全局范围内开展"学、练、讲、赛"系列活动;二是开展平台应用成果暨"智税赋能"场景展示交流,在完成省、市、局数据人才队伍发展的基础上,高标准实施区局"数据人才工程"。

(2)强化纳税服务数据支持。济南市高新区税务局坚持"让数据多跑网络,让纳税人缴费人少跑马路"。例如,利用好信息化大数据,将办税等候时间进一步压缩;利用大数据信息库企业的税费数据进行全领域、全税费种、全环节的数据归集,帮助企业用好用足政策红利;组建虚拟的"数据管理中心"和"风险管理中心";对纳税服务和风险管控统筹管理、集约化处理。

(3)组建沟通平台,促进部门合作。济南市高新区在地方政府的大力倡导和支持下,利用信息化搭建起了"政—企—税"三方沟通平台,有力地促进了重大项目早落地、早竣工、早投产、早见效。

(4)强化纳税服务风险防控。济南市高新区以构建一体化综合监督体系为目标,全面实施提示提醒前置新试,运用内外部数据进行深度分析,对风险点细化分析,"无分析不提醒、无提醒不递进"工作要求得到全面落实。

2. 扬州高邮市:优化纳税服务流程

(1)深入基层了解纳税需求。入驻市产业园了解企业需求,让纳税服务更加便利贴心;办好服务体验活动;与共建银行开展互换值班长体验活动,以点带面,全面提升纳税服务质效;建好税收营商环境,切实将营商环境优化贯穿税收工作的全员、全过程。

(2)明确服务标准,规范纳税服务。扬州高邮市税务局对高频纳税服务事项制定"样本",做到纳税服务一个标准、辅导一个流程、服务一把尺子;制作留抵退税纳税人辅导模板,制作"12366"问题解答模板,纳税服务规范标准化,将纳服规范和扬州市税务局接轨。

(3)提供全方位、全流程涉税服务。以"线上为主、线下为辅"的方式,向服务对象推送最新涉税政策,瞄准企业需求,提供政策辅导。

(4)增加纳税服务点。构建"1+N"一体化办税缴费服务格局,即设立1个办税中心,在8个税源管理局建立办税分中心,充分利用好税源管理局资源,通过数据信息互通、前台后台贯通、内部外部联通,强化人员、业务和设备保障,打破区域范围和业务范围的限制,统筹调度服务资源。

(5)多头监督维护纳税人权益。积极推进纳税人权益保护组织建设,并联系当地民政、信访等部门牵头吸纳税务师、律师以及大学教师等高素质人才,从局外人的角色去评价税务工作部门的征税行为,并提出合理的建议,也可作为监督者去监督和调解双方的涉税争议。

3. 大连市长海县:精准纳税宣传辅导

大连市长海县税务局通过建立"线上+线下"全覆盖的宣传体系,打造实体宣传阵地,线上服务品牌,组建宣传服务队,利用大数据将宣传工作做细做实,取得良好的宣传效果。

(1)线下宣传沙龙化。聚焦重点人群,尤其是针对面广量大的个体户和自然人纳税人,创新新闻稿件,使税法宣传变得有趣易懂;打造宣传阵地,初步建成线下智慧办税厅、线上标准化服务、纳税人之家"三位一体"办税服务宣传阵地;多部门联动,和市场监督管理局、银行等政府部门开展联合宣传。

(2)线上宣传多样化。大连市长海县税务局针对纳税人缴费人需求,以纳税人的视角制作"春风行动体验打卡"系列短视频;打造"税e号"纳税服务品牌,线上渠道开展专题宣传辅导;创建"在税伊方"政策解读直播间,推送"小宣课堂"减税退税系列微视频;建立"一企一单"宣传跟踪机制,提升"私人订制"纳税服务水平。

(3)信息推送精准化。开展系统集成、精准定位、智能推送的"链条式"税收优惠政策宣传,精准实施"一企一单"服务措施;组建退税减税政策落实服务团队,网格化向企业提供宣传辅导服务。

4. 徐州市丰县:加大人才培养力度

(1)多活动选拔人才。举办纳税服务应急应对评比等活动,选拔出综合素质高和良好风貌的税务干部;组织"服务明星""学习标兵"评选,正向激励其他纳税服务人员;创新青年干部积分管理,与评优评先直接挂钩,营造你追我赶的良好氛围。

(2)多平台提升能力。设立税务自习室,集中购置涉税书籍资料,依托"学习兴税"手机APP等平台加强网络学习;开展"战鹰"行动实战化培训,重点开展土地增值税、BIEE数据分析、增值税发票管理系统等实操训练。

(3)打通干部交流、晋升通道。加强岗位横向交流,实现纳税服务窗口岗位和业务科室岗位的青年干部互联互通;打通纵向交流渠道,推荐青年干部参与省、市、局重点项目、课题研究;拓宽干部交流渠道,建立系统内外交流机制。

(4)创新日常风险提醒方式。开展"廉政风险"座谈交流,定期进行廉政谈话和实施"一案双查",让大家就如何化解廉政风险进行案例交流,互相启示,协同规避。

（二）经验借鉴

1. 重视办税流程的优化

涟水县税务局应当充分认识到纳税服务流程的重要性，厘清各环节的意义、作用。一是各科室应当形成联动机制，改变现在各自为政的状态。以纳税人需求为先导，重新规划设计流程；二是对办理流程进行整体规划，尽可能使用信息化方式，避免重复和不必要的环节出现；三是对于涉及其他科室需要内部流转的业务，应针对不同种类纳税人设计针对性业务流程和统一的所需材料种类，设计专门流转系统。

2. 重视纳税服务信息化建设

涟水县税务局应加大对信息化建设的资金、人才投入力度，重视信息化对纳税服务的支撑作用。优化纳税 PC 端和手机端电子税务局功能和页面布局；优化金三系统，确保各项业务能够在系统内得到流转，明晰权责；优化咨询渠道和方式，提高服务效率；与其他部门做好信息联网工作，可开发新系统，提高信息获取能力，提高纳税服务效率。

3. 重视税收宣传效果

涟水县税务局应针对涟水县纳税人的现状，积极主动给予个性化宣传辅导。协调税源管理局将税收宣传覆盖到整个辖区；针对不同行业、不同类别、不同规模的企业纳税人进行走访、座谈，发放纳税人调查问卷等，有针对性地开展分层分类分级税收宣传；针对大企业，不同群体开展多元化专题集中培训，让税收宣传工作更接地气。

4. 重视人才队伍建设

涟水县税务局应当明确纳税服务岗位的工作范围和职责要求，科学合理地设置纳税服务岗位；聘用具有较高工作能力和良好服务态度的工作人员，对岗位设立准入标准和人才评估机制；完善纳税服务人员培训机制和流转机制，培养复合型人才；强化激励措施，调动工作人员的积极性和主动性；注重社会合作，组建志愿者团队，丰富人才储备。

三、淮安市涟水县税务局提升纳税服务的对策

(一)树立正确纳税服务理念并保障落实

纳税服务理念是纳税服务中最核心的方面,改善纳税服务理念有助于提供更加高效便捷的纳税服务,提高纳税满意度,进一步提升纳税遵从度。

1.树立以纳税人为中心的服务理念

(1)构建科学合理的价值体系。涟水县税务局应牢固树立"以人为本"的服务理念,在纳税服务中"以纳税人为中心"是以人为本的重要体现。其纳税服务各环节都应围绕纳税人建立。

(2)提升"信息化+纳税服务"的理念。税务部门要武装信息化服务思想进行自我革命,同时推进信息化纳税的硬件和软件的改革,推广"非接触式"办税服务。

(3)"服务型"角色定位。要发挥主观能动性,变"被动管理"为"主动服务",适应"信息化+疫情常态化"纳税的需求。

2.完善纳税服务监督评价制度

(1)规范考核标准。根据涟水县税务局工作人员年龄差距大、老同志较多的特点,针对不同的岗位制定差异化绩效考核标准,建设具备全面性、针对性和可行性的绩效考核平台,并设置可量化的考核指标。

(2)建立奖惩制度。对于表现优秀的工作人员,在职级晋升和评优评先中要量化其表现优秀的参量。同样,对于表现不称职的工作人员要有所惩罚,让税务干部有工作的动力和紧迫感。

(3)建立立体化服务监督。设立并完善监督载体,主动接受纳税人的监督和指正;聘请纳税体验官,对纳税业务全流程监督考评;对纳税行为的整个过程进行视频监控。

(4)加入暗访机制。从其他兄弟单位抽调工作人员以纳税人的身份前往税务部门办理纳税业务,对纳税服务全流程进行考核和评价;以记者或新闻工作者的身份进行实地调研。

(二)优化纳税服务流程

1.打通纳税服务流程

(1)推进办税缴费"一次成"。严格落实"一窗受理、内部流转、限时办结、窗口

(线上)出件"要求,通过简化流程、减少环节,推进税费服务"一次成";持续优化办税缴费运行机制,以"一次成"为目标,通过深度交流、专家点评等方式对税费服务进行质检;及时更新完善税费事项办理指南,提高税费服务规范度、标准度。

(2)推进"一件事"改革。实现不动产登记税费网上办理;与人社部门共同推进社保费的登记、变更、缴费线上一窗化、线下一体化;深化税务与海关纳税业务数据共享,简化进出口企业退税相关业务网上申请流程,促进海关和税务一窗化受理。

(3)税费事项"就近办"。依托村居社区等基层组织,做好社会保险费网格化服务;贴近自然人多元化需求,加强与邮政等部门合作;推广24小时自助服务,实现"就近办"。

(4)重点业务"专员办"。加快推广全面数字化的全电发票,网格化进行发票推广;便利企业注销涉税事项办理,依托大数据分析,减少人员干扰;开展"一把手走流程"工作,建立纳税人缴费人急难愁盼问题解决机制。

2. 规范纳税服务工作

(1)提升政策确定性。健全税收政策确定性服务管理机制,以省局政策为标准统一执法口径和执法标准,不私自设立门槛和不合规要求;加强税务规范性文件权益性、合法性审核;坚持纳税服务制度公开透明。

(2)开展政策权益审核。全面检查落实《国家税务总局关于纳税人权利与义务的公告》的情况,将纳税人缴费人的权利和义务明确;建立税费争议解决机制,创新税费争议处理方式;推动公职律师参与涉税争议处理;有效运用柔性执法方式,落实税务"首违不罚"政策,对危害较小的过错方进行谈话提醒、说服教育等;提供精确服务。(3)加强智慧监管。将纳税人缴费人融入诚信江苏体系,将社会保险费和非税收入征缴情况纳入信用评价范围;宣传推广激励措施,优化"银税互动"数据交互通道和方式;将有税收违法风险的纳税人和失信案件信息进行实时维护和动态管理。

3. 定制个性化纳税服务

(1)提供分类精细服务。涟水县税务局应对当地纳税人缴费人的市场环境、行为偏好进行全方位动态分析,为不同市场主体提供更加精细化、个性化的税费服务;推动税费办理快办优办,持续助力小微市场主体健康发展。

(2)专项服务重点企业。以税政一股为牵头建立投资企业落地政策服务团队,与国土部门、规划局、市场监管部门联合成立专家团队,为企业提供政策支持服务;畅通办税绿色通道,加强重大企业项目跨区域涉税事项协调服务,完善项目运营生产后产生的税务事项跟踪服务,协助企业建立健全税收风险内控,全力支持重大项目落地和发展。

(3)实现减税降费直达快享。第一时间组织纳税服务人员学习各项减税降费新政;利用大数据筛选符合条件企业,实现政策精准送达;持续完善税费优惠政策落实机制,升级系统功能流程。

(三)建立信息化纳税服务平台

1.完善纳税服务信息化管理机制

(1)建立专业信息化部门。完善信息中心功能,将完善纳税服务信息化作为工作重点;开展纳税服务信息化培训,增强部门工作能力。

(2)制定税务信息化建设发展规划。以纳税人需求为中心,站在全局高度,整体规划信息化系统建设方案,将纳税服务信息化划入税务信息化中。

(3)加大部门投入。设立专项经费予以财力保障;加强对经费的管理,重点用于新系统开发,确保经费支出合规合理。

2.加强纳税服务信息化系统建设

(1)优化内部信息传递渠道。强化系统顶层设计,开发信息流通系统,并将系统内嵌于"金三办税"系统中,实现信息传递智能化。

(2)优化纳税信息化服务端口。和纳税人保持常态交流,在详细了解纳税人的需求后对 PC 端电子税务局和手机端电子税务局进行优化设计;对其功能使用和界面设计进行优化,实现税费服务"主题式""场景化""通办式"线上办理。

(3)打造跨部门信息互通渠道。进一步加强同其他关联市场主体信息共享互通,进行智能化管理,提高获取涉税信息能力。

3.强化服务平台信息安全建设

(1)完善信息安全管理制度。涟水县税务局应建立安全管理体系和管理制度,这是网络信息安全环境构建的基础。

(2)提高自身网络信息安全技能。设立专职网格化管理网络安全人员,主要负责所在科室分局的日常网络维护管理。

(3)完善网络信息安全应急预案。涟水县税务局需要建立完善的信息安全应急预案,确保网络信息安全,分模块进行应急预案演练。

(4)提高税务人员网络安全意识。对全体人员尤其是新进人员举行信息化网络安全知识培训,教授网络安全方面的知识,增强员工网络安全意识。

(四)宣传推广纳税绿色通道

1.组建专业宣传团队

(1)组建复合型人才宣传团队。选择业务能力强、善于交流、充满活力的税务工作人员；邀请市场监管、银行、法院等其他相关政府部门参与到宣传队伍中；邀请会计师事务所、注册会计师、企业财务等社会团体及人员参与宣传到队伍中，增大影响力。

（2）制定团队工作制度。涟水县税务局要统筹安排、充分利用好宣传团队，制定团队工作考勤制度，方案落实制度。

（3）完善工作激励措施。对表现优秀的团队人员予以物质和精神上的鼓励，增加其学习培训的机会，形成正向激励。

2. 拓宽宣传渠道

（1）税企沟通交流方式线上化。在电子税务局或微信平台设"税企互动平台"，了解企业心声、解答纳税人疑问、缓和纳税人的负能量情绪，提升纳税服务满意度。

（2）优化线上宣传功能。充分利用好电子税务局、微信等平台，如电子税务局平台有针对性地发布企业涉及的税收优惠政策提醒解读等，让纳税人精准了解相关政策，避免信息过载。

（3）完善税务大厅咨询岗建设。严格落实问询机制，整理出咨询方案；选派咨询岗人员参加学习培训，不断提高咨询岗人员业务知识储备与能力；完善网络咨询方式流程，严格落实"首问负责制"，让实体办税厅纳税咨询更加规范、高效。

3. 针对不同群体采取多样宣传方式

（1）针对小规模纳税人，要结合在平时纳税服务、纳税咨询中多次出现的问题，以税源管理局为基础，进行上门入户宣传；联合市场监管、银行等部门共同开展宣传，让群众可以全方位了解国家政策；在当地电视、广播电台、报纸等新闻媒体开展宣传，确保宣传达到预期效果。

（2）针对规模大型企业，发挥"12345""一企来"企业服务热线税务政策专员作用，强化"一对一"政策推送和"点对点"宣传辅导，让纳税人应知尽知；召集各科室部门负责人定期邀请当地龙头企业会计师事务所、注册会计师等涉税人员，开展税企座谈会；开展党支部共建活动，用党建活动的形式开展税收文化交流，让征纳双方能够在更加平等的环境下进行交流。

（3）针对新兴行业，运用大数据技术开展宣传，实现税收优惠政策的系统集成、精准定位、智能推送，变"人找政策"为"政策找人"。

（4）开展青少年税收普法教育。开展税收知识进学堂活动，针对不同年龄段宣传推广通俗易懂的税法知识。

(五)打造专业的纳税服务团队

1. 优化服务团队的人才结构

(1)合理分配系统内人员。根据需求,合理设置招录人员的专业和其他要求;合理设计纳税服务队伍结构,尤其是注重年龄结构;探索管理考核办法,完善用人办法,拓宽人才晋升渠道。

(2)积极引进社会人才。与会计师事务所合作,引进志愿者服务,扩大服务范围,将一些不涉密的工作通过公开招投标的方式进行外包。

(3)加大人才交流力度。涟水县税务局应在保证纳税服务质量的基础上定期进行科室间轮岗工作,对于提升工作人员综合业务能力有巨大帮助。

2. 建立科学合理的人才使用制度

(1)综合培训和专业培训相结合。针对专业知识进行全员培训,确保每一名上岗员工都有专业的工作能力和良好的服务态度;针对每个人的专业和工作岗位,进行有针对性的培训,培养出适岗能干的人才。

(2)培训方式多元化。将"线下""线上"培训结合起来;定期考核,举办"业务知识大比武"等业务考试;将集中培训和平时培训相结合。

(3)重点开展信息化培训。充分调动技术人员的积极性和主动性,鼓励工作人员定期参加技术培训,不断学习新知识和新技术,时刻保持高效的工作状态。

3. 完善人才激励措施

(1)完善考核机制。建立科学合理的考核指标体系,明确考核标准,对考核指标进行量化管理。

(2)明确奖惩措施。在考核中对服务态度佳、表现优异的纳税服务人员给予一定的奖励;对于在平时工作中表现不佳者,要进行深入的谈心谈话,帮助其改正;对于屡次犯错者,采取诫勉谈话、警告、调离岗位等惩罚措施,规范其行为。

(3)加大经费的投入。加大对课程的投入力度,选择高质量的学习培训方式;加大奖励考核力度,激励更多的工作人员去学习;加强对家住外地工作人员的关怀,组织如郊游类的团建活动或相亲活动让他们在涟水县能够同样感受到家的温暖。

淮安市清江浦区网格化服务管理研究

殷晗源

（学号:1120203404）

在我国,网格化管理是一种全新的、先进的城市基层治理模式。随着经济社会的持续加快发展,网格化管理在社区管理等多个领域得到拓展和延伸,同时逐步与计算机技术、定位功能等现代化网络技术融合起来,升级为社会治理领域具有中国特色的社会管理模式。

网格化服务管理是基于网格化管理的一种模式,网格的服务属性更加突出。具体而言,它是指在基层建立综合网格,配备服务管理人员,利用信息技术做好网格内的党建、政务服务、经济服务、综合治理、社会保障、应急响应等工作。近年来,淮安市清江浦区在网格化服务管理工作中不断创新,特别是从 2020 年开始,清江浦区构建了清江浦党建网格、社会治理网格和经济网格"三网融合"的服务管理新模式。

一、清江浦区网格化服务管理现状与问题

（一）清江浦区网格化服务管理的措施与成效

清江浦区地处淮安市中心城区,是淮安市的主城区,地理位置优越,综合实力稳居全市前列,人民的生活水平、生活幸福感、满意度均走在淮安市前列。同时,清

江浦区也在全市率先试行"三网融合"服务管理工作,并探索、总结出了网格化服务管理的清江浦区经验。

1. 采取的举措

2019 年清江浦区在全区推广"两网融合、三化驱动、四方共治"的"234"融会共治小区治理模式。这种治理小区的新措施获得了江苏基层社会治理创新成果奖。2020 年,清江浦区按照淮安市委市政府要求,积极探索推进"三网融合"服务管理工作,争创示范基地,促进基层治理能力全面提升。

(1)分类划分网格。坚持实事求是、问题导向的原则,化繁为简、因事设格,推进网格重构,实现从多网并行到一网通行的转变。立足全区基础条件和实际情况,以"大网格"理念将网格划分与组织设置相统一,实现网格科学划分。在不拆分现有网格的前提下,按照"区域集中、规模适度、管理方便"的原则,统筹考虑产业类别、商业业态等方面,优化设置经济网格,并逐步将文明城市建设、警务站等工作职能逐步整合进网格,变"上面千条线、下面一根针"为"上面千条线、基层一张网"。在实际操作中,清江浦区以社会治理的 554 个网格为基础单元,全面摸排网格内的市场主体的数量、分布、规模、业态等情况,并将 100 户左右的市场主体划分为 1 个网格的标准,共划分了 277 个经济网格。其中,对规模相当的,进行一对一叠加融合;网格内市场主体数量偏少的,按照经济网格划分标准,2 个以上网格叠加融合为 1 个经济网格,并将党的工作触角延伸到社会治理、经济服务管理等各领域、各角落,使 114 个党建网格与其相融,做到"以党建促业务,以业务强党建",推进基层党建网络与社会治理网格、经济网格深度融合。

(2)统筹力量调配。按照"服务集成进网格、责任落实到网格、问题解决在网格、信息对称靠网格"的要求,推动服务管理资源力量整合、下沉。按照"区、镇(街道)、村(社区)"三级划分,迅速搭建调度平台,三级网格服务体系逐步形成。整合清江浦区 4 套班子、镇(街道)和职能部门、村(社区)等三级干部力量,打造具有清江浦区特色的"333"网格服务管理模式,综合考虑网格实际情况,分类优化配置人员下沉到网格开展服务管理工作,确保网格运转畅通高效。细化明确网格长、网格长助理、网格帮办员任务职责,编印《"三网融合"工作服务指南》,将安全生产、市场监管、环境保护、防违治违、信访稳定、文明城市建设常态长效等工作纳入网格走访重点关注事项,确保网格中的问题"有人知、有人领、有人办"。

(3)完善相关机制。一是建立分级调度机制。区级调度平台由区委区政府主要领导任总调度长,区委区政府分管领导任调度长,统筹协调推进有关工作;镇(街道)调度平台由挂钩联系镇(街道)的区 4 套班子领导任总调度长,镇(街道)党政主要负责同志任调度长,做好本级辖区范围内"三网融合"服务管理工作;在村(社区)层面,统筹全区人员力量组建三级网格服务管理队伍,并充分发挥党建引领的

"核心动能"，形成"一层抓一层、组织管党员、党员带群众"的网格运行模式。

二是建立问题处置机制。以三级网格为载体，建立问题三级处置机制。三级网格主要是迅速响应网格内发生的问题，力求小事在网格内及时处理、难题快速向上反馈；二级网格及时解决三级网格内无法解决的问题，不能解决的，及时提请一级网格整合区直部门力量集中会办，形成"镇街吹哨、部门报到、协同联动"的服务体系；一级网格及时研究解决网格管理中反馈的重大问题和疑难问题。

三是建立考核激励机制。进一步完善三级网格人员选拔任用、进入退出、薪酬晋升等工作机制。每年进行评选并表彰奖励先进网格员。建立网格员选拔任用机制，每年对网格化进行管理服务，在各自网格内开展公开评议，考核结果作为奖惩、晋升、任用的重要依据，激发工作动力，强化工作荣誉感，打造一支网格化服务管理的铁军。

四是加强组织宣传推动。以报刊、网站、微信等为载体，大力宣传深化"三网融合"服务管理工作重大意义、重点举措和重要内容，提高党员干部思想认识，广泛动员广大机关干部和志愿者参与到"三网融合"服务管理工作中。坚持典型引路，通过以点带面，打造一批可看、可学、可比的特色品牌，要多形式、多渠道广泛宣传好典型、好经验、好做法，放大"三网融合"效应，营造全员参与、共建共享的良好氛围。

2. 取得的成效

（1）为经济社会发展增加动能。清江浦区通过三级网格，推动全区党员干部深入最基层、沉到第一线，摸清情况、找准症结、解决问题，助力全区加速发展。清江浦区出台培育新增列统企业考核办法，依托"三网融合"服务管理工作，扎实做好规模以下市场主体梳理筛查、入库申报工作，摸排新增规模以上企业，带动完成地区生产总值591.98亿元，实现2020年3%的正增长目标。

（2）服务企业更加有力。清江浦区通过给网格赋权增能，把功能统一到网格、资源下沉到网格、力量聚集到网格，推动应办尽办、能办快办，大大减少了中间层级和响应时间，有效地提高了工作质效。2020年，在产业发展扶持资金等各类惠企政策出台后，清江浦区组织三级网格队伍对符合条件企业进行梳理，上门动员企业申报，累计向江苏奔航齿轮有限公司等79家企业发放2 000多万元的产业发展扶持资金，进一步坚定了企业发展的信心和决心。

（3）社会大局更加和谐。清江浦区坚持将治理关口前移，将人力、物力、财力更多地向基层网格倾斜，做到第一时间掌握信息、化解矛盾、服务群众，努力将矛盾问题化解在萌芽、解决在基层。2020年，全区共有472批次的群众来访，批次同比下降了23.2%。2021年，清江浦区依托"三网融合"服务管理工作，压紧压实区级、镇街、村居"三级安全责任链"，整合多方力量，开展全覆盖、高密度的安全生产巡查，确保第一时间发现、上报问题隐患。累计排查各类隐患16 000余个，有效地降低了安全生产事故发生率。通过调查结果分析,66%的受访群众认为网格化服务工作效果好,与"三网融合"服务管理前的工作相比有明显提升。

(4)有助于基层矛盾化解。清江浦区把属地镇街、区直部门资源有效整合,挂钩下沉到各个基层党组织,由基层党组织按问题属性分类统筹解决好,这就是社会治理网格和基层党建网络的"两网融合"。问题解决了,老百姓的获得感和幸福感变强了,对基层党组织的信任感也随之增强了。清江浦区推动各级党员干部深入企业一线,强化主动服务,帮助对接争取,既有效地帮助了各类市场主体渡过难关,也在加快发展的同时提升了解决各类矛盾问题的能力和水平。

(5)激发基层治理活力。自清江浦区"三网融合"服务管理工作开展以来,围绕健全完善党委领导、政府负责、社会协同、公众参与的社会治理格局,基层组织力得到充分发挥。

(二)清江浦区网格化服务管理的主要问题

1. 人才队伍建设不足

(1)基层面临人少事多的现状。随着便民利民政策的逐步实施,清江浦区将51项事权下放到镇(街道)、村(社区),社区行政类工作任务日益繁重。因基层工作的烦琐性和人员配备的不足性,社区网格员配备存在一定的随意性,目前基本无专职网格人员,主要由社区两委成员兼任,社区两委成员还承担社区的其他各项工作,对"三网融合"工作无法全面深入地了解和掌握,使得"三网融合"工作的开展存在不稳定性。作为第三级别网格主力军的社区"两委"人员,其身兼多职,将政府部门下放的行政事务、社区自身工作和网格员走访排查职责融为一身。同时事权下放后,一般政务类事项与行政执法类事项责任划分边界模糊,导致社区工作者及网格员工作压力大、处置专业性和行政执法类问题的能力不足,不可避免地存在有心无力、遇事相互推诿的现象。

(2)能力不足现象普遍存在。"三网融合"工作几乎涉及社会生活的方方面面。现阶段,社区工作者及网格员比较熟悉一般性的邻里矛盾调处、城市管理等社区综合治理方面的工作,对生态环保、安全生产、工商税务、金融业务等专业性强的企业和个体工商户经济服务工作比较陌生,不能适应经济服务网格工作。

(3)网格员待遇不高。目前,清江浦社区工作者及网格员待遇不高、岗位不稳定,也直接影响其在三级网格体系中的作用发挥,导致网格运行不畅、效率不高。网格员每个月实际到手的工资在 2 500~3 000 元,领取的报酬与网格员承担的工作任务、素质要求不相适应,导致网格员队伍人才流失比较严重,队伍的稳定性不高。特别需要指出的是,略低的收入较难留住男性网格员,也造成了网格员队伍男少女多的现象,一定程度上降低了网格员队伍的整体战斗力、执行力。

2. 网格融合度不高

（1）组织架构融合度不高。"三网融合"服务管理工作面广量大，需要领导力度大、统筹能力强、体系完备、指挥统一的组织架构作为支撑，否则容易在工作责任落实、人员分工、岗位确定、督查考核等方面造成混乱，不利于网格化管理与服务工作的开展。而目前清江浦区"三网融合"工作还处于条线运行阶段，区党建办、综治中心、阳光服务中心等3个部门各司其职，没有具体明确、统一高效的"三网融合"组织领导机构。在调研走访和座谈过程中发现，各牵头部门、镇街、社区同志在实际工作中，因为"三网"组织管理体系分置而导致在职责划分、考核标准、问题协调、统一指挥、一体调度等方面带来一些困惑，在一定程度上影响了"三网融合"机制的高效运行。

（2）网格功能融合不完全。目前，清江浦区"三网融合"网格为326个，规定是以社会综治网为基础，但实际设定是以经济网格为主，社会综治网格是554个，经济网格326个，党建网114个，网格之间没有形成有效互通，技术壁垒没有打破。由于没有从顶层设计上解决综合协调机构、固定队伍和人员问题，导致各网格力量各自单独作战，从业务和工作步调上很难融合。同时，不同网格考核的标准和要求不一致，给基层增添了一定的负担和苦恼。

（3）条块协调度不高。"三网融合"工作不仅涉及街道、社区，还涉及政府职能部门。目前，政府职能部门中只有如市场监管局等少数由人数较多的部门覆盖所有网格，还有许多部门因人数较少游离于网格之外或没有覆盖所有网格，矛盾处理依赖相关网格长人工交办，从物理上导致部分政府部门"三网融合"网格责任意识不强，主动担责不到位，还时常出现回避推诿现象，存在基层网格员反映上报问题积极性不高、回避自身无法解决的问题等情况。

3. 基层治理资源和力量不足

（1）社区经费不足。清江浦区社区资金来源主要有三个：一是社区的收费业务和固定资产房租费相关收入；二是中央、省市财政转移支付；三是社区内外企业和机构的免费赞助。目前，淮安市清江浦区有固定资产的社区占比不高，且大多收入有限。社区便民服务都是免费的，社区办公用房也都是住宅小区按政府相关文件按比例配备的。有些社区因辖区内都是老旧小区，没有为社区配备办公用房，社区只能借用物业办公室，办公用房不达标一直是社区面临的棘手问题。因此，大部分社区的资金来源主要还是财政转移支付。而清江浦区的财政资金不足以支撑社区硬件设施完善、更新和社区特色文化活动等支出。而社会组织和志愿者因社区硬件设施和活动经费缺乏，进而社区活动也极少。

（2）信息平台作用发挥不充分。清江浦区各社区承担政府部门行政事务的各类"智慧平台"有22个。社区平均每天收到"12345"热线、文明城市建设、城市管理等各类交办单 10 个左右,大部分交办单需要限时办结,此类"数据平台"的作用却微乎其微。不少网格员反映平台数据"不够准确",甚至有的平台和平台之间数据存在较大差距,导致网格员工作无所适从;平台数据不统一,导致一些工作无法"一网通办",增添许多重复劳动,更是无法实现系统智慧识别和智能派单。

(3)人员力量不足。目前全区融合的网格共有 326 个,其中承担信息排查收集职能的三级网格长主要由村(社区)"两委"成员、镇(街道)工作人员和现有社会治理网格员担任,专职人员数量不足。村(社区)本就是基层治理的最后一环,上级部署任务重、要求高、压力大。三级网格长,大多数时候都是由村(社区)"两委"成员兼任的,但他们时间和精力有限,容易产生"两手抓,两手都不硬"的不良反应。

(4)信息流转精准度不高。部分单位反映一些不在本单位职权范围的工作被交办到自己手上。如自然资源和规划分局反映,收到和平镇某农业装备公司关于不动产登记证办理难的诉求,经过沟通,发现其要求办理的是施工许可证,并不在该局职责范围内;区法院反映,在法官进行网格服务调研过程中,社区网格员反映的问题多是路灯修复、经费缺少等问题。问题流转精度不足,降低了"三网融合"处理问题的效率,延长了群众解决问题等待时间,制约了"三网融合"的作用发挥。

4.服务质效不高

(1)服务水平有待提升。在清江浦区"三网融合"服务管理工作中,网格员的服务职能分别是服务网格内的企业和居民。但在走访中了解到,网格员在日常工作中,特别是在服务企业过程中,对于相关政策的理解和把握都不足以做好企业服务工作。网格员做的更多的工作是机械性地收集企业数据,因此,一些企业对网格员的走访并不欢迎。而在服务群众方面,群众满意度也不高。

(2)网格化服务管理行政色彩较浓。"三网融合"服务管理,是城乡社会管理体制的创新举措,在网格化管理体系中,政府不是全部力量,而是主导动力。在网格化服务管理体系中,群众和社会组织参与不足,行政色彩浓厚。清江浦区的网格化管理,如人员招聘、网格划分、岗位确定、日常管理、工资发放,都由政府管理。这也导致政府只把网格化作为一种管理手段,服务功能没有得到充分发挥。

(3)社会组织参与不够。在社会组织参与方面,清江浦区公益性、服务性、事务性社会组织不多,还存在着运作不规范、处置事件能力不强等问题。同时,社会组织普遍没有引起政府的足够重视,社会组织参与的准入机制也相对匮乏。组织社会组织参与网格化服务管理的渠道狭窄甚至根本没有渠道,这也使得网格化服务管理的内容扩展和丰富难以成行,也难以借助社会组织提高服务质量。

(4)居民认可度不高。从调查问卷反映的情况来看,对网格化服务管理有认识的群众占问卷调查人数的比例为 48%,37% 的群众对网格化服务管理的认识一知半解,15% 的群众对网格化服务管理完全没概念;同时,当群众遇到民生问题时,只有15%参与调查的群众第一反应是找辖区的网格员。

(三) 存在原因剖析

1. 考核监督激励机制不健全

清江浦区推进"三网融合"服务管理工作的督查、指导、通报、处理、考核、奖惩等闭环工作机制也尚未建立健全。由于三类网格划分不统一、考核标准和要求不统一、政府部门网格帮办力量不统一，导致基层网格员及网格长难以适从、无法准确理解把握网格事项和责任划分，部门帮办也常常出现缺位现象，街镇"吹哨"部门"报到"就会变成空谈。多条线考核也无法适应"三网融合"网格化服务和管理的要求，导致督查考核事项责任界定不够精准，督查考核走过场现象依然存在。同时，对网格员工作激励机制也有所欠缺。

2. 基层权责划分不清晰

政府部门通常认为，"三网融合"工作主要还是党建办、综治中心和区阳光服务中心的工作，与本单位的职能和责任关系不大，对网格化服务管理工作配合度不高。同时，由于缺乏强有力的跨部门联动考核机制，在当前基于目标考核的工作导向下，很难引起部门的真正重视，主动服务意识不强。

3. 群众自治意识不强

清江浦区的"三网融合"服务管理模式并没有充分考虑为居民参与社会提供合理的渠道，多数群众对网格化服务管理仍缺乏认识。在网格化管理的顶层设计中，政府不仅没有合理健全的机制允许居民参与自治工作，且部分社区工作人员受制于传统观念，也并不希望居民参与社区工作。政府对公共服务大包大揽，居民也会认为自己就是被管理、被服务的对象，没有参与网格化管理的意识和意愿。

4. 基层保障不到位

在网格化服务管理工作中，网格员队伍、信息平台的建设都离不开资金的大量、持续投入。目前，清江浦区镇街、村（社区）两级自筹资金有限，主要还是依靠区政府的财政支持，而清江浦并不充裕的财政也难以全面满足基层建设的财政需求。同时，来自辖区内企事业单位和社会组织的赞助投资非常有限。街道、社区等基层单位缺乏造血能力，难以有效积累资金。

5. 网格员服务意识不强

网格员在工作中的管理理念依然浓厚，服务理念相对不足。网格员在工作中倾向于维护稳定，保证工作的正常运转，目标管理导向有余，服务意识相对不足，与居民沟通不多、耐心不足，内心还是认为网格工作主要是管理，不同程度地忽视对服务水平的提升。甚至少数网格员出现不作为的情况，导致有些问题无法及时处理。

二、国内网格化服务管理的经验借鉴

（一）国内网格化服务管理的经验借鉴

北京市东城区、浙江省舟山市、南京市仙林街道、湖州市吴兴区在网格化服务管理方面的特色做法,产生了良好的效果和示范效应,对清江浦区网格化服务管理工作具有借鉴意义。

1. 北京市东城区:万米单元网格

2004 年,北京市东城区在全国范围内,第一个创新提出社区网格化服务管理的新模式,引起较大反响。

（1）"双轴化"管理。北京市东城区的"双轴化"管理机制,将网格化管理与监督进行分离,成立了城市综合管理委员会,负责事件的处置管理,及时发现问题,立案、调查、处理、结案和评价;成立了城市管理监督中心,对事件的处置情况进行监督和资源调配。

（2）建立闭环工作流程。从问题的发现到解决,全流程被划分为 7 个步骤,即问题发现、立案上报、问题传递、任务分配、问题处理、结果核实和案例结案评估。网格员在常态化走访巡查过程中发现了问题,第一时间通过"城管通"信息系统上报管理中心。管理中心收到信息后会对信息按照规范和标准进行科学分类,并派发至相应的部门。待事件处置结束后,监督中心的人员会对时间的处置结果回访当事人,根据回访的内容和当事人的评价,对事件处置情况进行科学评估,并将相关情况反馈至监督中心,等监督中心确认后准予结案。

（3）万米单元网格管理法。北京市东城区以 1 万平方米为基本单元,将整个区域划分为 2 314 个网格;充分地利用地理编码技术、网格信息技术和移动信息设备等现代化信息手段,对全区实施全方位全天候的动态监控;准确定位网格员和监管人员的责任网格,明确网格责任人,细化城管问题的区域责任,保证每个环节、过程都明确具体负责人,真正实现精细化管理。

（4）城市部件管理法。将全区各个管理对象作为城市部件进行科学管控,利用地理编码技术,按照坐标定位到万米单元网格地图上,通过网格化城市管理信息平台进行分类管理。根据功能不同,把部件分为 6 大类共 60 种,并分别在网格图中清晰标注,有利于提升管理的直观感受和判断,有效地提升了管理质效。

2. 浙江省舟山市：组团式服务

浙江省舟山市按照方便管理的原则,对网格进行了合理划分"全覆盖",并独创了网格化"组团式服务"的舟山经验。

(1)网络定位、延伸触角。"组团式服务"不改变现有的基层结构区划,以家庭为基础单元,最终促进了社会治理与服务的融合互促,根据基层结构实际情况,合理划分网格。在此基础上,梳理出网格内的党员,按照党员数量设置党小组的数量,并确定1名党员联系15~25户家庭,既发挥了党员的先锋模范作用,也强化了党组织在网格化管理中的引领作用,实现党组织对网格化服务管理的全覆盖。

(2)组团服务、协同管理。"组团式服务"是将各方服务资源整合,全方位为居民提供高效的管理与便捷的服务;在网格配备专业的管理服务团队,分别由1~2名镇街干部、2~3名社区干部、1名医护人员、1名教师和1名民警组成,多元化满足群众需求。网格服务团队按一定频率开展常态化走访,以人为本,服务至上。

(3)强化激励机制,实施定期考核。为了更好更快地解决收集反馈上来的问题,制定意见处理反馈卡,建立事后评价机制,并在镇街、村居的公屏上滚动播放,强化监督的效能。基层网格建立健全考核办法以及奖惩细则进一步完善细化,客观、公正地评价网格化管理工作,促进工作更加程序化、正规化。

3. 南京市仙林街道：三化融合

南京市仙林街道位于南京市栖霞区仙林大学城核心区。仙林街道积极探索,形成了独具仙林特色的"三化融合"模式。

(1)建立三级网络体系。根据社区分布、人口分布和面积的综合情况,划分出7个一级网格;以道路、社区等为基本单元,划分出36个二级网格;根据驻扎在街道的单位,划分出1 760个三级网格。根据基层党建、经济发展、城建城管、文化事业、人才创业、安全民生、群众工作,设立7个"功能性"服务办公室,优化和重组街道的职能部门。每个服务办公室与一个社区党组织挂钩联系,共同负责1个一级网格。

(2)制定网格管理责任制。制定工作责任制,夯实各方职责,党员干部统一佩戴党员徽章、工作卡,穿着黄背心,网格员常态化、全天候在网格内走访巡查,要求定人、定岗、定标准,并在每个网格内安排1支城管志愿者队伍,加强日常执法力量。此外,配套出台多项实施办法、考核办法、工作职责办法等,进一步完善网格化管理体系。

(3)快速处理问题。仙林街道严格落实网格员的"首问责任制",要求网格员对群众反映的问题要"一条龙"服务到底。一般性的简单问题要在1个工作日内处理完毕,重难点问题也要在5个工作日内处置完毕。如果问题难以处置、解决,应及时上报事件信息。此外,仙林街道还建立了网格化管理联席会议制度,全方位保障问题在网格内得到妥善解决。

4. 湖州市吴兴区：全科式网格片区建设

立足于当前基层社会治理的重要实践，湖州市吴兴区形成了"全科布全网、片区连社区、落实加落细"的全科网格片区治理模式。

（1）组织构架上，按照"镇街管片区、片区管村社、村社管网格"的组织架构，将全域科学划分为 46 个管理片区，每个管理片区建有 1 个片区社会治理工作站，每个社会治理工作站负责 12 个网格的管理工作。

（2）在职责分工上，片长由乡镇（街道）领导班子成员兼任，负责片区社会治理全面工作。片区社会治理工作站站长由乡镇（街道）或区级职能部门下沉人员担任，并常驻办公，负责工作站日常运行。网格员和部门下沉人员联合对重点人员、重点场所等开展常态化走访、巡察。为发挥党建工作的引领作用，街道在各个片区建立了党支部，力求动员引导更多的片区党员加入网格化管理中。

（3）在运行流程上，片区实行信息采集、上报、处理、反馈闭环机制。网格员发现了问题，能自行解决的当场完成事件处置，不能解决的上报至镇街一级的指挥中心。镇街一级解决不了的重大问题，由镇街指挥中心上报区级指挥中心，由区级指挥中心交办至相关职能部门。事件处置完毕后，网格员要现场核实无误后再进行结案，确保工作闭环。

（二）先进经验借鉴

1. 建立完善的协调推进机制

网格化服务管理要在协调条块关系上多动脑筋，力促条块力量实现融合统一。区网格化服务管理中心指挥大厅用于加强区级应急处置，统一调度解决重点难点问题；街道平台是主体，按照"条块结合、地域集中"的原则，街道具有整体规划和监管功能，街道网格化服务管理分中心为主体，实现信息资源共享和与区级领导的工作协调联动，街道平台负责按照职责分工处理和解决区域、社会和群众工作事项；社区平台是基础，根据小区和街道平台的职责，扩大社区网格服务管理工作站的工作范围和内容，加强社区在各项城市管理工作中的作用；在区级和街道级设立指挥中心，区级指挥中心和街道分中心在技术上无缝连接，有效整合职能部门或街道资源要素，推动实行从区级到网格的垂直一体化管理模式。

2. 以服务为落脚点

北京市东城区通过网格化服务管理，日常收集舆情和民意，进而实现了信访数量的大幅下降，许多矛盾和问题在网格内得到化解。南京市仙林街注重社会组织的培育，先后引进了"同一屋檐下"和"帮帮团"两个专业社会组织，还通过社会组织引导居民自治、参与城市治理工作。浙江省舟山市注重网格化管理,为居民提供群体服务,将党委和政府的管理,特别是服务职能覆盖到基层,组织力量和资源着力开发网格的服务属性,真正体现了"以人为本、服务第一"的理念。

3. 加强信息平台建设

全面推进网格化服务管理需要信息系统的强力支撑。湖州市吴兴区全科网格区治理依托全区综合信息指挥服务中心、安全建设信息系统以及 APP 等现代信息化平台建设和手段,对全区情况进行动态控制;通过信息上报、事件处理、调查核实的事件处理模式,快速有效地解决"线上"事件,倒逼"线下"问题及时解决,推动网格内的问题妥善解决。为了打破数据孤岛,北京市东城区促进部门协同,建立独立运营中心,根据发展需要,在发展过程中对组织结构进行了重组,形成了"一站式服务"等智能政府服务和智能决策系统。

4. 打造专业化队伍

网格员是网格化服务管理的直接执行者,其职业素质和能力水平高低是网格化服务管理质效的关键因素。湖州市吴兴区自实施全科式网格化管理以来,加大了网格化人员基本工资保障力度,优化了奖励资金分配方案,稳定了队伍,激发了工作动力;同时,建设了一流的全科式网格员培训基地等培训机构,并规范基地教学培训机制,持续提升培训网格员能力。

三、加强清江浦区网格化服务管理的对策分析

(一) 加强网格化队伍建设

网格化管理需要组建专业强、敢担当、服务好的队伍。要强化组织领导,进一步加强村居两委干部的队伍建设,逐步推进网格人员专职化进程,以考核指挥棒引导督促职能部门人员真正下沉,真正发挥网格化管理的全部效能。

1. 构建有力的组织架构

结合"三网融合"服务管理工作的性质、特点和要求,在清江浦区级层面建立真正意义上的"三网融合"机构和指挥体系,整合现有的党建、社会治理、经济服务管理三个管理和服务网工作机构力量,充实部分"三网融合"核心工作涉及的政府部门人员力量,设立专门机构,集中办公,明确职责分工,加强对"三网融合"服务管理工作统筹推动、督查考核、业务培训和工作指导,构建领导力度大、统筹能力强、组

织体系完备、指挥统一协调的组织架构。

2.加强网格化业务能力培训

加强适应"三网"服务技能需要,常态化网格员业务技能综合培训,提升网格员服务"三网"的能力和水平。要制订系列培训计划,责成区级业务主管部门针对网格员工作职责所需掌握的知识,对网格员开展专业知识培训,要采取"请进来、走出去"的方式,加大对网格员的培训力度,努力让全区网格人员不断提高专业化水平。同时,培训内容不仅包括网格化管理、企业服务、业务流程知识,还包括网格所涉及的医疗卫生、疫情防控以及基本的民生政策等社会公共服务知识,既要提高网格员主动对问题的发现、分析、处置能力,也要夯实他们工作的底气,进而促进服务水平的不断提升。2021年12月21日,淮安网格学院在淮安市委党校挂牌成立了,清江浦区可以利用这个平台,加大对基层网格员的培训力度。

3.督促条线帮办力量下沉

建立部门帮办员"数字化"纪实工单,规定并考核通报各职能部门帮办员每月下沉网格天数、发现(解决)问题件数,保证区直部门帮办员责任清楚、任务明确,通过常态促进长效。建立长效考核机制倒逼作用发挥,将"三网融合"工作开展情况作为区直部门帮办员年度考核的重点内容,突出"实绩考核"。推动帮办员对网格内党建信息、社会治理信息、市场主体信息、群众诉求建议等要素做到"一口清",确保"无事不扰、无处不在",将"问题有人知、有人领、有人办"落到实处。

4.明确网格工作职责规范

逐步实现网格员"专职、专门、专人",逐步让社区"两委"成员从日常的排查走访事务中解脱出来,把更多的精力放到社区承接政府下放的民生服务、社区建设治理及网格员反馈的矛盾和问题的协调处理上来。强化网格帮办员力量,做到政府部门帮办员网格全覆盖、无空隙,同时,要建立疑难问题会商制度。

(二)完善网格化服务管理运行机制

1.厘清各方权责

明确政府与社区的职责边界,对政府委托社区协助的事项,需要按照"权随责走、费随事转"的原则,给予工作经费和条件。建立完善的社区事务清单制度,逐步减轻社区和网格成员的负担。厘清镇街社区与政府职能部门承担网格事务的责任边界,推动所有与网格事务相关的政府职能部门及工作人员进网格,完善"定格、定人、定责"制度,实现政府职能部门网格责任全覆盖。细化基层网格长、网格员和部门帮办员各自的职责,区分部门挂钩社区与部门参与网格担任帮办员责任关系。

2. 推动网格功能融合互促

"三网融合"的核心是"融合"，抓条块运行统一，依托市、区、街道、社区四级党组织这个城市基层党建的主体架构，形成各司其职、各负其责、有分有合、统分结合的联动工作局面。市区两级应更多地向街道下放网格化管理指挥调度、考核监督权力。打破党建、社会治理和经济服务管理三个管理和服务网的制度和架构壁垒，结合清江浦区社区划分、区域住户和实体经济体个数、规模及社区工作者、网格员力量等实际，优化设置高效统一的、考核标准一致的、融合共生的网格单元，消除因三个类型网格交叉、标准和要求不一导致的基层工作人员无所适从、责任不清、重复劳动的弊端。同时，加快推进以网格为单位、党建为引领的"网格党建工作站"建设，将网格事务全部纳入工作站，打造立足"三网"、高度"融合"的实体网格化平台和网格工作的主阵地。

3. 完善考核监督机制

建立完善"月通报、季点评、年终考核"的常态化督查考核体系，对网格运行质效进行全流程跟踪问效；构建"好差评"制度，由网格主体对相关部门、网格人员在走访、服务、问题办理等环节进行实时评价；强化对考核结果的运用，纳入全区高质量跨越发展的年终考核中；开展各类评选活动，予以适当经济奖励；完善组织推进、责任落实、督考奖惩等工作机制，将条线业务有机合并，实行一体化督考，减轻基层负担；出台网格长、网格长助理、网格帮办员职责文件，结合差别化考核，落实网格员考核激励办法，将网格员的工作实绩作为评先评优、选拔任用的重要依据，倒逼网格员履职尽责；加强对专职网格信息员的待遇和激励保障，给予一定的工作补助，推动职责界定更加清晰。

4. 完善网格化服务管理处置流程

明确问题信息处置流程，进一步细化事件清单，明确职责边界，推行基层源头发现、平台分流交办、部门限时督办、基层结果反馈、群众评议评价的问题处理"五步闭环"。抓好问题信息处置的流程管理，在抓实三级网格长、专职网格信息员及网格帮办员履职的同时，强化"镇街吹哨、部门报到、协同联动"的服务体系建设，对需要多部门协同解决的问题，由镇街统一调度，提升联勤联动处置效率。

（三）加大网格化服务管理保障力度

1. 推进网格数据融合

进一步整合分置的信息平台，打破信息"孤岛"，实现各网格信息共享、问题互通，提高问题收集、意见反馈效率。招标专业设计团队，升级网格化管理服务系统，打造清江浦统一的"三网融合"智慧平台，减轻基层压力。梳理整合各职能部门系统资源,面向"三网"相融的格局进一步开放数据资源,实现各业务系统数据对接、各层级信息互通共享,建立"大数据+"网格管理运行模式,对网格事务实时监控处理,逐步引入城区智能监控设备,提高智能发现问题、智能派单的比例和质量。畅通沟通渠道,平台建立扁平化沟通机制,增强"三网融合"工作的凝聚力。

2. 加大对基层的保障力度

一是整合岗位建设,建立以乡镇、街道为单位的网格管理中心,将网格功能涉及的多个部门整合为一体集中办公,根据辖区内网格运行的实际情况整合服务功能,统一运行。二是明确乡镇街道任务清单,建立准入和退出机制,并根据任务和清单,对乡镇和街道赋予相应的指挥、监督和评估权力,特别是针对部门的评估权力。三是支持人力、财力、物力资源下沉,确保基础网格高效运行。四是推进党的建设,引领社区治理的"扁平化",注意分解责任,细化责任清单,在具体实施中加强先行示范。

3. 提升基层网格工作者待遇

一是逐步建立健全网格员职业晋升的渠道,建立与社区工作者一样可以职级晋升的机制,有定期的工资增长机制,让网格员有看得见的政策优惠、倾斜,激发网格员工作的积极性。二是提升待遇保障,进一步贯彻落实《推进社区工作者队伍职业化发展的实施意见》和员额、招录、聘任、待遇、考核、奖惩等配套文件,从机制上解决网格员收入低、不稳定、能力弱不适应、多头管不整合等"老大难"问题;探索"以奖代补"形式,激发社区退休老党员和社会志愿者参与社区治理和网格服务的积极性,让更多资源要素在基层汇聚,让更多人员参与网格化服务管理工作。

(四)提升网格化服务水平

1. 提升网格化服务居民水平

要提升社区的自我供给能力,主动与辖区内各单位加强沟通协作,共同让所在辖区居民享受服务。要因地制宜,多渠道向公众发送事务办理的小贴士、便民手册或者公告等,让居民了解可以在网格内享有的服务项目,展示办理业务流程。要加强对网格服务管理工作的宣传,使居民了解网格化服务管理事项。要进一步加大培训力度,不断提升网格员的服务意识,加强服务能力建设。要真正将网格贴近群众需求的优势发挥出来,推动网格管理向网格服务转变,更加凸显网格的服务属性,通过网格集成服务、贴心服务、精准服务有效回应百姓诉求,化解矛盾问题,提升服务和治理水平。

2. 提升网格服务企业水平

街道、社区根据对所辖企业基本情况的了解,结合定期开展企业走访和问卷调查,梳理汇总企业主要的需求信息,主动牵头对接有关政府主管部门,安排时间定期组织辖区内相关有需求的企业,邀请相关主管部门在社区服务中心,为企业进行统一的政策解读培训,解决企业在经营过程中面临的实际问题,不能当场解决的问题,相关部门也可以和企业做好解释,针对共性问题,还应当及时向上反映。组织需要企业报送信息的相关主管部门进行集中梳理讨论,汇总出所有相关部门需要企业报送的主要经济指标,委托软件公司定制开发相关软件,提升效率和准确性。

3. 引导社会组织补充网格服务

在推进网格化管理工作的进程中,应充分利用政府购买服务和资金奖补等形式,引导社会组织参与到网格化服务管理工作中来,逐步形成政府主导、社会各方积极参与的生动局面。要运用多种方式促进基层党组织与群团组织资源共享,推动群团组织融入社会治理体系中。积极宣传共同富裕理念,积极培育公益性社会组织,打造公益队伍,引导社会组织专业运作,积极融入基层治理工作,补齐政府在公共服务中的短板。

（五）引导群众积极参与网格化服务管理

1. 加大宣传推广力度

大力宣传推介网格化管理工作的意义、措施等,积极引导人民群众主动参与,切实提高群众知晓率、参与度和满意度。同时,还要注重抓好典型培树工作,着力做好"三网融合"服务管理工作品牌打造。在区级层面,邀请专家实地调研走访,从理论和实践层面充分论证,总结提炼清江浦区在网格化服务管理工作中的特色做法,持续扩大"三网融合"服务管理品牌影响力。在镇街、村居层面,围绕本地资源禀赋,围绕网格化服务管理探索创新项目,并总结提炼试点工作的好经验、好做法,在有品质的媒体平台积极宣传推介,形成百花齐放的生动局面。

2. 激发居民参与网格化服务管理热情

探索采用积分制的管理模式,将信访维稳、环境卫生、疫情防控、文明城市建设等重点内容纳入其中,保证每日记录、每月审核、每季度公示兑换、每年核算等。有条件的社区可以探索成立公益超市,积分既与评先挂钩,也可以兑换服务、物质奖励、精神鼓励和享受有关激励政策,不断激发群众参与社区自治的内生动力。同时,可以探索将"积分制"基层治理纳入社会信用评价体系中,进一步激发群众参与社区自治的积极性。在动员群众参与社区自治中,政府要主动发声,教育引导群众参与、推动网格化服务管理工作,齐心协力推动社会治理加快发展步伐。同时,立足于解决专职网格员人手不足问题、建立相对稳定的队伍,以及便于与群众沟通交流获取信息三个角度,从网格内有热情的居民、退休村(社区)干部中选聘专职网格信息员。

3. 注入协商民主活力

当前,清江浦区拥有规范的工作流程及线上"码"上议事和线下协商议事室两个与基层群众零距离沟通、服务社区治理的工作平台,可以将"有事好商量"协商议事平台纳入社区治理总体布局,统筹谋划,统一要求,让"有事好商量"协商议事成为基层共识,推动"有事好商量"协商议事与"三网融合"服务管理工作相辅相成、融合发展。以"有事好商量"亲民的形象和"码"上议事便捷的方式,最大限度地调动基层群众参与社区治理的积极性,助力"三网"服务管理,促进基层矛盾化解,努力让矛盾和问题化解在社区、消失在"网格"。

淮安市税务局"非接触式"纳税服务研究

王晓航

（学号：1120203436）

为了落实"放管服"改革，切实解决在税收治理现代化发展过程中，纳税服务环节所产生的问题，引导纳税人采用"不见面""线上办"等新兴办税模式，"非接触式"纳税服务应运而生。"非接触式"纳税服务，即纳税主体与税务从业人员不接触、不见面完成纳税服务相关事项，与传统的"面对面"式纳税服务模式不同。目前已投入使用的纳税服务平台中，各级税务机关的电子税务局、税务"12366"纳税缴费服务热线、各级办税厅的 24 小时自助区、掌上办税 APP、支付宝、微信小程序等均可被认定为"非接触式"纳税服务路径。

一、淮安市"非接触式"纳税服务运行现状分析

淮安市税务局发挥"互联网+"思维，凭借智能化服务思想以及现代化应用设施，促使办税服务迅捷化、高效化、多元化，打造"淮税通、安心办"的纳税服务品牌，让纳税人更加满意、更加放心。

（一）目前所采取的措施与成效

1. 所采取的措施

面对 2020 年新冠疫情风险的特殊税情，淮安市税务局加速发展"非接触式"纳税服务，探索建立立体办税模式，大力推进线上办理、掌上办理、延时办理、预约办理，将电子税务局作为关键点，将实体办税、自助办税以及线上办税三者融为一体，构建全新的办税格局。以"钉钉"软件为核心，税务局着力打造"淮税通"，让释疑、解难、信息交互都可通过线上实现，让税收服务呈现创新化态势。

（1）打造淮安税务征纳交互平台。构建 12 个子平台，推出 11 项功能，涵盖直播课堂、预约办税、精细化消息推送、"税小蜜"线上咨询以及税企流群等项目。明确划分不同部门的功能板块及职责，制定相应的管理标准以及规则。

（2）构建服务全范围涵盖网络。根据不同的周期制定不同的目标，根据进度通报各个地区落实宣传工作；开通丁税宝平台大数据搜索功能，便于不同地区在第一时间了解纳税人平台激活使用现状以及联络群搭建现状；线上办理 145 个税务项目，涵盖九成以上的税务业务；建成 196 个互联网服务网格，打造 38 个面向台资企业以及核心企业的高质量线上服务网格。

（3）按照不同类别推出精准化提示。《淮安市税务局非接触式办税（费）清单》和《关于"非接触式"办税缴费的友情提示》，几乎覆盖纳税人需要办理的所有日常涉税（费）业务。根据政府推出的有关防疫的税收减免政策，利用税收大数据分析纳税人，并筛选出未享受减免的目标用户，同时利用相关平台推送相应信息、强化提示。

（4）提供咨询不打烊服务。开辟"税小蜜"线上 24 小时顾问功能，纳税人若是心中有疑问，便可在线提出。"税小蜜"可检索平台自带的知识库，为纳税人精准定位答案。组织业务能手进入直播间实施在线指导，回复纳税人提出的各种问题，发挥人工智能技术和大数据的优势，使"12366"热线服务更具智能化和数字化，通过分中心模式汇入"12345"热线，实现全天候 24 小时服务。

2. 取得的成效

淮安市税务局非接触式纳税业务获得了一定程度的普及和认同，超过九成的纳税人可借助非接触式办税模式承担纳税责任。对纳税人而言，这种办税方式更加便捷高效；对于税务机关来说，这种办税方式降低了征管成本。

（1）优化了纳税服务方式。淮安市税务局通过推广"非接触式"纳税服务，利用互联网、云计算、人工智能、大数据等技术完善电子税务局，让畅行无阻的"网路"取代群众四处奔波的"道路"，为社会大众提供便民服务。电子税务局目前已变成纳税人解决税务相关事项的第一选择。

（2）提高了纳税遵从度。利用大数据构建专属于纳税人的诚信档案,动态化对纳税信用进行跟踪监督,充分发挥纳税信用增值应用,通过部门间信息共享,建立守信联合激励,守信运用纳税信用授信激励和失信惩戒措施引导纳税人提高税收遵从。从总体来看,整个城市范围内纳税人的相关信用评级在不断提升,纳税遵从度切实提升。

（3）大幅减少纳税服务成本。在"非接触式"纳税服务持续普及的背景下,办税程序逐步减少,办税窗口的人工以及资源成本也随之减少。淮安市税务局从原45个窗口减少到30个,下降三分之一。同时,随着增值税电子发票的推广,早前的纸质发票印制率也相应降低,既节约资源又减少相关支出。

（二）淮安市税务局"非接触式"纳税服务中存在的主要问题

为了对"非接触式"纳税服务工作现状更加了解,淮安市税务局采取访谈法以及问卷调查法,向在窗口等待业务办理的纳税人提供调查问卷100份,其中96份有效。根据分析,淮安市税务局"非接触式"纳税服务中主要问题体现在如下方面:

1.服务范围有局限

综合来看,现阶段的"非接触式"纳税服务并未做到真正意义上的全覆盖。首先,"非接触式"线上办税功能存在审核滞后性,导致其办理速度远远不如实体办理。如"逾期增值税抵扣凭证抵扣申请"功能的整个流程周期跨度为两周,虽然申请以及通知只需一个工作日,但审核却需要13天。相对而言,线下办理还是更有实时优势。其次,实地领取发票功能是现阶段自助办税服务终端运用最为普遍的功能,而发票认证以及申报等避免办税大厅拥堵的功能却少有人问津,此外自助办税服务终端多被安置在办税大厅中,对比电子税务局会发现根本不具备时效性的优点。最后,个人所得税APP只有查询个人纳税记录、填报专项附加扣除、进行综合所得汇算清缴等涉及个人所得税业务的功能,是一个功能比较单一的软件,并不是一个集成类软件。虽然近期江苏地区又推出了江苏税务APP,涵盖实名采集、发票申请、验旧、代开、增加限额等发票使用的模块,但仍是一个单一功能类APP,不能覆盖办税全流程业务,而微信公众号办理功能也比较单一。

2.办税平台操作有缺陷

目前电子税务局的功能设置存在缺陷,缺少相关的实时反馈模块。纳税人在使用电子税务局时,如果出现各种问题,则很难在第一时间将其反映给软件开发单位,导致问题迟迟得不到解决。现阶段纳税人反馈问题的途径一般是办税大厅或"12366",需基层税务工作人员遵循运营维护规章制度逐级上报给软件开发单位。而基层税务工作人员很难通过电话语音的方式了解纳税人的故障类型以及操作程序,工作人员在向软件开发单位上报相关故障时,也很难将其描述清楚,甚至有可能与纳税人的描述存在出入,导致纳税人很难解决自己的问题。2021 年 1—11 月,淮安市税务局特服号共有 18 位员工,在收到的 8 567 条接听咨询中的 5 580 条属于电子税务局,占比 65.13%(见图 1)。

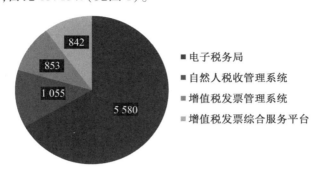

图 1 2021 年 1—11 月"12366"咨询系统问题统计

此外,自助办税终端故障频发,运维人力不足。现阶段淮安市税务局主要是通过航天信息有限公司进行终端维护,但该公司主要是以防伪税控开票设施的维护与营销为主,并未投入过多人力维护自助办税终端,办税大厅只有 1 位工作人员进行日常维护,运维很难满足实际需要。

3. 网络信息安全存在隐患

根据调查问卷中"将涉税信息通过'非接触式'纳税服务方式提交给税务部门办理的方式,您是否担心存在安全隐患"的调查结果显示(见表 1),仅有 2.08%的纳税人表示完全不担心,87.50%的纳税人表示担心隐私泄露问题,10.41%的纳税人担心数据传输稳定性问题。从调查结果来看,网络信息安全仍是淮安市税务局"非接触式"纳税服务发展中的一个突出问题。

表 1 纳税人对"非接触式"纳税服务安全性认可度调查情况

问题	选项	选择人数
将涉税信息通过"非接触式"纳税服务方式提交给税务部门办理的方式,您是否担心存在安全隐患	完全不担心	2
	担心隐私泄露问题	84
	担心数据传输稳定性问题	10

(1)互联网存在固有风险。税务部门和公安、人社、财政、工商以及银行等多个部门共享数据,而数据本身储存在互联网上。一旦互联网遭遇黑客攻击,就会泄漏重要的隐私信息,从而带来非常不利的社会影响。

(2)税务系统内部网络面临安全威胁。其一,硬件设备不够先进。一些硬件存在布线不合理、降温除尘不彻底以及设施陈旧老化等问题,很容易导致死机或者服务器加载缓慢等不良现象,从而降低纳税人对线上办理业务的好感度,对"非接触式"纳税服务的推广构成严重局限。其二,网络安全理念匮乏。一些税务管理人员不具备良好的网络安全意识,如未经授权进入数据库、电脑内外网混合使用、没有根据规定第一时间升级U盘或杀毒软件、未根据规定发布操作指令等,危害隐私数据,对网络安全运行构成严重威胁。

4. 复合型税务人才欠缺

人才是发展"非接触式"纳税服务的关键。现阶段淮安市税务局纳税服务的发展正遭遇着严峻的人才断层以及老龄化问题,而对于兼具专业背景和信息素养的复合型人才尤其匮乏。其一,员工老龄化态势日益显著。通过分析市局员工的年龄分区可知,50岁以上的员工超过1/3,而35岁以下的员工只有1/5。而年龄偏大的税务管理人员往往较难适应新的网络技术,对互联网设备的各项功能不够熟悉。其二,人才断层现象极为严峻。业务骨干的年龄阶段主要分布在35~50周岁范围内,而处于这一年龄阶段的税务骨干精英往往大多数都已经迈入管理层,不再处理某些具体业务。35周岁以下的员工更容易适应现代信息技术,其信息素养也相对较好,但在岗时间不够长或者长时间在办税窗口等一线部门,其业务能力和工作水平相对薄弱。人才梯队的断层,特别是兼具专业素养和信息素养的复合型人才的匮乏极大地阻碍了"非接触式"纳税服务事业的发展。

5. 涉税信息共享不充分

(1)政府部门之间未能信息共享。自"三证合一"以来,虽然税务和工商之间的信息得以交互,但是因为不同的部门需要登记不同的资料,而税务登记牵扯大量的涉税信息,工商部门收集的统一社会信用代码证的相关信息又不够充分,纳税人即便在工商部门做出登记,后续还需去税务单位提交其他资料,极大地增加了纳税人的困难。而且因为不同单位对税务相关的信息具有不同程度的保密要求,银行部门的账户信息、公安部门的个人身份信息包括住建部门的房屋登记信息都很难最大限度地进行共享。

(2)税务机关和纳税人之间未能信息共享。长久以来,税务部门采取的工作模式是"轻服务、重管理",而这对纳税人的知情权将造成一定程度的影响,并且因为宣传问题,对于业务的办理流程、所需资料以及办理周期,纳税人很难在第一时间知悉。纳税人在办理相关业务时常常遭遇咨询渠道受阻、税务政策不清楚、办理程序有误以及提交资料不齐等问题,进而加大办税支出。此外,当纳税人的权益受到侵害时,其也不懂怎样拿起法律的武器保护自己,不得不沦为弱势群体。

(三)存在问题的原因分析

从调查研究的结果看,淮安市税务局"非接触式"纳税服务存在问题可以总结

为以下几个原因:

1. 信息化系统与技术的落后

对"非接触式"纳税服务发展而言,目前亟待解决的是如何提高软件操作的便利性。但在实际工作中,因为互联网技术相对薄弱,常常会出现各种各样的问题,如数据处理功能、分析功能以及管理功能等未得到有效发挥,难以助力纳税服务发展。通过分析金税三期工程可知,由于不同区域在建设平台时采取了不同的插件,加之各地税务部门本身的技术水平参差不齐和客户端较强的独立性,导致"非接触式"办税平台存在各种操作缺陷。

2. 信息安全防范力度不够

"非接触式"纳税服务往往具有节点多、数据量庞大等特点,传统的保障机制往往难以应对当前的系统环境,目前只达到了相对基础的管理操作,而针对外部的身份鉴别、密保以及信息攻击等很难做到防范和管理。此外,基层计算机系统配置不够完善,风控力度较弱,当前金税三期工程的信息资料还不能做到及时备份,而这将带来极大的后续隐患。

3. 考核机制缺乏科学性

尽管淮安市税务局在不断尝试和探索"非接触式"纳税服务的优化策略,但税务工作人员在纳税服务过程中的各项行为以及相关绩效也未能以精确、公正的量化指标加以考核,同时未能建立健全规范的监督考核制度,这对"非接触式"纳税服务水准的优化构成了一定程度上的阻碍。它具体体现在:内部考评制度不完善、社会监督路径相对稀缺、考评考核范围相对局限、奖惩制度不够多样化等。

4. 人才培养机制不完善

虽然近年来淮安市税务局新入岗的公务员专业水准已切实提高,但他们主要负责申报等常规性工作,长时间的窗口服务很难给这些专业人才提供才能发挥的空间,一定程度上造成了工作懈怠的现象。同时,由于税务机关只能从国家公务员考试中吸纳相关人才,引进路径相对单一,存在专业不对口等现象。伴随着"非接触式"纳税服务的发展,税务体系中有关信息科技的专业人才数量过少,在一定程度上影响了系统运行的稳定性和安全性。

5. 部门之间参与共建意识不强

税务机关内部缺乏统筹协调。自国税、地税合并后,淮安市税务局牵扯到纳税服务工作的一共有6个派出机构以及9个业务处室,纳税服务科的工作范围主要集中在窗口,即纳税人需求回复、工作效能以及服务规范层面,而"非接触式"纳税服务系统开发、政策法规传播、办税程序制定等隶属于其他业务部门的工作范畴。稽查、法制、征管、办公室、派出机构和相关业务处室的不同部门只提供其所应对的纳税服务,但"非接触式"纳税服务却是集合性的。因此,在促进跨部门协同工作时,配合不力、相互扯皮推诿、职责不明、协调艰难等现象频频出现,这对纳税服务工作效率的提升将构成严重阻碍。

二、国外与国内其他地区"非接触式"纳税服务的经验借鉴

国内外众多税务机关不断优化自身纳税服务,形成了许多优秀的典型,给淮安市税务局提升"非接触式"纳税服务质量提供了很好的借鉴。

(一)国外"非接触式"纳税服务建设概况

1. 美国:建立成熟的"互联网纳税服务"体系

美国是全世界范围内首个展开纳税服务信息化建设的国家,其"互联网纳税服务系统"已发展得较为健全。美国的"互联网纳税服务"具备如下特质:

(1)重视对具备专业素养和业务能力的复合型人才的培训。美国税务局始终努力引入高素质人才,同时注重提高已有人员的水平,从员工中发现素质、才能突出者并对其加以培养。

(2)科学编制以及严肃贯彻战略计划。美国税务局平均每4~5年重新规划战略,每一次战略计划的核心目的都是"优化纳税服务,让纳税人满意"。最新的战略规划进一步提倡发展信息化的重要性,线上办税的重要程度显著增强,提出技术信息化和人才建设对战略规划落实的关键意义。

(3)注重税务信息安全。借助风险模型和第三方数据,对与纳税人的交互展开全方位审核,谨防退税欺诈;第一时间调节工作程序和有关政策,迅速解决税收欺诈;对遭遇身份盗用和税收欺诈的受害人进行及时提醒,辅助其处理税收账户的相关问题。

2. 澳大利亚:打造符合时代发展的"不接触办税"平台

澳大利亚税务局始终努力实现纳税信息化,以技术资源和资金的全方位整合为前提,凭借着在线上提供企业纳税人以及税务代理专用入口,创造出精简、优质、高速的线上税务局。澳大利亚的"互联网+"纳税服务具备如下特质:

(1)树立"以客户为导向"的服务理念。澳大利亚税务局的网站建设理念是以用户为核心,其访问方式以纳税人为主导,其网页设计也遵从纳税人类型而定,不同的纳税人在浏览网站时会进入不同的界面,使每一个不同类型的纳税人都能得

到其想要的线上服务。

（2）不断完善和更新，增强适用性。澳大利亚税务局对网站展开规模较大的升级优化，每两年一次。税务网站的版面设计更具实用价值，还增加了 Google 功能，以便于纳税人可在第一时间得到在线税金计算等其他信息服务。此外，网站还提供了包括数字证书以及其他有关税务的相关软件的在线工具包，还设置了 E-tax，即个人申报辅助软件，涵盖了应缴税款预计、错误提醒、自动计算、税前扣除项目导入以及申报表填写等多项线上指导服务，同时网站持续优化，让申报纳税更易操作。

（3）安全性、灵活性并重。网站中的大多数线上服务都必须具备一个免费的数字证书，使纳税人的网络操作更具安全性。

3. 德国：创立"税务信息服务中心"

德国逐步形成一套全面完善的纳税服务体系，它从税源、代理等项目出发，力图打造一个便于集中管理的综合系统。纳税人在网上办理涉税业务，一方面提高了效率，另一方面使办税质量得到保障。典型的案例是创立税务信息服务中心，具体表现在以下几个方面：

（1）依托网络建立税码和税卡。每当发生涉税业务，从事生产、经营活动的部门和个人就要报送资料到税务部门，这些资料会被税务部门录入纳税人的电子信息，分别编号后作为税码。之后在纳税人再办理税收业务时，其只要提供税码，窗口人员即可通过网络掌握该纳税人的既往涉税信息，方便开展税收数据信息的比对工作。而税卡是一种重要的纳税凭证，公民如果缺失税卡，就会影响甚至不能就业。

（2）税务代理人通过数据处理中心开展纳税申报工作。目前，数据信息处理中心已经基本完成联网，可以利用网络实现报税过程。这种举措不但能够提高服务效率，还可以避免纳税人和税务人的高强度的工作压力。

（3）依托网络开展资料的审核、税款的征收和入库工作。德国实行分级管理，以州为单位建立信息处理中心。一旦下达纳税通知书，在收到相关指令后，服务信息站进行纳税申报和缴款入库等工作。

（4）借助网络实现税源的管控。税务部门可在网上查询和了解纳税人的有关信息，如有必要还能调取所属企业的相关信息，这项举措便于税务部门在第一时间处理纳税人的欠缴税款。

（二）国内其他地区"非接触式"纳税服务建设概况

昆明、宁波、昆山等城市结合自身工作实际，采取搭建直播平台、成立"e 站云办税"中心、构筑"非接触式"纳税服务立体化平台等多种措施，取得"非接触式"

纳税服务新突破,值得淮安市税务局学习。

1. 昆明:搭建直播平台进行税收宣传

昆明市税务局围绕疫情防控税费优惠政策、新办纳税人专题政策等主题开展"纳税人学堂"网络直播,以线上直播的形式展开税收政策宣传以及辅导,突破时间以及空间的局限。税务干部可直接注册直播账号,将常规意义上的税收课堂转型为线上直播课堂,通过"非接触"形式服务于不同的纳税人。在直播中,税务干部可以根据纳税人提出的问题不断调整自己的讲课思路,更快地梳理、收集、解决共性问题,针对性地解决个性问题,提高培训效率,使得培训更加生动。直播平台还可以随时回放视频课程,借助"微税学堂""纳税人学堂",线上线下共同发力,实现了"1+1>2"的培训效果,政策辅导24小时不间断,为企业提供全方位的暖心服务,助力企业复工复产。在非直播期间,纳税人也可通过税企互动平台内置"税小美"智能机器人、税企交流群进行在线咨询。

2. 宁波:成立"e站云办税"中心

宁波市成立"e站云办税"中心,为缴费纳税人提供专人在线业务指导,将导税台挪到线上。"e站云办税"团队逐渐关闭线下办税窗口,人员职能开始向后台发展,为很多无法到线下提交材料的纳税人处理相关业务,允许通过微信传输或邮寄配送的方式递交材料,等后台审批完成以后,工作人员再致电或以微信的方式回复纳税人,使其实现真正意义上的远距离、非接触式办税。"非接触式"办税缴费为后台业务解决速度以及质量制定了更高标准,在缴费人以及纳税人的相关诉求被一次性受理后,不同科室、不同岗位的衔接必须高度通畅,这样才能确保业务的办理顺利。随着后台流转效率的提高,办税服务厅的工作效能也会随之提升,"e站云办税"中心结合前一天的窗口以及后台的业务受理量,对第二日的窗口以及后台员工数量展开灵活调控,以此确保窗口以及后台的业务以高效的方式实现。

3. 昆山:构筑"非接触式"纳税服务立体化平台

昆山市税务局充分发挥"非接触式"办税多渠道优势,将网上办税事项比例由95%提升至98%,为企业复工复产提供有力的税收支撑,构筑"非接触式"纳税服务立体化平台。全方位推进税务缴费项目线上办、邮寄办,在确保原有线上处理业务运行顺畅的基础上,测试完善电子税务局相关功能,实现延期申报、延期缴纳税款、误收退税、更正申报等业务在线办理;进一步畅通咨询渠道,增设8部咨询服务电话;拓展邮寄发票服务的规模,推行发票"网上申领、邮寄配送"服务;凭借昆山税务微信公众号、在昆山视听网站发布专栏,实时发布疫情防控税收政策、操作指引;依托"昆山台企政策法规大讲堂"在线开班授课,为全市4 000家台资企业提供精准政策辅导;加快完善协税护税网络,推进个税、个体户、零星税源和社保费社会化网格化治理,推进在全市农村商业银行40个网点设立个税汇缴辅导点,率先打通社保费线上线下缴费新渠道,确保办税缴费"就近办"。

(三)经验启示

1. 树立"非接触式"纳税服务思维

国外纳税服务格外提倡通过互联网思维优化纳税服务工作,而非只是局限在技术应用或软件开发层面,这对我们是一个重要的启示。一是改变陈旧的思想观念。必须充分意识到"非接触式"纳税服务不等同于单纯的信息化革新或技术迭代,而是一种新概念、新思路,全体税务人员都必须深入研究,作为管理人员更需要起到示范作用,不能走"面子工程",还需要舍弃短视思维。

2. 培养"互联网+纳税服务"复合型人才

人才是"互联网+纳税服务"推进的动力源泉。无论是西方先进社会还是国内发达地区,都充分意识到高素质的人才梯队对"互联网+纳税服务"的推进具有深远而积极的影响。淮安市税务局必须加强引进兼具税务背景知识和信息操作能力的复合型人才,还需要关注其发展与成长,通过不同的举措为人才的培养、提升与进步提供充足的空间。

3. 推动纳税服务信息化平台建设

一是大力建设信息服务系统。利用互联网和电话宣传税收的相关内容,突破时间以及空间的局限,使自主办税成为现实,提升纳税人的认可度。二是维护纳税人的权益。大力提倡政务透明化,以更公开的形式成立服务型政府部门,让纳税人成为监督者,清除违法现象,让维权制度为纳税人保驾护航。三是积极建设纳税评估体系。利用大数据分析合理设定量化指标,确定风险预警值,以便于起到防护作用;同时,一旦爆发危机或者面临风险,还有后续的解决措施。紧跟时代发展的脚步,让量化指标不断优化更新,以此提高评估的质量。

4. 完善纳税服务评价机制

一是建立纳税服务评估体系,纳税人的认可度是纳税服务评价的基础指标,而完整的纳税服务考评体系以纳税人的建议和意见、税务事项办理时间、信息化办税服务满意度等为主要内容,并对各类内容设置可量化、具体化的评价指标,确保考核结果的真实和公正。在进行内部评价的同时,要更加关注外部评价,并加大相应的占比。二是实施标准化管理,在"非接触式"纳税服务平台科学合理地设计各类税收业务的办理流程,利用互联网技术对平台数据进行计数,从而形成标准的可量化指标。三是完善纳税服务考核机制,要着重完善考核机制中的奖惩部分,充分发挥考核结果的效用。对于税务部门,可直接关系到单位的文明建设;对于科室负责人,可根据考核结果判定其是否称职;对于税务普通干部,可与个人的工资、奖金挂钩。

三、进一步加强淮安市税务局
"非接触式"纳税服务的对策

在对淮安市税务局"非接触式"纳税服务中存在的突出问题及背后因素展开发掘和剖析后,再加上对国内外发达区域做法的参考,从淮安市税务局实际出发,对如何优化"非接触式"纳税服务工作提出几点对策。

(一)加快办税平台软硬件提档升级

1. 完善自助办税服务平台

自助办税服务区突破了时间的局限,设备只要运行稳定就可全天候工作,一方面可以减轻税务窗口的办公压力,另一方面也为纳税人提供了更多涉税业务办理的选择空间,被视作是"办税大厅的拓展窗口"。现阶段淮安市税务局需重点采取如下举措:其一,扩展自助办税设施投放目标地。例如,可将自助办税设施放置在县区政务服务中心或人流密集区域。其二,加大宣传力度,以便纳税人第一时间获取办税的相关内容。其三,向更多业务区域拓展,对自助办税终端展开优化升级,使终端上的应用以及功能更全面。其四,要加强自助办税设备维护,保障设备平稳运行。

2. 建立智能化网上办税平台

通过采取互联网创新技术,如电子认证、云计算、大数据、影印系统、人脸识别等,为纳税人提供便捷的服务,并采取"线上办税,线下体验"的形式,让智能应对、远程辅助、实名制等"非接触式"纳税服务模式得以充分彰显,打造融合交互、学习、体验、办税等多功能集合性办税体验平台。

(1)拓展业务办理范畴。以纳税人诉求为核心,持续拓展电子税务局的工作范畴。凭借运用电子认证、影印系统以及人脸识别等互联网技术,为纳税人构建相关的税务数据电子档案,实现电子数据的存档、共享,新建随取随传、流程清晰的资料传输环节。

(2)健全移动办税平台。进一步强化移动端的开发利用,打造真正功能全覆盖的手机移动端;进一步管理以及维护移动端,对纳税人提出的各项意见和建议展开及时搜集与分析,对操作程序进行升级,推出有关通告,宣传创新信息,提高纳税人的满意度。

（3）提供个性化服务。以大数据、云计算等互联网技术为基础，结合纳税人的服务诉求、信用等级、行业特质、纳税规模以及行业类型等，为其提供更具有针对性、目标性的个性化服务。可将阿里巴巴公司的丁税宝 APP 功能引入掌上办税 APP 中，提供税收辅导线上观看、税收政策灵活答疑以及税收信息准确传送等个性化服务；组建纳税人钉钉群，向纳税人分享钉钉智能机器人"税小蜜"，纳税人可随时随地打开手机钉钉 APP，在线上发送税费关键词，如"减税降费"，即可实时获取所需的减税降费相关政策信息。

（二）加强风险管控

1. 加大信息安全保护

淮安市税务局必须安排专人进行相关信息的安全保护工作，对信息设施定期维护，以此保障信息传递的安全度；派遣专业人士全天候执勤，遇到任何危害到非接触式纳税服务的风险，可瞬间响应，妥善应对；税务系统内部增设信息防火墙软件，要做好信息数据的采集、保存、输出工作，并且还要有备选方案，避免由于系统故障或者硬件故障、网络黑客等导致税务信息的丢失损毁，备选方案可以将可能出现的损失尽量最小化；强化对登录者身份鉴别的水平，根据纳税人的身份等级设定不同的权限、模块以及功能；加强技术防护措施，通过定期优化病毒库以及设计高性能防火墙等形式提高平台安全防控水平；确定网络风险事件应急预案，定期进行应急演练，根据时代要求对应急预案内容实施进一步的优化升级，从而加强其科学性和实操性。

2. 建设风险控制平台

开发建设风险控制平台，对不同岗位的税务干部设立不同的风险指标。一方面，规范税务干部日常工作的操作，如下发的文书是否及时签收处理、物资采购时是否符合流程等；另一方面，规范税务干部的税收业务操作，对税源管理员所办理的涉税业务操作进行流程风险提示，如对企业状态由非正常转为正常，可以向对应的税收管理员推送是否操作到位和公示的提示。依托互联网技术建立相关的风险模型，对纳税人日常申报的税务信息进行筛选分析和比对，若风险指数超出一定阈值，可以推送给相应的税务管理人员进行人工核实并处理。平台还要导入外部政府机关和社会组织的共享数据信息并进行比对，如果税务部门系统内未查到纳税人的相关信息，就要快速传输导入。如在征收环保税时，应与环保部门的数据进行比对，如果纳税人已经有排放污染物行为，但未在税务部门申报该信息，就应立刻提醒纳税人进行补充采集。同时，该平台更要监控执法辅助人员的行为，加强关键信息审核，防止发生信息推送错误、遗漏等情况，防止权力设租、权力寻租问题的滋生,避免执法辅助人员和中介机构非法合作以谋取利益。

(三) 强化及时性考核监督机制

1. 建立科学的考核体系

首先,大力加强定量以及定性指标系统的建设,以客观、科学的衡量标准评估"非接触式"纳税服务的程序、形式以及周期,做到以标准定指标。其次,评估指标必须考虑到"非接触式"纳税服务的一切"节点",一方面需要提出面对一切岗位的共性标准;另一方面还需要考虑到岗位的差异性,提出个性化标准,确保考核的全面性。再次,对考评过程中出现优秀表现的税务工作人员给予一定程度的奖赏,以调动其工作积极性,对服务不够周到的税务工作人员实施惩罚,让他们不断反思自己的服务行为,以此提高自身的服务水平。再次,合理运用考评结果,通过全方位分析考评结果,对服务手段以及办税程序加以优化和调整,使纳税服务更科学合理。最后,考核指标合理准确,也要求"非接触式"考核指标不可随意凭空制定,更不能搞"一刀切",制定前必须要充分征求基层税务干部的意见和建议,有些问题只有基层税务干部才深有体会。例如考核线上发票领用量,应当根据实际情况及时调整,部分企业因风险提示无法在线上领用发票,而线下领用又会严重影响到"线上办税率"的考核指标,导致办税服务厅骑虎难下。因此考核时,必须将此类企业剔除在外,不纳入考核范围,既可免办税服务厅工作人员的后顾之忧,也可以给纳税人带来更好的办税体验,可谓是一举两得。

2. 拓宽纳税人评价渠道

淮安市税务局必须将纳税人的个性化诉求作为主导,持续完善纳税服务,使纳税人的权益得到保护。对此,税务单位应在事前、事中以及事后三个阶段持续优化纳税服务工作。其一,重视事前建议反馈,在提出任何新模式、新措施以前,都必须以广大的纳税人诉求为基础,通过微信公众号、"12366"热线以及局长信箱等路径获取其真实反馈,便于税务机关设计出更具有针对性的措施。其二,完善事中监督评估,增加宣传力度,派遣专门人员管理反馈建议;建立多平台、多渠道的权益维护和意见反馈机制,广泛听取纳税人缴费人的意见和建议,筛选并汲取合理化的信息;拓宽渠道应包含但不限于以上线上渠道,真正做到保障纳税人的评价渠道,"倾耳察群言"。其三,进行事后总结反思,凭借满意度回访、满意度调查等形式,了解纳税人的真实想法,邀请纳税人进行监督;将"非接触式"纳税服务的事项纳入绩效考核,保障"非接触式"纳税服务体系不断得以优化。

(四)培养复合型专业人才

1.建立人才培养机制

首先,制定分类辅导制度。针对老龄化态势,组织有关"非接触式"纳税服务讲座,使员工了解创新技术,明确"非接触式"纳税服务的功能及作用,拓宽其视野,这样一则可以发挥其业务优势,持续优化"非接触式"纳税服务,二则可以减少革新的阻碍。而对于税务人员相对年轻化的部门,可结合实际情况定制个性化培训内容,加强锻炼"非接触式"办税业务思维,使征纳双方的稽查压力都能减轻。

其次,建立轮岗机制,加大人员流动力度。人事科可以制定轮岗机制,根据不同人员的学历、专业、工作情况,定期组织轮岗,合理安排机构设置。对于年龄较大、工作年限长的老同志,其虽熟悉政策,但对新技术、新系统又比较陌生,可以作为专家去"12366"热线服务岗位指导新入职的年轻同志;对于既不熟悉政策也不会操作系统的老同志,可以去一些业务简单的岗位,如帮助纳税人复印资料、领取发票等;熟悉业务又年轻的人员,可以去税种主管科室、稽查局等交流工作;年纪小暂时业务不太精通的同志,可以在窗口学习基础业务,接触多个税种,提升自己的能力。

再次,建立专业培养机制,打造税务机关专业性强的高精尖领军人才队伍。建立"非接触式"专业化人才库,企业所得税条线要培养长期专攻企业所得税相关政策的人才,社保和非税条线要培养长期专攻社保和非税相关政策的人才,笼络全国各地的优秀税务干部,培养一支专业化的"非接触式"人才队伍。

最后,建立人才引进机制。其一,淮安市税务局在招录新入职公务员时,可以设置证书资质要求,多招录有注册会计师、税务师证书的人员。对于"非接触式"纳税服务,可以要求互联网从业的相关工作经历、计算机相关证书,提升招录工作的针对性,少做无用功。其二,根据工作需求,外聘办税辅助人员,让更多体制外的人才加入"非接触式"纳税服务,如在会计师事务所、税务师事务所工作多年的专业人才,他们可以和税务干部沟通交流,双向促进,使"非接触式"纳税服务发展得更加科学。

2.引入涉税机构合作

一是引进涉税中介机构提供专业性外包服务。目前淮安市税务局只在办税服务窗口和"12366"热线引进了涉税中介机构外包,为降低风险,在流程中还建立了后台税务干部审核机制,其他方面未开放外包。应逐步扩大业务外包范围,在政策宣传上,如政策培训;在咨询渠道上,如税企 QQ 群、微信公众号答疑等引进涉税中介机构合作,通过严格的考核制度确保业务的专业性,既解决了人力资源不足的问题,又可以对服务时间进行拓展,不仅限于工作时间,而且为纳税人提供更加全面的服务。

二是多渠道收集纳税人诉求。淮安市税务局在出台本地政策或者推出地方特色化系统前可以委托涉税中介机构向纳税人、行业协会等多渠道收集纳税人诉求，确保政策和方案的实用性、可操作性以及改善的方向，根据纳税人和涉税中介机构的反馈来逐步完善，提升服务质效。

（五）推进涉税信息共享

利用大数据、"互联网+"，加强涉税信息数据共享，提升税务部门办税效率，降低纳税人的办税成本，打破"信息孤岛"。

1. 整合内部资源

大力发挥"大数据"优势，整合内部资源，加强数据共享以及强化数据获取质量。一要加强同级部门间的数据共享，对辖区内纳税人的涉税数据要创新完善信息采集手段，建立数据交互平台，对搜集到的数据进行归纳统计，保证数据的准确性、及时性、有效性，并在此基础上进行有效整合、分析和共享，建立起本地化"大数据"模型，为纳税服务和风险监控提供必要的数据支持。二要推动不同辖区间的数据共享，以区级税务机关为单位，建立起层层涉税数据的整合与共享机制，形成较为完善的跨区域数据共享体系，增强数据传递效率，特别是有不良记录的纳税人相关数据的传递，可以有效地降低税务机关执法风险，提升执法效率。

2. 加强外部门间合作

淮安市税务局应加强部门间协作互动，开展合作机制，共建税收大数据平台，建立外部门间数据共享机制。要加强与工商、人社、住建、国土、公安、检察院、法院、财政、海关、金融机构等部门的业务协作，构建专门的网络体系，通过有效的业务联动破解"信息孤岛"现象。同时，提升共享数据的利用率，与数据共享部门定期开展业务交流，对于目前现存的信息共享模式、各自部门涉及的业务类型、动态数据定期开展交流，了解和熟悉对方的业务流程和数据采集的逻辑口径，对现存的数据传输问题、共享阻碍问题一同探索解决方案，提升现有信息数据共享的质量和效率。与相关部门共建奖罚机制，如为信用等级较高的纳税人提供更好的金融和政务服务支持，对信用等级较差的纳税人限制贷款、限制参与招投标等。

淮安市税务局
非税收入征管优化研究

洪豆豆

（学号：1120203403）

非税收入作为财政收入的重要组成部分，划转税务部门征收后，面临着税务机关、业务主管部门、缴费人的多方博弈，如何科学合理地征收，是税务部门需重点研究的课题。淮安市税务局在机构改革合并前原本征收的非税收入共有6项，包括教育费附加、地方教育费附加、残疾人就业保障金、文化事业建设费、废弃电器电子产品处理基金以及受工会委托代征的工会经费。2021年，水土保持补偿费、防空地下室易地建设费、排污权出让收入、城镇垃圾处理费、土地闲置费划入非税收入，2022年，国有土地使用权出让收入、矿产资源专项收入也被成功接收。目前，淮安市税务局共征收（包括代征）13项非税收入。

随着近几年非税收入划转改革的逐步推进，非税收入项目繁多且原征管职责分散、政策复杂且费制不健全、与税收征管差异大等矛盾日益突出，税务部门如何履行好非税收入的征管职责，成为亟待研究的重要课题。

目前，对非税收入最广泛的定义是指政府通过合法程序取得的除税收以外的各项收入，是政府参与国家国民收入分配和再分配的形式之一，是与税收同等重要的财政收入。本文所称非税收入，是指财政部《政府非税收入管理办法》中概括的，即非税收入是指由各类国家机关、事业单位、社会团体及其他组织依法利用国家权力、政府信誉、国有资源（资产）所有者权益等取得的除税收以外的各项收入，具体包括行政事业性收费、政府性基金、罚没收入、国有资源（资产）有偿使用收入等12小类。社会保障基金和住房公积金虽然也属于财政收入范畴，但依据财政部《关于加强政府非税收入管理的通知》中的12项分类标准，社会保障基金和住房公积金不纳入本文研究范畴。

一、淮安市税务局非税收入征管现状与问题

税务部门在非税收入项目上的职权经历了"代收—代征—征收"主体的一系列转变。在2005年之前,对于税务部门非税收入管理的职权表述仅停留在"代收"的定义上,即除做好已缴费款的及时征收入库工作外,税务机关基本没有其他执法风险和作为风险。2006—2011年,对于税务部门非税收入管理的职权表述已基本改变为"代征",即税务机关的职权范围受委托协议的合同条款约束,仅承担违约风险。目前,除工会经费不属于非税收入外,有12项非税收入均明确为淮安市税务征收,淮安市税务局持续加强征收管理工作,致力于税费并重、征管并举、提升质效。

(一)采取的措施和取得的成效

1.采取的措施

(1)积极落实非税收入划转工作。目前淮安市共征收(包括代征)13项非税收入,分为划转前和划转后两类。划转前,税务部门征收项目主要是政府性基金和行政事业性收费,没有过多复杂的计算规则,长期征收下来税务部门早已形成了适宜征收的模式。原本征收的项目包括教育费附加、地方教育费附加、残疾人就业保障金、文化事业建设费、废弃电器电子产品处理基金以及代征的工会经费。2021年水土保持补偿费、防空地下室易地建设费、排污权出让收入、城镇垃圾处理费、土地闲置费、国有土地使用权出让收入、矿产资源专项收入等也相继划转了。

(2)分类制定三种征收模式。相继划转的非税收入项目原执收单位来自不同部门,包括水利、城管、人防、自然资源等,有的涉及委托企事业单位征收,如自来水公司代征城市居民生活垃圾处理费。费种规则复杂造成各部门之间业务相对独立,但与财政部门的管理又高度关联,划转后税务部门不但要承接原非税收入主管业务部门的征收职能,还需数据互联互通,与审批部门和资金管理部门实时共享费源信息和缴费信息,在信息化手段尚未成熟的情况下困难重重。因此,淮安市税务局目前采用三种征缴模式,分别是全流程征收、部门协作征收、委托代征。如果将非税收入征收环节定义为征(申报征收)、管(征前管理/后续管理)、罚(费款追缴)三个部分,类似于两项附加这种类税收入,则水土保持补偿费、防空地下室易地建设费、排污权出让收入等就属于仅有"征"环节的委托代征模式。

（3）坚持"税户""费户"合并管理。基于对企业生产经营状况的掌握，淮安市税务局充分利用企业财务信息、申报信息及第三方信息进行税费比对，强化非税收入费源监控，最大限度地减少虚假申报。淮安市税务局利用金税三期系统，对缴费人申报数据进行筛选，建立起一套非税收入征收数据定期核对制度，实行税务登记和所得税汇缴工作相结合，对收费数据进行审核，将征管信息系统中的信息资源与企业缴费信息进行比对分析，从而有效地提高了费款的入库准期率。

（4）自主研发智能缴费产品。淮安市税务局自主研发残保金计算器，将优惠政策和复杂的计算规则内生于软件中，无须查询征收比例表，仅输入职工人数、工资、安置残疾人人数这三个要素，就可一键计算获得结果，解决了缴费人及基层税务干部无法准确、及时计算出应缴费额的问题，残保金的征缴效率得到大大提升。

（5）搭建与其他部门互联互通平台。淮安市税务局在市政府牵头下，与发改委、财政局、城管局等多部门建立了联席会议机制，定期会商相关部门讨论划转中的问题及制定管理办法，逐步形成"资源共用、信息共享、风险共防、舆情共管、问题共商、政策共宣、制度共建"的良好共治局面。

（6）为缴费人提供便捷高效服务。淮安市税务局依托于进驻政务中心的办税服务厅为缴费人提供广泛的线下办税点。同时，进一步完善电子税务局功能，推广"江苏税务 APP""i 淮安 APP"，为缴费人提供更多的线上缴费渠道；借助"12366"热线平台和纳税人讲堂，走进税企直播间向企业辅导非税收入业务；通过"淮税通"征纳沟通平台，向企业定向投放城镇垃圾处理费的缴费提醒及政策宣传；在淮安税务微信公众号上推出"小淮说税"，运用短视频形式解读最新非税收入政策和社会热点；与市残联共同牵手社会企业，辅导残保金优惠政策，鼓励为残疾人提供更多就业岗位。

（7）制定内部风险管理制度。淮安市税务局结合税收征管业务规程以及非税收入特点及征收模式，制定了《淮安市税务局内部管理风险工作清单》，将风险管理权责细分到责任单位、责任人，有效防范非税收入征收管理中因征管不到位导致的风险。清单中还制定了有效的监控措施，包括监控方式、监控频次、监控时间，为非税收入征管与绩效考核挂钩提供了考核标准。

2. 取得的成效

（1）非税收入额不断增长。自 2018 年国税、地税机构合并以来，淮安市税务局非税收入规模不断扩大。2018 年收入额达 15.8 亿元；2019 年收入额达 17.2 亿元，同比增长 8%；2020 年受新冠疫情影响，收入额降至 15.2 亿元，但是加上优惠减免额，2020 年的非税收入还是呈增长态势；在各方面经济复苏的 2021 年，多项非税收入大幅度增长，总收入为 20.9 万元，同比增长 37.1%。

（2）减税降费落实效果显著。为响应国家减费降负号召，帮助小微企业和实体企业渡过疫情难关,淮安市税务局通过采取点对点辅导缴费人办理优惠减免、在多个媒体平台宣传减税降费政策、通过大数据筛选应享未享减免优惠的疑点户等一系列措施,稳健助力中小型企业解决资金困境,激发市场活力。仅 2020 年一年就减免税金 2.83 亿元。

(3)平稳划转 7 项非税收入至税务征收。自 2021 年以来,淮安市税务局与财政局等业务主管部门多次召开联席会议,制定了本地化的征缴流程,大力推行"非接触式"缴费服务,平稳划转了 7 项非税收入,对全局组织收入也做出了巨大贡献。

(4)非税收入的内部风险防控管理颇具成效。仅 2021 年,淮安市税务局自行监控到非税收入疑点数据 14 432 户次,整改省局下发的疑点数据 324 户次,通过市局社保非税科提取筛选疑点—县(区)社保非税股案头审核—属地税源管理局核实并通知企业更正申报或者发起批量运维处理的方式,有效落实减税降费政策。

(二)淮安市税务局非税收入征管存在的问题

1.税务部门执法缺乏依据

目前淮安市税务局非税收入征管的主要依据是江苏省 2012 年发布的《江苏省非税收入管理条例》,以及江苏省税务局编制的《江苏省税务局非税收入征管规范指引》。但非税收入地方属性强,很多费种具有明显的地域特色,并不一定完全适用。有的非税收入税务是全责征收,有的是半责征收,有的是委托代征,权责边界不同,无法形成统一的征缴模式,也难以制定标准化管理规范,且相关规章制度均未做出明确处罚指导,淮安市税务局作为征收机关,缺乏执法强制性,这是非税收入征收中的最大困难。此外,执法依据不明也造成欠费追缴难以落实。

2.征管数据交互及使用不到位

目前税务部门征收各项非税收入统一使用的是金税三期系统,但随着划转项目的增加,很多非定期缴纳的非税收入呈现不同的征管特点,比如防空地下室易地建设费、水土保持补偿费等大多一次性缴纳,无须定期申报缴费,这与金税三期系统模式产生了差异。目前淮安市税务局只能采取变通的方式,即由主管业务部门提前采集缴费人信息和应征金额,送达缴费通知单,税务部门根据通知单上的信息录入"金税三期"系统,收缴费款后,按月人工整理缴费明细,通过市政府开发的协同共治平台传递至业务主管部门。整个数据交换环节基本依靠人工报盘以及线下电话、微信等方式的辅助,耗费了大量的时间成本和人力成本。此外,交换记录及资料留存没有统一模板,缺乏有效监管,容易造成疏漏,这就导致一方面工作效率低,依靠纸质或者协同共治平台传递的数据偶尔会因为传递不及时或者重复传递;另一方面也会导致少缴或者重复缴费,税务部门不得不进行大量数据筛选比对来理清费款信息。

此外,非税收入征管对大数据的使用也不充分。例如工会经费的征管、工会经费的计费依据是上年度在职职工的工资总额,需要关联企业上年度实际在职人数,以及上年度在职员工的平均工资。但在实际征管中,当缴费人在电子税务局或办税服务厅窗口申报时,系统并不会自动匹配对应数据,仅靠缴费人自行输入填写的数字计费征收。而一旦出现少征、漏征,虽然可以通过大数据筛查出疑点,但仍需靠人工分析检查,不如从缴费人申报环节进行把控的效率高。

3. 非税征管人才不能满足需求

伴随非税收入的征收规模不断扩大,征收压力也随之加重,但是非税征管业务条线的人才远远满足不了征管工作的需要。一是专项人才少,淮安市税务局主管非税工作的部门是社会保险费和非税收入科,从名称就可以看出,兼职负责社保费业务,难以做到专攻专精;二是因为老手少,非税不像税收,是税务部门历久以来的主营项目,很多税务干部对此知之甚少,对新划转的非税项目更是懵懵懂懂。三是人手不足,从淮安市税务局人员配置情况可以看出,社保、非税等费的专管人员只有 54 人,而税收专管人员有 1 348 人,尤其在划转后,这些人员面临极大的考验。最后,税务部门一直注重对税务干部在财会水平、法治思维、党建业务等方面的培养,但是对于非税人员素质来说远远不够,水利建设基金等涉及电力工程,垃圾处理费等涉及环境保护,国有土地使用权出让收入涉及土地的招、拍、挂,只掌握浅显的征收环节业务难以在研判的基础上优化创新,更不具备思考问题和解决问题的能力。

4. 征管遵从度及服务水平不高

非税收入以往不是税务部门的主营业务,缴费人申报的数据质量不高,遵从度低。一是税务部门未能及时引导主动申报。有些缴费人享受免征或者减征优惠政策,也需要按照政策文件规定,在申报环节如实填写应申报数据及减免性质等信息,但实际操作中使很多缴费人误以为可以直接减免不用申报或者不主动申报只等税务机关检查到。二是税务部门难以核实申报数据的真实性。缴费企业由于其自身利益需求,在自主申报非税收入时会心存侥幸心理,虚假申报甚至不申报、零申报的情况层出不穷,税务部门很难在申报环节进行核实。三是税务部门对缴费人政策解读不到位导致申报质量差。非税收入政策复杂,尤其在近几年国家减税降费政策不断出台的背景下,缴费人难以把握更新。许多会计制度不健全的小微企业,会计人员素养不足,甚至是没有会计,直接请代账公司报税,这些企业对政策不知晓或者理解有偏差,还是按照老惯例申报,往往本应享受优惠减免的情况下还缴了费。

缴费人对税务部门非税收入方面缴费服务满意度普遍较低。通过随机对 57 名缴费人发放问卷并对问卷结果分析发现,很多纳税人对非税收入项目不了解,对非税收入的缴费宣传及缴费服务不甚满意。在不满意的原因中,大多数缴费人表示非税收入在税务部门征收后,不仅没有便捷缴费,反而需要多次跑窗口办理,缴费凭证不能及时打印,办税的窗口多而办费的窗口少造成排队长,提供咨询辅导的导税人员少等。

5. 征管部门之间缺乏协同性

目前淮安市税务局非税收入的征管模式分为3种,分别是全流程征管,即"征、管、罚"均由税务部门全程管理的模式;部门协作式征管,也叫半责征管,即税务部门仅负责"征收""管理"两个环节,"处罚"则由主管业务部门负责;委托代征模式,税务部门职责仅包括"征收"环节,主要特点是"部门核定费额,税务照单全收"。这3种模式就意味着非税收入的征管不仅要依靠内部协作,更要与外单位主管业务部门协调。

从内部征管协同性来讲,一方面,税务机关内部不同部门各自为战。尤其划转后,各部门又回到各司其职、互不干涉的状态。税务部门的业务承担主要是以总局、省局发文单位为划分准则,因此国家税务总局社会保险非税司的文件下发至市级,均由社保非税科负责独自承办,给基层非税条线工作开展带来一定困扰,且由于新划转非税收入业务较为复杂、陌生,导致税务局内部在新划转项目征管内部协作沟通中存在一定难度。另一方面,从外部征管协同性来讲,各单位之间仍需要磨合。即使征收权让渡,在税务征收过程中还是离不开原执收部门的业务支持和数据支撑,这涉及部门利益的问题,看似容易解决,但操作起来很困难。目前信息管税(费)中的数据交换和共享,很多部门还是不够通畅的,对于国有土地使用权出让收入等有缴费时限要求的费种,完全不能满足其征管信息传递的需求。

(三)存在问题的原因分析

1. 非税收入征管立法滞后

2004年以来,财政部相继发布了《关于加强政府非税收入管理的通知》《行政事业性收费项目审批管理暂行办法》《政府性基金管理暂行办法》《政府非税收入管理办法》等文件,初步搭建了非税收入法治体系框架,是目前非税收入最高统领性政策依据,填补了非税收入法制缺失的空白。但就法律层级方面来看,当前依然没有一部立法,只是财政部的部门规章。这一局面也造成了地方政府纷纷制定有利本地组织收入的征收项目和管理制度,长此以往,非税将收入处于无法可依、无章可循的状态,也缺乏有利的监管制度的约束。

2. 征管系统缺乏信息化手段

金税三期系统是国家税务总局研发的适用全国税及非税收入的系统,但是由于非税收入的入库级次不统一、费制复杂等实际情况,各地的征管都存在一定的本地特色,因此金税三期系统仅能满足大框架下非税收入的征收、入库,但是对于费源信息的取得以及缴费明细的数据回流、预算分配比例的设定等无法做到一一满足,数据的交互和共享目前只能采取人工传输的形式。从目前信息交互和共享情况看,淮安市税务局无法实时掌握费源信息,交互的频次太依靠人工的操作,而不是系统的自动传输,无法保障第一时间共享缴费信息。

此外,淮安市税务局缺乏对信息化系统的自主开发和应用。在当前"互联网+税务"的趋势下,苏州和南京等地区,税务部门在金税三期系统以及电子税务局等平台基础上,自主研发了各种征管 APP、支付宝小程序,满足缴费人移动支付的需求。但淮安市税务局资源不足,主要体现在基层互联网思维缺乏、信息化人才缺乏以及互联网设备缺乏等方面,因此难以具备有效匹配征管需求的信息能力。

3. 重税轻费的观念未纠正

目前淮安市税务局的普遍征收现象是,一个非税部门专业从事非税业务的仅2~3人,管理着十几个非税收入项目,人力资源配置明显不足。而且,税务部门每年都会举行全系统内的业务大比武,主体税种是每年的必考项目,新进公务员执法考试也基本以实体税和征管法的内容为主,关于非税收入的内容往往只涉及一两条,说明税务部门对非税征管人才的培养力度明显无法匹配现有的征管需求。这也造成了税务干部在税务方面的轻费错误观念,使得一些干部存在片面思想,在长期缺乏相关业务培训的环境里,对非税收入业务不熟悉,对政策风险也缺乏沟通研讨,工作中存在畏难情绪,也不会积极主动思考更优化的征管措施。

4. 忽视对缴费人的宣传引导

一方面,我们应客观地认识到,缴费人是经济人,利益是其行为的内在动机,在不违规违法的情况下,缴费人总是会设法通过各种途径少缴纳或不缴纳,尤其是非税收入在执法上缺乏法律制度的保障,使缴费人存在不信任感和心存侥幸钻空子。针对这种情况,税务部门应采取有效的措施进行引导矫正,给予缴费人自查自纠的机会,让缴费人正确认识非税收入。但在淮安市税务局的过往实践中,往往是采取"监管+惩罚"的刚性手段,虽然在一定程度上起到震慑作用,但是忽视了对缴费人心理上的引导,让缴费人对非税收入的认识程度拔高到与纳税义务同等水平。

另一方面,税务部门对缴费人政策辅导仍不到位。目前淮安市税务局普遍通过在"淮安税务"微信公众号发布税费解读及政策指引,偶尔会在有重大政策时通过政府平台或网络媒体进行宣传。虽然宣传的方式并不单一,但是从实际效果来看,能够及时关注并主动学习的大多数是大型企业的财务人员,而随着减税降费的不断深化,越来越多的小微企业可以享受到优惠红利,税务部门难以将政策传达到每一个缴费人。而且很多税务干部自身对非税收入的业务也知之不详,很难主动辅导缴费人理解政策。

5. 非税征管权责划分不明晰

由于长期的征收职责边界不明确,税务部门虽然有征收的权力,但在管理职能的行使上,并不具备法律依据;而主管业务部门在划转后,即便只负责费源信息的采集及资金的使用,在征收的环节中依然会有参与,这便造成多项非税收入划转至税务部门后,仍呈现多元管理的局面,严重削弱了税务机关的征管权限。

从内部来看,税务机关各部门之间各自为战。非税收入的征管流程包括费种认定、费款征收、收入核算、统计分析、风险监管等。在国家税务总局的社保非税司,这些工作都有对应的处室专门负责,由社保非税司统筹管理。但是到了省、市层面的税务部门,各项工作职责则分到了不同的业务科室,在实际工作中,由于业务壁垒、信息不畅、工作协调度不够等问题,一定程度上制约了内部配合。

二、国外与国内其他地区非税收入征管经验借鉴

(一)国外非税收入征管机制

每个国家经济发展水平和政治管理体制不同,在制定政策、设立非税收入项目时的考量自然也有所差异,但总体而言,非税收入管理成熟规范的国家都有一个突出的特点,就是在非税收入设立、征收、使用上都坚持法定、公开、透明。

1. 美国:建立严谨规范的征管监督体系

美国是联邦制国家,每个联邦都可独立设立法律和行政管理体系,但每个联邦也都认同统一的联邦宪法。美国在非税收入征管上有相对健全的法律法规和相对规范的预算管理体系,各级政府依据行政权力对非税收入进行严谨规范的管理。

(1)非税收入项目及标准严格依法设定。在美国,政府设立非税收入项目和征收标准都须遵循明确的法律依据,并严格遵照法定程序通过议会或选民投票表决确定,且对投票方式、投票人员、投票渠道、通过票数标准都有具体规定。每一项政府非税收入的设立都需要相关人员在议会上集体讨论表决通过,并严格遵照相关法定流程才可以正式执行,不受单纯部门行为或长官个人意志的干扰。

(2)项目设立严格实行听证制度。在听证过程中,向缴费人说明收费的原因、标准,评估设立这项收费可能带来的影响,并设置答辩程序。待政府部门履行有关法定程序或者经相关人员协商达成一致,方可设立新的收费项目。

(3)非税收入纳入统一财政管理。在大多数情况下,非税收入专用于为缴费人

提供给公共服务或公益项目,区别于一般的收费项目。所有非税收入都必须纳入政府预算管理范畴,有效防范严格公共部门滥用支出。

(4)收入管理严格接受民主监督。在美国,非税收入所有收支情况都必须接受各方的严格监督,即便是用于社会公益事业的专项资金,也要做到"公开透明"。公众可以定期通过官网查询到各级政府披露的财政预算报告及收支情况报表。政府部门每年必须向议会及上一级政府部门报送上年度收支情况及当年的财政预算报告,列示预算所有联邦项目和基金的收入和支出,接受议会、政府的审查和批准,有效避免违规设置非税收入项目以及政府分配不公的情况。

(5)收费征缴实行电子化、规范化。在一般情况下,收费过程是:缴款方也就是接受服务方,首先需确认应缴费项目,通过政府征收系统或者公告的费率表计算出缴费金额,选择缴费方式,包括 pay.com 在线支付、现金或支票支付、委托私人机构收取等。平均每两年美国联邦收费机构要对收费项目进行重新评估,以保证当前的收费政策能够适应成本和市场价值的不断变化。美国国会所属的会计总署也将非税收入征缴列入统一预算管理范围,加大审计监管力度,促使其征管不断规范。

2. 日本:建立法制完善的收费管理制度

日本作为单一制国家,中央政府的收入主要包括国有资产专卖、经营收入等,地方政府的收入主要包括一些反映社会公益性、服务性事业的收费,实行专款专用,日本政府对非税收入严格制定了法制完善的收费管理制度。

(1)中央和地方权责划分明确。税费的绝对管理权集中于中央政府,地方政府则需要确定各收费项目,通过制定地方税法,明确所有地方税的税种、计税依据、税目、税率、扣除项目等,将税政、收费、基金的审批和控制权统一集中在中央政府手中。实际上地方政府只是代中央行使征收管理的权力,对税费没有控制权。

(2)实行统一的财政制度。日本政府建立起一套统一财政预算管理制度,按照预算分类为一般会计预算、特别会计预算、政府基金预算,一般预算中非税收入占1/4,特别会计预算则全部为非税收入,对所有地方政府的预算实行统一管理。

(3)实行双重管理模式。日本政府实行行政管理部门和财政双重管理非税收入的模式,将非税收入的收费和支出纳入行政管理部门统一业务管理中,而对收支项目的监督检查则由财政部门管理,除政府部门外,事业单位的财务会计收支也由财政部门进行管理监督。这可以调动事业主管部门管理本级财政的积极性,政府财政资金的使用效率也得到提高。

(4)收费项目设置、调整程序严谨。地方政府公共服务机构必须严格按照相应的法律法规出台收费项目,不得违规设立。当项目开始执行后,如需增减收费项目或者调整征收标准,需要严格按照政府规定的权限报批,行政主管部门会对报批项目进行集体审议,重大项目甚至还需广泛征求各方意见,设立程序明晰严谨。

(二)国内其他税务局非税收入征管工作经验

1. 天津市税务局:重点费源精细化管理

一是实施分级分类管理。天津市税务局将重点费源企业净入库明细的查询权限下放到各属地分局,压实属地征管职责;结合费种要素、费种特征分类建立管理机制。二是建立重点费源征管动态数据库。依托税务系统的大数据管理平台,基于非税收入增减变动情况、当期净入库排名情况,制定三项监控指标,进行动态监控分析。三是创新重点费源个性化分析模型。为各种收入项目量身定制符合其征收范围、征收依据、优惠政策的"单户分析模型",从源头发现问题、解决问题。四是强化重点费源风控监察机制。通过强化"云端"协同核查,与当地财政、残联等实时共享数据、信息联动;指导基层单位查询金税三期集成平台非税子系统,提取疑点数据,做到疑点数据"日清月结";将重点费源风险监控列入年度绩效考核指标。五是升级重点费源缴费服务品质。通过开展座谈会形式倾听企业诉求和建议、一对一辅导重点费源企业、组织培训、考试培养非税业务专业化人才等方式,提升服务质效。

2. 广州市税务局:构建非税征管绩效评价体系

结合非税收入征管的概况和实际背景,广州市税务局运用平衡计分卡理论对非税收入征管绩效评价进行了重新构建,新构建的评价体系包括缴费人、财务、内部业务流程、学习和成长4个维度,并对4个维度具体细化成19个指标,设置权重配比。运用Yaahp信息化管理软件对权重赋值开展层次分析计算,精准分析征管的质量,同时也保障了财政收入安全,增加了缴费人满意度和获得感。

(三)经验借鉴

1. 明确征收角色定位和权责边界

总体上说,目前非税收入征管职责主要由政府财政部门承担,中央没有设立专门管理机构。各地方政府在设立非税收入管理机构上差异较大,有的从立项到征收都由财政部门负责,有的则在财政、物价等部门之间划分职责。因此税务部门在征收中应理顺与各级政府部门以及市场之间的权责关系,明确自身角色定位,推动政府部门建立规范的非税收入"征、管、用"体系。在确保征管稳妥平移的前提下,通过税费协同、优化流程、数据共享、风险监管等方式,整合出与其他主管业务部门之间的非税收入业务范畴和权责衔接制度,推进非税收入的标准化建设。

2. 加强信息化技术在征管中的运用

淮安市税务局可借鉴其他地区的成功经验,提高互联网技术的重视度,在征管系统、信息共享、风险管理、信用管理、税费联办、票证管理等方面进行"互联网+税务"的探索研究。一方面,加大对基础硬件的更新以及对非税收入征管软件的开发,利用科学高效的信息系统,将数据、云计算融入征管应用,税务部门内外部的数据实时共享以及对税费数据跟踪分析及时监督风险,保障征管的硬实力;另一方面,以互联网为依托,将非税收入征管服务与征收质效考评结果的运用挂钩,从传统服务模式转变为集"基础服务—跟踪反馈—绩效考评"为一体的缴费服务模式。

3. 强化非税风险防控与监督管理

实施非税收入的风险管理,就是要将有限的非税收入征管资源优先配置到高频次、高风险领域,实现费源管理精细化。淮安市税务局应将税收风险管理的理念和非税收入征管相融合,研究各项费种的风险发生规律和逻辑关系,建立费种风险分析指标体系和收费模型,为统一应对税费协同任务提供专业支撑。遵循事前提醒、事中阻断、事后解决应对的全流程闭环管理,除了内部监管外,引入社会监督机制,主动公开非税收入的征管政策,定期向政府主管业务部门及财政部门汇报收入征缴情况,做到监管全覆盖、全透明。

三、进一步完善淮安市
税务局非税收入征管的对策分析

淮安市税务局在非税收入征管中可以借鉴国内外的先进做法以及税收管理的成功经验,在制度建设、征管系统、人才培养、缴费服务、风险防控等方面实现征管模式的科学化、规范化。

(一)完善非税收入征管法规及制度

1. 编制本地征管文件规范

一是全面梳理充实非税收入基本原理、划转改革、费制要素、征管重点、各地经验等内容,向市政府汇报,会商市发展改革委、财政局等有关业务主管部门,细化征管操作规范,报请市政府牵头组织编制地方法规,为依法依规征收非税收入提供制度保障。二是按照划转批次、主管部门、征管权限的不同对各项非税收入实行分类管理,制定针对性的操作指引,简并征期,简化流程。参照税收征管规范,对非税收入的征收、服务、监管、共治等各项业务和流程进行重构,分业务、逐环节地整理分级,最大限度地弥补非税收入在现行法制建设上的不足。三是研究制定加强非税收入内控风险监管的制度,根据费种特点和征管需求,对非税收入风险点进行梳理,制订一套严密完整的岗位职责清单及风险监管指引方案。

2. 分级分类明确征管制度

一是分级管理。通过数据采集、风险分析对非税收入进行差异化分级,一般费种项目以及中、低风险指标主要由税源管理部门进行管理,对重点费源项目以及高风险业务由大企业局和稽查局进行管理,非税收入的基础纳服事项及政策管理由非税业务科室统筹,通过分层级的管理模式有效分解工作职责,提升管理服务。二是分类管理。它包括对缴费人分类、对费种分类,将缴费人按照一般纳税人、小规模纳税人、个体工商户、自然人等类别进行合理划分,将各项非税收入项目按照费种特点和业务主管部门进行划分,采取矩阵式差异化管理。三是标签化管理。利用"数据+规则"对分级分类的非税收入矩阵贴上个性化标签,融入政策业务、征收规则、征收对象特征、服务管理目标等属性,驱动精准化管理。

3. 完善缴费人信用管理制度

淮安市采取征纳冲突较小的管理方式促进缴费遵从,即将应报未报、申报不实、不按规定缴纳等违规行为纳入社会信用体系,实行守信者联合激励和失信者联合惩戒机制,加大对非税收入违法违规行为的打击力度。通过"一户式""一人式"税费比对分析,对同一户企业或同一缴费人未按规定申报缴纳各项税款或非税收入的违规行为,统一纳入税务机关纳税信用等级评定的范畴,激励与惩戒措施并举,打造温度与力量并存的诚信缴费环境。

(二)优化本地非税收入征管信息系统建设

1. 实现内部税费数据实时共享

一方面,淮安市税务局应基于税收征管信息系统对企业生产经营状况、财务信息、申报信息及第三方信息充分掌握的优势,搭建本地非税收入征管平台,所有文书流程通过征管平台互相推送,所有征管数据通过征管平台实时流转,实现同类型的税费申报信息自动关联,有效节省缴费人的精力和时间;实现非税收入征管数据与其他税收经济信息的整合联动,深入开展风险管理,强化非税收入费源监控。另一方面,应全面完善信息交换机制,对税务系统内的税费基础数据进行清理,核实并完善基础数据库,利用费种标签,确定数据交换的规则、范围、有效期等,不断延展数据共享的广度,形成内部税费数据及时清理、传导、联动的常态化机制。

2. 打通与外部互联互通渠道

一是优化本地现有的互联互通平台和数据互联方式,利用信息化技术和区块链技术加强数据传输的时效性和安全性,成立部门间联合工作专班,建立周调度机制,落实数据共享交换的责任。基于对风险充分评估的基础上将税务内部征收系统与互联互通平台进行关联,对可开放的数据依托系统实现自动传导,实时查询。二是可以建议省税务局依托网上电子税务局系统搭建独立的非税收入互联互通平台,实现省级财税部门之间非税收入费源计征信息、缴款入库信息通过互联互通系统传递,将税务部门非税收入业务办理渠道与财政部门实现征缴信息共享,便捷高效地办理缴费业务,简化缴费人缴费流程;同时通过平台进行业务数据质量管控,保障业务数据的完整性、及时性、有效性和一致性。

3. 加强大数据分析与监管

淮安市税务局应利用 BIEE 大数据平台,建立符合本地实际需求的风险分析指标模型,加强重点费源监管。纳税人、个人所得税扣缴义务人或者非税收入的缴费人,实行税费同征同管,可以第一时间掌握非税收入费源结构和费源状况;有效利用增值税税控平台,实现以票管税、以票管费,实时掌握纳税人、缴费人的经营状况和资金流向,把握非税收入征管的主动权,提高征管效率。此外,税务局还需对非税收入全流程实施精准监管,做到事前预防、事中监管、事后反馈,形成全链条闭环管理,抓牢风险监控,堵塞管理漏洞。

(三)加强非税征管人才队伍建设

1. 优化税务内部非税人员结构

一是要增加人手。淮安市税务局可在税务系统内部调整机构组织人员配置,增加整个非税条线税务干部人数,不仅仅是组建划转工作专班,最好是将社保费及非税收入两项专业性都非常强的业务像省级税务部门一样设立专门业务处室管理,明确各处室职责权限,安排专岗专人负责,同时对重要岗位设 B 岗制,以保证工作的连续性。二是提高专业性,可选拔一批综合素质突出的青年税务干部参与到非税收入划转、法规制度的建设、征管改革创新等工作中来。在公务员考试的招录中,不再局限于财会类、法律类专业的人才引进,对电力工程、环境保护等业务相关专业也可分配一定名额,打造一支综合实力强劲的非税专业化团队。

2. 完善绩效考核激励机制提升质效

淮安市税务局内部应利用总局数字人事信息系统这一绩效考核平台,将非税收入风险指标定责分解、量化换算,以积分的形式列入年度税务干部考核计划,实现工作质效和个人绩效精准挂钩,引起激励基层单位对非税收入工作的重视。可以从缴费人维度、内部业务流程维度、财务维度、学习和成长维度建立非税收入征管绩效评价指标及权重赋比,在总局的数字人事系统中进行打分。还应更好地发挥非税收入征管在绩效考核中的运用,以考核促担当,明确奖优罚劣,促进税务部门的人员动力重构,提升非税收入征管质效。

3. 建立非税收入人才培训培养体系

一是强化非税收入征管的政策与业务的培训，编印下发非税政策一费一表政策集锦及征管操作指引，集中组织相关专题培训和业务研讨活动，敦促一线税务干部尽快掌握《政府非税收入征收管理办法》等制度文件、业务流程和文书规范。二是以考促学巩固非税收入业务的学习成果，将非税收入业务列入每年税务系统大比武的重点项目，选拔一批非税收入业务骨干和岗位能手。三是建立人才流动机制，建立部门间岗位轮调机制和跟班学习机制，通过不同部门的业务交流，对税务部门征管职责权限及业务范畴由点到面地形成全方位认识，提高综合税务干部综合素质，打造业务管理、风险应对、信息技术、文字材料等多方向的人才培养体系。

（四）提升税务部门缴费服务水平

1. 探索税费协同服务方式

在征管过程中，要实行将非税收入与税收征管工作同主导、同部署、同执行、同检查、同考核、同奖惩，税费齐抓并重；实现税费协同的一体化管理，结合分级分类标签化管理机制，对同类型税费实行"同征收、同监管、同服务"；在金税三期系统完备的税收功能基础上，增加非税收入各费种的功能；深入分析税费的共同点和差异性，探索开展税费"一并申报、同窗办理"与缴费特色服务"专窗办理、绿色通道"相结合的方式，增强缴费人的满意度和获得感。

2. 优化便民缴费方式

一是打造成熟多元的缴费方式。可以根据缴费人需求的变化，在办税服务厅同城通办、电子税务局收费的基础上，拓展通过微信、支付宝等普及度较高的 APP 上开发缴费小程序，或者在支付宝淮安市民政务中心服务模块，增加需要自然人自行申报缴费的非税收入项目的申报缴费渠道等服务体系。二是"一站式"办理税费缴纳。通过后台信息部门间流转、前台业务一窗式办理等方式，给缴费人提供优质便捷服务，提升税费征缴效率，降低缴费人时间成本。三是可探索其他财产行为税和非税收入的申报整合，简化纳税人、缴费人报送资料程序。

3. 提高缴费服务水平

一是精准了解需求。通过对重点费源企业实地走访、对缴费人发放调查问卷、组织企业财务人员座谈会、联合政府部门开通惠企直播间等形式，倾听并收集缴费人的涉费诉求和意见、建议。二是优化宣传服务。制作《税务非税收入征管服务指南》，通过淮安市税务局门户网站及《淮安日报》、微信公众号等渠道对外公布，提高缴费人对非税收入征缴的遵从意识。三是点对点开展政策辅导。在办税服务厅免费发放宣传辅导材料，设有专窗受理咨询和申报缴纳，一次性明确告知缴费事项等,为缴费人提供点对点辅导服务。四是团队式服务。针对重点费源企业及减税降费重点行业企业,组建包括税收业务和社保费业务、非税收入业务人才的税费一体化专业服务团队,提供缴费政策上门辅导、远程辅导、申报缴费提示提醒的服务套餐。

(五)完善非税收入风险防控机制

1. 建立并完善内部控制制度

淮安市税务局内部控制制度的设立需按照税源管理事项清单以及业务规范流程由督审部门扎口管理。结合非税收入征管特点,在企业申报、缴纳费款、税务检查、行政处罚、行政强制、复议应诉及听证等各环节形成规范化的业务流程。建立重点费源动态监控制度、非税信息传递制度、非税收入分析制度、非正常户的认定、欠费的分类管理办理办法等。对内控考核的结果进行公示,接受各方监督,考核结果与绩效挂钩,奖惩并举。通过建立健全各项基本内部控制制度,规范非税收入的日常管理,提高税务部门工作质量和工作效率。

2. 建立税费联管"链式"责任体系

税费联管构建的是一条"链式"责任体系,包括横向和纵向链条。横向来看,淮安市税务局应提请市政府牵头,建立起"财政部门明确非税项目—主管业务部门核定费源信息—税务部门征缴非税收入—人行反馈收入入库情况"的环环相扣式管理模式,财政部门统筹对每个环节进行监督审查;纵向来看,淮安市税务局应根据非税收入业务流程的衔接,形成一条"市局机关业务处室—县(区)局业务科室—属地税源管理分局—办税窗口"的完整业务链条,明确相关岗位的征管职责,做到分工明确、责任具体、督查到位、考核到人。

3. 加强社会监督管理水平

淮安市税务机关应全面提升透明化管理水平。对外,对不涉及国家机密及企业商业秘密的风险疑点整改情况进行公示,广泛接受社会监督建议,通过局长信箱、"12345""12366"热线、淮税通征纳沟通平台等多渠道倾听缴费人的诉求,以便税务机关及时解决缴费中的疑难杂症。鼓励社会公众对发现的违规行为积极举报,全方位拓展社会监督广度和加大执行力度。对内,可以组建一支专业化、高素质的非税收入外部稽查队伍,如审计、监察等抽调业务骨干,聘请会计师事务所和高校老师充实队伍等,对反馈的风险问题及缴费人反馈诉求及时总结反思。

淮安市台资集聚示范区建设政府推动研究

陈璐

（学号：1120203409）

台资集聚示范区，并不是一个传统意义上的行政区域，而是一个产业集群区域，是一整个区域内台资企业集聚而形成的主观意义上的区间。台资集聚示范区对于区域之间或者产业之间的交流与合作予以了一定的保障，作为重要的手段之一，台资集聚助力于企业以及产业竞争力的提升，是凸显国家竞争优势的有力武器。2014年，台资企业产业转移集聚服务示范区成功落地淮安。从政府职能上看，地方政府对台资集聚示范区建设的推动作用可以概括为以下4个方面：(1)提供支持，保障资源和基础设施等的落实。此处的支持既包括精神文化类的支持，比如创新文化培育等，也包括物质类的支持，比如基础设施的完善等。(2)政府在产业政策制定上予以引导。其主要表现为合理引导台资企业集聚的地理空间属性，引导发展配套经济，外部刺激产业的升级等。(3)利用法律法规，从市场有序的角度切入，对市场进行科学合理的规范。这些规范包括对相关法律、法规的合理制定与有效落实，建立领导信用机制，塑造诚信友好的市场发展局面。(4)帮助企业培养创新力。具体包括帮助企业完成产业升级、产品升级，提供新型技术，提升企业集群自主创新能力。

一、淮安市台资集聚示范区建设现状分析

为了推动台资集聚示范区建设,淮安市政府采取了一系列措施,取得了一定的成效。当然,在整体性规划、科研能力和人才配备、台资企业产业转型等方面,其依然存在一些问题,亟待进一步完善。

(一)台资集聚示范区现状

1. 淮安台资发展情况

2014 年淮安市获批大陆唯一台资集聚示范区以来,政府积极推动示范区建设,经过几年来的发展,已经形成了苏北集聚台资发展格局。近年来,淮安台资企业迅猛崛起,其中表现尤为突出的是富士康(淮安)科技城,由 IT 巨头台湾鸿海集团投资建设。淮安已经跃居成为长江以北地区落户知名台企数量最多的地级市,"南有昆山,北有淮安"成为吸引台资的口号,也是台资企业向苏北地区转移并形成集聚区域促进经济发展的成功典范。

截至 2020 年年底,淮安市累计设立台资项目 1 365 个,总投资 208.2 亿美元,协议台资 104.68 亿美元,实际利用台资 63.82 亿美元。其中,总投资超 10 亿美元,台资项目 6 个、超 1 亿美元台资项目 22 个。在淮台资项目中,工业、服务业、农业三者产业分布分别占项目总数的 72%、19% 和 9%。

2. 政府推动过程中的举措

(1)抢抓产业发展基础条件。在公路方面,淮安在苏北率先实现了高速环绕市区,京沪、长深、盐洛、淮徐、新扬、盐蚌等 6 条高速公路贯穿境内,被交通运输部确立为国家公路运输枢纽。在铁路方面,徐宿淮盐、连淮扬镇 2 条高铁建成通车,宁淮铁路开工建设,未来可实现 1 小时到南京、2 小时到上海、3 小时到北京的快速通达;未来淮安将成为 6 条铁路交会的全国高铁网重要节点。在水运方面,淮安拥有各类航道 73 条,里程 1 483 千米,京杭运河、盐河、淮河出海航道等干线航道构筑了淮安通江达海大通道,全市港口吞吐能力超 1 亿吨。航空方面,淮安机场航空口岸在国家相关部门的验收下已正式获批对外开放的权限,该机场正式位列于国际机场行列,目前已开通北京等 41 个境内外城市航线,运营了淮安至西安等 4 条全货机航线。在自然资源方面,淮安地处中国南北地理的分界线、南北气候的过渡带和南北文化的融合区,土地资源、矿产资源充足,湿地资源在全国名列前茅,是全国重要的商品粮基地和农副产品深加工基地。在文化资源方面,淮安是国家历史文

名城,拥有源远流长的运河文化、南船北马的漕运文化、兼容南北的淮扬菜美食文化等地域特色文化,具有较强的吸引力。

(2)出台具体政策文件。除国家和江苏省级层面的政策支持外,淮安一直在探索不断做大做强台资集聚高地的方式方法,出台了一系列优惠政策,吸引台资,促进台胞就业,加强淮台经济文化交流,如《关于支持淮安台资集聚示范区建设的若干意见》《推进淮安台资集聚示范区核心区建设意见》《淮安台资集聚示范区建设工作行动方案》《淮安台资集聚示范区建设年度实施方案》《关于促进两岸经济文化交流合作的若干措施》《关于促进淮台经济文化交流合作实施办法》《关于进一步促进两岸经济文化交流合作的若干措施》等。

(3)做强台企服务保障。针对台企服务保障,淮安围绕情感纽带展开其服务台商的决心,以1.01万平方千米土地对标台北101大楼,打造"101%服务"创新品牌,一站式为实体台商台胞服务,提供人文关怀、个性化服务、兴业投资等服务,实现精准服务;针对疫情背景下企业面临的发展难关,政府出台相关惠台企政策,获得了台商投资者们的信任。2021年淮安市涉台纠纷调处中心正式落地,此服务平台是江苏省第一个针对涉台民商事纠纷进行调处的服务平台,秉承着公开公正的原则,包括24名专业人员在内组成了"无讼淮安"智调平台,旨在打通绿色通道给到在淮台商台胞们,为其纠纷解决进行服务。淮安台资集聚示范区建设省联席会议第三次会议召开,议定了12个支持事项,明确支持推动淮昆台资合作产业园高质量发展,在土地、环境等要素保障方面对淮台资合作产业园的绿色优质项目给予支持。

(4)发展载体广阔。目前淮安市已经建成淮安经济技术开发区、淮安高新区、综合保税区等8个国字号平台以及7个省级开发区、13个省级特色产业园区,设立淮阴台湾农民创业园、两岸现代农业合作试验区、两岸信息家电产业园、两岸新能源汽车及零部件产业基地等台资产业园区,以及淮安区台资机电产业园、淮阴区台资半导体产业园、盱眙县台资科技产业园、金湖县台商工业园、涟水县台资工业园等县区特色平台,为台资企业落户提供广阔的承载空间。2019年,淮安市与昆山市签署《共同建设淮昆台资合作产业园框架协议》,通过引进昆山先行先试经验,进一步深化对台交流合作,优化台资区域布局。

3. 政府推动取得的成效

(1)整体成效。淮安台资的发展总体表现出经济总量高、产业支撑强、投资领域广等特点。从总量来看,淮安市台资累计总投资超过200亿美元,在全省范围内利用台资的实际总量以及台资企业进出口总量均超过了全省的一半。淮安市已成为长江以北知名台资企业落户最多的设区市,也是大陆台资集聚最快的地区之一,以台资企业为龙头的电子信息、食品产业率先实现千亿产值。品牌台资企业不断汇集,富士康等一批知名企业陆续在淮投资发展。

从产业支撑性来看,台资企业已经成为淮安产业体系升级的重要支撑。在电子信息产业中,富士康、鹏鼎科技、达方电子等一批龙头企业落户淮安,逐步形成计算机接插件、显示器、键盘、电子元器件、PCB 多层线路板、半导体等比较完整的电子信息产业链;敏实集团是新能源汽车及零部件产业的龙头企业;实联化工、旺旺分别是盐化新材料、食品行业的领军企业。淮安市台资产业集群带动效应明显,台资企业在发展中与地方优势特色产业相互促进,台资行业龙头企业与中小企业配套协作、互相促进的作用不断凸显,呈现良性发展态势,强力助推淮安加速形成现代工业体系,对淮安经济发展拉动作用显著。从投资领域来看,台资制造业正在由传统劳动密集型产业向技术和资本密集型产业升级,投资领域不断拓宽,与现代农业、现代服务业融合发展。

(2)主要业绩。经过多年努力,淮安台资集聚示范区建设取得显著成效,为深化两岸产业合作奠定了坚实基础,在促进两岸融合发展方面作用日益凸显。一是台资高地建设体制机制不断创新,推动国台办批复同意淮安设立全国唯一台资企业产业转移集聚服务示范区;省政府专门出台《关于支持淮安台资集聚示范区建设的若干意见》;成立省联席会议并召开两次会议,议定 31 个支持事项;促成淮昆台资经济协同发展上升为省委、省政府战略部署,省发展改革委、省委台办出台《关于促进昆山试验区与淮安台资集聚示范区协同发展的意见》。二是产业集聚明显,全市累计设立台资项目近 1 400 个,总投资超过 200 亿美元,协议台资超过 100 亿美元,实际利用台资 60 多亿美元;打造了淮昆台资合作产业园、淮阴台湾农民创业园、两岸现代农业合作试验区、两岸信息家电产业园、两岸新能源汽车及零部件产业基地等台资专业载体。三是台商大陆"精神家园"建设稳步推进,每年开展苏台(淮安)青年精英峰会、两岸青年就业创业特训营、淮安·新北智慧社区对话等特色交流活动;推动打造了淮安大运河文化带国家级对台交流基地和金湖荷花荡景区省级对台交流基地,台商学院两岸青年就业创业示范点、大陆首家台创学院和台资集聚示范区展示中心。四是品牌服务不断提升,强势打造"101%服务"品牌。在大陆设区市中成立首个副处级台商服务中心、首个实体化运作"一站即成"台商台胞服务中心;创成全省首批台商服务工作示范点;连续 7 年被评为台商在大陆投资"极力推荐城市"。

(二)淮安市政府推动台资集聚示范区建设过程中存在的问题

1.基础配套设施建设不足

当前,淮安市政府对台资集聚区的建设,在生产性服务配套设施方面未能体现出集约化的优势。首先,在市场基础设施建设层面表现得依旧不理想,无论是道路、文化场所还是公园绿地，基础设施方面的建设都有欠缺。诚然，在淮台资集聚区的市政设施建设力度在持续地加大，政府投入了相当的资金用以建设此方面的设施，对比过往基础的市政设施有了明显的改观，然而对比其他省市地区的基础市政设施建设，淮安就台资集聚区市政基础设施方面的表现依旧呈现发力不足的现象。其次，在监管层面，政府工商、行政、税务等方面执行监管力度不大、良好的配套服务不能及时提供，一站式的公共服务机构还未建设完成。最后，服务于台资集聚区的现代化产业的发展跟不上时代背景，台资集聚区区域内相关的金融业、法律、会计、物流等产业的发展并不占据优势，集聚区域内周边的商业、教育、住房、医疗等配套设施较为残缺，对于后续吸引台商前来投资都有较大的影响。

2. 缺乏整体规划与政策引导

淮安市目前在台资集聚区发展方面，虽然在大方向上就规划建设达成了一致，但相关的政策以及措施的开展之间的关联性不强，直接导致的结果便是台资集聚区的发展不均衡，台资集聚区发展效果大打折扣。产业集聚区的高效发展依赖于科学的整体性规划，然而淮安市政府由于早期对台资引进的迫切性，忽视了对台资集聚区的长远规划，导致当前各企业布局缺乏联动性。目前淮安市台资企业分散在淮安各个县区、园区，产业布局较为零散，产业规模、集聚效应发挥不充分；在淮台资企业与淮安当地产业融合不足，电子信息、精密机械、食品、农业、大健康等产业未能很好地参与到当地产业链中；龙头企业的产业链效应不够凸显。

3. 缺乏完善的市场规范体制

淮安市政府推动台资集聚示范区未能制定针对集聚示范区的特殊市场规范制度，导致台资入驻后可能出现对市场的"水土不服"。此外，在市场秩序有序开展的过程中，政府作为实际政策执行者，由于存在对执法的差异性区别对待，因此市场中不同的企业所享有的最终待遇是有差异性的，导致市场规范受损，长此以往，一些产业会由于市场规范的不统一形成壁垒，产业升级止步，其他企业也不能再进入该行业，地区招商引资受到极大的影响。

4. 政府推进台资企业创新转型遇到瓶颈

在企业产业层面，在淮台企对于大陆的发展前景普遍呈正向认可态度，淮安的发展态势维持在一个较为稳定的层面。积极筹备升级与转型，增资扩股，为盘活存量，众多新设台企就地实行转型，将技术与信息高度结合，产业结构逐步升级面向高端化，逐步转变由生产制造商到服务商过渡。然而，政府在跟进台资项目以及分类指导台资企业发展战略时力度不足，加上在相关的配套设施层面，政府提供的服务并不完善，因此部分台资企业存在着研究新产品的外部支持不足的现象，直接导致驱动转型升级的力量不够，这在以出口代工为主的中小台资企业层面表现得尤为明显。部分台企缺乏创新研发经费，在科技创新层面处于弱势地位，科技创新服务体系也没有形成，其效用的发挥十分有限。

在创新人才支持层面，当前，淮安市政府对台资集聚区的科研和人才支持能力严重不足。一是本土科研力量薄弱，淮安目前仅有 7 所高校，无法支撑淮安产业发展的需要；在淮台资以生产型企业居多，企业的本地化研发功能偏少。二是政产学研一体化发展仍处在初级阶段，形成"应用研究—技术开发—产业化应用—企业孵化"科技创新链条仍需要一定时间的积累。台资企业关键技术的突破和成果的转化更加依赖于外部地区研究成果的转移。三是人才供给不足，目前企业关键岗位或关键技术人员主要通过外部地区引进，"本土化"供给不足。

(三) 存在问题的原因分析

1. 对区域科学规划的认知不足

一方面，早期淮安市政府缺乏对于台资重要性的认识，一味地追求经济效益，"既来之则安之"，未能对产业集聚区做好科学规划。另一方面，政府对产业集群相关知识了解少，业务能力有限，虽然能主动对接省政府对于台资集群发展的优惠政策，但是对推动台资产业区的具体措施不清楚，导致台资集群还存在各方力量"单打独斗"的现象，各主体的积极性、创造性发挥不足。

2. 政府的产业创新布局与人才引进机制不完善

在招商引资、工业产值的任务压力下，淮安市台资产业引入重量不重质，未能建立产业链式的分工协作，缺乏联动效应。产值目标和一些用地规模指标的要求相矛盾，一些厂区的工业用地诉求得不到保障，也阻碍了产业协调发展。第一，淮安市引进的产业层次低，定位不清晰，集聚区的"开发"变成简单的"卖资源"或者"粗加工"；第二，同质化严重，缺乏主导产业带动，产业间关联度低，一些固有的产业不成配比关系，也没有交通区位、基础设施、劳动力水平等明显的优势。淮安市台资产业引入重量不重质也带来利润率低、产业发展可持续性不强等问题。

高端人才引入层面，淮安还没有找准对接交流的机制，其人才政策发挥的效用十分有限。根据调查，超六成的企业表示在招聘高级人才时很困难；在招录特殊技能人才层面，有三成的企业表示基本上看不到希望。究其原因，一方面是由于薪资福利等对这一类人才构不成吸引力；另一方面是不少企业在筛选人才时所选择的渠道也较为单一。企业没有构建起交流合作机制联结大学与科研院所，因此专业知识以及专业技能的交流渠道难以搭建。此外，培养的人才所发挥的作用与淮安市台资主导产业的需求并不匹配，尤其是在转化层面，这类培养的人才贡献的力量十分有限。政府不能发挥创新引导和激励作用。

3.服务意识缺乏

淮安市服务台企的力度相比之前已经有很大的提高，然而政府没有迅速转化其职能方向，在服务创新发展层面表现不足，在积极主动过渡到主动型服务主体上的意识十分欠缺。虽然建立了实体化运行的一站式服务中心，然而当台企进行相关程序的审批时，仍然存在着烦琐、审核时间长、审批管理过程缓慢的现象。"亲商、安商、富商"的服务没有彻底贯彻，解决台商、台胞、台属在购房、子女入学、驾驶证办理、就医等的困难还是停留在点对点解决方面，没有集成统一办理的渠道。各项政策落实、行政职能履行、合法诉求满足、服务承诺兑现实施平稳，缺乏针对性和创新性，更难形成品牌化。

二、国内其他地区台资区域集群的成功经验借鉴

"他山之石，可以攻玉"，我国的厦门市、昆山市、东莞市台资区域集群建设都是比较典型的成功案例，其成功经验值得淮安市在引进支柱产业形成产业链条、结合地域特色开展示范区建设、创新服务方式等方面加以借鉴。

（一）国内其他台资区域集群的主要做法

1.厦门市：抓住地域和人才优势

作为全国"四大经济特区"之一，厦门市以其先行先试为全国各地区起到了示范性作用，这得益于其地理优势与优良环境，成为许多台商投资的关键集聚地之一。

（1）抓住地域优势承接产业转移。厦门位于中国南部，与台湾地区金门隔海相望。厦门当地的语言、文化、风俗、饮食等也与台湾地区相类似，使厦门成为台资在大陆主要的落脚点之一。厦门台资企业发展集聚得益于其区位优势，同时厦门市政府也十分重视引进台资企业的可持续发展，厦门在全国率先成立了大陆第一家"台资企业转型升级培训基地"，先后举办了台资企业"发展战略及转型升级研讨会""品牌交流与经营提升策略论坛"，邀请两岸专家对厦门市台资企业进行辅导培训，取得了较好的成效。一批发展较好的台资企业，在政府等有关方面引导、帮扶下，通过及时调整经营战略，转换发展方式，开展技术创新，加强产品研发，奋力开拓市场，在危机冲击中经受住考验，经营稳定持续发展。这也是厦门政府为推进台资企业集聚采取的最重要手段之一。

（2）细化引才政策。台湾地区人才入驻是加速台资企业发展与转型升级的支

撑力量。在 2018 年,厦门市人社局联合自贸片区管委会就台湾地区技术规划匹配进行了文件指示,文件表明针对台湾地区技术士等级证,厦门将放宽政策,其使用范围被扩大,在厦门市专业技能人才领域持有该证的台湾同胞们都可以享有同等待遇,即"一区两标"制度。2019 年,厦门政府发布的支持台胞发展的政策继续被深化执行,出台了相应的行医指示文件来吸引鼓励更多的台湾地区医师。截至 2020 年,来厦门的台湾地区执业医师人数已经高达 83 名。此外,符合条件的在厦海峡两岸青年就业创业基地和示范点可以申报国家级科技企业孵化器、大学科技园和国家备案众创空间,从而为厦台青年人才创新创业提供更多发展机遇。同时,为缓解青创基地经营压力,厦门市修订青创奖补贴办法,扩大台湾青年人受惠面。

2. 昆山市:创新合作与服务模式

昆山虽然是一个县级市,对比国内的大城市没有经济、产业、技术上的优势,但却成为吸引台资企业的一个集聚地,是组成苏州市外向型经济的关键指标之一。苏州台企呈现完备的产业链特征,IT 企业分布较多。昆山台资企业以电子信息产业为其支柱产业,同时致力于投资现代服务业,台资企业在昆山产业布局上十分成熟。

(1)探索两岸合作新模式。为符合产业结构调整并满足产业转型的需求,昆山试验区应运而生,在发展趋势上不断向服务贸易自由化迈进,并不断适应 ECFA 后续协商的货物贸易零关税。在两岸合作模式上,昆山试验区不断地进行摸索探新,围绕贸易来带动产业,以"产贸一体"为中心发展更加持续稳定的产业发展链。此外,针对物流与现代服务业,昆山试验区从科技、文化、教育、农业等社会各个层面来开拓两岸合作,全面向"工贸一体"、"产贸一体"和"产销一体"的目标行动。在引入台资层面,升级了原来的单向引进合作发展模式,转变为双向产业合作以促进更高水平的两岸经济发展合作,深化改革两岸合作模式,促进产业的深度融合。

(2)金牌服务助力企业转型升级。昆山市政府秉承"小政府、大社会"的管理理念,积极开创,围绕市场导向为重心开展政府职能工作,逐步向主动型、程序化服务管理型转变,在服务层面将重心向事后监督偏移,专门搭建设立"一站式服务中心"集中办事、优化办事服务流程,不断推进体制的改革与创新。城市化进程离不开对投资环境的改善,而城市经济发展的最终结果则依托于创新企业服务体制的深化与贯彻执行。昆山在服务台企过程中,率先尝试建立台企数据库,全面统计台企数量、行业分布、发展现状,利用大数据技术,开展台商投资经济运行监测分析,掌握企业运营动态,为针对性提供支持服务提供依据。

3. 东莞市:多要素共促产业发展

东莞身处珠江三角洲地区,是粤港澳大湾区建设的重要发展地区,介于国际大都市广州与深圳之间。对比广州与深圳,东莞在土地成本以及劳动力成本方面具有一定的优势,因此成了港、澳、台资进驻珠三角的绝佳地区选择。随着经济的不断增长,东莞面临着土地指标紧缺、资源匮乏、人口超负荷等发展问题,积极推动产业转型升级,是东莞台资企业发展的另一鲜明特色。

(1)构建多个完善的产业集群。构建完整产业链体系,并带来原本在台湾长期合作的客户,打造出具有东莞特色的地区品牌。多数台资IT企业在20世纪90年代初期落户东莞,并陆续吸引众多配套厂商一起至东莞投资,体现东莞IT产业链比较完善、电脑零部件配套率较高的优势。相互配套的工业发展形态,既有助于投资者降低成本,又便于其及时掌握信息,调整经营。台资企业形成的产业群类似一个卫星体系,体系中央会有一至两家起领头作用的大型工厂,对其配合厂商产生群聚效应。台资企业配套厂商之间彼此熟悉,为了保持关系、获取订单,原有的供应厂商多会在周边设厂。东莞这种由中心工厂带动的群聚,完全是市场的自发行为,是台资企业上下游企业厂商权衡现实环境所自发形成的。

(2)支持科技创新推动台资企业转型升级。东莞地区的台资企业绝大部分是劳动力非常密集的传统制造型企业。为适应经济发展新变化,东莞市政府主动积极采取措施,舍弃一批落后的产能,努力推动台资企业科技的创新发展,推动产业快速升级的发展进程,引领产业从"制造"迈向"创造"。政府出台政策鼓励台资企业提早部署转型升级,通过升级技术、设备和产品升级换代,突破发展瓶颈。东莞台资企业中有许多企业通过技术创新、设备改造加快转型升级,实现逆势增长。依靠强大的技术创新能力,越来越多的东莞台资企业从传统的"代工企业"迈向国际化的创新型企业,推动东莞在国际制造业的大舞台上走出一条从"中国制造"向"中国创造"的最佳路径。

(二)经验借鉴

1. 吸引支柱产业形成产业链条

对台资主导型产业集群应积极寻求经济主体交流和互利合作促进外资企业与非外资企业的整合以增强地区性黏性。地方政府应从以下几个方面着手转变招商引资观念强化集群意识,在招商前、招商中、招商后要始终以建设有区域特色的产业集群为目标。同时,规划布局要突出空间集聚特征,吸引行业龙头企业,以商引商,注重上下游企业配套,形成具有规模的产业链条,打造"亲商、尊商、重商、富商、安商"的氛围。

2. 结合地域特色开展示范区建设

各地经济发展的竞争,首先是投资环境的竞争,地方政府的资源环境保障能力是投资环境竞争的重中之重,载体平台建设尤为重要。如苏州市依托道路交通建设,形成了城际高铁、高速、内河水运、城市公交等重大交通资源优势,建立全方位、立体化、多层次的现代综合交通体系,增强资源要素的保障能力。同时,在针对台资企业的招商中,应突出产业化,通过台资企业在地理上的集中,对生产资源和公共基础设施进行综合利用,提高使用效果,从而降低了台资企业的生产成本,产生规模效益。这恰恰是地方政府引进大投资、大规模台资企业的特性,降低企业成本,为其发展提供良好支撑,实现企业发展的外部规模经济。

3. 创新服务方式

构建良好的政府服务环境是台商投资的重要考虑因素之一。应加强服务型政府建设,改变政府服务态度,提高工作效率,改变工作方式,通过良好的政府服务来改善投资环境。一是改变政府服务态度。主动增强政府部门的服务意识,改变政府工作人员的办事态度,提高政府工作人员的综合素质。二是简化审批手续。政府部门换位思考,从台商的角度来设计、简化审批程序,建立绿色通道,做到审批手续简单化、一站化,努力缩短手续的审批时间。

三、淮安市政府进一步推动
台资集聚示范区建设的对策建议

结合淮安市政府推动台资集聚示范区建设的现状与问题,以及国内其他地区台资区域集群的成功经验借鉴,淮安市政府可以从政府加强台资集聚区整体规划和协调管理、优化人才引进培育与科学技术赋能、提高创新服务能力和水平、优化招商引资与产业交流协作方式等层面进一步推动台资集聚示范区建设。

(一)政府加强台资集聚区整体规划和协调管理

1. 做好整体产业规划

淮安市政府要围绕"一核、多区"产业空间布局,按照"布局集中、用地节约、产业集聚"的原则,搞好省级及以上园区的总体规划和产业发展规划,加强台资高地建设战略,制定与江苏省、淮安市经济社会发展规划、国土空间规划等相关规划的总体衔接,实现台资高地建设与有关规划在目标任务、重大政策、空间布局、约束事项上的方向一致、相互衔接。根据各园区优势产业和台湾产业特点,找准产业发展的对接点、互补处,突出园区特色,吸引同源、同类、关联性台资企业入驻专业园区,积极推进园区共建,打造特色鲜明、优势突出的产业集聚区。

2. 完善基础设施规划

淮安市政府要强化对台资产业发展的要素保障,承接好招商引资项目建设需求,努力做到招商项目引得进、留得住、能成长。推进淮安综合保税区建设,优化保税区功能规划,完善基础设施配套,优先承接台资项目转移,着重引进台资先进制造业、台资集聚区、研发中心、跨境电子商务、物流服务等项目,实现保税加工—保税物流—保税服务的提升。优化货运枢纽平台,以高铁快运、航空货运为支撑,提升淮安至上海海铁联运班列发运频次,推动实现当地报关、当地查验,降低台企货物运输成本;大力发展航空物流,开通境外货运业务,促进淮台两地贸易合作。

3. 建立长效协调管理体制

淮安市政府台资集聚示范区建设领导小组加强对台资高地建设各项工作的统一指导与协调,充分发挥牵头抓总作用,及时研究解决重大问题,组织做好各年度目标任务的分解、落实、验收和考核工作。

淮安市政府要完善台资集聚示范区省级联席会议制度,进一步发挥省级联席会议统筹协调功能,形成每年召开一次的制度化、常态化会议模式。统筹各方资源推动惠台政策措施落实、落地、落细,及时协调会办淮安台资高地建设中的重要问题,建立"点线面"立体工作联系机制。完善台资企业转移承接对接机制,推动区域合作纵深发展,探索建立省际产业转移统筹协调机制、重大承接项目促进服务机制等新模式;推动相关行政许可跨区域互认,做好转移企业工商登记协调衔接。

建立健全市台资集聚示范区建设领导小组及办公室运行机制。明确职责分工,形成工作合力,重点部署、协调和督办重大基础设施建设和重大投资项目落实工作,重点解决政策、土地、资金、环保等台资经济发展过程中的重点、难点问题。定期召开领导小组和联络员会议,总结经验,创新举措,确保将各项工作任务落到实处。

淮安市政府可以尝试建立各县区、园区,各有关部门协同机制。各县区、园区,各有关部门要充分发挥职能作用,建立健全密切配合、相互支持、务实高效的工作机制,根据各个县区功能定位互相配合,协同发展。

4. 优化惠台政策扶持体系

在用地方面,淮安市政府要强化工业用地保障,将工业发展所需用地纳入国土空间规划统筹安排,适度扩大工业用地供给,深化产业用地"一事一议"等弹性出让制度。允许台资工业项目(不包括化工类项目)用地"先租后让""弹性出让"等方式。对集约用地的鼓励类台商投资工业项目优先供应土地,在确定土地出让底价时,可按不低于所在地土地等别相对应工业用地出让最低价标准的70%执行。台资企业租赁工业用地的,可凭与自然资源部门签订的土地租赁合同和缴款凭证办理规划、报建等手续;租赁期内,地上建筑物、构筑物及其附属设施可以转租和抵押。

在金融方面,淮安市政府要扎实推进实施国家关于普惠性减税和结构性减税相结合的各项政策,争取国家、省支持台资企业在企业所得税、个人所得税、房产税、土地使用税等方面享受更多税收优惠政策。促进金融机构加大对台资企业的支持,深化信贷结构调整,增加有效信贷投入,扩大贷款规模。鼓励金融机构通过开发金融产品、创新融资模式,推广产业链融资,试行股权、应收款项、供货合同质押等多元化融资渠道解决台资企业的融资困难。

(二)政府优化人才引进培育与科学技术赋能

1. 优化人才引进培育政策

淮安市政府要围绕重点产业、重点建设项目、重点研究领域等发展的需要,引进台湾新一代信息技术、精密机械、绿色食品、现代农业、医药健康、文化创意、金融、现代物流等领域的高层次技术、管理人才来淮工作、创业。完善人才项目申报、审核、兑现等制度,建立台湾职业资格认定机制,提高高素质技能型人才供给水平。发挥驻淮本专科院校和在淮高职院校在产业技能人才培养方面的优势,开展校企合作办学、联合办学,满足企业对技能型人才的需求。从招生、专业设置、学科建设等方面,大力扶持台资职业学校发展。引进台湾职业资格标准和培训资源,为台资企业培育紧缺高技能人才并给予财政资金支持。

2. 重点打造新一代信息技术和精密仪器两大支撑产业

自 2006 年台湾鸿海集团投资建设富士康科技城以来,淮安相继引进了达方电子、鹏鼎控股、时代芯存、澳洋顺昌、纳沛斯半导体等一批重大项目,以及与之配套的一大批中小电子信息企业,逐步拓展到计算机接插件、电子元器件、PCB 多层线路板等行业领域。台资新一代信息技术企业发展势头良好,平台载体建设稳步推进,成功创建大陆首家两岸信息家电产业园,PCB 产业已成为淮安市重点服务的行业领军企业和大力发展的主导产业。政府可以以 PCB 产业作为主导,加强两岸在高端印制电路板等领域合作,在 5 年内引导形成较为完善的 PCB 产业链,推动精密制造产业在研发应用、产业规模和发展质量方面实现全方位突破,为淮安集聚高精尖台资制造业发展提供动力。

3. 发挥产业服务平台潜力

淮安市政府要建立产业成果转化平台,围绕淮安未来产业发展规划和台湾产业特点,通过与台资企业合作将台湾产业优势复制到淮安,带动淮安相关产业成长;吸引台湾高科技成果赴淮安进行产业开发,以达到技术引进—技术使用—技术扩展的效果。建设台企联合孵化平台,探索"孵化+投资""孵化+产业""孵化+服务"等双创模式。推进对台科技交流与合作基地建设,加强与台湾工研院、台湾大学工业工程学研究所等知名学校院所的合作,面向两岸产业创新需求,搭建产业共性技术研发平台。引进台籍创新团队和台籍人才,鼓励台企科研院所设立研发机构。搭建校企合作服务平台,促进台企提质增效,实现转型升级。

(三) 政府要提高创新服务能力和水平

1. 强化台商服务联动机制

淮安市政府要高效运行市台商台胞服务中心审批、政策、奖补集成、生活保障、融合发展5个实体化服务站及101%在线服务系统。充分发挥市台胞投资权益保障协调委员会作用,构建涉台矛盾纠纷多元化协调解决机制,妥善处理台商台胞涉法涉诉纠纷。扩大"与台企同行"活动参与面和覆盖面,为台商台企在淮发展提供助力。加强对台协的指导支持,有针对性地了解台商需求,及时准确地传递政策信息。

2. 引入外部专业力量提升服务专业性

淮安市政府要强化政产学研合作,通过推动机制创新和产业链创新,促进智能连接、开放平台、应用集成等相关环节、上下游企业之间优势互补、合作共赢。加强与两岸权威研究机构合作,聘请两岸知名专家学者,形成上下联动、资源共享的两岸产业研究智囊体系。成立台资经济研究智库,组建产业发展顾问团,借助两岸知名专家学者、工商团体领袖和龙头企业家力量,为开展台资产业转型升级路径规律研究、分析国家宏观经济政策对台资产业转移的作用、优化淮台合作模式、做强做优台资重点产业等提供智力支持。

3. 建立信息化服务方式

淮安市政府可以学习昆山经验,建立台企数据库,全面统计台企数量、行业分布、发展现状,利用大数据技术,开展台商投资经济运行监测分析,掌握企业运营动态,为有针对性地提供支持服务提供依据。梳理汇总与淮安产业发展密切相关的重点企业、专家学者、研究机构、行业协会信息,建立涉台资源库和共享利用机制,构建台企产业链发展图谱。

4. 优化台资发展外部环境

营造充满活力的市场环境。强化企业事中、事后监管,深入实施行业部门联合监管,形成以市场主体自律、行业协会自治、社会监督和政府监管为基础的综合监管新局面,以建立放开准入和严格监管相结合机制。深入探索整体前期服务。

营造公平公正的法治环境。加强产权保护,提高对各类产权的创造、运用、保护、管理服务水平;建立诚信分类监管机制,坚持政务公开,坚决兑现政策承诺,提高政府公信力;完善公共信用信息服务共享平台,建立健全行业信用信息系统。

5. 强化基本服务能力

在融资服务上,淮安市政府要积极引进台资知名银行、基金管理机构、金融租赁公司、消费金融公司、信托公司等金融机构落地并开展业务。重点解决台资企业融资难问题,通过引导、鼓励政府性担保公司为台资企业提供流动资金贷款担保等方式,推动相关金融机构给予台资企业融资支持。大力发展绿色金融,支持在淮银行机构对环保、安全、资源集约利用评价等级较高的台企实行差别化信贷政策,在信贷规模、风险容忍度等方面给予支持。支持符合条件的台企在大陆上市,发行企业债、公司债、非金融企业债务融资产品,提高融资效率,降低融资成本。

在其他基础服务上,淮安市政府要紧密结合在淮安生活、就业台胞的实际需要,完善各项社会公共服务,不断满足台胞入学、就医等社会服务需求。全面开展"同城待遇"试点,围绕"同城化、市民化"目标,使台商台胞在淮安学习、就业、创业、生活等方面享受市民待遇。推动政务服务系统升级,提高台胞证使用便捷化程度。加大台籍子女就读公办学校支持力度,引导台籍子女在大陆上学、就业。

(四)政府要优化招商引资与产业交流协作方式

1. 创新招商引资方式方法

一是加强平台招商。不断创新招商形式,丰富招商内涵,通过举办台商论坛、"台湾·淮安周""淮台经贸文化交流合作周"等活动,展示淮安优质的营商环境,扩大台资集聚示范区建设"朋友圈",促进台资新一代信息技术、精密机械、绿色食品与现代农业、大健康等产业加快在淮集聚。积极利用国家级、省级平台宣传推介淮安,特别是全面对接两岸企业家峰会,与各产业合作推进小组建立紧密的合作关系,拓展新兴产业领域合作。

二是拓展协会招商。加大与全国台企联及各地台协、台湾工业总会、工商协进会、商业总会、电电公会、工商建研会等工商团体的互动力度,加强投资信息共享,签订并落实委托招商协议,重点引进产业拉动力强、投资规模大、科技含量高、支撑效应明显的台湾百大、上市公司等生产性龙头企业,鼓励和支持台资企业重点投资淮安重点发展产业,引导淮安本土企业与台商嫁接,不断壮大企业实力,促进淮安产业转型升级。对引资成功者,按一定比例给予奖励。

三是深化以商引商。通过强化服务已落户台资企业,增强其投资信心,推进其增资扩股,同时发挥台资企业的联络推介作用,通过企业主动牵线上下游合作伙伴、商界朋友来淮投资,形成"以台引台"的正向循环。

四是推进市场化招商。积极学习借鉴发达地区成功经验,探索市场化的投资促进方式,推进招商引资工作向专业化、市场化和代理化转变,形成专业化的招商网络体系。探索建立基金招商模式,对拥有创新技术与商业模式、具有成长潜力但缺乏资金的台资项目给予支持,扶持其做强做大。

2. 推动区域产业交流协作发展

淮安市政府要面向长三角、珠三角、闽三角等台资密集区,加大跨区域产业合作力度,积极构建台资经济协同发展新格局,建立淮台产业互动协作新机制、新路径,推动全域优质台资项目向淮安集聚。推动召开淮昆台资产业联合协调理事会会议,对合作机制创新、重点产业规划、载体平台打造、重大项目落地等进行研究部署。强化市委台办、淮昆台资合作产业园指挥部、各片区三方联动,在招商推介、客商接待、项目对接跟踪和落地帮办等方面形成合力。编制淮昆台资合作产业园发展规划,进一步明确发展定位和产业导向。

台资集聚示范区建设要充分发挥长三角台资产业协作联盟首倡城市作用,加强与全国台企联的对接沟通,积极推动长三角台资产业协作联盟实质化运作,打造台商台企融入长三角一体化发展的新平台。举办长三角台资产业合作促进会,聚合三省一市台协、台企、台商力量,聚力推动长三角地区台资产业优化布局、转移扩张,带动淮安台资产业发展水平的整体提升。

淮安市政府要落实与厦门、漳州等地台协合作协议,推动承接优质台资产业转移取得实效。进一步拓宽视野,探索与深圳、东莞、广州等珠三角台资密集区建立常态化合作机制,完善台资产业联动。建立珠三角、闽三角等台资密集区台资重点企业库,根据产业发展实际定期梳理重点目标企业招引名单,提升项目招引精准度。

淮安市政府推进普惠金融发展研究

朱闰

（学号：1120203390）

发展普惠金融是党的十八届三中全会提出来的，经过多年的发展，提升普惠性金融机构服务质量已成为当前金融机构改革的主要任务。普惠金融是指一些金融机构用能够承受的成本为那些需要融资的各个阶层和人群提供合理、快捷的服务，特别是一些小微企业、普通农民以及小城镇低收入人群等弱势群体是其主要服务对象。普惠金融，旨在把零散的微观金融产品与业务开展有机地融合，以多样的产品形态，为广泛的服务对象供给金融支付业务，因为特别关心低收入群体能否有能力实现所需要金融服务产品的消费，所以又叫作包容性金融服务。普惠金融实质上就是为那些规模较小和获利较少的小微企业和创业比较困难且缺少资金的弱势人群，提供限制条件更少的金融服务。相对于中国传统金融业现阶段发展中所面临的瓶颈状况，普惠金融的提出主要是为了对中国传统金融机构的服务进行补充延伸。但是，由于资金的逐利性，金融机构可能会摒弃普惠性质，因此需要政府部门对其加以指导管理与推动。

一、淮安市政府推进普惠金融发展现状及问题

为了推进普惠金融的发展，各地区政府实行了各种举措，淮安市作为江苏北部城市之一，经济发展在全国来说相对活跃，在进普惠金融发展的过程中取得了一定

的成效,同时也存在着一些问题。

(一)政府推进普惠金融发展的措施与成效

1. 采取的措施

(1)完善政策文件。为了推动普惠金融的发展,淮安市政府制定了促进普惠金融发展的具体文件,体现在完善多元化金融机构体制、革新金融商品与业务模式、完善金融基础设施、充分发挥政府部门导向与市场激励功能、强化普惠金融服务培育与金融消费者利益保障等5个方面,共制定了15条优惠政策,以推进普惠金融工作支持解决中小企业融资问题。此外,依据《市政府有关全方位促进农业金融创新发展的若干意见》,在健全农业金融体制、推动农业金融服务产品创新、强化农业金融基础设施建设等7个方面,制定了23个农业金融创新发展的优惠政策,以促进农业中小企业金融机构更好服务于"三农"、中小企业经济和区域经济与社会发展。为进一步健全政府部门投资担保风险分担体制,专门制定《人民政府办公厅有关颁布建立政府部门性投资贷款体制扶持中小企业和"三农"经济发展若干重点政策措施的通告》。

(2)明确工作机制和考核指标。按照普惠性金融服务工作机制要求,淮安市政府成立全市普惠性金融服务联席会议机制,同时建立普惠金融工作信息及时报送机制,要求全市各县区以及各金融机构要认真总结普惠金融发展中出现的问题,及时分享好的经验做法,及时总结经验教训。同时,政府明确淮安市普惠金融统计指标,要求将中小企业及实体贷款在1 000万元以下的纳入普惠金融统计范围,增加农村农业经济产业、弱势群体、小微企业直接融资等指标,完整反映普惠金融开展情况。

(3)推进健全服务平台。为有效解决中小型民营企业投融资的困难,淮安市政府积极建立淮安市综合金融网络平台。建设互联网等金融基础设施,使中小型民营企业的投融资项目多走"网路"、少跑"马路"。网络平台以"公益性"为发展基本定位,集成中小企业金融机构产品销售业务、投融资支持政策措施、信贷征信咨询服务、企业融资需要等信息资源,为有效解决中小型民营企业"投融资难、投融资贵"提问,探寻创新的途径。淮安市综合金融服务网络平台自2018年5月上线测试,平台面向银行提供包括信用、保险、再担保、租赁、股票融资、债权融资、新公司上市等各种综合金融服务,有效解决银行个性化、综合性的资金需要。

2. 取得的成效

(1)普惠金融体系不断完善。截至2021年年末,全市各类银行机构38个,保险机构44个,贷款公司35个,融资租赁担保机构24个,证券期货单位24个。机构均按要求建立普惠金融部,着力普惠金融发展工作。

（2）普惠领域信贷投放力度加大。截至2021年年末,淮安市各银行机构为中小企业、农村农业经营实体、小微企业主和个体工商户等提供普惠金融贷款共计1 843.27亿元。因疫情防控需要,淮安市出台了小微企业贷款延期支付政策,全市共28 320多户中小企业及农村农业经营实体等办理延期还本付息,金额达651.87亿元。

（3）地方金融组织支农支小成效明显。截至2021年年末,淮安市小贷公司、融资担保公司、典当行等地方金融组织提供195.85亿元普惠融资服务,同比增长明显。

（4）服务平台功能进一步强化。截至2021年年末,淮安市金融服务平台注册企业用户71 296家,接入金融机构58家,上线364个金融产品。全市各金融机构为台企提供384个特色金融产品为台企服务,解决台企资金359.31亿元;淮安也是华侨华人回国投资的高地,淮安金融机构共设立12个专板金融产品,191家侨资企业准入。

（二）政府推进普惠金融发展中的主要问题

1. 服务渠道不够畅通

普惠金融的一部分"主战场"在农村地区。但是,受经济发展的局限,淮安各金融机构的金融网点大多布设在市区,农村人员到银行要跑很远的路程。农村农业金融的供给方比较单纯,虽然主力军仍然是农商行,但服务渠道的单一无形之中也给农商行造成了较大的经营压力。他们服务人员不足,网点分布不够,提供服务项目较少,产品更新较慢,适应不了农村环境,各种手续呆板,灵活应变能力较差,无法满足农村农业经营的要求,也不能适应政府推动普惠政策实施的需要。

2. 政府难以调动多方协同治理

普惠金融作为一个准公众物品,政府部门在普惠金融发展中不仅担当了主导的角色,同时也是顶层设计者。近年来,政府部门已经制定了一些关于指导地方银行等金融部门积极发展普惠金融事业及实施普惠性金融的文件。但是,因为部门职责内容较为宽泛,基层各个单位直接受县区政府、市政府的领导,在贯彻落实普惠金融有关工作时,各个单位相互之间的联系很少,也缺乏适当时机和渠道将各个单位融合,因此大多数时候都是各自为战,并不能建立预期的协调行动的工作模式。政府目前调动各部门积极性的方法仍然流于表面,少数地方象征性地纳入考评,普惠金融业务的推动仍然和银行其他业务一样,建立在银行机构与用款企业两方之间,还是要靠银行金融机构老办法去调查走访企业征信情况,政府没有建立区块链和征信信息平台,将全市或全区所有企业、个人的征信系统信息,甚至对现有的各部门所掌握的相关的职能部门信息也没有整合起来,让有关部门在保证安全的前提下进行共享和协同,对税务、工商、房管、土地、法院所掌握的信息,银行金融机构无法对接应用,造成人力、物力的重复浪费。

3. 政府监管力度不足

目前,淮安市的普惠金融业务主要受中国人民银行保险业监管委员会和中国人民银行的监督,而在普惠金融的监督层面,由于同样没有法律监督体系,造成了部分地区政府出现监督空缺,部分地区部门出现监督重叠的现象,各地部门相互之间工作职能不清楚,职权也模糊不清,因此需要各地部门建立对普惠化财务监管的法律依据。而普惠化金融服务业务的完成通常是政府综合各部门信息后所做出的综合评价,包括对工商情况、税务情况、征信信息等进行的综合考核,监管信息的碎片化给各地部门的有效监督行为提出了挑战,这就意味着政府将浪费更多的精力来进行一个有效监督,不利于政府监督管理效能的提高。另外,由于地方银监机构与保监机关的整合,用于地方财务监督工作的人员编制也逐步减少,在淮安市以及区县设置了当地的金融监督机构,不过部分地区仍在人员编制结构上保持着相对模糊的状况,监管人员配备不足,监管业务不够精通,也给普惠金融的监督带来了一定的困难。此外,随着中国普惠金融产业创新迭代速度较快,创新性的普惠金融产品也层出不穷,加上中国普惠性金融群体"小而散"的特点,受技术手段使用的约束,政府部门中关于普惠性金融风险预防的政策措施也无法随着市场监管环境的持续变动而随之调整,商业银行又没有适当的手段来有效规避创新性普惠金融产品的行业经营风险,这些因素都加大了中国普惠金融发展的难度。

4. 政府对信用信息掌握不够

虽然近年来政府加强了信息平台建设,但是内容要么是空白,要么就是建设时所采集的信息时过境迁,参考价值很低;有的政府平台,其他内容还不错,但对企业、实体的相关信息采集很少。由于企业信息公开得少,不少企业就利用这种情况,对财务报表进行改动,政府部门需要了,就送给政府部门一份,银行贷款需要了,就送另一份。本文选取了50家淮安市资产规模1 000万元以下的小微企业,对法人代表进行调查,发现财务报表编造是小微企业普遍存在的现象。究其原因,是政府对公共信息建设重视不够,建设不到位造成的。目前国务院、中国人民银行先后出台了有关社会信用体系、企业信用体系、征信业务管理等条例、意见、纲要等,但大都是宏观政策和规划,具体实施细则和要求还未出台,相关权责关系不够清晰。

(三) 存在问题的原因分析

1. 信息平台环境构建落后

现今科技飞速发展,如何将普惠金融的发展和区块链相结合,是政府面临的重要问题。目前,淮安市政府在地方信息平台建设上没有和大的互联网公司合作,在相关信息的采集上没有和一些大的数据公司联合,没有将国际国内的一些先进科学技术手段运用到普惠金融上。对小微企业等的信息掌握不多,更无法适时披露,造成银行对小微企业真实信息掌握不够、渠道不畅,致使小微企业、弱势群体融资难度加大、效率不高,影响到小微企业、弱势群体创业的积极性和经营的效果。

2. 风险分担机制不完善

由于普惠金融服务的对象是小微企业、弱势群体、普通农村经营户,贷款等风险要高于一般贷款,政府对如何分担银行贷款风险的机制建立得还不完善。如何发挥担保公司对投资项目的担保功能;如何和一些专业技术公司联动,推动投资项目达到预期的投资效果;地方财政如何设置小微企业、弱势群体、普通农村经营户使用普惠金融贷款投资的项目专项担保基金;地方财政如何为发展地方特色产业,对小微企业、弱势群体、普通农村经营户使用普惠金融贷款发展这些项目的,给予适当的财政补贴;如何由政府出面联系一些商业收购公司提前预约收购,派人跟踪指导,降低投资风险;税务如何减免银行用于发放小微企业、弱势群体、普通农村经营户的普惠金融贷款利息的税收机制还没有建设好。

3. 监管制度和职责等不明确

目前许多监管政策、监管机制建立、政府各部门监管的职能划分和功能整合都还没有完善。究其原因,主要是普惠金融管理的相关法律法规滞后,征信体系建立得零散,政府各部门职责不清晰。加强对普惠金融服务对象失信行为的约束,必须要靠法律制度来保障,对一些企业恶意用股权转让、资产转移、申请破产等方式逃避债务的行为必须有一套完整的法律法规来惩处。对于一些弱势群体享受普惠金融服务后的失信行为,也要有一定的法律法规加以约束。银行机构本身也要完善普惠金融服务的一些标准,工商部门在注册登记和年检方面应如何监督,税务部门如何在税收征管方面进行监督管理,劳动人社部门如何在养老保险征缴方面加以监管,法院如何在受理破产申请、受理资产转让、债权转让等诉讼上进行监管,经信、农村农业部门以及乡村如何在企业、经营户平时的生产经营上进行监管等,相关单位都要有明确的监管职责,都要为普惠金融发展尽责尽力。

4. 信用信息共享不充分

目前,存在着银行机构和贷款的小微企业信息不对等的问题,银行机构手里掌握贷款户的信息太少,银行机构和相关政府部门协调信息还不是很通畅,由于政府没有很好地协调各部门所掌握的信息进行共享,使得各个部门之间就成为"信息孤岛",各自封闭、缺乏透明。虽然相关政府部门也有信用平台,但由于整合各部门信息不够,要求各部门提供的内容、任务也不明确,信息更新不快,很难实现信用信息共享,平台作用未能充分发挥。虽然相关政府部门为此也成立领导小组,也会召开联席会议,但力度不够,缺乏一个完整的、准确的社会信用体系。

二、国外与国内政府推进普惠金融发展的经验借鉴

国内外很多政府有着较为丰富的推进普惠金融发展的经验,其中美国通过法律法规明确职责范围,巴西政府通过商业银行的代理银行网点解决贫穷偏远地区无金融服务的难题。在国内,浙江台州通过专门机构大力支持普惠金融服务;江苏常州进一步健全征信体系,降低金融信用风险,提高金融服务覆盖面;河南开封兰考县打造"普惠金融+就业扶贫+基层党建"服务平台,提供贴息减免税费等多样政策。这些经验对淮安市政府都有一定的借鉴作用。

(一)国外政府推进普惠金融发展的经验

1. 美国:通过法律法规明确职责范围

美国政府非常重视法制在普惠金融业务发展中的作用,并严格贯彻了法制的基本准则。他们针对普惠金融业务在推进过程中出现的一些新情况和新问题,在立法上不停地修正,以促进普惠金融的体制良性运行。在这些立法中,对普惠金融实施有很大直接影响的立法主体有《社会再投资法》、《公平信用报告法》和《美国联邦存款保险法》,这3种立法都起到了相当重要的核心作用。其中,《公平信用报告法》重要功能在于对资源的公开、利用和对经济社会信息安全的保护,维护普通居民的个人信息权益与隐私权益。《美国联邦存款保险法》着重关注的是万一金融企业出现重大经营意外的情形,需要合理的措施保障广大普通百姓和股东权益报酬率,对金融资产的管理与分配提供了法律依据。

美国完整的法制系统,在促进普惠金融发展和金融市场公正管理等方面都起到了重要的作用。第一,在普惠金融法规的设置问题上,美国所采取的措施并非构建一种笼统的法规体系来监督管理普惠金融机构,而是在通过美国已有的一系列法规体系的基础上,在各个类型、各种层次之间相互交叉管理,达到了对普惠金融机构的全方位监督。第二,在美国的普惠金融机构法规制度中,美国已经对政府部门、市场监督机关、商业金融机构、政策性金融机构等之间的职责关系进行了明晰。第三,政府在普惠金融法规系统的构建上全面顾及了整个经营环境的可持续性问题。第四,国家不但在普惠金融法规的制定上下足了功夫,而且构建了信用信息系统、企业数据库等对监督管理工作加以辅佐,值得我们思考总结。

2.巴西:采用代理银行制度既增加服务点又减少投入量

巴西为了解决部分地区银行网点分布较少的问题,采用代理银行制度。巴西金融机构利用一些信用较好、布局合理的商场、邮局、药店等网点来解决银行网点不足的问题,银行和这些网点进行合作,签订协议,为银行代为提供金融服务。

(1)代理银行分布。巴西在每个镇都建立了银行代办机构,每个镇下面又设立代理金融服务网点,这就有效地为那些弱势群体提供了最基础的金融服务,解决了他们长期难以获得普惠金融服务的问题。为了节约成本和减少投入,他们有的和邮政部门联合,通过使用邮政站点而建立起来;有的和彩票连锁投注站形成长期合作伙伴关系;有的甚至和大型超市、药店、建材卖场等进行合作,这就为顾客提供了更加便捷高效的普惠金融服务。

(2)代理银行模式的积极作用。一是解决了成本较高的难题。设立一个代理银行网点的费用,大约不到设立银行网点的十万分之一。利用其他业务经营现成的经营网点、从业人员,减少政府补贴和福利补贴的投入,有效地降低了政府投资成本。二是大大方便了弱势群体。金融机构距离弱势群体更近了,享受起来更方便。三是解决了偏僻地区无金融服务的难题。以前地方偏僻,业务量少,金融机构不愿意设立机构,现在利用邮政、商场、药店代理,填补了金融服务空白区域。四是促进了小额贷款金融的发展。由于和其他实体经济联合,金融机构担心的问题多了一层保障,小额贷款发放更多了,风险也降低了。五是促进了经济的发展。一些偏远地区的资源很丰富,只是缺少资金和交通。这种模式带动了偏远地区和弱势群体的发展,为地方经济腾飞做出了贡献。

(二)国内政府推进普惠金融发展的经验

1.台州:通过专门机构大力扶持

浙江省台州市是个体企业、小微企业较多的城市,台州市政府为了扶持这些企业的发展,政策上对小微企业进行扶持,多家银行积极为小微企业提供普惠金融服务。一方面,金融机构下沉基层,热心贴近小微企业。多家银行机构都在社区支行设小微企业专营银行,小微企业专营银行一般都设在乡镇以下,一万多名银行从业人员一户一户摸排走访,时刻关注企业发展,关心企业需求。另一方面,台州市政府建立贷款监测机制。要求台州各银行机构对企业贷款进行监测,各银行机构设立检测点,按时开展数据搜集报送并及时走访了解,随时掌握企业的运行情况和融资状况,建立问题清单,简化贷款流程。

2.常州:健全征信体系

建立可靠的征信体系是降低金融风险的有效方法,只有建立好征信体系,才能保证普惠金融产品自身使用速度和良好的社会效果。近年来,常州市采取了很多有效的措施解决小微企业融资难题,尤其是加强企业征信系统建设。

首先,采取"大数据+常信贷",打开征信融资新局面。将小微企业的一系列真实的、多维度的数据上传到政府和金融机构平台,平台对这些企业上传的数据资源进行整合,经过信用评分体系和银行授信模块的审查,支持对小微企业贷款的自动审查和全面覆盖,节省小微企业融资时间,减少小微企业的融资成本。其次,使用"区块链+政采贷",发展普惠金融新模式。政府利用区块链技术,建成"政采贷"平台,全面打通政府采购、国库支付、银行征信、法院失信被执行人等系统的数据壁垒,实现相关信息共享共用,为金融机构获取相关企业和个人的征信信息提供方便,也为小微企业单纯靠信用、不需要提供抵押、不需要提供担保就能贷款开辟了快速通道。最后,依托"物联网+增信宝",探索企业增信新路径。携手国内知名物联网设备制造企业,依托物联网监管技术,创新推出增信类产品"增信宝",通过在生产型企业的车间、设备电路上加装"增信宝"产品,对企业生产设备运行状况实行动态监测,实现对企业用电、设备开工及运行效率比等关键要素的实时监控、全程采集和综合研判,为金融机构提升企业信用等级提供判断依据。

3. 兰考:提供贴息减免税费

河南兰考县针对农村地区金融网点分布少的情况,将普惠金融和农村便民服务体系相结合,将普惠金融添加到便民服务体系建设中,这既减少了网点建设,又节省了不必要的开支;既能让农民享受到普惠金融的同等服务,又不增加银行的额外负担。针对农民、农村经营户融资风险高、偿还能力保障弱等问题,兰考县政府还专门成立保险机构,设立信贷担保基金、风险补偿金、还贷周转金,用上级奖励的涉农贷款有关奖金购买普惠金融涉农贷款的相关保险,与有关商业保险机构协调,专门开设普惠金融贷款投资的产业投保项目,降低普惠金融贷款户的风险,保障普通农民、农业经营户的收益。

(三) 经验借鉴

1. 加大基础设施投入

金融服务基础设施一般是指支付清算系统。金融基础设施是做好金融服务的主要载体,是增强广大人民群众金融服务得到感的重要途径。支持工具一般包括现金、支票、商务发票、商业银行发票、商务银行本票、借记卡、贷记卡、网上银行、电话支票、移动支付、自动取款机等。但对城镇农村等地方的人而言,这种工具的普遍程度却还远远不够。没有金融基础设施,普惠性金融机构的运营效果就没有保证,金融机构的服务水平也就无法提高。推动地方金融机构加强基础设施建设,进一步完善普惠金融机构的发展环境,可以缓解地方金融机构资源分配不平衡的压力。

2. 多方参与有力推动

首先,做好金融机构监管间的有效衔接。虽然不同金融机构监管在各自监管范畴中的监督职能有所不同,但对于整个普惠性金融业的发展均具有举足轻重的影响。在整个监督流程中,要防止政策分化,在信息交流的基础上做好有效监管,制定政策措施时强调交叉配合,以防止单方面集中或将政策遗漏。其次,做好各地政府部门和监管体制组织之间的协同互动。最后,政府部门作为普惠性金融业发展建设的直接推手,应明晰各自定位,政府部门之间充分交流合作,积极倾听合理意见和建议。金融业监察部门要和当地人民政府形成合力,共同促进普惠金融业稳定健康发展。

3. 政府发挥监管作用

普惠金融的监管架构包括央行、银保监、证监会的"一行两会"。在实际监管方面,仍存在一些难题,如服务对象繁杂、业务内容复杂多样,监管责任也难以明晰,且不同行业、不同区域的监管方法与监管主体之间存在一定差别,而监管部门也与金融市场在一定程度上有所脱节。因此制定顶层设计、建立系统化监管制度,进一步细化监管规定,明晰监管主体,实施差别化的金融监管将会是最适应普惠金融进一步发展的监管方针。金融监管机构必须主动拥抱最新的科技和方法,进一步完善金融监管模式,通过灵活施策、精准施策,根据不同种类的机构制定更加有针对性的差别化金融服务政策,以形成良好的金融服务生态环境,从而进一步减少了中小型公司和三农群体的投资成本,从而使得普惠金融更好地服务于全民经济健康发展。

4. 完善信用体系建设

一是完善农业征信系统建设,以克服目前农村金融企业普遍存在的信贷盲点、信息不对称等问题,有效地推动了农业地产和农业普惠金融服务的发展。二是形成合理的信贷保障机制,推动风险管理能力和管理水平的提升。政府积极干预或融资,不断创新信贷增加额管理模式,实行多样化的信贷保障模式。同时,力求创新管理方法,以提升企业风险管理能力,维护完善的金融经营环境。

三、进一步加强淮安市
政府推进普惠金融发展的对策分析

虽然目前淮安普惠金融也在推广,但是推广力度不大。其表现为银行系统普惠金融部门热情高,其他部门关心少;金融系统推广宣传积极性高,政府部门推广宣传力度不够;城市个体经济使用普惠金融多,农村农业经营使用普惠金融少。因此,为了更好地发挥淮安市政府在普惠金融发展中的推动作用,需加强如下领域的工作。

(一) 强化政府推动作用

1. 加大政策宣传力度

加大政策宣传力度,各级政府要利用各种会议将普惠金融产品的目的、条件、贷款手续、简单和一般金融的区别宣传清楚,让广大基层干部了解清楚,乡村干部在自己了解政策的基础上再深入村组、社区进行广泛宣传,要利用好当地的电视、集市进行宣传;各金融机构要配合政府部门利用现有农村的金融网点进行宣传,并主动深入基层集市农村现场讲解和现场示范。选择群众身边的典型,选择那些已经使用普惠金融发展成功的案例,引导在外打工回乡人员、学校毕业回乡人员、有一技之长的家庭困难人员、回乡退伍军人利用普惠金融自主创业,让国家的惠民政策发挥作用。

2. 完善相关扶持政策

首先,要为金融机构开展普惠金融服务设置网点提供支持。凡是金融机构要在全市辖区内尤其是偏远农村设立金融服务网点的,政府部门要积极配合,给予协助;对涉及乡村集体用房的,只要条件许可,就要积极提供;对设置网点中遇到的矛盾要积极出面协调处理,对金融机构开展工作需要人力支持的,县乡村要给予协助,为金融机构开展普惠金融服务开绿灯。其次,要积极配合金融机构对辖区人员的征信调查,凡是线上能提供的,要积极提供;凡是线上无法提供的而需要线下提供的,要积极配合,如实提供。再次,要创新惠农政策和普惠金融政策的有机结合。如政府每年都对弱势群体有很多扶持政策,可以把这些扶持政策和普惠金融结合起来。变扶现金为扶贷款助创业,政府和金融机构联合,根据每个弱势群体的实际情况,帮助这些弱势群体选定可行的创业项目,贷款本金由政府从扶贫基金中支出,利息由财政补贴负担。既能发展地方特色产业,又能引导农民发家致富。最后,加大奖励力度。对县乡利用普惠金融效果好发挥作用大,产业和创业成绩突出,信用度高且使用普惠金融额度的进行奖励,并在年度目标考核中予以加分,以此推动普惠金融的发展。

3. 统筹部门相互协作

政府作为牵头部门要积极主动,定期听取金融机构在开展普惠金融服务方面存在的问题和困难并积极予以协调解决,指定专人分管负责这项工作;金融主管部门要负起责任,各商业银行保险机构要积极跟进,把普惠金融作为脱贫致富的一项政治任务落实好;保险机构要敢于担责,对弱势群体的创业产业和农村农业项目的开发利用的投保等部门要积极受理,保险机构要和银行机构密切配合,让保险和普惠金融一起推进,一起落实;公安、检察、法院要积极参与普惠金融的推广,严厉打击各种金融诈骗犯罪,积极取缔农村民间非法集资的筹资方式,引导他们利用普惠金融的惠民政策,积极倡导全社会诚实守信的良好社会风气。

(二) 健全基础设施建设

1. 加大硬件配套机制投入

一是市政府要呼吁中央财政和省财政加大对淮安市农村地区金融基础设施建设的支持力度,同时要求市财政在力所能及的情况下采取财政补贴、税费优惠等政策指导农村辖区内的银行机构积极增加农村金融网点的建设。可以向先进地区学习,和村居党群服务站、商业网点合作,在充分考察安全可行的情况下设立金融服务站;可以积极推进农村银行业机构参与金融惠民服务网络的建立,积极开展农村集市流动金融服务网点。二是抓住当地特色经济加大投入。根据各地所处位置的特点、区域内产业已形成的状况,地区资源的特色,创业人员的多少,再和金融机构协调,布置一些特殊银行网点,以扶持和促进特色产业的发展。三是加强网上银行建设。要求电信、移动等单位加大农村通信站点的建设,加大对互联网站、物流中心等的投入,保证农村电信、农村商品网上交易的畅通,引导银行机构和通信部门联合,保证线上线下交易网上结算的畅通,满足群众便捷、安全、高效的转账、投资理财等金融服务需求。

2. 完善信息服务平台搭建

信息技术早已被广泛应用到行业的各个领域。在普惠化金融服务领域,市政府要推进信息系统统一建设的进度,以打通各金融机构之间,工商、财税、电力、人力资源和社会保障、社会保险、公积金、法院失信被执行人等各部门之间数据的壁垒,为商业银行等普惠化金融服务的发展畅通道路,由政府部门主导,共同打造综合性的智能金融网络平台,带动商业银行利用网络、区块链、云计算技术、信息技术等现代信息化技术手段，进一步提升信息技术资源的使用质量与效益。在信息一体化的建设进程中，政府应该更加着重关注商业银行和部门之间数据的互联互通，进一步拓宽信息一体化建设的覆盖范围，让电力部门、水务部门等公共服务部门在平台上也能够与商业银行共享企业用电、用水等信息，可以和法院等执纪执法部门在平台上共享企业和个人履约诚信信息，打通各单位大数据和政府信息平台的路径，让更多的信息汇入政府信息平台，让各个单位的数据都能在这个平台共享。

（三）倡导多方风险分担参与

1. 丰富政府参与的补偿模式

市政府可出台相关财政风险补贴政策，也可以建立政策性投资保障组织，该机构可设立在财政局内部，也可由财政局内部一处室行使该职能。设立投资保障基金和风险补偿基金，风险补偿基金的主要功能就是由市政府为商业银行的普惠性金融信贷进行相应比例的风险补贴，让商业银行给这些小微企业、弱势群体创业发放免抵押的信贷，还可以按照这些小微企业和弱势人群创业规模的大小、创业的类别、科技含量高低、风险情况分别确定补贴标准，特别是针对初创式的高新技术行业提高风险补贴标准。这样才能消除商业银行内部对于经营风险考量的疑虑，从而助力商业银行普惠性金融服务的有效发挥。

2. 健全财政与税务等激励机制

一是实行对农村商业银行金融机构，如农村商业银行、农村金融惠民服务站等网点的定向业务收费补助，以减轻农村商业银行金融机构在开展普惠金融讲座、下乡入户搞宣传等业务时的开支；二是增加对银行机构投入"富民农户贷""富民产品贷""创业扶贫贷"等扶贫助农类信贷项目的补贴资金，同时还要对补贴资金实行预算管控和流向监测；三是增加对银行机构新增小微企业信贷、涉农贷款等的增量奖励，利用合理、高效的发展资金杠杆作用，引领银行金融服务范围更加向普惠金融服务方向延伸；四是合理的税收优惠促进普惠金融发展，严格落实中小企业所得税综合减免等减免税政策。

3. 融入保险等联动保障机制

针对养殖业、农业生产等新兴的农村经营主体行业，市政府可学习外地经验，尝试实施"政府+银行+保险"模式的小微企业直接投资方案。这种方法对农业经营主体无须进行抵押或保证，在投资过程中，由保险人为农业经营主体提供承诺型保险，用来防止因为意外损失、气候季节变化等不可控因素所造成的风险，其费用补偿和风险赔偿支持则由政府财政兜底进行补偿，以分担和防范化解农业中小微型公司的贷款风险，再由商业银行制定信贷利率，并相应降低信贷要求，为农业经营主体提升信贷等级,最后再进行放贷。这些办法既克服了农业经营主体没有抵押物或担保物的困难,又避免了因为气候、季节等不确定因素而造成的潜在风险,为农业产业发展奠定了有力的投资保证。保险公司也可采取这种方法开发农业保险市场,这实际上是农户、商业银行、保险公司三者合作共赢的新型投资模式,能够形成良性循环。政府将提高辖内保险公司与银行业机构合作的层次和深度,逐步建立覆盖直接物化成本、总成本乃至基本收入的农业保险服务体系,促进农业增效和农民增收。

(四)强化政府监管作用

1. 完善政府监管制度

淮安市普惠性金融监管主要是市政府的各个部门,包括市里成立的有关领导小组、人民银行、银保监会等,由于这些主体各自的职能不同,分别承担着各自的金融监管职能。应构建各层级之间的信息系统监管协作机制,以加快信息资源共享的进度,并消除因不对称带来的阻碍。地方政府与监管部门应当根据各自监管部门授权范围内的事务出台具体监督管理细则,明确对各商业银行的负责范围,并健全责任追究与认定等制度,同时本着求真务实的原则,加强尽职免责要求。其中应当重视的是,政府在落实责任主体制度的过程中要畅通内部投诉渠道,充分倾听当事人建议,及时调取有关证据,以确保客观性与公正性。在监督管理过程中,政府需要完善监管细则,关注商业银行在普惠性融资政策实施时的问题。

2. 明确差异监管职责

淮安市行政监管机构对普惠金融的监管规范,需要兼顾到各商业银行、各地区政府的具体差异,并实行针对性的监管,既要符合国际统一的金融监管规范,也要符合本地区经济社会快速发展的基础发展规律。例如,根据地区不同种类的金融机构,在经营范围和存款准备金方面实行区别对待。而针对经济社会较为落后地区的地方金融机构,在符合国家统一金融监管规范的条件下,制定适合于本地区的金融监管细则,并相应增加对不良贷款的容忍性,以适应本地区对普惠金融蓬勃发展的需求。淮安市政府还应健全风险预警制度,迅速确定可能发生的金融风险,有效化解经营风险,减少发生系统性风险的概率,支持金融机构和地方金融组织降低中小企业综合融资成本,提升金融服务水平。

3. 建立专业人才队伍

加大监管人才队伍的建设,要抽调和招录一些思想品质好、业务素质高、自我约束强的人才组建监管队伍,加大对监管队伍专业素质的培养力度。要充分调动监管队伍的积极性,制定政策鼓励他们监管的积极性,对一些素质好、业务精、能力强的同志大胆使用,对各银行机构提出来的好的监管措施要积极采纳,努力降低普惠金融风险,不断提升地方普惠金融的监管水平。地方金融组织经营管理专业性较强,需要熟悉经济金融、法律法规等领域的复合型人才,企业作为培养人才的主体,要充分认识人才的重要性,把人才培养放到前端,有效提升人才层次、形成梯次,推动企业高质量发展。

(五)完善信用体系建设

1. 落实信息采集披露

市政府要充分认识征信工作的重要性,努力构建企业征信服务体系,促进普惠金融发展,优化地方营商环境,提升综合治理水平,增强普惠金融纳入总体规划提升。市政府首先应当发挥市场化征信组织功能,避免征信业务垄断,有效鼓励征信组织之间的公平竞争。其次,逐步拓展征信体系的信息收集范围,除了以往传统的政府金融信息的收集工作外,注重完善对其他非金融信息内容的收集工作,逐步完成对公积金、社会保险、水电、涉案情况等公共事业单位多领域有关信息的常态化收集工作。再次,要着重关心薄弱环节,目前小微企业与农村信用市场的建设还较为滞后,要推进对这两个部分人群的征信系统建立进程,逐步健全农村征信市场平台的信息收集制度,并实行将常态化采集和重点收集信息有机地结合的办法。最后,重视诚信意识的宣导工作,让社会所有公众都充分认识到征信信息的重大意义,每名公众都严格要求自己,保持良好的诚信记录。可以通过积极开展信用科普、信用知识讲座等教育活动,来提高全公民的信用认知意识。

2. 增强群体信用意识

继续提升金融服务教学水平,将金融服务的基础知识引入学校教学体系中,从教学入手,着重提升金融服务困难人群的金融服务教学水平,以实现全民金融服务素养的全面提高。建议结合目前全国各地的诚信体系建立工作,通过政府部门与商业银行的联合,继续举办金融服务意识下乡、金融服务意识进社区等公益活动。尤其是针对村镇金融机构,每季度至少要举办一场金融服务意识进社区、下乡村等公益活动,宣讲具体内容也不局限于商业银行卡信用卡意识、反假币宣传、金融理财产品宣讲、信用宣传等,以提高社区市民、乡村农户的金融服务意识以及让其进一步了解金融机构的业务优势等。建议进一步充分发挥农村公益教育组织机构的功能,通过整合农村农业学校现有培训教材资源,将农村金融教育的有关内容纳入农业日常公益宣传。通过推广,广大农民群众和农村村干部能够深刻了解到农村金融服务对致富的重要意义。

淮安市
自闭症儿童教育推进对策研究

戴婷婷

（学号：1120203387）

自闭症儿童是一个集语言、交流障碍和有刻板行为的特殊群体,归属于广泛性发展障碍的范畴,被称为"特殊儿童之王",社会上称之为"来自星星的儿童"。自闭症儿童及其家庭是当今社会最弱势、最困难的群体之一,他们需要政府关注他们的全面持续发展,需要政府大力推进他们的教育改革,为他们追求幸福生活赋权增能,从而确保他们有能力和全国人民一起平等地共享全面小康和现代化的美好生活。

一、淮安市自闭症儿童教育推进现状

在特殊儿童教育资源方面,根据《淮安统计年鉴(2020)》提供的数据,淮安市特殊学校总数 7 所,在校生总数 1 013 人,毕业生总数 126 人,招生总数 103 人,专任教师总数 204 人。全市共有 10 所自闭症儿童康复机构,在训儿童 600 人,已有300 名自闭症儿童得到康复救助。

（一）目前所采取的措施与成效

1. 采取的措施

（1）依法保障入学权利。作为淮安市教育主管部门，市教育局在每年秋季的招生工作中，都根据教育部、江苏省教育厅对残疾儿童入学的明确要求，依法保障包括自闭症儿童在内的特殊儿童的入学权利，推动融合教育的实现，以随班就读这种方式作为首选，根据就近的原则对轻度残疾儿童少年做出安排，确保其可以接受义务教育。

（2）提高财政补助标准。2020年，淮安市下发了《关于完善残疾儿童康复救助制度的通知》，简化救助申请程序，并提高自闭症儿童的救助标准，从每人每年1.72万元提高到1.8万元。淮安市民政、财政、医保、残联等部门联合下发了《关于进一步加强困难家庭残疾人、大重病患者最低生活保障工作的通知》，对适用对象和补贴标准进行了明确规定。

（3）发展"康教结合"教育模式。淮安市以市妇幼保健院为试点基地，大力发展特色儿童康复工作，其中创新发展形式的治疗双卡制（即康复治疗卡、康复随访指导卡），对于自闭症儿童教育的推进起到了持续有效的康复指导作用。同时，这项工作也推进了教师、家长的专业培训。

2. 取得的成效

（1）自闭症儿童的早期康复教育取得了初步进展。根据相关调查显示，随着淮安市近年来对所有幼龄儿童的定期体检工作落实逐步到位，3岁之前有明显症状的自闭症儿童大多在官方指定医院完成相关检查并确诊。少数轻度自闭症儿童已经回到普通学校就读，受到国家规定的隐私保护政策，摆脱了自闭症的困扰。全市目前共有10所自闭症儿童康复机构，在训儿童0.06万人。其中淮安经济技术开发区星宝贝智乐园集学前教育和康复于一体，成为全省首家开展融合教育的机构，目前已帮助15名自闭症儿童进入普通小学就读。

（2）自闭症儿童及其家庭有了融入社会的交流平台。为有效帮助包括自闭症儿童在内的残疾人及其家庭解决处理好实际困难和问题，淮安市开通了"12385"残疾人服务热线，并实现了其与"12345"政府热线的平台对接。有关残疾人政策咨询、维权、组织建设、康复、教育、就业等问题，由市"12345"政府热线服务平台统一受理、统一回复，确保了残疾人咨询等服务渠道的畅通、正规、高效，残疾人需求服务又多了一个新的保障手段。同时，淮安市"政风热线"电视节目，现场向残疾人解答补贴发放、残疾证申领、光伏扶贫等惠残政策。全市各级残联还普遍建立了联系残疾人的微信群，积极推进"党建助残"志愿服务活动，依托"党员活动日"开展各类助残活动，带领残疾人走进周恩来纪念馆、周恩来童年读书处、西游记主题公园等地,帮助残疾人深度融入社会生活。

(二)淮安市自闭症儿童教育推进情况问卷调查及分析

1. 数据来源

数据来源于 2021 年 8 月笔者对淮安市 157 位特殊教育教师、相关职能部门工作人员和自闭症儿童家长所做的问卷调查,共获得有效问卷 157 份。其中,特殊教育教师 16 人,占 10%;自闭症儿童家长 133 人,占 85%;相关职能部门工作人员 8 人,占 5%。

2. 群体概况样本描述及分析

(1)各年龄段分布情况。从淮安市自闭症儿童年龄分布来看,3 岁以下确诊的自闭症儿童占比超过 47%;3~6 岁这个年龄段的比例下降至 32%;7~12 岁以及 12~14 岁的比重都进一步减少,14 岁以上显示没有数据。这说明对自闭症儿童实施的早期教育是非常有效的,少数轻度自闭症儿童已经摆脱了自闭症的困扰。但值得注意的是,大龄自闭症儿童已经超过特殊学校及培训机构接收年龄,且疾病严重程度导致其无法进入普通学校学习,这部分儿童只能滞留家中。

(2)各年龄段障碍程度比例情况。通过 3 个不同障碍严重程度在各个年龄段的比例变化,我们可以看出,轻度自闭症儿童比重稳步上升。这证明了持续的教育已经促使相当一部分自闭症儿童的核心症状减轻,他们是有能力获得科学的知识以及有效的生活技能的。中度和重度障碍的比重逐渐下降,是因为在各方面的作用下,已经统计到的自闭症儿童的障碍均已有了不同程度的好转。

3. 教育推进概况样本描述及分析

(1)接受教育地点分布情况。目前淮安市只有 7 所公立特殊学校,对自闭症儿童的招生名额太少,只有轻度自闭症儿童以精神发育迟缓的名义拥有报名入学资格,事实上中度及重度自闭症儿童往往被拒之门外。所以大部分 0~14 岁自闭症儿童进入私立特殊教育机构接受教育或由家长负责教育。

(2)教育支出情况统计。目前淮安市残联每年补助自闭症儿童 1.8 万元的康复补贴,人均每月 0.15 万元。但是在统计中,22% 人均每月花费约为 0.3 万元,56% 人均每月 0.3 万~0.5 万元,其余人均每月花费 0.5 万元以上。从调查结果来看,政府补贴远远不够支付自闭症儿童的教育支出费用。自闭症儿童大部分的教育支出还是由家庭来承担。

4. 相关职能单位概况样本描述及分析

(1)部分职能单位工作重视程度不够。从相关调查数据来看,几乎所有职能单位的工作人员都认为本单位重视自闭症儿童的教育推进工作,能够做到及时传达最新的文件精神,部署相关工作;但是其中有少部分单位在推进教育工作中管理不到位,存在"重部署,轻落实"的现象。

（2）部分职能单位工作缺乏计划性。有6名职能单位工作人员表示本单位有自闭症儿童教育推进工作方案,但是其中有4人表示未按照工作方案执行;有1人表示本单位没有制订相关工作方案;有1人表示,不清楚相关情况。这说明,有一部分职能单位教育推进工作缺乏计划性。

（3）部分职能单位工作人员缺乏责任心。37.5%的被调查工作人员非常清楚本市各个年龄段以及各个程度的自闭症儿童目前接受教育的情况;还有62.5%的工作人员只是知道大概的情况。这说明有一部分工作人员的工作责任心还有待加强。这也说明有少部分自闭症儿童在政府教育推进的盲区。

（4）推进体制有待进一步理顺。调查中,100%的工作人员认为在推进自闭症儿童教育工作中本单位与其他单位之间存在推诿问题。这说明自闭症儿童的教育推进体制有待进一步理顺,也从侧面反映出该市教育推进缺乏合力。

5. 教育推进效果反馈相关概况样本描述及分析

（1）教育推进总体效果反馈。调查中,100%的家长对自闭症儿童的教育效果持肯定态度。这充分说明自闭症儿童的教育推进非常正确,必须加大推进力度。

（2）对特殊学校及特教教师的评价。大多数家长对特殊学校及特教教师的教育持肯定态度。

（3）对普通学校及融合教育的评价。大多数自闭症儿童家长对普通学校及融合教育的评价不高。

（4）教育推进工作受阻的主要原因。在教育推进工作受阻主要原因的调查中,担忧孩子上学问题所占的比例最高。此外,社区其他人的不理解和鄙视位居其次。因不懂教育方法而感到无助以及没有相应的政府部门进行支持与指导所占的比例均很高。

（三）淮安市自闭症儿童教育推进存在的问题

1. 自闭症儿童教育平等权利难以真正落实

作为患有先天性精神障碍的残疾儿童,自闭症儿童应享有教育平等权利,包括接受义务教育的平等权利与获得适当教育补偿的权利。虽然最近几年淮安市为包括自闭症在内的所有残疾人提供了不少沟通交流平台,使得残疾人在生活中遇到的实际困难都能及时得到反馈。但是在接受教育的问题上,政府并没有出台专门的、强制性的制度来保障,目前还是主要依靠自闭症儿童的家长积极争取来推动,并且结果大多不尽如人意,未真正落实自闭症儿童教育权利平等。具体表现为以下两方面:

（1）未实现起点平等。目前，自闭症儿童能够不受歧视地接受教育几乎无法落实，根据调查显示，自闭症儿童的家长普遍反映孩子入学难，虽然孩子经过不断地教育康复，已经可以进入普通小学接受义务教育，但是仍被所申请学校以不符合入学条件为由拒之门外。而作为教育推进的主管部门，淮安市教育局也没有强制规定，要求普通中小学不得以各种理由拒收适龄自闭症儿童入学。淮安市特殊学校又以招收生活自理能力强的听障残疾儿童为主，对于有社交障碍的自闭症儿童，也是以种种理由拒收。所以绝大部分自闭症儿童都只能选择进入私立教育机构接受教育。

（2）未实现中介性阶段平等与最后目标的平等。即自闭症儿童在受教育过程中未被一视同仁地对待以及享受平等化的学业成就机会。少部分"幸运儿"进入了普通中小学以及特殊学校接受教育，但目前教育的客观条件难以达到满足自闭症儿童教育的特殊需求，比如，自闭症儿童在接受教育过程中，由于自身社交障碍以及刻板行为，会对其他同学及上课环境造成影响，再加上目前整个社会对自闭症患者的不了解和歧视，会使他们遭受校园霸凌。总体来看，自闭症儿童在普通学校和特殊学校"融而不合"，最后也多以家长选择主动或者被动退学来结束。

2. 公共服务资源供给数量不足、质量较差

从目前淮安市的推进状况来看，自闭症儿童教育推进的资源供给数量不足，且质量较差，未能满足自闭症儿童及其家庭的实际需求。根据调查显示，这一特殊群体对这项工作的总体满意度不高。虽然公立特殊学校和普通中小学实行免费教育，但是能真正获得这两种教育资源的自闭症儿童很少，所以绝大部分自闭症儿童只能选择去私立教育机构接受教育。

目前，淮安市自闭症儿童得到的财政补助是统一的康复训练补助和残疾人补助两部分。为了保证康复补助专款专用，自闭症儿童的专项补助以抵偿特殊学校的学费或者具有资质的医疗康复机构的康复经费的方式发放，自闭症儿童唯有在获得资质的学校或机构中学习或康复治疗才能享受这一政策。然而现实情况是，目前特殊学校及机构的数量本来就不多，获得资质的就更加有限，相当一部分自闭症儿童无法进入此类学校，这就意味着这一群体的大部分人依然无法受惠于这项补助。除了通过学校或机构发放的补助外，许多自闭症儿童还能够通过领取残疾人证以领取残疾人补助。但是调查显示，大部分自闭症儿童家庭因为害怕领取残疾证会对自闭症儿童未来发展有负面影响而未申请领取残疾人证，这使得他们直接缺失了这部分补助。

目前淮安市残联每年补助自闭症儿童1.8万元的康复补贴，但只有10所有资质的自闭症儿童教育康复机构，从数量和质量上都无法满足自闭症儿童的教育需求。每个自闭症儿童的残障程度不同，在病状程度也各不相同的情况下导致许多家长必须选择进入私立教育机构，以集体教学加个别训练的教育方式来教育自闭症儿童。从调查结果来看，政府补贴远不够支付自闭症儿童教育支出费用，实质上自闭症儿童教育费用支出主要依靠家庭供给，给自闭症儿童的教育推进工作造成了严重的制约。

3. 家长主体推进作用受到严重制约

自闭症儿童的教育推进有其特殊性，涉及包括政府、各类学校、家庭、社区等多个主体，多中心协同治理理论强调各治理主体之间应当加强合作与协调，形成合力。但由于自闭症儿童缺乏与外界沟通的能力，大多是在多种要素的影响下被动接受，主要是通过家长来做出相应反馈。在淮安市自闭症儿童教育推进项目中，自闭症儿童教育推进的家长主体推进作用受到严重制约。目前，淮安市自闭症儿童的家长群体与政府之间的有效沟通平台尚未建立，使得相关部门所做的努力与关切没有那么精确，和家长的期望与需求出现偏差，教育推动工作的效果也因为供给错位而大打折扣。在调查中，部分家长反映，政府个别部门并没有将落实自闭症儿童教育的工作作为一项长期工作，只是把由卫生部门确诊的自闭症儿童登记在册，负责发放固定经费当成任务来完成。

4. 社区推进主体严重缺位

社区是多中心协同治理理论所强调的一个至关重要的自闭症儿童教育推进主体，因为自闭症儿童教育推进需要广泛的公民参与，在全社会营造一个帮残助残的有爱氛围。目前，淮安市社区服务系统没有建立起来，即便有零星的服务机构，机构之间也是各自为政，缺乏合作和协调机制，难以形成合力。其具体表现为，淮安市社区建设实施体系还不完善，没有自闭症儿童教育推进配套的教育资源支撑，包括基础性环境设施、专业教育人员和托管机构。社区无法为自闭症儿童及其家庭提供基本的照料与托管服务，不能为社区内的自闭症儿童教育推进提供实质性帮助。

（四）存在问题的原因分析

1. 职能单位权责关系不明

在自闭症儿童教育权保障方面未形成本市范围内强制性的制度管理，仅仅依据国家层面上对自闭症儿童的受教育保护权利的相关法律法规来推进本市的自闭症儿童教育工作。相关的政策规则缺乏相应的灵活性与针对性，导致政府未清晰各职能部门具有怎样的权责关系，发生争议时难以有针对性地解决问题，亦无法有依据地追究责任。

2. 公共服务供给机制不健全

淮安市在教育配备方面没有落实到位。义务教育公办学校基本没有专门的特殊教育教师,大部分都是为了完成上级要求,任命普通中小学教师兼任,现实条件无法完成协助落实自闭症儿童各项融合教育的服务工作。而在特殊学校里,政府也没有配备足够数量的专业自闭症儿童领域的特殊教育教师,在编制、教师待遇方面,没有特别考虑到本市自闭症儿童受教育难的实际情况。

在经费投入方面,虽然淮安市政府对自闭症儿童的资金投入比例逐年提高,现在自闭症儿童每年每人能获得1.8万元的补助金额,但由于政府没有设立专门的用于自闭症儿童教育康复的财政资金,特殊教育经费更多地用在了学生的康复上,而没有用在学生的教育教学上。地方政府缺乏对自闭症儿童教育公共服务供给的额外财政支持。

此外,淮安市目前还没有专门性的自闭症儿童服务领域的志愿服务组织,志愿公共服务资源并没有得到整合和利用。淮安市现存供给结构不能充分提高社会组织以及志愿者参与的积极性,导致公共服务供给人员数量缺乏、服务供给总量不足,且质量不高。

3. 家长参与机制不健全

对淮安市当前自闭症儿童教育推进情况进行分析后不难发现,政府相关部门管理观念未能真正转变,缺乏服务意识,也未按照地方实情对工作方式做出调整,和服务对象之间也未能构建对话机制。而自闭症儿童家长的权利意识和参与意识也不强。这就导致沟通不畅,对于自闭症儿童的教育产生不利影响。

4. 社区推进服务滞后

社区治理资源匮乏且投入有限。淮安市社区建设和社区治理主要依靠政府的公共财政支持,除此之外,来自社区的居委会、社会组织及社区居民自发的募捐等部分微乎其微。社区发展资金来源相对单一的现状,使得社区自主形成自上而下的行政力量来主导社区内资源的具体分配方式。社区缺乏资金导致基础设施建设得不到完善,难以建立和维持社区管理以及培养稳定的专业人才队伍等问题,具体表现为社区工作者年龄结构老化、知识水平不高、服务质量不高等。社区公共服务水平跟不上,就难以应对多元化和多层次的居民需求。而基层社区许多实际问题也因为资金和资源的投入有限不能及时解决,最终表现出社区自治的自主性和内生动力不足、自治功能发挥不畅和社区治理低效等常见问题。

二、国外与国内其他地区
自闭症儿童教育推进的经验借鉴

(一)国外自闭症儿童教育推进的主要做法

1.英国:部门间合作模式

从20世纪70年代开始,英国政府不断通过立法手段,加强特殊教育与普通教育的融合模式,建立了"部门间合作模式",严格保证每一名儿童都能接受合适的教育服务。其特点是自闭症儿童教育推进政策的系统性和连续性,采用纵向和横向并行的方式来推进自闭症儿童的教育发展。从国家层面上,设立中央教育科学部门,负责管理和监督地方教育部门具体实施工作。从地方层面上,各地方教育部门会把教育推进的详细内容下沉至各教育机构如学校等。实施教育推进时,特殊教育人员与相关职能部门协调合作,统一整合特殊儿童的全部信息,让各个部门之间的合作模式能够有序完成。核心工作人员的任务在于对部门之间应用合作模式的情况进行协调并加以监控。

"部门间合作模式"是一个多部门的专业人员有效地合作参与模式,提供了各式各样的教育配套服务,面向的是全部特殊儿童,自闭症儿童也是囊括在内的,可以让他们及他们的家庭存在的教育需求得到满足。这一模式会牵涉多家部门机构:教育部门、卫生部门、志愿者支持机构、社会服务部门等,各个部门都安排专人负责,内容包括对自闭症儿童的教育康复测评、教育支持以及教育发展建议等工作。

2.日本:特别支援教育

2004年12月日本《发展障碍者支援法》出台,这是日本第一次通过立法的方式把因为脑机能受损而产生的低龄化症状纳入"发展障碍"的范畴,如自闭症等,同时在特别支援教育对象中增加发展障碍儿童这一类。为对特别支援教育提供更大的支持,2008年《特别支援学校学习指导要领》出台,师资培训课程及相应的考核标准也被重新修订,有关经费与项目被加入其中,提出政府、企业以及学校应当更加积极地参与到教育辅助活动中来。日本政府特别重视对残疾儿童(包括自闭症儿童)的师资队伍建设,通过加强特别支援教师资格认证、加强特别支援教师职前教育和提高特别支援教师职后进修等措施,以保证残疾儿童得到合适的教育保障。

3. 美国：保障家长参与权

美国的特殊教育运转机制强调保障家长等利益相关方的参与权，要求为特殊教育研究及示范方案成立专家研讨小组，规定家长在评定、诊断和制订个别教育计划中的权利，并要求各州按规定成立残障儿童教育顾问委员会，其成员必须包括残障人士、特殊儿童教师、残障儿童家长等各方代表；要求各州按规定成立全州机构间协调委员会，成员中必须有至少 3 名残障婴幼儿家长、至少 3 名公立或私立早期干预机构代表、至少 1 名州议会代表、至少 1 名特教师资培训者代表以及其他有关代表，以保障决策过程中家长及相关组织的密切参与，促进对于受教育权保护的最大化。

（二）国内其他地区自闭症儿童教育推进的主要做法

1. 上海市：自闭症儿童教育指导中心

上海市自闭症儿童的教育推动工作得到了上海市政府的大力支持。上海市于 2010 年成立了"上海市自闭症儿童教育指导中心"。该中心是上海市自闭症儿童教育专业指导机构，职责在于对自闭症儿童教育展开探讨，在全市范围内提供业务指导、服务以及培训。该中心的总部设在上海市宝山区培智学校，宝山区教育局承担日常管理工作，上海市教委承担业务指导工作。该中心的主要职责有：开展自闭症儿童教育研究，实施自闭症儿童教育指导；为本市各区开展自闭症儿童教育评估、课程与教学、个训、家校合作等提供指导，提高教师开展自闭症儿童教育干预的能力，促进自闭症学生发展；组织自闭症教育培训，提高教师开展自闭症教育干预的专业能力；提供自闭症教育服务，为有特殊需求的自闭症儿童提供专业服务，为自闭症儿童家长、教师及相关人群提供教育资源与交流平台，宣传上海市自闭症儿童教育的模式和经验。

2. 宁波市宁海县：多重财政投入

宁波市除了发放上级财政拨款之外，还鼓励本市各县区加大对自闭症儿童的财政投入。其中，宁海县政府全额拨款确保包括自闭症儿童在内的所有特殊教育学生和随班就读学生 15 年基础教育全免费，每生每年按普通学校学生的 10 倍下拨公用经费，每生每年下拨 1 500 元用于爱心营养餐，县残联和教育局每年为每个学生发放 2 000 元困难补助金。同时，广泛发动民间机构参与助残助学活动，如"孙均六"特殊教育奖教助学基金和培智体彩教育基金每年发放 7 万元助学金用于家境困难学生；爱心企业和爱心人士每年献爱心关爱残疾儿童。据该县人民教育基金会统计，2020 年以来，全县共筹集残疾学生助学奖教金 675 万元，覆盖包括自闭症儿童在内的所有残疾学生。

3. 南京市：自闭症儿童康复线上交流会

受新冠疫情影响，自闭症儿童家庭需要通过网络线上平台来学习最新的教育理论知识和实际操作经验。2021年5月，南京市外办、市残联赴雨花台区考察自闭症儿童康复工作，并与雨花台区残联就自闭症儿童康复国际经验交流达成一致。同年9月，由南京市外事办牵线，南京欧皮孤独症社会工作中心和日本北海道"麦之子"会围绕如何提升自闭症儿童的教育水平，举办了一场发育障碍儿童康复的线上交流会。通过此次会议，两家机构就如何设计科学有效的康复计划、如何在咨询时回应家长的期待，减轻他们的焦虑和担心、如何更有效地进行家庭指导、家校之间怎样协同才能给孩子带来更大的支持、怎样对自闭症儿童提供帮助才能让他们更加适应社会生活等问题进行了深入探讨。交流合作，经验互鉴，有助于自闭症儿童更好地成长，同时减轻自闭症儿童家庭的负担。

4. 沈阳市：阳光之家送课程

要使包括自闭症儿童在内的精神、智力发展障碍儿童得到社会各界的广泛关注，社区就必须拥有一大批志愿者和志愿者团队。阳光之家志愿者服务即是一项关心残障人士的社会实践活动，号召发动更多的人加入进来，让爱在更多人之间传递。"阳光之家"是一个由社区组织，针对18~40岁有智力残疾的托管机构。服务人员经常开展一些切合实际的教育训练工作，开展各种生活模拟训练，培养学员自理能力，帮助学员不断成长进步。除此以外，还召集有特长的志愿者教学员们绣十字绣、做手工串珠、编中国结等，为他们未来能够自食其力打下基础。自2017年年初以来，沈河区社区学院每周一次给阳光之家送各种丰富多彩的课程，内容包括非洲鼓和绘画课程等，让特殊群体的孩子在感受快乐的同时，挖掘自己的艺术潜能，让他们的生活变得丰富多彩。

(三) 经验借鉴

1. 完善纵向治理体系

目前，淮安市政府在相关机制的设立与运行中，缺乏有活力、有想法、有主见的作为，未结合本市自闭症儿童教育的实际情况来落实政策。因此，淮安市政府应结合本地区实际情况，充分发挥主观能动性，持续有效地推动本地自闭症儿童教育的发展。从政府层面，需要从上而下将对自闭症儿童教育工作的推进作用发挥到最大，把来自政府的推动落实到每一个自闭症儿童的身上；明确各职能部门的具体职责，如出现违反的问题，要及时追责；通过合理的绩效评估制定相应的制度，保证能够满足公众的需求，并将其作为衡量公共服务的绩效评价标准，使绩效评估更加科学化。

2.加大财政补助投入力度

长期以来,自闭症儿童的公共服务主要依靠政府的财政保障。然而,由于基层政府财政较为紧张,政府及相关职能部门对自闭症儿童教育推进工作的重视程度不够,导致政府难以投入更多的资金推动自闭症儿童教育进一步发展。对于教育补助标准低这一问题,如果仅通过市级财政统筹这一种方式提高标准难以解决,那么就可以利用市、区这两级财政进行叠加补助,各县(区)可以以市级补助为主,从自身的财政情况出发,提供相应的财政补助,这样就可以起到变相提高教育补助标准的作用。同时,政府可寻求社会赞助来丰富供给资金,广泛发动本市社会组织积极参与推进自闭症儿童教育活动。此外,财政补助政策应及时调整,扩大补助范围。特别是将 14 岁以上的大龄少年纳入救助范围,进一步减轻残疾儿童、少年的家庭负担,保证康复训练的连续性,让这些残疾儿童、少年得到及时、有效的康复服务,为加快发展高质量、全生命周期的康复服务奠定坚实的基础。

3.建立家长参与平台

家庭对于推进自闭症儿童的教育工作具有重要的意义。自闭症儿童的家庭教育不仅仅可以强化教育康复起到的效果,而且家庭起到的教育支持作用相当于一座桥梁,让他们能够更多地接触社区以及学校等复杂的社会环境。所以,政府还是要把家庭当作一个教育单位,通过家庭照料者起到的引导作用实现对自闭症儿童的教育。相应地,通过家庭起到的纽带作用,推动自闭症家庭之间的互动交流,这样就可以给社会互动打下很好的基础。随着淮安市自闭症儿童教育发展不断推进,家长主体会不断提出更高的要求,尽管这会给有关部门带来很大压力,但他们所提的要求恰好是政府想要、需要得到的反馈,这将帮助政府清晰明确地推进自闭症儿童教育的持续健康发展。这正是家长和政府共同的心愿,所以政府应该建立家长参与平台,建立良性沟通机制,畅通正常交流渠道。

4.完善社区服务内容

社区融合是自闭症儿童及其家庭能够实现持续发展的一个重要途径。社区为之提供和谐的人文环境与自然环境,这些环境中还包括很多学习资源,自闭症儿童可以在其中完成社会化学习。社区应当加大专项服务力度,让自闭症儿童及其家庭能够更多地参与到社区活动中来,让他们的生活质量得到提升,帮助自闭症儿童及其家庭更好地融入社区生活,更全面地享受社区服务,更平等地共享社区资源。在对整合资源进行了融合之后,社区也对社会组织以及高校志愿者等多种资源进行充分调动,不仅仅能够对融合圈层起到促进作用,社会大众也能够对自闭症群体形成更为正确的认知,认知上存在的偏差也能得到纠正。

三、进一步推进淮安市自闭症儿童教育的对策

(一)深化顶层设计、明确权责关系

1.深化政府推进顶层设计

淮安市自闭症儿童的教育平等权利的实现离不开政府相关制度、政策的统筹规划。淮安市政府应该明确提出"零拒绝"和"全覆盖",确保全市范围内每一个自闭症儿童都能享有平等的教育权利。在确保自闭症儿童实现教育起点公平的前提下,政府应该重点保障自闭症儿童教育推进的连贯性和持续性,配备专门的负责人员全程监管自闭症儿童接受教育的情况,落实过程公平,加大结果公平的可能性。

政府应该从组织制度层面指导各部门联合推进自闭症患者的教育工作。在医疗方面,落实卫生部门对适龄儿童进行专业医学评估,对确诊的自闭症儿童进行跟踪评估;在教育方面,为全市自闭症儿童方面的特殊教育教师提供专业支持;在社会环境方面,针对突发公共卫生问题,如自闭症儿童或其家庭成员突发疾病等,提前采取应急处理措施,从各方面统筹安排,确保这项工作的稳步推进。

2.明确相关部门权责关系

政府应基于推进系统工程编制权力清单,从宏观上对各职能部门所拥有的权力边界和活动范围进行统一规定,明确各部门的职责权限,从而防止各部门"权责交叉""多头执法""相互推诿"等问题出现。

教育部门承担全市特殊教育统筹管理工作,协助做好特殊教育的规划、布局调整工作,指导特殊教育教学改革试验及成果的推广,指导特殊教育学校的招生、学籍管理与学生综合素质评价。卫生部门负责全市范围内婴幼儿发育情况的筛查工作和康复训练指导工作,对自闭症儿童进行体检、提供诊断并且提供招生筛查服务,对于学龄儿童提供就学咨询服务,定期对在校儿童复查并且提供康复指导。残联主要负责对已经登记建档的自闭症儿童及其家庭提出的意见充分提取,把他们的需求如实地反映给政府,帮助这一特殊群体的合法权益得到保障;加大残疾人事业的宣传力度,让自闭症儿童及其家庭能够更好地和社会、政府进行沟通;对全社会进行教育动员,让他们对自闭症儿童给予更多的理解、关心及尊重;积极开展自闭症儿童教育、康复、社会服务等多项工作,创设良好条件,帮助他们积极、平等地融入正常生活;对政府关于残疾人事业相关的规范、法规、计划以及政策的分析、制定以及施行提供专业帮助,在相关业务领域内为自闭症儿童及其家庭提供科学指

导并进行统筹管理。

3. 强化各部门合作

各部门合作是推进淮安市自闭症儿童教育工作的主要保证,只有各部门密切合作,才能实现一体化、一站式的综合服务,才能使推进工作得以持续。教育部门针对淮安市 0~3 岁的儿童,与市内医院儿童保健科联手推出高危儿童早期干预项目,为早期有咨询和干预需要的家长提供有效服务。针对 3~6 岁自闭症儿童,教育部门开展随班就读和特教班,保证自闭症儿童能进入普通幼儿园接受融合教育;指导并监督全市范围内的幼儿园,通过教学开放活动,引入学生融合活动,帮助所有教师和家长树立融合教育的理念;在九年义务教育阶段,加大融合教育的力度,为自闭症儿童的教育提供全方位的服务。卫生部门将康复技术与教育理念有机结合,深入推进医教结合工作的开展,不断完善医教结合机制,形成促进特殊教育的社会合力,以高质量的特殊教育专业技术服务于特殊孩子,全面提高特殊教育学质量;开展自闭症儿童教育专项评估,提供自闭症儿童"一生一档"方案专业指导。

(二)健全服务供给机制

1. 加大各年龄段财政投入力度

对 3 岁以下确诊的自闭症儿童,政府应当划拨专项经费用于建立早期训练中心,创建专门的学前教育机构,从政策上给予大力指导,从财政上给予大力支持。政府通过专项财政拨款提供财政保障,切实保障轻度自闭症儿童接受融合教育权利。对于适龄中度以及重度自闭症儿童的教育机会,政府应该扩大公办特殊学校对自闭症儿童的招生名额,将其与其他类型的残障儿童区分开来,落实额外补贴政策。对大龄自闭症儿童,政府应该安排民政部门与残联成立专门机构,还应提供继续教育津贴,该项继续教育津贴应当分配给其所在社区以及家长,支持、鼓励大龄自闭症儿童的继续教育持续推进,保障大龄自闭症儿童接受教育康复训练;同时积极推进职业教育培训,帮助他们持续获得生活基本技能和社会交往能力。

2. 加大各类学校教育投入力度

加大对普通学校融合教育的经费投入,针对有社交困难、需要特殊支持的轻度自闭症儿童开展融合教育,并配备专门的特殊教育教师。加大对特殊教育学校的教育投入,重点提高自闭症教育专业教师岗位待遇,招聘更多的专业自闭症教育教师,优待现有特教教师,如荣誉倾斜、培训交流以及提高待遇等。加大康复机构的扶持力度,鼓励社会力量兴办自闭症儿童康复机构,加大对康复机构的扶持力度,加强资金扶持,政府给予康复机构专项补贴以及减免相关税收等,根据本地经济发展的实际情况制定补贴标准,降低康复机构的经营成本,切实减轻自闭症儿童家庭的经济负担,推进其为自闭症儿童提供收费合理、质量优良的服务,弥补公立教育资源无法满足自闭症儿童教育需求的状况。

3. 拓宽社会投入渠道

政府应鼓励支持各种社会力量通过提供产品和服务、捐助设备设施、赞助活动、资助项目等方式参与到推进自闭症儿童教育的过程中。政府应该大力宣传自闭症儿童的相关信息,提高社会对自闭症儿童的全面认知水平,充分调动社会公益人士的积极性,吸引社会公益资金的投入,保证公益资金顺利投入到本市自闭症儿童教育推进事业中并且得到最大化、最优化利用。政府应该通过相关政策倾斜,鼓励不同的社会主体为自闭症儿童教育的推进工程贡献力量。如对于参加志愿项目的企业,在税费等扶持政策上进行一定的倾斜;对于志愿提供服务的人员,在进行公务员考录、事业单位招聘法律专业人员时,可以将此情况纳入考察内容等。

(三) 完善家长参与机制

1. 政府强化自身服务意识

目前,淮安市自闭症儿童教育推进服务中存在着监督机制不够完善、信息不够民主等问题。政府要勇于接受人民群众特别是自闭症儿童家长的监督,鼓励家长参与到政策的制定、执行、监督和评价的全过程中,力求教育推进决策与本市当前实情相契合,才能让教育真实需求得到充分保证,确保教育推进取得一定成效的同时保持一定的质量。对自闭症儿童家长所提意见和建议给予充分重视,加强与家长们的沟通交流,根据本地的实际情况,不断推进自闭症儿童教育工作。政府更要重视家长组织作用的充分发挥,以信息化技术为依托,构建互动平台,定期进行沟通,共同协商,让自闭症儿童教育实现更为优质的发展。

2. 大力推广融合理念

推进自闭症儿童的教育需要各方力量的共同努力,目前政府需要直面普通学校环境对自闭症儿童这一特殊群体接纳度比较低的实情。所以,对于全市下辖的各大普通学校均需开展一项关于自闭症的专题教育工作,政府应着手推进,可通过宣传热点或者正面案例的方式,让普通学生家长能够更多地关注到特殊教育政策,创造出一个有利于自闭症儿童成长的"全纳"环境。

3. 强化自闭症儿童家长权利意识

对于家长的权利意识,可以通过下述两大主要方面来强化:前期进行广泛的政策宣传,确保家长能够明白自己可以享有哪些权利;后期需让权利得到合理应用,这样家长才会勇敢地行使权利,合法权益才能得到维护。总而言之,对于一个个体来说,要想让权利意识得到形成,文化修养和外部支持等多方面的因素都是非常重要的。所以,在自闭症儿童受教育权利、学习知识方面应对自闭症儿童家长开展教育培训,充分协助家长群体发挥在自闭症儿童教育政策执行中的积极作用。在推进理念方面,政府应对家长享有的知情权予以承认并且充分重视,他们不应该只是被动地知晓;宣传内容方面应以通俗易懂为宜,与家长群的认知水平相符;宣传方式上要紧跟时代步伐,同时需要综合考虑其时效性与可行性。不仅要应用新科技,如新媒体等在更大的范围内传递,还需要通过传统通信方式如短信和电话等进行传递,保证所有家长群体都能够覆盖到。

(四)构建社区协同教育机制

1.提高家庭教养能力

社区定期开展专题宣传,创造出较好的社区氛围。社区将线上和线下相结合,对自闭症儿童康复知识进行宣传,让社区居民能够对自闭症儿童形成更为全面的了解与认识,多加关怀的同时参与到送关爱的服务中去;针对社区内自闭症儿童家长展开更多的科学教养的专业培训。利用专业资源,对家长展开全面而又系统性的培训,让家长可以在接收权威信息的同时学习一些康复技巧,在自闭症方面具有筛选与识别的能力,也要让家长在教养子女方面更有能力的同时更有信心;提供志愿服务,对象可以是志愿者,也可以是专业人士。鼓励志愿者以及专业人士的参与,利用团体辅导或者是"一对一帮扶"等多种形式,让自闭症儿童家长能够享受到喘息服务,通过个别心理咨询以及家庭关系咨询让其压力得到缓解,让家庭教养能力得到提升;组织专业人员,为大龄自闭症儿童提供职业康复以及生活照顾服务。

2.组织社区活动

组织形式多样、趣味性强的社区活动将有助于自闭症儿童与正常儿童以及成人进行交流互动,因此,社区协同教育应通过组织社区活动,在活动过程中提高自闭症儿童社会交流技能,帮助他们克服社交障碍。与此同时,开展各种活动,能够帮助普通儿童及家长消除对自闭症儿童及其家庭的误会与歧视,帮助他们回归社会。通过开放教育设施,为社区内自闭症儿童服务。整合社区资源后,实施融合教育的学校的教育资源和设施将有很大的改善。通过向社区开放,实施融合教育的学校要让社区内的每一个自闭症儿童都享受到这些资源。

3.加大宣传教育力度

社区组织需要对关于自闭症的信息与知识进行大力宣传,让居民能够对自闭症患者的一些典型表现、核心障碍及其家庭面临的困境形成一定的了解,这样就可以有效地减少歧视自闭症儿童及其家庭的现象,营造出更为友好、更加和谐的社区环境,这对自闭症儿童的社会性功能的构建也是大有裨益的。

　　鼓励志愿者参与进来。每个社区都可组建自闭症儿童家庭的互助组织，如组建志愿者队伍，对其展开专业培训，利用志愿者来提供结对服务。这样做不仅可让自闭症儿童的家庭自身承担的照料压力得到减轻，还能够让自闭症儿童的家庭和本社区内的居民形成更为和谐的邻里关系。

　　要以社区为单位，大力推广全社会融合理念，让人们对于这一理念形成全新的认识，即融合和所有人息息相关，和公平平等息息相关，尤其是特殊学生群体。社区有义务向社区成员宣传教育，向社区内所有儿童家长介绍融合教育观念。这样的社区协同教育，因为给予自闭症儿童更多的社会参与和人际交往的机会，他们的独立性和人际交流技能得到提高，从而使他们获得了内在的自我价值感和尊严感。

淮安现代商务集聚区管理体制研究

郭 翔

(学号:1120203419)

自 1984 年我国设立首批国家级经济开发区以来,截至目前,国家级开发区和省级开发区共有 2 728 个。其他各类产业园区因不需要省、市级以上政府审批,数量更加庞大,仅江苏省淮安市清江浦区就有清河经济开发区、清浦工业园区、临港新城、生态物流港以及淮安现代商务集聚区 5 个产业园区。其中,淮安现代商务集聚区是淮安市清江浦区的一个重要产业园区。从最开始的园区征地拆迁,进行基础设施和生活配套建设,到目前已经基本完成了园区基础开发,淮安现代商务集聚区的工作重点已经转变为园区产业布局、招商引资和运营管理阶段。

该园区管委会为淮安市清江浦区政府直属副处级事业单位,下设办公室、投资发展局、招商服务局、建设管理局 4 个正科级部门。园区主要开发公司为淮安市清浦城市建设投资开发有限公司,该公司成立于 2008 年,下设 5 个一级子公司,8 个二级子公司。2012 年股权被淮安市国资委无偿划转至淮安市投资控股集团有限公司,成为其全资二级子公司。经过数年经营,园区取得了一定程度的发展,但依然存在很多管理体制上的问题。

一、淮安现代商务集聚区管理体制现状分析

（一）淮安现代商务集聚区目前所采取的管理体制与成效

淮安现代商务集聚区自成立之时，就建立了"管委会+开发公司"的管理模式，但其管理体制在2013年年初发生了变化，这一变化确实给园区的初期大开发带来了一轮强有力的促进，并逐步实现"以产促城、以城兴产、产城融合"的雏形。

1.所采取的管理体制

淮安现代商务集聚区设有清江浦区政府直属副处级管委会，下设管委会办公室、投资发展局、招商服务局、建设管理局等4个正科级工作部门。

管委会主任一正三副，各局（室）设局长（主任）一正一副，内设科室各设科长1名，共有核定事业编制26名，现有在编人员20名。按照三定方案，管委会办公室负责文秘、文电处理、档案管理工作；劳资、福利、考核、奖惩等工作；机关党务、精神文明、效能建设以及群团组织等工作；固定资产管理等工作；涉及的政府投资建设工程资金的使用和管理等工作。管委会办公室内设综合科、财务科、后勤保障科3个科室，均为股级。

投资发展局负责年度融资计划并组织实施；编制年度对外投资、入股的计划并调研论证；负责土地储备、流转、出让计划的编制，土地评估、开发整理、征收补偿等前期工作。投资发展局内设融资发展科、资金管理科、土地经营科3个科室，均为股级。

招商服务局负责编制招商引资计划并组织实施，负责对外推介宣传，召开投资说明会；完成上级有关部门下达的招商引资任务；做好企业优惠政策的落实和各项服务工作。招商服务局内设综合科、项目科、招商服务科3个科室，均为股级。

建设管理局负责牵头编制重点实施项目并组织实施；参与城市建设资金使用计划的编制；负责市政基础设施的建设；根据授权办理建设工程和工程招投标、工程定额造价、建设工程监理、档案整理等行业管理工作。建设管理局内设工程管理科、建设管理科、征收管理科3个科室，均为股级。

此外，管委会还管理淮安市清浦城市建设投资开发有限公司及其下属13家子公司，淮安市南浦新城控股集团有限公司及其下属13家子公司，以及另外4家独立公司，共计30家国资开发公司，其中淮安市清浦城市建设投资开发有限公司为园区的主要开发公司。

园区管理基本遵从"管委会+开发公司"的模式,从 2013 年年初,管委会主任提出管委会和开发公司"混合大办公",将开发公司的所有职能并入管委会下属的一办三局,如项目的前期规划手续办理并入了招商服务局,项目的工程建设、安全生产监管并入了建设管理局,开发公司的财务、融资以及土地摘牌等工作并入了投资发展局。这种园区管理体制属于政企混合型中的政企合一型,政府参与度非常高。"混合大办公"的初衷是为了扁平化管理,管委会的行政指令可以迅速传达到园区建设一线,提高工作效率,管委会直接参与到园区开发建设中去。该政策实施后,确实对园区的建设起到了极大的促进作用,将开发公司人员打散分离,解决了之前开发公司政令不通的问题,由政府任命的行政官员直接领导公司人员,让管委会的权力达到了高度的集中。无论是园区的开发速度、资金的调配还是人事管理都得到了极大的改善,当然也产生了一些问题。

2. 取得的成效

(1)园区土地征收及拆迁安置方面,截至 2021 年 6 月末,完成园区土地征收8 400 亩,完成土地出让 5 693 亩,片区土地开发比例达 75%,园区内拆迁安置工作也基本完成。

(2)在园区基础设施及生活配套建设方面,园区先后投入 45 亿元修建基础设施以及生活配套设施,建成淮安汽车客运南站、淮安清浦开明中学等公共设施;新建主干道路及支线道路,"八纵八横"路网框架全面形成;先后打造了蛇家坝干渠等一批绿化景观工程,园区的生态宜居特色日渐显现,环境品位不断提升。

(3)园区内项目投资建设方面,园区内的恒大名都等一批商业地产项目建成交房,另有淮府等 8 个商业地产项目正在施工建设,为园区引入大量人口;淮安国联商务中心等一系列服务业载体项目投入运营;耗资 15 亿元的中国(淮安)国际食品博览中心建成运营,该场馆被指定为中华人民共和国商务部组织举办的淮安国际食品博览会的永久举办场馆;南京市政府与淮安市政府共建合作开发的宁淮现代服务业集聚区项目正式落户淮安现代商务集聚区。

(4)从园区部分经济数据看,截止到 2021 年 4 月底,园区在库企业 12 家,其中服务业 6 家、贸易业 6 家。服务业 2021 年 1—4 月份完成营业额 4 950 万元,增长33.7%;贸易业 2021 年 1—4 月份批发业销售额为 30 388 万元。(5)园区项目招引成果方面,2021 年招商引资完成总投资 20 亿元的顺丰产业园项目、总投资 50 亿元的中农联项目以及其他 4 个亿元项目的签约。总投资 26 亿元爱琴海购物公园一期项目、5.1 亿元水沐凤凰荟项目以及总投资 5 亿元伯利兹产业园项目动工建设。

(二)淮安现代商务集聚区管理体制中出现的主要问题

1. 与本区域其他行政机构职能重叠

淮安现代商务集聚区位于淮安市清江浦区,涉及的乡镇街道包括清江浦区的城南街道、武墩街道、盐河街道以及淮安经济技术开发区中的高教园区枚乘街道。之所以会和淮安经济技术开发区有地域交叉,是因为淮安经济技术开发区与清江浦区是以淮海路为界,枚乘街道辖区的李集村当初是整建制,由清江浦区划归淮安经济技术开发区,而该村有部分土地却在清江浦区的界内,以至于出现了村划走了而土地却留下了的现象,这也导致了淮安现代商务集聚区在园区的土地开发整理过程中遇到了更多的问题。

按照清江浦区委区政府的考核要求,淮安现代商务集聚区管委会依然承担着税收考核、安全生产考核、文明城市卫生城市创建考核、信访稳定考核等一系列行政考核,由于属地乡镇街道同样承担着这些行政考核,导致管委会与属地产生了大量的交叉缠绕,推诿扯皮现象屡见不鲜,耗费了园区大量人力和物力。

另外,部分行政职能的重叠导致原本属于区直部门管理的事务下放到园区。比如安全生产、市政养护、环卫保洁等,这些原本应该由区安监局、区住建局和区环保局承担的事务,管委会为了配套相应职能,在建设管理局成立了安监办负责园区安全生产,在局内增加了市政养护的工作内容,给管委会办公室增加了园区市容市貌维护的职责。

管委会部门职能臃肿导致了效率愈发低下。每个办事员在肩负原本工作内容的同时,还要兼任信访专员、安全生产巡视员、人口普查员、经济普查员、预防金融诈骗宣传员等,管委会逐渐变成承担大量行政事务却无行政授权的事业单位。

2. 管委会项目帮办服务难

作为区域经济的排头兵,园区承担着项目服务帮办的责任。但在近些年项目帮办服务中,管委会相关部门和领导却遇到诸多问题和挑战。因为项目考核只针对园区,职能部门根本无须为此担心,逐渐形成了"你有你的考核任务,我有我的规章制度"这种近乎对立的局面。在清江浦区委区政府提出"项目为王""101%服务"的口号时,园区管委会想要推进一个项目落地却依然问题不断,职能部门的"卡脖子"现象时有发生。管委会在推动园区发展的过程中,消耗了过多的精力在政府内部协作上,完全扭曲了自身作为园区管理机构的职能。园区管委会作为事业单位,其性质是社会服务组织,本身无任何行政许可权和行政执法权,在缺少行政职能部门支持的情况下,该问题必然会出现。

3. 管委会专业人才缺失

随着园区的发展,管委会管理的开发公司的体量也日趋庞大,业务范围也逐渐扩大、企业财务管理、投融资管理、项目规划设计和施工、施工招投标、资产运营等具有较强专业性的业务,都需要各类专业人员。但目前全部在岗人员中规划专业2人、建筑专业9人、中级会计2人,全单位拥有中级职称人员未超10人,无专业法务人员,财务人员中数人无初级会计师证或会计上岗证。园区管委会也意识到该问题的严重性,想通过社会招聘来解决。按照现行管委会领导开发公司混合办公的政企合一的体制,管委会通过事业单位招聘无法精准招录到精通公司业务的人员,开发公司公开招聘无法满足专业人才的薪酬需求,缺少专业人才的问题迟迟无法解决。

4. 园区缺乏高质态项目

淮安现代商务集聚区的园区框架已经建立,但却一直缺少大型高质态项目。整个园区范围内无一个大型商业综合体,无一个星级酒店,无一个大型超市,无一所综合性医院。这些缺失的功能性项目,从另一个侧面反映了园区的开发出现了问题。淮安现代商务集聚区作为三产服务业园区,本应依托东侧高教园区,为西侧的工业园区打造生产型服务业,依托高校的科技资源,为工业企业提供技术支撑和配套服务。这样既能解决高校毕业生就业问题,也能解决企业发展的需求,同时还可推动园区的产业发展,但目前整个园区并未孕育出优质的服务型企业。目前开发较好的 CBD 地块内,国联商务中心的三幢办公楼被用于市级机关办公,建筑产业园和天成总部大楼内也未入驻大型企业,其余还有淮安市中心血站和气象中心的两所事业单位的办公楼。园区开发无序凌乱,大量的房地产项目挤压园区的产业布局空间,产业园区逐渐变成了居住区。

(三) 存在问题的原因分析

1. 管委会行政职能过多

管委会作为园区运营管理的职能机构,主要责任是推动园区的实体化发展,辐射周边产业,带动整个区域的经济。淮安现代商务集聚区作为三产服务业的产业园区,却被附加了大量的行政职能,机构职能日益臃肿。管委会的职能应偏向于服务园区企业,而非片区治理的行政部门。信访稳定、安全生产、环卫保洁、文明创建、各类普查等行政职能,本就由属地镇街和相关区直部门负责,如园区管委会介入,不但造成了职能的重叠,还造成了各种推诿扯皮现象,甚至会形成职能的真空地带,降低行政效率,增加园区运营成本。

2. 管委会权责不对等

管委会在被赋予大量行政职能的同时,却没有对等的行政审批权和行政执法权。比如,园区管委会在服务园区投资商和企业的时候,所有的项目手续审批,都需要协调政府职能部门。但因为财税、项目和经济等指标考核主要集中在园区,大量职能部门并无该类考核任务,直接造成了在项目帮办过程中的职能部门因缺少压力而没有提供便利的动力。此外,在园区管理过程中,安全生产、城市管理等职能都需要行政执法权的配合才能顺利开展,但园区管委会并无该类权利,最后的解决方案是园区管委会再花钱向这些部门买服务。管委会的权责不对等,对管委会的工作造成了极大困扰。

3. 用人体制受行政体制约束

管委会因与开发公司合并办公,公司所有人员打散分流,进入管委会各办局,成为各办局的办事员,导致管委会领导层面需要处理大量公司运营事务,而该类事务与正常的政府机关事务区别巨大。在目前园区管理体制下,管委会领导班子会议要负责园区开发管理中所有事务的集体决策,这些专业事项急需专业人才,但政府机关又很难找到这些专业人才或通过招录、调入或者借用的相关专业人员,缺少实操经验;社会招聘的专业人才因受行政体制的约束,需上报区委组织部,由区人社局参与招聘、核定工资待遇等,因而往往招不到需要的人才。显然,目前的用人体制不适合园区开发的需要。

4. 缺少市场化的开发管理

园区至今没有聘请专业的规划设计研究院编制战略发展规划文本,导致园区产业项目的招引存在很大的随意性,园区的产业没有形成科学化、体系化、集结化的布局。一方面带来极大的资源浪费;另一方面,为了配合零散的项目,园区的道路建设也存在着极大的不确定性,项目到哪,路就修到哪成为常态。园区的开发管理应当有市场化主体的介入,指导园区进行产业布局,给产业园区指出一个发展的方向,给出一个开发的时间表,从短期规划到远景期望给出详细的指导意见。管委会再根据发展规划,开始建设基础设施,将园区的框架逐步拉大,在建好的框架内,逐步按照规划招引指定的产业,填充园区的框架,按照"先拉骨架再长血肉"的步骤进行园区的开发。

二、国外与国内其他地区园区管理体制的经验借鉴

(一) 国外园区管理体制概况

国外园区,特别是高科技产业园区,如硅谷,其产生多是企业自然集聚的行为。在管理体制上,大多数的园区都是社会组织和协会在管理,政府在管理中存在感较

弱,与目前中国大多数的产业园区以政府参与管理为主的管理体制差别较大。

1. 美国自由贸易园区:精简层次的单一管理

美国的自由贸易区已有近 80 年历史,园区的基本设计思路就是在海关口岸附近划定区域,该区域内属于"境内关外",区域内的商品不用缴纳关税和其他税种,以减少其贸易和生产加工的成本。自由贸易区的管理由对外贸易区委员会领导,财政部和海关负责监管。对外贸易区委员会是所有自由贸易区的直接管辖最高机构,成员包括商务部部长和财政部部长。由商务部部长直接任命的执行秘书,作为委员会的主管。海关总署负责园区内的海关管辖,监督管理园区的货物进出口和人员出入。另外,园区还设立了对外贸易区协会,负责协调自由贸易区,监督政策执行。

在园区内部的管理中,对外贸易区委员会授权建立"受让人"这一法人团体,按照公共事业原则对园区进行管理经营,同时执行部分行政管理职能,贯彻落实法规政策。受让人可以雇佣其他公司经营管理园区。被雇佣的公司被称为"经营者",负责处理好园区的具体建设运营事宜。

美国自由贸易区的管理由中央政府设立对外贸易委员会,统一对全国所有自贸区直接进行宏观管理,并直接管理内部机构,每个园区内部由授权的公司进行专门管理。这种中央单一管理体制,层级精简,信息传递及时准确,权责明确,管理成本较低。

2. 新加坡裕廊工业园区:政府主导的市场化运作

裕廊工业园区位于新加坡西南部的滨海地带,自然地理条件优越,从 1961 年开始兴建,目前已发展成为新加坡最大的现代化工业基地。在裕廊工业园区的发展过程中,政府起着非常重要的作用。园区实行了把政府指导与市场自由经营相结合的工业化政策,经济发展局(EDB)制定经济发展战略规划,市区重建局(JRC)和裕廊镇管理局(JTC)负责园区的规划、开发和管理,环境及水资源部(MEWR)和国家环境局(NEA)负责环境保护和对园区开发的监督工作,工业投资提升机构、贸易发展机构等配合园区工业发展。另外,园区还设立了成本控制理事会,制定增加相关产业园区内成本管控指导方针,有效地抑制了企业经营成本的增长,帮助政府维持合理的工业秩序,但作为该管理体系中最重要的一个部门——裕廊镇管理局却不是传统意义上的政府机关。

这种政府垄断的开发运营体制,使得新加坡对裕廊工业园区的资金筹集、土地利用、招商引资等事务进行统一规划,快速、低成本获取私人土地,保证园区项目快速落地,尽早达到规模经济,减少国内园区之间的竞争,吸引跨国公司的投资。该模式不断被亚洲其他发展中国家效仿,我国的产业园区管理体制基本也是脱胎于此。通过分析可以看出,产业园区的管理,不仅仅需要政府的行政力量,还需要一个能参与市场化运营管理的组织。

（二）国内先进园区管理体制概况

1. 中关村科技园：专注园区规划和服务

中关村科技园前身是北京新技术产业开发试验区，是中国第一个国家级高新技术产业开发区。伴随着园区的不断发展壮大，中关村科技园原有的管理体制发生了较大的变化，并维持至今。随着《中关村国家自主创新示范区条例》与《中关村科技园区管理体制改革方案》相继于2011年、2012年发布，中关村科技园的管理体制得到了进一步的梳理和明确，形成了"领导小组+园区管委会+分园管委会+开发公司"相对复杂的管理模式。

（1）示范区领导小组主要负责贯彻落实党中央、国务院的有关指示，研究审议建设示范区的重大事项；组织、协调推进示范区有关发展战略、政策法规、体制创新、空间和产业规划、重大项目等实施工作。

（2）中关村管委会负责贯彻落实国家有关法律、法规和政策，研究拟订园区的发展战略和规划，参与组织编制园区有关空间规划；起草相关地方性法规草案、政府规章草案；协调整合各类创新资源，开展园区创新创业、高新技术研发及其成果产业化、科技金融、人才资源、中介组织、知识产权保护等方面的促进和服务工作；对北京中关村发展集团股份有限公司市级财政投入资金履行出资职责，依法对其国有资产进行监督管理；统筹产业空间布局，对各分园整体发展规划、空间规划、产业布局、项目准入标准等重要业务实行统一领导；承担示范区领导小组的具体工作，负责园区内各类协会组织的联系工作。

（3）各分园管理机构主要负责贯彻落实示范区领导小组及其办公室决定的有关事项；研究拟订本园发展建设规划和产业规划，组织编制高水平的控制性详细规划；负责本园的产业化、招商引资、社会服务体系建设、知识产权促进和保护、市场监管、一站式办公等管理工作；受理企业提出的各种意见、建议和需求，为企业提供公共服务。

（4）中关村发展集团股份有限公司主要负责发掘、培育和引进重大科技成果产业化项目；建立园区产业基础设施建设与重大科技成果转化和产业化相结合的融资平台；通过融资支持产业基地基础设施及配套设施建设；支持重大科技成果转化和产业化。

从职能分工中可以看出，无论是领导小组还是管委会，都没有经济、行政和社会管理权限，也无相关职能。中关村管委会作为组织协调机构，实现了去行政化，不打破政府原有的行政许可体系，专注园区的规划和服务工作，专注创新资源的引进，集中精力促进高新技术产业发展。

2. 苏州工业园区：高效的一站式服务

苏州工业园区相较国内其他开发区起步较晚，于1994年经国务院批准设立。苏州工业园区管理体制采取的是行政管理职能与经营管理职能相分离的模式，充分发挥各自作用的管理体制。管理体制由三个部分组成：苏州工业园区管理委员会、中新苏州工业园区开发集团股份有限公司以及中新两国政府联合协调理事会和双边工作委员会等机构。苏州工业园区管理委员会作为苏州市政府的派出机构，在行政辖区范围内全面行使主权和行政管理职能，为投资者提供从企业设立、开工建设、劳动用工到生产经营各阶段的"一站式"快速服务。中新苏州工业园区开发有限公司负责开发建设，行使企业管理职能，主要是基础设施开发、招商引资、物业管理、项目管理、咨询服务、产业开发、风险投资等业务，自主经营，自负盈亏。中新联合协调理事会和双边工作委员会等机构负责相关事务的协调工作。

由此可以看出，苏州工业园区管理体制与中关村科技园一样，属于政企分离的混合型园区。不同的是，苏州工业园区的管委会具有很强的行政职能和行政权力，这也为其能够提供强大而全面的园区服务打下了基础。在苏州工业园区的管理中，最为突出的就是其"一站式服务中心"。2000年，苏州工业园区管委会创新性地设立了大厅式服务。一站式服务中心是直接由苏州工业园区管委会充分授权的事业单位。在这种体制之下，企业和居民只需到一站式服务中心的一个窗口就可把所有事项办完，提高了办事效率。

3. 漕河泾新兴技术开发区：开发公司主导管理

漕河泾新兴技术开发区位于上海西南部，地跨徐汇区和闵行区两个行政区，是全国首批14个国家级经济技术开发区之一，获批国家高新技术产业开发区、APEC国际科技工业园区、国家基建出口加工区，是国内唯一一家同时享有经济技术和高新技术产业优惠政策的园区。漕河泾新兴技术开发区除本部外，还拥有浦江高科技园区、松江高科技园区、临港产业园、绿洲康桥产业园和外高桥亿威5个分区域，以及海宁分区和盐城分区，是上海中心城区高新技术产业最密集、最具规模的区域，已成为全国国家级经济技术开发区和高新技术产业开发区中经济总量大、对区域经济贡献度高、高新技术产业最为密集的开发区之一。

漕河泾新兴技术开发区未设管委会，由上海市漕河泾新兴技术开发区发展总公司进行统一管理，负责开发区的基础建设、资金筹集和运用、土地开发和土地使用权转让、房产经营、创造投资环境，同时行使上海市政府授权开发区的管理职能，是典型的企业主导型管理模式。企业主导型管理模式可以使开发区的开发管理工作实现集中化和专业化，提高运作效率，开发公司市场主体明确，容易打造符合国际惯例的公司治理结构；有利于开发区管理机构从大量行政事务中解脱出来，提高工作效率，增加管理机构对市场信息的敏感度；有利于总公司经济实力的增强，并运用经济杠杆进行开发区的建设与管理;有利于开发区提高建设速度和经济效益。

(三)国内外先进园区管理体制借鉴

1. 园区管委会剥离政府行政事务

将政府行政事务交由属地镇街和相应的区直部门,不改变原有的行政权力体系,一方面,能够保证原有成熟的行政体系继续流畅运转,减少因行政权力范围更改带来的行政成本;另一方面,能够减少权责不对等的现象。园区管理机构多数为事业单位性质的管委会,或者企业化运营的开发公司,其体制上就不适合被赋予过多的行政事务,行政许可和行政执法的权力都无法得到相应的支持,无法对大量的政府行政事务进行开展。当园区管委会将社会管理等行政职能剥离后,可以精简园区管理的层级,政府部门将不再对管委会发出大量的行政指令,减少政府对园区管理的干预,园区管委会实现其园区管理员身份。其主要职责回归园区开发管理,专注于园区产业规划、招商引资和项目帮办服务。

2. 加大政府职能部门对园区的支持力度

经过对采用政企混合型管理体制的产业园区进行分析,发现"服务"产业园区是管理中的重要一环。没有职能部门的支持,传统的行政审批业务园区管委会只能帮忙跑跑腿,起不到实质性的服务作用,非常规的业务只能靠领导出面协调,成功与否根本不在自己的控制内。想要提高园区的服务水平,职能部门必须对园区工作进行支持,将园区的事变成职能部门自己的事,才能真正促使他们想方设法解决园区企业遇到的问题。采取的具体措施有授权、派驻或者政策扶持等,让各职能部门参与到园区的运营管理中,为园区管委会的帮办服务提供切实的支持,从而达到更好服务园区企业的目标。

3. 管委会和园区开发公司分离运营

经济越发达地区的产业园区,政府在管理运营过程参与的程度往往越低。国内运营较为成功的产业园区,多数采用的是政企分离的政企混合型或是企业主导型的管理体制。产业园区作为大量企业集中的经济高地,也需要偏市场化的管理与其相适应,用灵活高效的企业手段去解决经济发展中的各种具体问题,才能更好地相互契合。实现政企分离,可以进一步对园区管理层级进行精简,摆脱原有的政府管理管委会,管委会再管理开发公司的三层管理层级。管委会负责园区的规划、服务,开发公司根据规划和指标考核独立进行园区的管理运营,可以极大地提高运行效率。

4. 引入专业机构参与园区规划设计

产业园区的发展离不开先期园区的规划布局和后期的招商引资。无论是新加坡裕廊工业园区还是中关村科技园、苏州工业园区,他们对园区的规划都相当重视,良好的规划设计有利于形成产业的集聚,便于园区企业的发展。招商引资工作可以说是园区发展的核心工作,也是难点工作。招商引资多是由开发公司负责,行政机关的行政人员招商会带来浪费行政资源和项目质态较差等问题。所以,需要由开发公司成立专业的招商部门或者与市场上专业的招商服务机构合作,按照园区发展规划,精准招商。

三、淮安现代商务集聚区优化管理体制的对策分析

(一)明确淮安现代商务集聚区管委会服务职能

淮安现代商务集聚区管委会作为政府的派出机构,必须明确自己的职能,做好园区的规划布局,为园区内企业提供良好的公共服务,从而提升整个园区的营商环境。

1. 剥离移交行政职能

淮安现代商务集聚区管委会想要转型业务重心,首要任务就是移交社会管理职能,实现去行政化。经过梳理,目前管委会的三局一办可移交的包括经济、人口普查等在内的行政职能共 19 项,园区管理运营的考核指标 10 项。除了直接剥离相关的社会管理等行政职能外,考核指标的去行政化也是非常重要的一环。只有考核的指挥棒不再指向行政事务,园区管委会才能放心大胆地把自己从管理者转变为服务者。当然,调整的事项不一定涵盖了园区管委会的所有社会管理等行政职能,并且去行政化是一项非常繁杂且涉及众多部门的大事,清江浦区政府可以先从考核指标入手,逐步减少行政类的考核,再由区政府牵头各职能部门和属地镇街,将管委会各行政职能逐步移交出去,最终让管委会将工作内容调整为园区的规划和服务。

2. 强化服务及规划职能

淮安现代商务集聚区管委会应转变职能,从"园区管理者"转变为"园区服务者",从园区运营的"划桨人"转变为"掌舵人"。

(1)在服务园区方面,建议园区管委会设立政务服务大厅,而非照搬苏州工业园区的"一站式服务中心"。按照弹性政府理论,为了避免园区管委会机构职能不断的臃肿,以致逐渐变成一个"小政府",园区管委会不宜打破原有政府的权力体系,再设立众多职能部门。建议管委会建立一个目前较为常见的政务服务大厅,由

政府行政职能部门入驻,采用窗口式服务,辐射范围不仅是园区,也将惠及整个清江浦区南部三街两镇的所有居民和企业。

(2)园区管委会组织编制园区的战略发展规划,建议采用公开招标的方式,选取水平高、专业强、熟悉产业园区规划的规划编制机构进行编制。要充分进行实地调研,依据园区目前的产业现状,明确生产性服务业为园区主要产业,配套相当的生活设施,逐步实现区委区政府提出的"以产促城、以城兴产、产城融合"的目标,再根据园区内部现状做好产业布局,制定切实可行的发展规划。

(3)在园区开发管理中,虽然具体的开发管理事宜交由开发公司负责,但是依然要明确政府的主导地位。园区管委会需依照园区战略发展规划给开发公司制定相应的考核指标来引导开发公司的经营和发展方向,在保证开发公司市场化经营的同时,充分发挥其国有公司的先天优势,也要确保政府对开发公司的把控力。

(二)加强政府对淮安现代商务集聚区发展的政策扶持

1. 职能部门派驻园区服务窗口

建议通过权力机构派出机构的模式,完善园区内部的政务服务,这样可以适当节约成本。园区设立政务服务大厅,在不改变原有政府行政权力体系的前提下,发改委、住建局、环保局、城管局、自然资源和规划局等职能部门派出工作人员,进驻园区的政务服务大厅,进行窗口式服务,能够在行政成本最低的条件下,实现园区政务服务从无到有的改变。无论是政务服务大厅的设立,还是职能部门入驻大厅,不仅可以服务整个产业园区,而且可以更迅速地带动清江浦区的经济发展。建议将清江浦区政府南侧的淮安汽车客运南站进行收购,利用1万余平方米的售票大厅和候车中心进行改造,作为政务服务中心使用,后期可逐渐将老城区原有的政务服务中心进行撤销,加强国有资产营收能力。

2. 出台园区项目扶持政策

建议园区管委会尽快向区委区政府打报告申请专门的扶持政策,包括税收、产业基金、企业孵化等各方面的统一成文的优惠政策。在税收优惠政策上,建议先按实缴纳,再根据缴税金额进行奖励,敢于跟入驻企业对赌,企业发展得越好,政府的奖励就越多,留下真正的优质企业,从而带动园区的发展。淮安现代商务集聚区是三产服务业园区,这种产业园区属于较为新型的种类,可以争取一些针对小企业孵化、培育的政策,如人才招引、鼓励园区开发公司入股投资、设立产业基金等政策,实现大企业招引和小企业培育的双轮驱动,激发整个园区的产业活力。

（三）实现淮安现代商务集聚区管委会与开发公司平稳分离

1. 管委会和开发公司明确职责划分

要实现淮安现代商务集聚区管理运营体制的改革,必须摆脱管委会和开发公司混合大办公的模式,从形式上实现管委会和开发公司的划分,继而推动开发公司逐步实现实体化转型,从开发工具向开发主体转变。在实现政企分离之前,首先要厘清双方所承担的职责。在管委会逐步完成去行政化,成为园区的规划和服务者的同时,开发公司也必须同步实现身份的转变,确立其市场化主体的身份,明确其作为园区开发建设的职责,按照公司法建立健全公司法人机制,完善组织架构,用企业化的管理解决行政体系内无法解决的问题,如人才招引、激励机制、对外投资等。开发公司负责按照园区规划,逐步实施园区开发、建设、招商、投资等业务,运用市场化手段,将园区的战略发展规划转变为现实。

管委会作为园区的规划和服务者,通过制定园区发展规划和考核开发公司,成为园区发展的掌舵人,并为园区的发展提供服务和行政协调。属地镇街和区内行政职能机构负责为园区提供行政支持,区政府将园区内的行政事务考核权力交由管委会,并将考核成绩列入各行政部门的年度考核成绩,以提高园区内行政效率。管委会根据职责,重新设立组织部门,设立产业规划部负责园区规划设计;行政服务部负责政务服务大厅的管理和窗口部门考核;综合管理部负责人事、组织、党建以及开发公司考核等事务。

2. 健全开发公司人员和组织架构

开发公司从管委会体系内独立出来后,首要解决的就是人的问题。开发公司的管理层人员挑选,各业务部门的技术人才招选,是实体化转型的第一步。建议公司管理层的挑选,可以从管委会中选取部分负责核心业务的中层领导,在保留其行政或事业身份的前提下进行挂职。

在确定好领导层人选后,公司应该尽快确定薪酬制度,实行市场化招聘和挖角成熟人才的双措并举,并且对内部人员进行调整清理,将骨干人员重新定岗定职,将不符合公司经营的"躺倒"人员进行辞退,在短时间内将内部组织架构搭建起来,保障公司的基本运转,后期根据公司的发展和业务的需要再进行人员补充和调整。

（四）调整优化淮安现代商务集聚区产业布局

1. 编制园区战略发展规划

园区管委会应尽快启动园区战略发展规划的编制,弥补园区产业布局和发展方向指引上的空白。首先,对战略发展规划的编制单位的选取前,应学习借鉴先进园区规划编制的经验,对规划编制单位的口碑进行考察。其次,在招标过程中,除了对投标单位的过往业绩和专业技术水平进行评比外,还应关注规划设计单位是否有过类似淮安现代商务集聚区的产业园区规划设计经验。最后,在规划的编制过程中,管委会应该在进行充分沟通、实地走访的基础上,在充分考虑到地方微经济和地域大环境的情况下,再启动规划的编制,做出一个真正具有科学性、实用性、可操作性的规划,以达到加快园区高质量发展的目的。此外,建议根据园区目前已有的大量商业房地产项目的现状,做好医疗和教育配套的布局,优先安排解决目前园区内生活配套设施的建设。规划中要考虑到开发公司自建物业的需求,以及适当的规划留白,为孵化成功的企业预留发展空间。

2. 依据规划提高招商质量

招商模式建议先以媒体招商和代理招商为主,将园区品牌打出去,由代理机构负责把控招商项目的质量,把园区的产业起步走好走准。要坚决破除一张地图铺开,任由开发商选位置的野蛮招商模式,要坚决按照战略规划的方向,放置产业,尽快形成产业集聚后,可以结合以商招商、会展招商、产业链招商、驻点招商等模式,加速园区的产业发展。

建议开发公司利用自身市场化主体的身份,运用经济手段进行招商,如产业基金引导模式,引导社会资本建立股权投资基金,打造"基金+项目+园区"的一体化生态链,实现资本与项目的有效对接。对高质态项目,采用基金入股推动项目落地,助力项目起步发展。开发公司还应充分利用其名下的中国(淮安)国际食品博览中心,充分发掘平时各类展览、会议等活动中的招商信息,让更多的企业了解淮安现代商务集聚区。

江苏省 H 市
不动产登记队伍管理研究

张弛

（学号：1120203397）

随着不动产统一登记的实施和"大部制"机构改革的不断深入，自 2016 年起，江苏省 H 市的房屋登记职能从住房和城乡建设部门划转到国土资源部门（现自然资源部门），与原土地登记职能合并为不动产登记。不动产登记是《中华人民共和国民法典》确立的一项物权制度，是国家专职部门根据权利人或利害关系人的申请，将有关的不动产及其变动情况记入不动产登记簿的行为。不动产登记作为物权公示的一种手段，本质上是一种具有司法效力的事实行为，而不是登记机关的行政行为，属于行政确认。而不动产登记队伍指的是专业从事日常不动产登记工作的相关人员，隶属于各地自然资源部门管理，日常工作专业性较强。不动产登记工作关系民生福祉，又服务于社会经济发展，其责任重大，不动产登记队伍管理是当前的关键性工作之一。

一、江苏省 H 市不动产登记队伍管理分析

江苏省 H 市不动产登记机构，包括市本级（含市不动产登记中心及市区的 3 个分中心）、3 个区不动产登记中心及 3 个县不动产登记中心，全市共有 10 个不动产登记窗口。其中，除了 H 市不动产登记中心为 H 市自然资源和规划局直属事业单位外，其他不动产登记中心均隶属于相关县局或者分局。

（一）采取的措施和取得的成效

1.采取的措施

（1）开展统一登记。全市不动产登记工作人员，主要从原住房和城乡建设部门划转，并与原国土资源部门负责土地登记的人员合并，组成现在各地的不动产登记中心队伍。从编制管理和业务指导角度来说，H市不动产登记中心由H市自然资源和规划局直接进行人事和业务的管理，其他登记中心由相关县局、分局直接管理。此外，H市政府及各县区均设立了行政审批服务大厅，全市不动产登记队伍都按照地方政府的要求入驻了服务大厅。

（2）增加编制数额。H市不动产登记中心前身为H市房屋权属登记与交易管理中心，均为正科级事业单位。H市不动产登记中心成立后，为了应对日益增长的不动产登记工作需要，经过原H市国土资源局（现H市自然资源和规划局）向编制管理部门争取，增加了20个事业编制额度，目前编制数量已经接近饱和。

（3）设置职能科室。H市不动产登记中心设立包括综合科、督查科、调查科、受理科、审核科、档案室共6个科室，相关工作人员有80人左右。目前H市登记中心人员构成的最大特点是工作人员数量依然严重不足，主要办事人员以劳务派遣人员为主，占整个登记队伍的60%以上。

（4）积极培养新人。H市不动产登记中心在对新人的业务指导上，主要通过"师傅带徒弟"的方法开展：每当中心招录1名新人时，首先分配至受理岗位，由具有一定工作经验的受理岗员工进行受理工作的指导，逐渐使新人脱离"师傅"可以独立收件，经过训练后，逐步分配至其他岗位（如亟须正式编制人员的审核岗位）。

（5）加大人才引进。H市各县区的不动产登记中心也积极扩充队伍。各县区不动产登记中心隶属于各县区自然资源和规划局，属于正股级事业单位，人员也大多从原住建部门划转，加上少部分原国土资源部门人员。目前各县区不动产登记中心队伍中出现行政编制、参公编制、事业编制、人事代理、劳务派遣、其他企业编制等多种类型人员，持续扩充队伍以满足日常登记的需要。

2.取得的成效

（1）强化流程管理，提升工作效率。在分散登记时代（即房产证、土地证各自办理），曾经H市一本房屋产权证的承诺办结时间为30个工作日。统一登记以后，通过不断强化不动产登记队伍管理，持续优化工作流程，监督各个办理环节的具体时长，定期开展工作通报，H市不动产登记办理时间持续缩短。按照江苏省自然资源厅的统一要求，目前已将各项业务的办理时限统一压缩至3个工作日，整体工作效率大幅度提升。同时，针对二手房转移（抵押）登记等部分业务，甚至实现了0.5个工作日办结，社会反响强烈，全市不动产登记营商环境显著改善。

（2）运用技术手段,培养业务骨干。H 市重视通过技术手段来强化队伍建设、提升工作效率,大力推进"互联网+不动产"登记,依托"互联网+"、大数据技术,进一步建立和完善不动产登记与各部门信息共享;同时拓展电子证照及登记数据共享范围和应用,将不动产登记抵押业务、预告登记及预转现业务、法院查封解封业务、二手房转移登记业务前移,实现"互联网+不动产"登记业务办理全覆盖。在日常工作中,H 市不动产登记中心保持对线上登记的培训力度,逐渐培养出一批线上登记业务骨干,不断满足新时代对不动产登记工作提出的新要求。

（3）创新工作思路,转变服务理念。在日常队伍管理中,H 市不动产登记中心积极转变服务理念、主动创新,与税务部门联合印发了"交房（地）即发证"工作实施方案,在全市范围内全面开展交房（地）即发证工作,得到群众和媒体的广泛肯定。全市不动产登记队伍积极开展二手房过户与水、电、气、视联动办理,窗口工作人员在受理时主动引导办理人,只需在申请书上勾选"联动办理",即可进行二手房过户与水、电、气、视联动办理。H 市不动产登记中心还与税务部门联合推出了"一次收费、后台分账"服务,真正做到"让群众少跑腿,让数据多跑路"。

（二）江苏省 H 市不动产登记队伍管理存在的主要问题

1. 不动产登记队伍结构不合理

（1）队伍构成性别不合理。传统观点认为,女性由于性格温柔,待人接物更有耐心,因此更适合具体窗口工作;而男性理性思维和逻辑能力较强,更适合业务审核、处理行政复议和诉讼的相关工作。无论传统观点是否合理,都需要适当搭配不同性别的工作人员来应对日常登记工作,这是非常必要的。然而,不同的不动产登记队伍的性别比例却严重失调,不利于日常登记工作的开展。

（2）队伍年龄结构不合理。招聘不规范等历史原因,及窗口劳务派遣人员较多等因素,导致 H 市不动产登记队伍都存在不同程度的年龄结构不合理问题:窗口缺乏工作经验的年轻人较多,缺少具有长期登记工作经验的中年同志,为登记工作的开展和人员岗位的安排增加了很大难度。

（3）队伍学历结构不合理。近年来,随着全国事业单位考试的逐步规范,H 市不动产登记队伍通过事业单位考试,逐渐招录了一批年轻、素质高且有较强工作能力的业务骨干。然而,长期的不规范人员招聘还是给不动产登记队伍学历结构带来了极大影响,不动产登记队伍整体素质不高、学历结构不合理,其中,本科以下学历占比接近 50%,受理岗工作人员以大专为主。即使是对专业素养要求较高的审核岗、法律岗等岗位,主要学历也仅仅为本科。少部分具有研究生学历的人员主要集中在各不动产登记中心领导层,很少接触具体业务。队伍学历结构的不合理,限制了不动产登记队伍的发展,也制约了不动产登记队伍的业务水平。

2. 不动产登记队伍人员不稳定

近年来,H市不动产登记人员不稳定现象较为严重。无论是在编事业人员还是劳务派遣人员,都有不少人员离开了不动产登记队伍,给日常工作开展带来极大困难。在H市不动产登记中心"师傅带徒弟"的培养模式下,常常"徒弟刚刚出山"可以独立工作,就迅速离开单位;而研究生等高素质人才更是难以长留单位;待遇和工作强度不成比例及激励机制不完善已成为必须面对的事实。不动产登记队伍不稳定的现状,制约了登记工作开展能力和登记服务水平的提升。

3. 针对日常业务的培训不到位

不动产登记工作的专业性决定了日常业务培训的重要性,尤其是在不动产登记历史遗留问题化解、互联网+不动产登记、自然资源确权登记等新业务领域,更需要积极开展业务培训,不断提高队伍的工作能力,持续提高登记工作服务水平。然而,与培训需求形成强烈对比的是,H市不动产登记队伍能够得到培训的机会寥寥无几。很多业务培训多为政治教育和工作部署,很难对基层业务的开展起到指导作用。经统计,全市约300人的不动产登记队伍,除了2019年的市级培训有100多人参加以外,其他培训覆盖面很窄,远不能满足培训需要。各种因素综合叠加,让不动产登记的业务培训效果大打折扣。

(三)存在问题的原因分析

1. 队伍管理观念相对落后

随着各类打击腐败工作的推进,不动产登记行业也变得风清气正,整体工作效率提升,这离不开领导者先进的管理观念。然而,管理者的管理观念仍然有较大的提升空间。目前不动产登记工作的开展,除了满足群众日常办证需要以外,主要依据是不动产登记营商环境考核要求。如果一味追求完成上级工作任务,就会陷入"规定动作多,自选动作少"的被动境地。此外,面对全国都在积极推进互联网+不动产登记这样的潮流,部分管理者接受新事物相对缓慢,开展相关业务培训不足。

2. 登记工作激励机制不完善

在H市不动产登记队伍的日常管理中,激励机制的设置不完善。首先,不动产登记工作人员多数在窗口工作,每天面对大量群众,难免会遇到很多不合理的要求。因为群众要求不符合规定而拒绝办理,被对方恶言相向,并不罕见。国内很多行政审批服务窗口都设置了"委屈奖"。然而,在H市不动产登记队伍的日常管理中,管理人员一味追求在工作中不出错、不担责,让曾经的容错机制成为一纸空文,每每出现小的工作失误就严厉指责,加剧了一线队伍工作人员的流失。此外,横向对比H市其他部门窗口工作人员的收入水平,不动产登记队伍员工的收入水平偏低,劳务派遣人员的收入更低,也无法激励员工的积极性。

3. 日常监督管理制度不健全

(1)日常监督管理制度亟须加强。H 市不动产登记中心的日常监督管理方式在全市最具有代表性:中心设有督查科,除了负责不动产登记工作中出现的行政诉讼、行政复议处理外,还要接待群众的信访,以及开展对窗口工作的日常检查。在日常监督管理方面,督查科的检查和暗访工作一般都局限在窗口人员是否佩戴统一工作牌、是否有迟到早退现象以及其他违反窗口日常工作纪律的情况,而对于真正危害较大的窗口人员与中介利益往来、不动产登记工作合法性事后复查、违规违纪行为处理经验总结等核心工作,缺少相关管理制度,导致对不动产登记工作的日常监督管理浮于表面,不能起到有效管理和防微杜渐的作用。

(2)事后惩罚为主,缺少预防机制。在 H 市不动产登记队伍的日常管理中,对于不遵守工作规定甚至违法违纪行为,总是通过事后惩罚的方式进行管理;对于较小的工作失误,一般都是简单粗暴地扣除部分工资;对于严重的工作失误,惩罚措施包括扣除整月工资、留岗查看、开除等,这些惩罚措施具有滞后性。在日常不动产登记队伍的管理中,我们需要提前发现各类廉政风险点、安全生产隐患点、监管工作缺失点等,积极总结管理工作中的经验教训,建立预防机制。

二、国内其他地区不动产登记队伍管理经验借鉴

(一)国内其他地区不动产登记队伍管理的典型做法

全国各地不动产登记队伍管理有着不同的工作方法。杭州市强化不动产登记队伍职业道德建设、上海市完善不动产登记机构员工培训方法、连云港在江苏省自然资源厅统一部署下积极开展不动产登记技能竞赛,为 H 市不动产登记队伍管理工作提供了借鉴。

1. 杭州:强化不动产登记队伍职业道德建设

(1)围绕中心主线抓不动产登记队伍职业道德建设。杭州不动产登记队伍的职业道德建设紧紧围绕国务院和浙江省政府的重大决策、部署和要求,围绕浙江省自然资源厅的中心工作,围绕"做好一件事"的初衷为企业群众做好服务,把道德建设与中心工作结合起来,推进改革创新。在工作安排上,道德建设目标与确权登记目标一致,部署同步,工作一致,对同行进行考核。在工作方法上,通过"内外结合"的方式,扎实开展形式多样、丰富多彩的房地产登记队伍道德建设活动。

(2)注重为民服务,抓不动产登记队伍职业道德建设。浙江省自然资源厅自然资源确权登记局始终围绕为人民服务的主题,统筹定位,以人民满意为出发点和落脚点,推进服务型不动产登记队伍建设,认真解决群众反映强烈的问题,诚心诚意为群众着想、为群众服务,提高工作效率,努力造福群众。为了方便群众和企业办事,浙江省自然资源厅自然资源确权登记局不断深化不动产登记"最多跑一次"改革。从最初集交易、登记、税收"一窗受理"到现在水、电、气、户口转移联动办理,从商品住宅不动产交易登记"一件事"到现在企业纳税"一件事"、银行贷款与抵押登记联办"一件事"、农房确权登记"一件事"、司法拍卖不动产登记"一件事"等,引领全省不动产登记队伍道德建设向着便民利民方向前进。

2. 上海:完善不动产登记机构员工培训方法

(1)将短期培训与长期培训相结合。上海房地产登记团队与第三方培训服务公司合作,聘请专业顾问,有效利用专业机构的培训资源和培训经验,集中开展短期培训,特别是员工礼仪培训、服务意识和拓展培训,为员工营造轻松有效的培训氛围。员工验收、审计和档案管理专业技能的更新和巩固以市级业务培训为重点,区不动产登记机构内各部门结合实际情况,在短时间内开展多种专项业务培训,逐一解决突出问题。从长远来看,在房地产登记"全网通"服务改革过程中,重点加强登记机构从业人员严格遵守房地产登记业务经营底线,熟悉房地产登记业务的实施流程,严格控制注册项目的时限。

(2)建立不同的不动产登记培训制度。上海市房地产登记机构的员工培训从加强内部管理入手,根据登记的实际实施和进展情况制定了全面的员工培训管理制度。其包括:注册机构员工的学习和培训系统,倡导全体员工积极参与集中学习和自主学习,营造良好的学习氛围,规范学习活动;登记并接受员工定期业务联检培训制度,培训内容侧重于验收过程中遇到的疑难杂病和典型案例的分享与交流,并及时记录联合评审和讨论的结果,以便将来遇到类似问题时找到相关的参考依据;审核员工业务质量月度抽查制度,安排审核部门负责人随机抽取每月最后一周审核过的几件行李进行全面检查,如果发现问题,形成书面处理意见,反馈给具体的审计人员,并根据需要安排审计人员检查业务培训;制定档案管理岗位员工档案管理培训制度,进一步培养一个项目、一个包、一份文件的意识,形成统一的工作模式,便于后续内部文件检索和信息重用;加强反腐败风险防控管理,做好预防工作。

3. 无锡:利用技术提升不动产登记管理效能

无锡市打造了不动产登记集成服务平台,实现了二手房过户"不见面"就能进一步满足群众的办证需求,在不断提高不动产登记便利度的同时也减轻了窗口工作人员的压力,促成良性循环。无锡登记机构与税务部门密切协作,成功突破了技术限制,将2018年实现的二手房过户线上并联预审环节向下延伸,实现缴税、登记线上全流程不见面办理。不动产集成服务平台、税务、登记系统 3 个平台实时交互,在办理过程中,电子信息及材料做到及时共享传送,确保运行顺畅。无锡市自然资源和规划局(即无锡市不动产登记机构)联合市政集团、供电公司对集成服务平台水、电、气过户功能进行优化改造,申请人在办理二手房过户时可一次性申请水、电、气关联业务,线上签署电子合同等表单。在这样的工作流程之下,群众办证便利度显著提高,窗口受理工作压力大大降低,极大地提升了工作效率,塑造了不动产登记队伍的形象。

2021 年以来,无锡全面启动"线上苏小登·无锡悉心办"项目建设,打造 4 个"0 办理"新模式:实现更多登记业务线上办理,"0 跑动"事项扩容;全力助推各部门信息共享,"0 收件"即可办证;一平台申请缴税、登记,"0 环节"全程网办;线下自助申请、缴税、领证、查询等功能一应俱全,"0 等待"即来即办;同步强化不动产登记队伍培训工作,指导工作人员熟悉新业务、掌握新技能、提供新服务;实现了商品房、预告、抵押、存量房、登记证明查询等事项的不见面办理,首次登记、注销登记线上办理功能正在试用测试中。下一步,无锡将继续优化线上办理模式,提升平台易用性,并加大推广力度,为企业群众提供科技成分高、服务水平好、安全保障稳的不动产登记服务。

4. 连云港:积极举办技能竞赛激励锻炼队伍

自 2018 年起,为了提高江苏省不动产登记影响力,锻炼不动产登记队伍,江苏省自然资源厅联合中共江苏省委省级机关工作委员会、江苏省人力资源和社会保障厅、江苏省总工会连续举办了 3 届江苏省"苏小登杯"不动产登记业务技能竞赛。连云港市积极响应江苏省自然资源厅号召,也是为了进一步提升连云港市不动产登记工作人员的综合素质,深化"云证达"不动产登记服务品牌创建,提升不动产登记工作服务水平,连云港市自然资源和规划局、连云港市人力资源和社会保障局、连云港市总工会联合举办了 3 次连云港市"云证达杯"不动产登记业务技能竞赛。

技能竞赛分为理论考试、上机考核、知识竞答、仪态评比 4 个环节,竞赛内容丰富、互动性强、贴近工作实际。连云港市不动产登记业务技能竞赛展现了连云港不动产队伍特别能战斗的拼搏精神,在比赛过程中全体参赛队员遵规守纪,赛出了凝聚力、战斗力、创造力,激发全体不动产登记干部职工学习新知识、钻研新技能、掌握新本领,塑造了连云港不动产登记队伍形象。

(二) 经验借鉴

1. 重视不动产登记队伍人员思想品德教育

不动产登记队伍的工作面貌关系着党和国家的形象,也是体现政务服务水平的直观标准。不断提升工作效率,打造出一支清正廉洁、担当干事、务实高效的不动产登记队伍是当代的历史任务。要想真正建设一支优秀的不动产登记队伍，必须以强化日常登记工作思想道德教育为着力点，重新唤醒不动产登记工作人员"全心全意为人民服务"的初心，以崇高的道德理想来抵御社会各种诱惑的冲击，以高尚的职业品德来践行服务人民的初心。在这样的要求下，不动产登记队伍领导干部的思想品德建设尤为关键，让他们成为道德楷模，发挥模范作用，带头塑造不动产登记队伍形象。

2. 开展有效的不动产登记业务培训

不动产登记工作的重要性要求不动产登记工作人员必须具备扎实的业务功底，这离不开行之有效的不动产登记业务培训。不动产登记业务培训工作绝不能停留在形式上，必须根据日常不动产登记、"互联网+不动产登记"、自然资源统一确权登记、不动产登记历史遗留问题化解等不同工作内容进行有针对性的开展。考虑到不动产登记队伍人数较多，对集中培训的场地要求、资金要求、内容要求均较高，可以考虑分批次开展培训，或者通过网络环境进行远程培训，不断丰富培训的内容和方法。同时，必须注重培训的质量与反馈，积极改进工作方法，提高不动产登记的培训质量。

3. 利用"线上登记"提升管理效率

在当代，互联网已经普及到千家万户，不动产登记向互联网端、手机端发展已经成为时代的必然。推进"互联网+不动产登记"，既要考虑到人民群众的生活习惯，更要创造性地开辟新功能和新思路，紧紧依托不动产登记交易纳税一体化平台，运用"互联网+"、大数据技术，实现不动产登记机构与税务、住建、行政审批等部门互联互通、信息共享，打通服务群众"最后一公里"。不动产登记工作人员，尤其是领导干部，要主动改变工作思路，积极学习线上登记新知识、新业务，在日常工作中主动向办事群众和企业积极推广，让线上登记成为时代新风尚。

4. 持续调动不动产登记队伍的积极性

积极举办不动产登记技能竞赛就是很好地提升队伍工作热情的方法。年轻人在竞赛活动中收获了知识、友谊，让不动产登记队伍的氛围更加和谐融洽。除了积极举办活动之外，还要从多方面考虑不动产登记工作人员的需求，在经历了群众的误解之后如何帮助员工安抚情绪、争取合理合规的窗口补助，这些都是提高不动产登记凝聚力必须考虑的问题。归根结底，领导干部必须转变不动产登记队伍管理的陈旧思路，营造良好的工作氛围，提高不动产登记工作人员的积极性。

三、进一步加强 H 市
不动产登记队伍管理的对策分析

（一）持续强化职业道德建设

不动产登记工作关系民生，关系地方的经济发展，不动产登记队伍里的工作人员，必须拿出对人民负责、对时代负责、对初心负责的态度去面对每日繁忙又重复的工作，这就要求不动产登记队伍必须拥有较高的道德水平。

1. 强化职业道德建设与业务的融合

强化道德建设，必须与日常不动产登记业务结合起来。例如，在工作中最繁忙也最容易引发办事群众不满的咨询窗口，要想真正让办事群众或企业满意，既需要扎实的业务知识做功底，能够回答常见的问题，还要具备较高的道德水平，能够站在办事人员的角度思考问题，二者相辅相成，方能做好工作。因此，不动产登记队伍的管理者首先要形成一个基本意识：将道德建设融合在业务中，在业务办理中突出道德要求，方能真正做好不动产登记道德建设。

2. 树立先进典型，发挥模范作用

积极树立先进典型，有利于发挥带头模范作用，营造良好的不动产登记服务氛围，逐渐形成良性竞争。树立先进典型，还要根据工作实际需要进行分类，如设立"服务明星""业务能手""最美不动产登记人"等不同模范，在不同领域发挥模范作用。另外，目前由于大多不动产登记队伍都入驻了所在城市的行政审批服务中心，需要在日常管理中积极与审批管理部门沟通，从不动产登记队伍实际出发，设立专属于不动产登记队伍的"光荣榜"，不断激励不动产登记队伍进步。

3. 开展工作监督，促进道德建设

目前 H 市不动产登记的监督管理主要体现在窗口人员是否佩戴统一工作牌、是否有迟到早退现象以及其他违反窗口日常工作纪律的情况等方面。实际上，我们的登记监督工作，更要针对真正危害较大的窗口人员与中介利益往来、不动产登记工作合法性事后复查、违规违纪行为处理经验总结等核心工作，寻找各项廉政风险点，积极评估工作成效，合理开展日常登记工作监督，不断提高监督工作水平。

(二)积极完善队伍管理方法

1. 积极应用技术方法强化管理

"互联网+"不动产登记等技术方法有着很多无可取代的优势：在银行便民服务点直接受理，避免窗口排号，办证直接领取；强化信息共享，使得不动产登记信息能够与其他部门直接对接；锻造地方不动产登记品牌，提高不动产登记队伍形象等。此外，线上登记还可以显著降低不动产登记工作的受理压力，银行、开发商、中介甚至普通群众可以直接在网络上发起申请，相关电子材料直接转到审核环节，如此一来使受理压力大大降低。在新时代和新背景下，"互联网+"不动产登记已经是时代的必然，我们必须积极推广"互联网+"不动产登记，积极学习新业务和新知识，让不动产登记工作昂首走进信息化时代。

2. 完善登记工作绩效考核体系

不动产登记工作绩效考核，不能仅仅满足于"迎接考核"和处理矛盾，不能仅看各项登记业务的正确率，更要从发展的角度进行全面评价。对于窗口工作人员而言，不动产登记容错率不能仅仅是一句空话，要实实在在体现在日常绩效考核中。与此同时，又要将违法乱纪行为从容错类案例中甄别出来，不留下灰色地带。要通过绩效考核体系，参考先进地区经验做法，合理提高不动产登记工作人员的收入水平，增强不动产登记队伍的向心力。建立完善的登记工作绩效考核体系是一个复杂的系统工程，可以充分运用"双因素理论"，通过积极实现员工的"积极因素"来不断提高队伍的"上限"，促进不动产登记队伍不断发展。要在考核中坚持公开性原则、客观性原则，强化沟通反馈，不断总结工作的经验和教训，持续完善绩效考核系统，用合理的考核充分调动员工的工作积极性。

3. 畅通基层窗口人员晋升通道

在日常不动产登记队伍管理中，必须畅通基层窗口人员的晋升通道，坚决打破论资排辈的老思路，坚持能者上、庸者下，让优秀的年轻人看到希望，让真正的人才发光发热，逐步扭转历史原因造成的人员配置问题，让不动产登记队伍不断专业化、年轻化。

(三)优化不动产登记队伍结构

1. 结合员工特点优化队伍结构

提升工作效能，必须合理优化不动产登记队伍结构。

(1)增加年轻化的骨干力量。年轻同志具有直率、热情、精力充沛等特点，是完成不动产登记核心业务的主要力量，能够显著改变队伍效能低下的核心问题。年轻人可以通过不断学习和积累,逐步克服缺点,团队对年轻人的包容度也相对较高,从而能够扬长避短,发挥年轻人的最大优势。

(2)注重性别搭配,促进沟通协调。在团队管理中利用不同性别的优势,将团队中活跃的、不同性别的成员分配到各自的岗位,能进一步发挥沟通协调的优势,建立良好的工作气氛。

(3)让拥有阅历的员工成为中层管理者。不动产登记队伍以公共利益为工作目标,团队的稳定同样重要,这就需要较年长的中老年员工来维持队伍的平衡。拥有一定阅历的员工情绪稳定,善于忍耐,有很强的观察能力。工作年长的员工经验丰富,能够帮助年轻、活泼的同志稳住阵线。

(4)以最普通的基层工作者为基础。不动产登记工作性质决定了日常工作的大部分内容都是枯燥、重复的,这就需要基层工作者来完成日常基础工作。不少劳务派遣人员,性格内敛,耐性高,愿意从事基础工作,这样的特点与大部分登记日常重复工作人员的要求较为接近。尽管他们不能给队伍的发展带来明显的驱动作用,但却能使一个团队持续向前、不断进步。

2. 合理设置不动产登记岗位

如前所述,目前 H 市不动产登记中心还存在不合理的岗位设置问题,极大地阻碍了不动产登记队伍的进步与成长,损伤了工作人员的积极性。因此,必须合理设置不动产登记岗位,让单位更多的人才、资源、精力都汇集到窗口,汇集到核心业务科室。要重视意见反馈,重视业务发展潮流,及时调整不动产登记岗位,留住不动产登记员工的心,增强队伍的凝聚力。

3. 扩大不动产登记人员招录比例

H 市不动产登记队伍存在人员严重不足的问题,亟须扩大不动产登记人员队伍。在不动产统一登记实施以后,经多方努力,H 市不动产登记中心额外核准了 20 个事业编制,但随着连续数年的事业单位招录,编制已经接近饱和,需要进一步扩大不动产登记工作人员的招录比例。另外,H 市的市本级不动产登记中心及各县区不动产登记中心,都是自收自支事业单位,随着事业单位改革的不断推进,工作人员的收入与公务员的差距逐渐拉大。考虑到不动产登记工作的公益性和权威性,可以考虑将不动产登记中心改为参公编制,以参公事业单位的性质参与公务员考试,以吸引更多高素质的年轻人加入不动产登记队伍。

(四)持续提高不动产登记队伍业务水平

1. 有针对性地开展日常业务培训

全市各级不动产登记队伍,必须根据各自的实际,积极有针对性地开展日常业务培训。从目前来看,需要进行集中精力培训的业务包括:《中华人民共和国民法典》涉及不动产登记业务的相关法条等法律法规、"互联网+不动产登记"的系统操作、日常工作的心理疏导和礼仪表达、自然资源统一确权登记的开展等。在市级层面上,应该主动关心全市各支不动产登记队伍的现状,积极为队伍统一培训提供平台,甚至可以与其他区市共同举办培训,分享培训资源,扩大培训范围,提升培训效果。

2. 建立健全合理的"老带新"制度

"老带新"制度并不是新鲜词汇,目前 H 市不动产登记中心已经采用了这种培养新人的方法,不过"师傅带徒弟"制度也存在较大问题:第一,受理岗位的"师傅"常常是劳务派遣人员,整体业务能力有限,只能传授基本的业务流程,对业务流程背后的原理不能够深入讲解,导致徒弟"知其然而不知其所以然";第二,这种"师傅带徒弟"的模式培养周期过长,不利于新人及时进入岗位,甚至有的新人刚刚能够独立受理业务就离职了。我们必须根据工作实际设置合理的"老带新"制度,当新人入职时,应该综合评价新人的年龄、性别、学历、专业等因素,初步设定合理的岗位,然后由该岗位上有经验的正式人员进行"以老带新"。领导干部要及时关注"以老带新"的进展,针对新人的不同情况及时调整方法或岗位,在降低培养成本的同时不断提高培养效率。

3. 加强业务交流学习先进做法

H 市不动产登记队伍应该与外部同行积极加强业务交流,学习其先进做法。不动产登记部门可以组织相关部门(如税务、住建、商业银行等)共同前往先进地区学习工作经验,这样不仅学到了先进的工作经验,也加强了部门沟通,为下一步工作奠定了坚实的基础。要想真正提升不动产登记业务水平,绝不可以做"井底之蛙",不能满足于现状,要积极学习外部的先进做法,不断反思工作方法,精简工作流程,提升工作效率。

(五) 不断提高不动产登记队伍凝聚力

1. 持续创新管理工作思维

可以尝试分批次组织小型队伍户外拉练,既保证窗口工作的正常运转,又可以帮助工作人员获得室外锻炼的机会,远离政务大厅的嘈杂与繁忙,通过短暂的释放压力来重新"充电",使他们更好地投入工作中。如当面对烦琐重复的工作内容时,可以尝试联系软件公司开发相关系统,让系统取代人力去进行重复工作。同时,强化对系统软件的日常维护,强化账号信息管理,做好风险评估工作,利用软件系统降低工作压力。总之,要根据实际情况、实际需求不断创新工作思路,管理者要跳出既有固定思维的"舒适圈",不断学习新的工作方法,持续提高管理能力。

2. 关注工作人员心理状态

不动产登记工作除了具有责任重大、节奏快等特点外,还经常面临巨大的心理压力。可以设置"委屈奖"制度,首先要求窗口工作人员尽可能避免与群众发生争论,维护队伍形象。事后对群众的不满调查清楚后,若确实不是工作人员的问题,可以适当补发"委屈奖",肯定为民服务的态度,安抚基层窗口人员的情绪。此外,要营造积极向上的工作氛围,不能一味强调现在事业单位收入低,领导者不能带头传播负能量,要看到未来单位发展的可能性,如单位级别的提高、由自收自支转向全额拨款的可能性等,充分调动工作人员的积极性。

3. 适当组织参加相关活动

H市部分不动产登记中心窗口利用周末半天时间开展文娱活动,内容多样,包括扔飞镖、打"掼蛋"、掰手腕等,融洽了同事间的关系,缓解了工作压力,这些做法都可以推广;针对窗口党员较少、无法开展结对共建的情况,创新开展了非党员和党员的结对,每位党员结对4位非党员开展相关活动,起到了非常积极的作用。此外,组织文娱活动的时候不能盲目,要结合工作本身,寓教于乐,尽量起到在娱乐中提高知识水平的作用,最大化达到文娱活动的目的。活动的组织和安排,需结合不动产登记队伍的特点开展,进一步提高参与度,提高队伍的凝聚力。

江苏省涟水县
税务局出口退税管理研究

刘水清

（学号：1120203398）

出口退税作为国家进行宏观经济调控的一种有效税收手段，具体是指出口企业的商品出口后，退还其在国内各个环节缴纳的增值税及消费税，可以使其能以更低的成本优势参与国际市场竞争。出口退税的本质是通过税费退还的方式，将货物劳务、跨境应税行为整体税负归零，是有效避免国际双重征税、促进对外贸易发展的最常用的手段。本文所指的出口退税管理，一方面是指税务机关在退税过程中产生的服务行为，另一方面是指税务机关针对出口退税风险采取主动且积极的防范措施。出口退税管理工作不仅直接影响我国外贸企业在国际市场的竞争力，关乎外贸企业的切身利益，更是连接国家财政的"钱袋子"，与国家经济的长远发展息息相关。

一、江苏省涟水县税务局出口退税管理现状

（一）江苏省涟水县税务局出口退税管理基本情况

涟水县位于江苏省北部，县域面积 1 678 平方千米，是全国少有的"空铁水公"皆具的县级城市。目前涟水县有出口业务的企业 50 余家，近几年年退税金额在1.1 亿~1.5 亿元人民币。然而，不可否认的是，涟水县出口退税管理仍然存在一

些不足,主要体现在出口退税管理效率较低、部门间配合不到位、高素质管理人员较少、执法环节不完善等方面。涟水县税务局若不能及时完善出口退税管理手段,提高管理能力,对于今后的出口退税管理工作会产生消极影响,也难以适应未来出口退税新形势。

1. 江苏省涟水县出口情况概况

(1)出口企业数量。截至 2020 年年底,涟水县共有出口企业 146 家,其中生产型企业 124 家,占总数的 84.93%;外贸企业 22 家,占总数的 15.07%。2016—2018年,涟水县出口企业数量增长率呈递增态势,出口形势良好;2018 年增长率一度超过 10%;但是 2019 年、2020 年增长趋势放缓,究其原因,主要是由于在新冠疫情国际大环境下,国内对外出口贸易受到影响。从总体上看,受益于涟水县政府招商引资和优化营商环境政策的施行,县内经济充满活力,对外贸易形势良好。

(2)出口商品行业分析。涟水县出口的商品主要集中在 4 个行业,分别是纺织服饰、化工产品、机电产品和金属制品。2020 年全年这 4 个行业总出口额为 2.34亿美元,占全年总出口额的 93.70%,其中纺织服饰业出口额为 1.49 亿美元,占总出口额的 59.64%;机电产品出口额为 0.38 亿美元,占总出口额的 15.14%;化工产品出口额为 0.37 亿美元,占总出口额的 14.83%;金属制品出口额为 0.10 亿美元,占总出口额的 4.09%。涟水县对外贸易的主力行业为纺织服饰业。依托于涟水县丰富的劳动力、大量的职业技术人才和便利的交通条件,涟水县正在稳步打造属于自己的纺织服饰产业品牌,提高产品的附加值,致力于建设成为江苏纺织服装产业现代化基地。

(3)出口退税办理金额。随着涟水县对外贸易的发展,涟水县 2018 年之前出口退税办理金额总体呈增长趋势,办理的退税金额从 2015 年的 1.65 亿元增长到2018 年的 2.49 亿元,增长 50.61%。但 2018—2020 年,出口退税办理金额有所下降,特别是在 2020 年,出口退税办理金额下降到 1.88 亿元,同比下降 21.87%,其中退税额为 1.17 亿元,同比下降 17.92%;免抵税额 0.71 亿元,同比下降 27.64%。

2. 江苏省涟水县税务局出口退税管理概述

(1)出口退税管理岗位设置。涟水县税务局出口退税管理工作设有申报受理岗、审核岗、复审岗、调查评估岗、核准岗、预警分析岗和综合管理岗 7 个岗位,其中申报受理岗、审核岗、复审岗、调查评估岗设立在第一税务分局,主要负责退税流程的受理审批工作;复审岗由县局分管副局长担任,负责对退税数据进行核准;预警分析岗设立在税政一股,主要负责预警分析;综合管理岗设置在收入核算股,负责对所退税款进行退库处理。参与出口退税管理相关工作的税务人员共 7 个,其中受理岗和审核岗由 1 人兼任,调查评估岗设 2 人,综合管理岗设 2 人,其他岗位各设 1 人。

（2）出口退税管理流程。具体审批流程如下：以常见的出口退（免）税申报事项流程为例，申报受理岗在接到企业报送的资料后，由申报受理岗受理后传递给审核岗，审核岗在审核过程中如果系统监控到疑点且经审核岗初步核实后无法排除的，应传递到调查评估岗，由调查评估岗调查后将调查结果传递到复审岗；若疑点经审核岗初步审核后可以排除，则应将审核结果传递到复审岗，复审岗复审后将结果传递到核准岗，核准岗核准发放后退税审核流程结束，综合管理岗对应退税款进行相关退库处理。

3. 江苏省涟水县税务局出口退税管理成效

（1）提高了服务质量。涟水县税务局积极推进出口退税无纸化办理，在退税审核过程中实现了审核岗位层层衔接，审批环节层层流转，与国库实施联动沟通，线上快速反馈审核结果的全流程跟踪。涟水县税务局所辖一至三类企业已全面实现了无纸化、电子化退税，近几年来受理申报出口额为 1 亿~3 亿元。与此同时，加快出口退税申报办理审核时长，正常出口退税的平均办理时间压缩至 2 个工作日以内，远超国家税务总局 6 个工作日的要求，真正实现了退税业务一次不用跑，全力支持出口企业行稳致远。

（2）提升了风险筛查能力。涟水县税务局进一步加强与公安部门合作，同时做好对接工作，深入贯彻实施虚开增值税专用发票的案例曝光和联合惩戒，严厉打击虚开发票违法行为，切实维护经济秩序。充分利用跨区域协作系统、审核检查系统、协查系统同外省市税务机关取得联系，传递疑点信息并进行核实反馈，通过快速反应和信息共享切实减少税款损失。2020 年共审核排除出口退税疑点 85 条，涉及退税款 678.71 万元。

（二）江苏省涟水县税务局出口退税管理出现的主要问题

1. 出口退税风险管理效率有待提高

（1）出口退税评估效率低。涟水县税务局出口退税评估体系主要借助于出口退（免）税信息审核系统，系统无法实现各县区之间退税信息的共享，县区局也无法获取市局的信息，在对辖区内出口企业进行风险应对时受信息获取渠道的限制，无法获得上下游企业的信息，影响评估效率。同时，市局需要筛选全市各个县区所有数据，数据量大，涉及种类多，也影响筛查结果的准确性和出口退税评估效率。

（2）核查的周期长。涟水县税务局出口退税实地核查总体上办理时间较长，甚至有不少核查任务是卡在最后期限完成的。以 2020 年疑点核查工作为例，根据文件规定，疑点核查工作最长办结企业不得超过 20 个工作日，然而实际办结时间中，耗时超过 15 天的占 50% 以上，耗时超过 10 天的超过 70%。

由于部分核查工作长时间不能办结，导致企业退税款不能及时到账，可能会影响企业的正常经营。对比2018—2020年淮安市全系统的实地核查平均办结时限，涟水县实地核查平均办结时限总体偏长。

（3）出口退税风险识别效率较低。目前，涟水县税务局出口退税风险识别主要靠对各出口企业风险指标进行识别分析，从中发现疑点并进行相关应对。然而很多风险指标不能有效地识别出骗税等违法行为。常见的风险指标如出口销售额增长过快、出口跨大类产品、敏感口岸、敏感国别等，单依靠这些指标很难识别企业是否具有骗税行为，影响了涟水县出口退税风险管理效率。

2. 出口退税管理信息交流不够通畅

（1）对内信息交流不通畅。目前涟水县税务局在征退税工作的分配上基本是两条线、两批人，两个部门在征收和退税环节缺乏必要的沟通衔接，征税部门偏向于税款的征收、发票使用、纳税申报等税款征缴相关工作，工作过程中对关于出口退税环节、风险等内容很少关注；而退税部门无须核对企业相关数据，所以无法掌握企业税款征收方面的信息，造成征退环节脱离，不利于风险防控。

（2）对外信息交流不通畅。一是各部门之间没有设置或指定专门的协调联系机构，往往是发生需各部门协调的工作任务时才临时组建协调工作小组，工作任务结束后协调工作小组也随之解散，缺少日常性的固定协调联系机构。二是部门之间信息交换机制不健全，涟水县税务局与海关、外汇管理部门间虽然建立了信息共享机制，但是自上而下的信息传递存在缺漏、更新不及时的问题。

3. 出口退税管理力量相对不足

（1）队伍规模较小。涟水县税务局负责出口退税管理的税务干部只有7人，其中从事出口退税相关工作年限在3年以下的有5人，占比71.43%，而年限5年以上的人仅1人，占比14.29%，年限在3~5年的也只有1人，占比14.29%。反观全市税务系统，具备出口退税管理工作经验3年以上的占比67.75%。上述情况说明涟水县总体上负责出口退税管理的税务人员数量不足，工作经验缺乏。

（2）缺乏专业化人才。涟水县税务局负责出口退税管理人员中财会类专业的占比不足一半，仅占42.86%。涟水县税务局从事出口退税管理的工作人员拥有税务师资格证书的为2人，占比28.57%，而取得注册会计师和律师资格证书的工作人员均为0，反观全市系统，取得注册会计师、税务师和律师资格证书的人员占比分别为6.45%、37.10%和3.23%。涟水县负责出口退税管理的工作人员专业化水平低于全市税务系统总体水平。

（3）主观能动性不够。涟水县税务局出口退税管理工作中存在工作人员主动性不高的问题，特别是对于风险管理，往往是系统推送什么疑点就分析什么疑点，市局下发什么指标就调查什么指标，很少主动对辖区出口企业进行出口风险分析，不能将日常工作与出口风险管理有效结合起来。部分工作人员缺乏学习动力，知识更新不及时,影响了工作质量。

4. 出口退税风险核查质效较低

(1)事前企业信息分析不够全面。核查前对于被查企业信息的分析不够全面,导致在实地核查过程中可能会忽略某些异常信息,致使一些本应被发现的风险不能够及时被发现,增加了出现企业骗税的风险。

(2)事中核查质效不高。一是核查证据不能得到及时有效的记录固定,加大了后期结果定性的难度。二是审核内容多、较为单一,无法对于实际出口的货物进行监管,这种滞后式审查大大增加了审核难度,影响了出口风险的防控。三是对于某些冷门产业信息了解少,审查困难。

(3)事后结案困难多。一方面对于部分企业补缴和加罚的税款入库困难;另一方面对于核查过程中牵连出或发现的违法行为难以进行进一步的调查,可能出现"漏网之鱼",导致税款流失。

(三)江苏省涟水县税务局出口退税管理存在问题的原因

1. 出口退税风险管理制度不够完善

(1)风险特征数据收集不足。涟水县税务局在出口退税风险管理方面尚未形成系统全面的风险特征数据库,无法对各种风险类型进行较为准确的识别,从而导致调查人员在企业实地核查时对于一些风险不能及时有效地识别,增加了出口退税管理风险。

(2)风险识别指标不准确。目前涟水县风险识别指标虽然可以在一定程度上反映企业的异常,但因为这些风险指标准确度不够,导致筛选出的数据较多且很多只是企业正常经营中产生的异常。同时,这些风险指标无风险等级的划分,无法选取风险高的进行重点攻克,不仅增加了出口退税风险管理人员的工作量,又影响了涟水县税务局整体出口退税风险防控的效率。

(3)出口退税管理职责划分过于集中。涟水县税务局出口退税管理岗位中的申报受理岗、审核岗、复审岗、调查评估岗均设置在位于县城内的第一税务分局,企业线上提交的出口退税事项也基本集中在第一税务分局进行统一受理、审核,然而涟水县大多数出口企业分布在各个乡镇以及开发区,距离第一税务分局较远,需要花费大量时间,而调查人员往往身兼数职,不可避免地削弱了税务部门的管控能力。

2. 出口退税风险管理内外协作不足

(1)征税和退税系统分离。在征税环节用到的主要系统是金三系统,而退税环节用到的是出口退(免)税信息管理系统。两个系统相互独立,造成部分关键的征税、出口货物、退运等信息没有较好的共享平台,导致信息闭塞。征、退税信息的脱节,导致出口货物的税款征收工作成为"盲点",为出口骗税、少征、迟征税款埋下了隐患。

(2)征税和退税部门分离。负责征税环节的日常监督管理的主要部门为税政一股,该部门位于涟水县税务局内,然而负责退税环节日常监督管理的主要部门第一税务分局,却外驻在涟水县行政审批中心,两个部门分驻两地,客观上对征税环节和退税环节的人员交流和信息交换造成一定的阻碍。同时,征退两个环节分属两个部门,更容易形成"两不管"的监管死角。

(3)出口退税管理存在信息"壁垒"。目前,涟水县税务局出口退税管理在内部信息传递方面存在一定的缺陷。市局与县局、县局与县局,以及县局内各部门之间的信息交互程度较低,各个县局只能查到自己辖区内企业的信息,无法跨县区进行信息采集对比,加上各个系统之间信息对接程度不够,从而导致许多评估疑点的分析过程中可用数据较少且过多依赖人工,影响了出口退税风险评估效率。

(4)缺少跨部门协查机制。跨部门协查在打击虚开骗税等严重税收违法行为中发挥了重大的作用,但在协作的过程中,由于缺乏长效、稳定的联合工作机制,跨部门协作时有失灵,在办案过程中涉及需要进行跨部门流程对接或者案件移交的工作时,往往难以顺利完成。具体表现在职责交叉领域相互争执产生矛盾,或者监管真空地带无人负责。

3. 出口退税管理队伍建设有待提高

(1)人员配置不到位。对于出口退税管理队伍规模较小的问题,一方面,出口退税管理没有设立专门的科室,职责归属于第一税务分局,出口退税管理工作只是第一税务分局的若干工作之一,人员配置受到限制。另一方面,由于出口退税管理工作内容较为独立且难度大,掌握相关业务知识的人员较少,同时由于县局内部的轮岗制度,导致无法培养出工作经验丰富的税务干部。

(2)人才培养力质效不高。涟水县税务局虽然采取了一些人才培养措施,例如组织视频培训、组织考试等,但无科学的奖惩机制保障培训或考试结果,税务干部对于培训兴趣缺乏,达不到培训效果。涟水县税务局组织的培训大多形式落后,不够新颖,对税务干部的能力提升作用有限。

(3)缺乏有效的激励机制。涟水县税务局在人员提拔任用方面过于保守,且存在"论资排辈"问题,阻碍了税务干部的发展空间,导致税务干部工作积极性不高,出现"躺平"现象。同时由于激励机制不健全,对于工作能力强、工作成绩突出的税务干部不能给予相应的奖励,影响了其工作积极性。

4. 出口退税风险核查流程建设不足

(1)企业信息分析手段不足。一是分析能力不够。涟水县出口退税风险管理团队之前基本没有从事风险评估稽查的相关工作经验,导致实地核查事前分析达不到理想效果,影响最后核查结果的质量。二是信息获取渠道单一。涟水县税务局出口退税管理团队获取企业信息的主要途径就是内部系统查询,内部系统查到的多为基础信息,缺乏多样性的信息获取渠道,制约了税务机关对企业信息的掌握,影响实地核查结果的质量。

（2）核查方式落后。一是执法程序不够规范。在实地核查过程中,缺少专业化设备,核查人员虽有执法资格,但多数未配备执法证,不符合执法程序。二是审核内容多是数据材料方面的审核,缺乏对实际出口货物的监管。实地核查主要是以要求企业现场提供资料的形式,对出口货物的原材料购进、产品生产、货物运输等方面进行事后审核,无法对实际出口的货物进行监管,影响了对出口风险的防控。三是对于一些冷门产业,难以掌握其产业链条,不了解其业务流程,审核难度增加。

（3）事后惩处力度不够。出口退税风险监管职责主要划分在第一税务分局,对于核查中发现的问题需要转到评估或稽查部门。对于企业一些不涉及税款入库的程度较轻的违规行为,稽查部门不愿立案。同时存在取证难的问题,涉案企业如果进行提前隐匿销毁证据、注销甚至走逃等行为,税务部门就会比较被动,容易错过最佳侦查时机。

二、国内其他地区出口退税管理经验借鉴

国内其他地区的各级税务机关也在不断地探索、改进出口退税管理工作,在不断的实践中形成了很多先进的经验与成果,对涟水县税务局出口退税管理有重要的借鉴意义。

（一）国内其他地区出口退税管理的主要举措

1. 无锡市惠山区税务局:依托信息大数据扼住出口退税风险管理的咽喉

（1）发挥互联网优势,增强风险筛查能力。无锡市惠山区税务局引入大数据技术,对其辖区内的跨境电子商务贸易和出口贸易代理服务等领域的相关数据进行归集分析,大大提高了惠山区税务风险识别的高效性和准确性。

（2）监控企业生产能力数据,提高风险管理效率。惠山区税务局通过大数据技术实现与辖区内出口企业的数据对接,定期采集出口企业的生产经营数据,及时了解企业目前的产量等相关数据,对这些数据信息进行多维度、多次数的动态分析,为税务机关出口退税风险管理提供有力的数据支持。

（3）强化部门间的信息沟通，全面开展出口风险防控。惠山区税务局借助网络大数据的建设，形成部门间的大数据联合交互。在出口退税管理过程中，定期与海关、银行、外汇管理局等部门进行信息沟通，将数据导入税务风险数据分析系统，通过对数据的筛选、分类、比对，为出口退税风险的识别应对提供强大的数据支撑。

（4）加强大数据指数分析，找准出口风险方向。惠山区税务局将这种指数分析应用到出口退税管理中，利用数据分析下系统智能化查询、处理、引申等功能优势，分析出数据背后纳税人具体的涉税行为，并以此构建相关分析模型，可对其辖区的出口企业按照大小、行业、地域等因素进行税收遵从度的监控，发掘出潜在的风险点。

（5）打造智能化涉税服务，防范出口风险于未然。将纳税人常用的问题咨询路径，如"12366"电话热线、微信公众号、钉钉税企交流群等接入大数据平台，利用大数据平台强大的分析提炼能力，将企业最常关注的政策问题或者业务办理问题进行收集、提取、分析，找出企业在出口退税方面的薄弱点，然后有针对性地对企业进行相关政策的解读和业务的辅导。

2. 广州市南沙区税务局：部门联动提高出口退税风险防控质效

（1）创建各部门风险互联协作机制。广州市南沙区税务局出台《广州南沙区税务局关于加强出口退（免）税管理的部门协作办法》，通过文件规定明确局内各部门的分工，激发与出口退税管理工作相关联的部门在风险防控中的主动性与积极性。各风险评估相关部门建立规范科学的信息共享途径，将稽查局查处的涉税案件，风险评估部门筛查的风险疑点以及属地管理部门发现的涉税管理问题等信息进行及时记录传递，及时发掘其中可能存在的出口退税风险点。同时，稽查局、风险评估、属地分局等相关部门定期将经验与遇到的难题进行分享与探讨，促进风险管理工作更加科学化和高效化。

（2）数据靶向分析助力风险防控。南沙区税务局设立企业风险数据库，将失信企业的相关信息汇总分类，制作企业黑名数据库，并根据风险程度划分风险等级，设置对应的预警值，利用大数据智能分析对出口企业进行自动监控、分析、识别、预警。同时，联合风险部门通过大数据分析进行出口退税风险预判，利用大数据平台的抓取分析能力，在海量的企业涉税信息中进行筛选对比，找出高风险企业范围，有针对性地进行靶向风险监控。

（3）加强外部联动形成出口风险共治。广州市南沙区税务局工作上保持与南沙区海关、外汇管理局、银行、商务局等其他部门交换信息，保持信息对接渠道通畅，不断巩固、改进跨部门联合行动，保持打击偷税漏税、出口骗税等违法行为的联动机制。同时，加强对出口企业自身风险防控的宣传，使企业充分认识到骗取出口退税等违法行为对社会及自身的危害，提高企业自身风险防控意识，建立企业自己的风险防控机制。

3. 常州市金坛区税务局："存量"与"增量"两手抓，优化人员配置

(1)盘活存量，挖掘潜力。金坛区税务局在现有岗位职责体系下对每个在职职工的特点进行分析，以胜任能力为导向，根据每个人的特长及工作能力，结合每个岗位的特点，进行合理分配，确保人尽其用，合理高效。同时在人才管理上引入第三方测评机制，将胜任能力的测评落实到每一位职工，找出税务人员工作方面的优势和不足，提出合理化建议，充分挖掘其自身的潜力，促进税务人员的不断进步。

(2)精准培训，持续开发。金坛区税务局在税收专业化管理的大背景下，采取针对化的精细培训手段，将税务人员胜任力的提升放眼于未来，以3~5年的培养周期奠定培训者扎实的基本功和熟练的实务操作能力，培养出一批集专业知识丰富、实务操作能力强、信息技术使用熟练、纳税服务能力强等优点于一身的专业化人才。

(3)着眼未来，动态规划。金坛区税务局对于人才队伍的培养不局限于当前岗位胜任力的培养，更是着眼于未来，关注税务人员的胜任能力是否能够随着经济社会的发展而不断提高。对此，金坛区税务局针对税务人员素质的提升情况，定期进行能力测试，根据测试结果做出结构上的安排，形成能力素质培养阶梯，进行科学化配置。

(4)正向激励，提升心力。常州市金坛区税务局建立了以能力为导向的税务人员评价机制，综合运用了目标激励、知识激励、绩效考核、文化建设等手段，科学有效地激发了税务干部主动学习的干劲，自觉进行自我能力的提升，力求更好地胜任所属岗位，提高整体的工作学习热情，营造出一个积极上进的良好氛围。

4. 南宁市青秀区税务局："4S 风险直推"助力出口风险管理

南宁市青秀区税务局为了方便纳税人，同时减轻基层人员的工作负担，在全区范围内大力推广电子税务局"4S 风险直推"项目。"4S"是4个英文单词"simple——便捷""special——个性化""straight——直接""soon——快速"的首字母。

(1)"4S 风险直推"能够减轻税务人员负担。电子税务局"4S 风险直推"正是基于解决当前纳税人和基层干部反映的突出问题而上线的。"4S 风险直推"项目通过"线下"转"线上"的工作模式，实现了线上有限推送、线下辅助收尾有机结合，一方面，改变以往烦琐的风险应对环节，缓解基层税务机关人力资源"剪刀差"问题；另一方面，让纳税人及时掌握自身涉税风险和相关政策，实现纳税人法律遵从度和满意度"双提高"。

(2)"4S 风险直推"为纳税人提供便利。"4S 风险直推"项目通过电子税务局直推的相关数据和信息，均是通过大数据精准分析、智能扫描，可以确保为每一位纳税人量身制定。根据纳税人的经营需要，推送纳税人所需的政策信息，优惠政策绝不错过;根据纳税人的涉税信息,推送纳税人涉及的风险疑点,涉税风险绝不错漏。线上推送也意味着纳税人可以通过电子税务局及时掌握自身涉税风险,风险直推从产生、推送到自查应对,纳税人线上即可掌握全部信息,全部环节实现"非接触办税",免去了对纳税人的不必要打扰,形成了不断提高纳税人防范风险意识的良性循环。

(二)经验借鉴

1. 注重大数据的运用

一方面通过大数据技术实现与辖区内出口企业的数据对接,定期采集出口企业的生产经营数据,及时了解企业目前的产量、库存、能耗、销量等相关数据,对这些数据信息进行多维度、多次数的动态分析,为税务机关出口退税风险管理提供有力的数据支持。另一方面要借助网络大数据的建设,将信息采集渠道不断扩大,形成部门间的大数据联合交互,为出口退税风险的识别应对提供强大的数据支撑。

2. 强化部门间信息互动

一方面要加强各个部门的协作,充分调动出口退税相关部门与稽查、征管、税政等部门的积极性与能动性,制定相关合作机制,使各部门的信息能够及时有效地进行相互传递。另一方面要加强数据分析的精准性,涟水县可以通过建立连接各个部门数据库的方式,将各个部门的风险数据传递到数据库中,通过数据库进行数据分析预判退税风险。同时,联合风险部门,利用大数据平台的抓取分析能力,在企业涉税信息中进行筛选对比,有效识别企业风险并及时加以应对,提高涟水县税务局风险防控质效。

3. 加强管理队伍建设

首先,对于现有岗位职责体系下对每个在职职工的特点进行分析,以胜任能力为导向,根据每个人的特长及工作能力,结合每个岗位的特点进行合理分配,确保人尽其用,合理高效。其次,涟水县应该采取精准的专业化培训方式,培养出一批集专业知识丰富、实务操作能力强、信息技术使用熟练、纳税服务能力强等优点于一身的专业化人才。最后,建立以能力为导向的税务人员评价机制,综合运用目标激励、知识激励、绩效考核、文化建设等手段,科学有效地激发税务干部主动学习的干劲,提升整体的工作学习热情,营造出一个积极上进的良好氛围。

4. 创新出口退税风险管理

涟水县税务局可以借鉴南宁市青秀区税务局,大力推行"4S风险直推"项目,一方面通过改变以往烦琐的风险应对环节,缓解基层税务机关一对多的人力资源"剪刀差"问题,同时还能让纳税人及时掌握自身涉税风险和相关政策,实现纳税人法律遵从度和满意度"双提高"。另一方面"4S 风险直推"项目通过大数据精准分析、智能扫描，推送纳税人所需的政策信息，优惠政策绝不错送；根据纳税人的涉税信息，推送纳税人涉及的风险疑点，涉税风险绝不错漏，同时风险直推从产生、推送到自查应对，纳税人线上即可掌握全部信息，全部环节实现"非接触办税"。

三、完善江苏省涟水县税务局出口退税管理的建议

出口退税管理工作是出口企业打入国际市场，提高国际市场竞争力的有力保障，对出口贸易意义重大。涟水县税务局在出口退税管理领域做了大量工作，也取得了一定成果，但仍然存在一些突出问题。针对这些问题，以下将从风险管理制度、部门联动、队伍建设 3 个方面提出完善涟水县税务局出口退税管理工作的相关建议。

（一）完善出口退税风险管理制度

1. 完善出口退税风险识别机制

（1）建立出口退税风险特征库。涟水县税务局应当充分研究当前税收政策热点和本县行业特点，结合本地优势行业和特色产业，创建独具涟水县本地特色的税收风险特征库，同时对其中各个行业都要建立具有针对性、可操作性的行业特征模型，并时刻更新风险数据，不断进行完善。

（2）提高指标识别的精确性。优化风险指标，将不同方面的指标进行科学组合，从多种维度进行风险判断并将判断结果划分风险等级，提高识别的精确性。例如对于"出口销售额增幅过快"这一风险指标，无法据此判断企业是否真的存在问题，但是如果再结合企业能耗无增长甚至负增长，产能未提高等指标，则反馈的风险等级就会大大提高，税务机关可有针对性地进行重点应对，提高风险应对效率和应对的准确性。

（3）提高队伍的专业化程度。有针对性地挑选业务知识素质过硬、信息技术水平高超的人才成立专门的团队，并进行专门的专业化、系统化的培训，达到能够将税收知识与信息技术进行相互融合、融会贯通的效果，保障风险应对工作的高质量开展。

2. 完善风险管理职责分配制度

（1）职责下沉到基层。涟水县税务局可以将出口退税管理权限下放到各个属地分局，各个分局可以利用其熟悉掌握辖区内企业的地理位置、法人姓名、联系电

话等优势,对出口企业进行退税管理和风险调查,加强对企业的风险监控。同时,属地分局以镇为单位划片区进行网格化管理,每个网格配备管理员,加强对出口企业税务的基础事项管理和风险管理。

(2)人员下放到基层。涟水县税务局可将局内出口退税专业人才下放到各个分局,为各个税源管理分局出口退税管理工作提供专业的技术支持。将出口退税管理专业人才下放到各个管理分局,完成自身出口退税管理工作的同时可以指导分局整体的工作,既保证了当前分局出口退税管理工作有条不紊地进行,又提升了分局整体的工作能力。

(3)政策直达企业。一方面,网格管理员日常走访辖区企业,为辖区企业提供准确有效的"点对点"政策宣传,拓宽了纳税人获取涉税信息的渠道,解决了企业政策不通、流程不顺的问题,实现了税企双方的双赢。另一方面,每个管理分局设立服务热线,只需拨打服务热线就会有专人上门指导。

3. 优化出口退税风险监管方式

(1)突出重点风险领域监管。涟水县税务局要建立重点风险领域动态监管机制,特别是对于出口风险较高的领域,例如对于手机、贵重金属等敏感商品的出口,要严格防范可能发生的骗取退税的违法行为。同时,要充分发挥风险管理部门的作用,开展常态化风险筛查,运用大数据实现对虚开骗税等违法犯罪行为和重大税收风险从事后打击向事前、事中防范的转变,提高出口退税风险处置的质量和效率。

(2)推进"双随机、一公开"监管。涟水县可以依托省级"双随机、一公开"部门协同监管平台,从"两库"中随机抽取检查对象,结合涟水县本地地域、行业、专业等特点科学合理地匹配检查人员。在执法过程中要全程进行记录,执法结果要及时公示,重大决定审核要严格合法,使得检查行为合规合法。按照"谁检查、谁录入、谁公开"的要求,通过省级"双随机、一公开"部门协同监管平台及时公开抽查情况及结果,实现"双随机"抽查全程留痕,责任可追溯。

(3)引入"4S风险直推"项目。一方面,通过"线下"转"线上"的工作模式,实现线上有限推送、线下辅助收尾的有机结合,不仅解决了纳税人的难点,也解决了基层干部的痛点。另一方面,"4S风险直推"项目通过大数据精准分析、智能扫描,可以根据纳税人的经营需要,推送纳税人所需的政策信息,优惠政策绝不错过;根据纳税人的涉税信息,推送纳税人涉及的风险疑点,涉税风险绝不错漏,同时纳税人还可以通过推送的信息及时掌握自身风险。

(二) 加强内外协作

1. 深化内部征退税的衔接机制

首先,征税部门和出口退税部门要将各自的管理流程和操作规范进行融合;其次,对于出口退税风险的防控,要从征管环节开始,切断出口骗税的源头,加强企业上游进项的管理,不给出口骗税以滋生的土壤;再次,征税部门和退税部门要建立完善的风险应对联动机制。征税部门如果在日常工作中遇到企业存在风险时,应马上通知退税部门,同时启动风险应对联动机制,暂停办理退税或追回已退税款,防止税款流失;如果退税部门在日常工作中察觉企业存在如业务虚假、涉嫌虚开等行为时,也要及时与征税部门联系,共同进行风险应对。最后,要互相检查对方在管理上是否存在漏洞,共同研究补救,不断完善流程,使得一体化管理更加成熟科学。

2. 建立跨部门大数据平台

(1)实现与海关对接。海关作为把控进出口贸易大门的重要管理部门,应该把好防范出口骗税的第一关,对于税务部门提交的各种风险预警信息,应该实时收集分析并及时组织开展相关核查,并将核查结果及时传输到跨部门共享平台进行反馈。同时,海关在日常管理工作收集的风险信息也要及时传递给税务部门,税务部门也要立马组织人员以此为线索开展风险核查工作,及时发现可能存在的骗取出口退税的违法行为。

(2)实现与银行对接。银行应该加强对企业资金流方面的审核,把控好资金防控关。对于涉税违法行为总是绕不开资金问题,加强与银行的对接,强化对资金流的监管对于涉税风险的防控有重要意义。

(3)实现与外汇管理局对接。外汇管理局可以对出口企业的收汇情况进行监管,税务部门通过数据共享平台与外汇管理局进行对接,外汇管理局可以将出口企业的逃汇、套汇等行为作为风险信息传递给税务部门,为税务部门出口退税风险应对提供帮助。

3. 加强与外部的联动协作

(1)建立跨部门联动协作机制。一方面要周密安排部署,统筹组织实施。成立由涟水县政府领导、涟水县税务局出口退税工作分管领导任负责人,各相关部门领导人出任成员的涟水县出口退税管理工作联动协作机制领导小组,工作过程中要建立各部门信息共享渠道,点明注意事项,制订工作计划表和时间表,遇到问题及时反馈解决。另一方面要凝聚部门合力,加强全方位监管。部门之间坚持"依法依规、信息共享、联合惩戒、整体联动"原则,充分发挥各部门职能,构建"无缝对接"

体系。

（2）建立跨领域信用惩戒机制。涟水县税务局应加强与同级发改委等部门沟通协调，落实税务领域公共信用信息目录和失信惩戒措施清单。对于存在过骗取出口退税或者虚开增值税发票等违法行为的出口企业，除了降低企业税务信用等级外，还应将其纳税信用深度融合到社会信用体系中，依法依规限制市场准入，提高行政审批门槛，提高项目审核标准，取消评优资格，限制其出境、限制其乘坐飞机和高铁出行、限制其旅游度假、限制其入住星级以上宾馆等，从而达到联合惩戒的目的。

（三）加强出口退税管理队伍建设

1. 优化人员配置

（1）充实出口退税管理队伍。一方面应该按各岗位出口退税管理的工作量和业务复杂程度增减人员，确保人员数量与工作量相匹配；另一方面要单独设立出口退税管理科室，保证各个岗位的管理人员专人专岗，不兼职其他工作，确保管理人员能够有足够的时间和精力投入出口退税的管理工作和学习中。同时，要完善轮岗制度，确保每个管理人员对整个出口退税管理流程和管理内容了然于胸，如此既能有效地应对突发情况下人员不足的情况，又能保证出口退税管理队伍的专业化和稳定性。

（2）注重专业化人才引进。涟水县可以面向全社会引进专业化人才，特别是可以在公务员招录工作中有针对性地招录具备丰富会计或税务知识的人才，或者有与执法相关工作经验的人才，例如招录财会专业出身并且取得了注册会计师、税务师、律师等资格征收的优秀人才，或者有过在执法部门工作经历的人才。

2. 加大培训力度

（1）加强精准化培养。涟水县税务局可以放弃传统的"大课堂"式培训方式，采取针对性的精细培训手段，将税务人员胜任力的提升放眼于未来，以3~5年的培养周期奠定培训者扎实的基本功和熟练的实务操作能力，培养出一批专业知识丰富、实务操作能力强、信息技术使用熟练、纳税服务能力强的专业化人才。

（2）创新培养方式。一是采用线上线下相结合的培训方式。发挥好网络培训随时学、重复学的优势，充分利用好手机软件中的出口退税管理相关课程。县局也可以划拨专门经费用于购买专业机构的网课或者邀请具备丰富经验的专家、学者进行现场讲课，拓宽培训渠道。二是发挥好以考促学的作用，定期针对出口退税管理工作进行测试，及时发现不足的同时也有利于管理人员及时认清自身的不足，确定改进方向，使自己的能力得到快速提升。三是要注重实践培训。可以经常开展岗位实操大练兵，同时探索"师带徒"的成长模式，全方位提升出口退税管理队伍的业务水平。

(3)鼓励探索创新。涟水县税务局要发挥出口退税工作人员的创新精神,建立健全容错纠错机制,坚持"三个区分开来"要求,鼓励税务干部敢于担当、积极尝试,切实为干事创业的干部撑腰鼓劲。同时,要深挖改革创新过程中的闪光点,在改革创新中锻炼人才、培养人才、发现人才。

3.完善奖惩机制

(1)加强日常考核。一方面可以利用市局对各县区出口退税工作的绩效考核结果作为考核涟水县出口退税管理工作的考核指标。因为市局出口退税工作的绩效考核内容基本涵盖了出口退税管理工作的各个方面,绩效考核结果能够客观地反映出工作做得好坏与否,因此可以根据绩效扣分情况评价涟水县出口退税管理工作的效果。另一方面可以充分利用好"数字人事"考核体系,规范每日的"工作纪实"和每季的"个人小结"的填写,负责领导可以根据所填内容,结合个人的日常表现,对工作情况进行打分。

(2)加大奖惩力度。对于在出口退税管理工作中有突出表现或者特殊贡献的管理人员,要给予一定的精神奖励和符合相关规定的物质奖励;对考取了注册会计师、税务师、经济师、律师等资格的管理人员,可以在职级评定和年终评优等方面予以倾斜。对于在出口退税管理工作中表现不佳的管理人员,要进行批评教育,严重的可以给予警告、记过等处分,达到诫勉的效果,从而规范管理人员工作。

(3)实行"人才库"管理制度。建立多层次的出口退税管理人才库,根据管理人员的日常表现和综合评定结果纳入不同层次的人才库,根据每个人所处人才库的层次进行差异化管理,对于处于高层次的人员在晋升、评优等方面给予一定的倾斜;同时有完善人才库的考核体系,定期进行考核。

(四)优化出口退税风险核查环节

1.提高核查事前信息分析能力

(1)引入科学分析模型。涟水县出口退税风险管理团队应该积极引进科学的风险模型,将基础表面的信息转化为科学、直观、有效的风险指标,再通过不同指标的组合分析企业存在的风险疑点,为下一步的核查工作奠定基础。

(2)增加内部系统分析查询权限。涟水县税务局应为出口退税管理人员增设风险系统的使用权限,尤其是能够进行深度分析的系统,例如 BIEE 大数据分析平台,同时请风险部门派人对操作方面进行指导,提高出口退税风险管理信息采集分析能力。

(3)拓宽信息采集渠道。涟水县税务局出口退税风险管理部门应该加强信息渠道拓展建设,积极与各部门联动,利用好评估部门的评估结果和群众举报信息,并且要及时对各种信息进行收集归纳,从中找出出口退税风险点并加以应对。同时还要注意加强与海关、外汇管理局等部门的信息交换,提高风险识别敏感度。

2. 提高事中核查质效

(1)规范核查程序。一方面要规范自身执法行为,严格执行规范程序,不因执法程序问题落下口实。另一方面要配备执法设备,外出进行实地核查时配备执法记录仪,现场采集影像资料并作为执法凭证,保护执法人员的同时也维护了纳税人的权益。

(2)探索高效方式。涟水县税务局可以充分利用涟水县出口企业相对较少且易于管理的优势,在符合规定且不影响企业日常经营的情况下,统一出口企业实时资料的采集。例如可以要求企业在货物发出的当天,将现场发货场景、车牌号、货车货柜号、封签号、货物型号等信息拍摄成有日期水印的照片,并以电子版形式保存,提高工作效率。

(3)内查、外调相结合。针对出口供货企业,逐户筛查企业购销链条信息,按照高危货物种类、高风险销货地区、交易金额等关键风险点,筛选风险企业,派出协查工作组,实地调查购销业务的真实性,严防出口骗税行为的发生。

3. 提高事后结案能力

(1)增强制约能力。对于因纳税人主观故意等问题导致执法结果得不到落实,以及执行困难的问题,税务机关应该采取一定的制约手段,保障执法工作能够顺利进行;同时,可以对案件进行适当公开,形成社会共治,对违法行为进行联合惩治。

(2)提高案件移交效率。一方面在实地核查过程中注意取证,及时将违法证据进行固定保留,对主要的风险点或违法行为进行分析,形成书面报告,提高案件的移交成功率。另一方面要加强与评估稽查部门的信息交流,了解评估稽查部门案件筛选、立案流程等工作内容,规范自身案件移交程序,使案件能够顺利移交。

京杭大运河淮安段文化遗产政府保护研究

李丹婕

（学号：1120203431）

京杭大运河作为我国重要的历史文化遗产，具有较强的社会价值、经济价值和文化价值。现阶段，大运河沿线共包含水工遗存在内的 1 000 多项文化遗产，这为大运河沿线融合发展提供了优越的基础条件。坐落在大运河河畔的淮安，素有"南船北马、九省通衢"之誉，是名副其实的运河之都。运河文化是淮安地区较具有代表性的文化，在运河基础上发展而来的物质文化遗产、非物质文化遗产数量很多且种类繁杂，体现了淮安运河文化底蕴的深厚，同时这也让运河文化遗产保护问题提上了议事日程。

大运河淮安段文化遗产保护主要是指政府针对淮安段运河文化遗产所开展的在生态、功能以及防护等方面的具有系统性优化功能的策略。大运河淮安段的文化遗产保护主要由江苏省政府和淮安市政府共同完成。其中江苏省政府负责宏观视角下法律法规的制定与蓝图绘制、监督工作，如 2020 年江苏省政府颁布《淮安市大运河文化遗产保护条例》，是江苏省首部专门针对大运河文化遗产保护所建立的地方性法规。淮安市政府在其中所承载的责任主要是对大运河文化遗产的具体保护措施进行执行，也是运河文化遗产保护的总负责机构和核心机构，执行内容包括目标定位、政策制定、监督管理、品牌塑造、产业发展等。

一、大运河淮安段文化遗产政府保护现状分析

大运河申遗成功,赋予了大运河沿线城市新的使命。为了推动大运河淮安段的保护,淮安市政府立足于公共服务,采取了系列组合措施。

(一)大运河淮安段文化遗产政府保护目前所采取的措施与成效

1.所采取的措施

(1)制定文化遗产保护规划条例与管理办法。淮安市在全省率先编制《大运河(淮安段)遗产保护规划》,出台《历史文化名城保护管理办法》,将《文物保护条例》列入立法计划,为大运河文化资源保护画定红线。相关的政策制定和落实使大运河文化遗产保护中的政府改革部门以及相关人员的职责得以明确。

(2)进行文化遗产的发掘与生态归类。全面排查、勘测运河沿线地下遗址,新确定9处遗迹分布区,漕运总督公署、淮安榷关、清江浦古城遗址、板闸遗址等重现于世。成功举办4届中国(淮安)大运河文化带城市非遗展,运河沿线41座城市共同打造"后申遗时代"大运河文化盛宴。

(3)成立专门的文化遗产保护政府组织。2020年,淮安在全省率先组建成立正处级的实体机构——淮安市大运河文化带规划建设管理办公室。这一市级管理协调机构,负责对大运河文化带以及国家文化公园的建设实施规划与统筹。市管一级企业"淮安市文化旅游集团股份有限公司"作为全市国有文旅资产的管理运营主体、国有文旅基金的运作实施主体、重大文旅项目的投资建设主体、重要惠民文旅事业的落实主体、新兴文旅业态的培育主体,为全市大运河文化带建设明确了责任主体,打造了实施载体。

2.取得的成效

(1)落实了运河开发与保护责任。淮安市通过开展《淮安市文物保护条例》制定工作,明确规范世界文化遗产大运河的保护与管理成为其重要内容,在条例中规定大运河沿线所有建设项目一律按照规划实施,并严格按照《世界遗产公约》中的相关规定,一切项目的实施都必须以不破坏大运河遗产的真实面貌为基础,极力维护大运河周边的景观风貌以及历史特征,履行相关法定报批程序。条例明确了责任体系,落实了责任人,对于可持续发展具有重要意义。

(2)实现了运河文化的传承和"活化"。组织力量对运河沿线地下文化遗存进行排查、勘测,新确定清江督造船厂、移风闸等9处遗迹分布区。在大型基础设施

建设和商业开发中，发现板闸遗址、清江浦古城墙遗址，立即叫停建设项目，经批准实施抢救性考古发掘，古码头、古河道、古闸坝等多种类型遗迹均得到有效保护。严格遵守《中华人民共和国文物保护法》，在实现保护功能的基础上加强规划工作，使运河在城市发展与规划中增添色彩，并增加市民对运河的亲近感。基于"以最小的干预来实现文物原貌保存"这一原则，连续3年将运河节点维修以及环境整治工作纳入中心城市的规划方案中，完成码头镇古运河河道岸线整治、人行步道铺设，洪泽湖大堤周桥大塘、高堰段施工墙展示和周边环境提升项目，全面改善运河遗址及其周边的整体环境。开通水上游线，串联榷关等沿线文化遗存，再现漕运繁华景象，为广大市民打造休闲娱乐空间。

（3）形成了政府主导的多组织联动。淮安市政府与中国文物学会、省水利厅、中国水科院等共同举办中国大运河遗产保护管理论坛，共同探讨有效强化活态线性运河遗产保护工作的路径及措施。对大运河史料进行充分挖掘与整理，在此基础上编写《淮安里运河（故事篇）》《淮安里运河（名胜篇）》《中国大运河遗产保护管理论坛文集》等一批丛书，为运河文化研究提供鲜活的史料素材。集中实施清江大闸历史文化片区清江浦记忆馆、皇家敕建名人馆等布展工程，丰富提升运河展馆文化内涵。

（二）大运河淮安段文化遗产政府保护存在的主要问题

1. 保护政策制度不健全

化解大运河文化保护难题的关键是统一管理组织及立法问题。政府部门立法效力层级较低，形成文化保护孤掌难鸣的窘境；各地县区立法衔接不够，缺乏协同意识。基于相关部门对大运河淮安段文化遗产保护管理现状的评价报告可知，54%的项目管理效果较好，28%的项目管理效果一般，18%的项目管理效果极差。双金闸、文通塔、镇淮楼、第一山题刻周边环境不佳；甘罗城遗址正遭到附近农民聚集区域的大范围"蚕食"，急需采取有关保护措施。政府未出台相关监管制度和明确惩处机制。

2. 政府部门责任不明确

大运河文化带的建设工作是长期且系统的工程，需要得到不同社会资源的整合支持，现阶段的状况并不理想。首先是淮安市政府在统筹上存在不足，导致沿线区域相互独立，缺乏协同性；其次是大运河保护工作所涉及的部门较多，存在严重的多头管理问题；最后是区域协同还缺少必要的组织、制度与政策保障。例如文保单位和水利部门由于职能与职责的不同，针对大运河实施功能定位、处置上所遵循的原则以及依据的标准都是存在冲突的。在实施过程中，各部门也会在行政审批接口不同等原因处产生一些分歧。

3. 遗产政府保护缺乏针对性

淮安相关文化、水利、科研等领域的专家、学者以及政府相关部门虽然推出了大量关于大运河文化遗产保护的成果，但是这些成果基本上是围绕历史视角进行研究的，具有较强的综合性特征，淮安市在遗产保护当中并未针对其遗产的特殊性，制定出有针对性的策略和方案。仍然采用的是统一的传统遗产保护方案，比如文化保护、旅游挖掘、生态建设等，宏观指导文件缺乏具体的细节性内容。由此，使得运河特色无法充分地发挥出来，使得运河遗产特征无法具体呈现和表达。

4. 未完善专业型人才培育计划

一些传统技艺随着艺人的不断去世而逐渐失传，人死技亡已经成为一种普遍现象。这一问题导致大量非物质文化遗产开始陷入绝迹危机，由于传承人缺乏较高的收入吸引，发展空间又受到限制，越来越多的人不再选择传承。此外，在人才培养方面也缺乏专业的机构，导致无法定期输出传艺者。怎样才能使大运河沿线非物质文化遗产得到有效保护，使前人苦心经营并留存下来的宝贵财富得到传承和发展，是当前我们所面临的重要问题。

(三) 存在问题的原因分析

1. 政府部门缺乏对相关政策针对性的规范设计

当前，虽然淮安市政府正在大力开展大运河文化保护政策制定与法律落实机制建设，将"保护优先"要放在首位，但其仍然是采用传统的"线条式"规划设计，缺乏具体的分层分级执行。比如，在相关的管理中，因为没有建立完善的规划设计、遗产设计、制度性设计以及反馈监督等详细的流程，出现了监督不力和文化遗产保护不完善的情况。

2. 政府部门未完善大运河文化遗产保护管理协调机制

运河遗产的保护具有跨区域、跨管理单位、历史信息高度重叠、强流动、边界不明确等特征。在运河文化遗产保护方面，缺乏系统的管理机制，使工作开展无章可循。大运河淮安段的管理在横向上所涉及的部门较多，纵向上又处于多层级管理范围。在此过程中会面临着许多权责不统一的问题，并且各自利益点不同，难免会出现各自为营的现象，这些问题会严重阻碍运河文化遗产的保护工作，并对航运事业与地方建设的和谐发展造成负面影响。

3. 政府部门对大运河非物质文化遗产重视度不足

在政府保护当中，缺乏针对性的主要原因在于相关人员和部门的认识不足。针对大运河淮安段的非物质文化遗产体系工作尚未开展，具体资源的数量、类别、级别以及代表性传承人等名录体系目前有待建立，相关资料信息目前可查性差，给大运河非物质文化遗产的保护、传承和利用工作带来了困难。

4. 政府机构不重视专业型人才的培养

专业型人才主要是指在机构、企业或者是社会当中具有一门专业特定技术的人，其专业技能得到权威部门的认可。根据淮安市文化产业发展人才的培养规划，大运河文化遗产保护所需要的专业型人才主要包括：高端历史与考古人才、高端管理人才、基础设施建设人才、文物研究人才、非物质文化遗产传承人等。但是从目前淮安市的实际情况看，在专业型人才培养方面仍然存在诸多问题。第一，政府对于培育专业型人才投入的资金与提供优惠的保障条件不完善，导致专业型人才流失；第二，未建立起规范的人才培养机制，在大运河文化遗产挖掘与开发保护、旅游建设时期，政府针对专业型人才培育的相应经费扶助政策不到位，造成人才流动性大，难以留住人才的局面；政府对于专业型人才培育定位不明确，人才培育质量不高以及造成人才资源浪费。

二、国外大运河与京杭大运河其他河段文化遗产政府保护的经验借鉴

（一）国外大运河文化遗产政府保护概况

在国外的相关研究案例当中，本文选择美国伊利运河、加拿大的里多运河以及英国的庞特基西斯特水道桥与运河的保护作为研究对象，主要原因是：第一，这三个国家在文化遗产保护方面，无论是制度、管理模式还是现代化技术手段的应用，都处于全球前列，且相关运河保护措施具有一定的科学性和合理性。第二，在大运河保护项目当中，这3个项目同为世界级文化遗产保护项目典型，具有较强的研究价值。

1. 美国伊利运河：伊利国家遗产廊道法案和规划有效实施

2000年12月，美国国会首次通过《伊利运河国家遗产廊道法案》。这一法案对于伊利运河在美国发展过程中所发挥的重要作用做出了全面肯定，并提出对于廊道的保护以及运用巨大影响体现在历史、文化、娱乐、教育和自然资源等多个方面。自2000年国会通过《伊利运河国家遗产廊道法案》后，廊道保护管理开始得到系统的制度支持。2006年，国家公园署（National Park Service，NPS）提出了《伊利运河国家遗产廊道保护与管理规划》，自此实现了长期的区域性整体规划，并对后期的工作开展方向以及组织架构提供了明确指示。相比具体的物质规划来说，这

一规划对于搭建基础框架更为关注。

与其对应的战略规划是从上至下的五年短期规划,以资金现状作为出发点,明确规定期限内需要实施的主要项目,再对伊利运河遗产廊道委员会的主要职责内容进行剖析。对各种年度工作汇报进行对外公示,从而确保这一规划能够得到有效落实。基于战略规划的具体状况对整体规划实施动态化调整。

2. 加拿大里多运河:各级政府协同管理运河文化遗产保护

加拿大里多运河是一条北美保存最完好的静水运河和北美唯一按原河道作业、其原有结构大部分保存完好的运河。里多运河的所有人是加拿大政府,此外,里多运河的水道河床和控制岸的高水位线也是由加拿大政府所有。这一遗产在联邦计划的保护范围内,因此具有相应的制度保障,然而边界外的土地则由省政及市政管辖。加拿大政府联合公园局以及市政府一同针对提名遗产实施全面管理。各级政府承担着各自的管辖责任,在合力作用下构成了一个具有较高有效性的遗产保护系统。

加拿大公园管理局亦称为加拿大公园局,它是加拿大环境部所负责运营的政府性机构,这一机构的主要职能在于对国家的重要自然遗产以及文化实施保护工作,通过宣传等手段提升公众对文化遗产的认同感,为当代以及后代留存完整的遗产形态。加拿大公园局在依托《加拿大公园法》的基础上,制定了一系列有关里多运河保护的原则以及操作方案,为运河周边的经济及社会发展指明了方向,并进一步促进了遗产完整性的实现。加拿大公园局在市政官方规划和有关规定的实施过程中扮演着直接参与者的角色,一切运河周边的市镇在部署官方发展方案时都会将遗产保护纳入其中,并制定详细的对策。当官方规划需要更新或接受审核时,作为合作部门的司法管辖区会通过合理的手段来保障形成的规划方案与政府各层级部门的要求相契合。遗产保护机构是在保护机构法的授权之下成立的,对安大略省的水资源以及自然栖息地实施修复处理以及必要管理。在里多运河区域享有管辖权的机构共有两所,分别为卡塔拉奎区保护局以及里多河谷保护局。这些保护机构在遗产保护以及湿地保护上发挥着十分重要的作用。里多运河是安大略省下辖地区,安大略市政应依托《规划法》对里多运河实施有效的规划以及发展方案,市政局可采用罚款或惩罚机制来开展一切有助于官方规划的工作。

3. 英国庞特基西斯特水道与运河:多元架构运河遗产保护体系

庞特基西斯特水道与运河建于 1795 年,并于 1805 年竣工。作为英国最古老的、最长的通航运河,也是英国最长的、最高的高架水道,它于 2009 年获得了"世界遗产"的称号。英国的庞特基西斯特水道与运河对于运河的保护主要由一个涵盖了 3 个层面的架构体系组成,即国家层面的咨询与顾问组织、地方层面的组织与管理机构、实际工作中的执行机构,同时建立了遗产保护彩票基金,吸收民间资金用于保护工作。概言之,英国明确了运河的文化和商业价值,贯彻开发与保护相平衡的利用原则,同时鼓励相关学者就运河文化进行研究。运河沿线公众的参与积极性直接关系到遗产地保护的有效性,在对庞特基西斯特水道与运河实施保护管理时,有关指导小组依托"庞蒂斯沃特之友"实现与运河沿线各地社区之间的沟通与合作。其覆盖的保护区域中所包含的 5 000 多个家庭均能收到有关咨询的邮件,同时通过提交反馈意见的方式投入运河遗产的保护中,成为该项目的主体决策人之一,在世界遗产申报工作中以每月一次的频率开展碰头行动,共同对申遗资料以及规划方案进行审核,待申遗取得成果后,仍需召开会议共同落实管理规划中的内容。他们始终坚持通过可持续发展的管理理念对遗产点以及缓冲区实施保护管理,实现保护需求的平衡化,促进地方政府的经济发展以及社区利益的实现。

(二)京杭大运河其他河段文化遗产政府保护概况

1. 扬州段:全力推进大运河非遗文化园建设

近日,江苏省省级重点项目——国家文化公园三湾核心展示园大运河非遗文化园,正式于扬州全面启动施工。这一项目地处于大运河博物馆的东侧,整体为古建筑风格,并融入扬州传统建筑中的院落式布局,由庭院、长廊、小广场等空间部分构成,就建筑群本身而言已构成一个较大的景观点。其中较具特色的是,由于七里河从建筑群中央穿过,因此整个建筑群的设计风格都是以水为主体展开的,其中设有诸多水面以及河道,所有建筑都是傍水而建,整体上看宛如"水街"风貌。此外,在水的中央区域还设有小岛以及景观亭的布局。

扬州中国大运河博物馆是该地区的标志性建筑,与其配套的大运河非遗文化园对于扬州与运河文化有关的非遗内容做出了统一展示,为当地市民以及外来游客提供了更多了解非遗项目的渠道,使运河文化得以有效传承和发展。近几年来,扬州市在大运河文化保护、传承以及利用方面做出了极大的努力,投建了扬州剪纸等13个传统文化保护基地,在基地中通过生动、互动、灵动的方式吸引了极多的当地居民以及外来游客,让更多公众积极投身于运河文化的保护中。扬州中国大运河文化公园不仅为当地大运河非遗文化提供了开放的展示窗口,还着眼于文化以及旅游方面的需求,将配套文化街区打造成为综合非遗文化、艺术文化以及旅游文化的多元化街区。

2. 枣庄段:社会力量参与运河文化遗产保护

京杭大运河山东段又称为鲁运河,沿线地区与四省交界,是贯通运河南北的重要河段。大运河山东段自北向南流经德州、聊城、台安、济宁和枣庄 5 个地市。其中,枣庄市调动社会力量参与运河文化建设,搭建了人才多元化、多渠道培养平台,成为加快实施城市转型战略提供智力支持和精神动力的一项重要内容。枣庄学院成立了运河文化研究院,充分发挥学院人才智力优势,围绕枣庄城市转型,确立了枣庄城乡发展与旅游规划、江北水乡·运河古城建设、运河文化研究、墨学研究等一批科研课题,打造运河文化研究品牌;积极调动枣庄市运河文化研究协会、台儿庄运河文化研究会等民间协会为运河文化保护发展利用建言献策。协会从枣庄市运河文化资源的结构、特征以及旅游开发价值着手,对当地运河文化资源在旅游方面的开发情况进行了分析,同时追踪了存在的相关问题,为当地运河文化的发展指明了方向。

积极开展运河文化保护宣传,并加大校本课程开发力度,使学校进一步肩负起运河文化的传承重任。在教育工作上通过舆论引导的方式引导教育,开展丰富的实践体验活动,使学生受到文化熏陶,并落实系统的制度保障体系,与当前时代环境紧紧相扣,为大运河文化的传承增添色彩。以多元化的艺术形式为手段,构筑层次多样化、系列化的优秀传统文化普及推广作品。

3. 苏州段:科技助推大运河文化遗产保护

京杭大运河苏州段流经相城、高新、姑苏、吴中、吴江5个区域。为了在大运河文化建设以及破坏防范中贡献力量,加速推进文化遗产的传承和发展,沿线省市应启动协同合作模式共同落实保护与数字化工作,充分引入数字化保护技术为实体保护工作提供明确方向,促进文化遗产开发及利用渠道的更新。

大运河从吴门望亭、浒墅关、枫桥夜泊等苏州美景中流经,形成了独树一帜的优美景色,而这要归功于苏州市文物保护管理过程中采用的"空天地"一体化策略。为了更加全面地获取苏州大运河遗产本体和缓冲带的基本数据信息,苏州文保所以水下、水面以及空中3个不同的视角对相应的监测措施实施了优化,在此基础上形成了先进的数据采集技术。2014年,苏州文保所在国内率先将遥感技术应用于大运河遗产监测当中,运河遗产保护工作实现了更高的数字化以及网络化管理,使管理者在对运河实施监管与诊断过程中得到更充分的支撑数据,并有利于运河沿岸风景状态的呈现,进一步展示了运河中各遗产项目以及运河本体文化的外在风貌以及内在底蕴。在这一技术的运用下,苏州市政府能够更加高效地掌握处于运河遗产区域以及缓冲地带的绿化、建筑以及道路状态,也为日常监测以及保护工作创造了有利的技术条件。

(三) 经验借鉴

1. 规划建设大运河淮安段文化遗产廊道

《伊利运河国家遗产廊道法案》充分肯定了伊利运河在工程技术、自然资源、旅游休闲等领域的作用。虽然针对廊道中的历史、游憩以及自然资源项目均根据相关要素进行了优先汲取,但这并不影响它们价值上的排序,并指出运河遗产廊道是沿线区域自然环境和人文价值的融合体现。在范围规划上,法案指出应涵盖对廊道资源本体的保护以及其他配套资源的整合,以线性廊道形式促使综合价值得以提升。在塑造运河品牌的同时来发挥遗产廊道的经济效应,在目标设定上从小逐渐扩大,充分体现出规划的整体性要求。

2. 建立运河文化遗产保护管理协调机构

无论是庞蒂斯沃特水道桥及运河还是中国的大运河,相关的管理部门都不是单一的,必须得到多个部门的协同配合。因此,确保各部门之间的有效配合是实现保护管理的基本条件。对于庞蒂斯沃特水道桥及运河来说,之所以能成功申遗,主要归功于庞大有效的组织管理体系,各个部门相互独立又有效协同配合,在管理规划的制定过程中也得到了所有利益相关方的支持和认可,从而使运河遗产保护工作得以有效开展,在实施协作保护管理中涉及大量的利益协调工作。而中国大运河的利益方较为单纯,它属于全体国民的遗产,因此对其实施保护管理,其出发点是为了使国家以及人民的利益得到保障。水利部和交通运输部在大运河的保护管理过程中也具有重要作用,尤其是在其功能真实性的保护上功不可没,而文物部则负责保障留存的真实性。由于我国大运河的保护管理工作是基于共同利益而开展的,因此相比于庞蒂斯沃特水道桥及运河来说,各部门之间的协同配合能够发挥更好的作用。

3. 公众切实参与运河文化遗产保护工作

《保护世界文化及自然遗产公约》中倡导其缔约国之间采取共同的手段和措施来强化人民对世界遗产的敬畏以及欣赏,同时强调应引导民众主动投身于世界遗产的保护过程中。在对英国庞蒂斯沃特水道桥的保护措施进行研究时可以发现,它的主要特征是从上至下形成了一种较为自律的保护氛围,无论是管理者还是民众都具有较强的自主保护意识,并主导着具体的行为。对于沿线地区的人们来说,中国大运河的存在就像母亲一般,孕育了数个沿线地区的地貌风情以及历史文化。它与故宫、避暑山庄等物质文化遗产存在本质上的区别,大运河和人们的日常生活紧密地联系在一起,关系到每一位沿线居民的生存和发展。从某种意义上来理解,它实际上是被市民所拥有的一种遗产,这也为大运河的公众保护机制提供了有利条件。

4. 建立大运河非物质文化遗产保护机制

大运河遗产的保护与传承工作应依托一套完整且系统的管理机制来实现,推进基础工作,建设数字化保护机制。第一,应明确界定"大运河非遗"的内涵以及外延,并清晰地定义保护对象以及保护所覆盖的范围,依托上述内容来构建全面的大运河保护体系。第二,应重点开展大运河遗产的资源调查工作,特别是应积极推动那些与运河存在密切关联但又未得到充分开发的项目的挖掘工作,基于大范围调查行动来构建大运河资源的详细数据库,以动态管理的方式不断对其进行补充和更新。此外,还应针对大运河遗产保护体系实施数字化建设,通过文字、图片、声音、视频等载体形式来保存运河资料,并在此基础上进行展示,构建现代化的遗产资源管理数据库。

三、加强大运河淮安段文化遗产政府保护的对策分析

(一)加强运河活态遗产规范化政策引领

大运河的使用功能正在持续发挥作用,因此它的活态化特征被人们不断认可。何谓活态?具体是指这一遗产不仅是历史遗留的宝贵财富,具有历史象征意义,同时也保留着使用功能,并持续为现代社会的发展贡献力量。在时代的发展和变迁中,它的功能也在不断更新,因此需要通过活态化的管理手段才能实现遗产的有效传承。大运河的活态化在交通运输、防洪灌溉、休闲游憩等方面体现得淋漓尽致,为这些领域的发展默默地贡献着力量。应在保护传统文化遗产类型的基础上对遗产环境、生态系统、人文景观等其他方面也进行立法保护,建立相关保护体系和制度。

1. 制定运河活态遗产保护政策与条例

(1)建立并完善《大运河活态遗产保护条例》。不断加速与大运河遗产保护有关的立法完善,在大运河全线范围内明确划定保护圈以及控制圈,使这一文化遗产的保护范围、目标以及对策更加明确。对于大运河的保护不能仅仅局限在本体上,应将保护范围拓展至沿线自然资源区域,使文化遗产本体的真实风貌以及整体格局得以留存和延续。进一步明确各个区域以及各个部门在文化遗产保护过程中的具体职责和义务,对开发建设项目实施细化分类,提高监督管理的有效性,并落实好不合规现象的整改工作。

(2)完善《京杭大运河保护部门责任规范条例》,充分协调地方经济发展和大运河遗产保护之间的有效配合,形成并驾齐驱的发展局面。与沿线各区域的实际情况以及特征进行结合,开展统一整体的规划工作,确保地方经济发展与遗产保护能够以并驾齐驱的方式向前推进,以保护文物真实性、形态完整性、实现文物功能延续性为前提,坚持对文物遗产保持敬畏与欣赏,并通过科学严谨的治理手段来实现运河的保护和开发。与此同时,各部门的管理职责也应得到充分发挥,实现有效

治理。

（3）出台《淮安市大运河文化遗产保护条例》，将活态遗产保护纳入实践当中。明确文旅部门、政府部门等相关部门需要承担的保护责任，建立追责与联动机制，使大运河保护能够得到广泛的认可，形成保护的可持续性。

2. 利用政策做好运河文化遗产保护监管

构建大运河文化遗产保护以及大运河文化带联合执法、综合执法机制，整合各类执法资源，强化执法力度，对于一切有损大运河文化遗产的违规违法行为进行依法处置。完善大运河文化遗产保护以及监管机制，通过各部门的协同作用构建统一的监管组织体系。市政府相关部门应大力开展监管工作，针对事前、事中以及事后工作进行分别监管，对于发现的问题应进行动态整改监督及整改效果分析，针对重点项目加强监督机制的渗透，经过不断的实践来实现提升。在制订监督方案时必须考虑当地具体发展需求以及实际情况，不断完善监督工作细则，制订自我监察计划，对关系到项目进度以及重大问题的内容进行持续跟踪，对任何有损于运河文化遗产保护的行为需严格依照相关法规进行处罚。

3. 完善地方政策性运河保护规划设计

（1）做好生态遗产保护规划。将大运河文物保护范畴以及建设控制范畴统一规划至国土空间区域内，对大运河沿线的自然资源以及景观资源、生态旅游资源等进行严格管理。此外，对于大运河所涉及的滨河生态空间与核心监控区，应实施差异化保护措施来提升管理有效性。

（2）做好生态遗产保护的功能优化。出台地方运河文化生态保护规划，以绿色文化为引领，以绿色城市为载体，以绿色治理为路径，以人民美好生活为归宿；大力提升运河"黄金水道"航运功能的同时，深入推进环境整治、景观提升、绿色航运建设，打造水清、景美、宜居的生态廊道；整体保护、修复提升大运河沿线区域山水林田湖草生态系统，推进生态廊道建设工程；推进绿色水运建设，扎实开展运河沿线航道环境整治。

（3）做好文化遗产的系统性保护。一是加强文化遗产系统保护。包括完成大运河沿线文物普查、认定和公布，建立完善权责明确的大运河沿线文物保护传承协调机制；以分类机制推进大运河沿线地区文物的保护工作，不断完善运河文物的级别管理，细化保护区划及管理规定，把文物保护管理纳入国土空间规划编制和实施加快推进大运河沿线重要遗址遗迹考古发掘和相关专题研究工作，建设一批集存储、修复、研究、展示等功能于一体的考古标本库房。二是保护沿线名城名镇名村。包括建立城乡历史文化保护传承体系，推动城市富集的各类要素资源向农村地区有序流动；支持大运河沿线国家历史文化名城、中国历史文化名镇名村和历史文化街区的保护。三是增强文化遗产传承活力。包括制定标识展示体系建设规范，形成特色鲜明、类型丰富的大运河专题博物馆体系;探索推进大运河重要点段国家遗产线路建设;策划推出专题宣传片、纪录片、公益广告、大运河世界文化遗产公开课等。四是挖掘文化遗产时代价值。包括设立国家社科基金特别委托项目,整合各类力量,推动大运河相关研究;开展主题创作,组织各类媒体做好大运河国家文化公园建设的宣传报道。

(二)推进管理部门协同以落实主体责任机制

1. 明确统筹协调与管理合作组织

(1)明确建立健全的大运河遗产保护管理协调机制,建议成立大运河遗产保护会商小组,统筹负责大运河遗产在地域、部门以及行业之间的跨界合作,使大运河遗产保护工作得到统筹化运作。大运河遗产在涉及跨行政边界的情况时,有关政府的文物责任单位应共同组织并参与管理会议,共同针对大运河遗产保护的项目进行研讨和商榷。

(2)推进内部市域统筹和区域统筹。创新大运河文化带合作组织,共促文化带命运共同体的形成,并积极推出区域共同发展的典范代表。将大运河文化带建设工作充分渗透到京津冀共同成长、中华传统文化推广等任务中,实现运河沿线城市保护机制及经济文化的共同推进,使国家战略层面的文化交流与经济协同发展目标得以全面推进。

2. 建立政府部门互通共享平台

(1)建立政府互通平台,配合做好与大运河文化遗产保护相关的专业监测工作,及时将监测数据纳入市大运河文化遗产监测预警平台。建立大运河文化遗产保护巡查机制,开展日常巡查工作,并形成记录档案。建立大运河文物保护员队伍,参与大运河文化遗产保护。

(2)建立部门沟通平台,大运河内涵认定以及价值评估、保护圈界定、保护对象确定、保护机制编排、运河生态环境保护、运河违规整治监管等诸多工作中都必须得到有关多个部门的支持,因此所涉单位必须加强相互之间的交流与合作,采取积极有效的措施实现思想统一,构建高效的联络机制以及平台,共同促进大运河文化遗产的保护与管理。

(3)建立与社会公众的互动平台,在运河文化遗产的保护当中,需要充分借鉴相关地区的经验,积极地加强与社会公众的沟通和交流。通过网络平台、听证会等,积极听取社会公众对于淮安段大运河保护和开发的看法,形成一个合理的思路,并且应用于实践当中。

3. 落实专家机制建设和协同方案

(1)极力打造"一个平台"以及"三种机制"的建设。其中"一个平台"是指充分发挥专家的指导作用并对其进行升级,积极创建一个为淮安政府运河文化遗产保护决策提供咨询建议的平台。建立"三种机制":一是组织领导机制。如明确市政协文史委、市文物局、考古研究所等提供咨询服务的高层参谋机构。二是构建咨询管理体系。这一工作的开展需要以三个层次分级进行,从上而下为全体行动、专家支持以及个人活动,其中专家支持为核心环节。三是评比奖励机制。以每年一次的频率组织评选活动,用于表彰与其相关的各种课题研究、咨询方案以及个人贡献等。依托构建"一个平台"、建立"三种机制",使淮安运河文化遗产政府保护专家咨询活动实现更进一步的系统化、流程化、常规化,赋予专家咨询工作更高的效率。

(2)开展大协同。一是在时间上的协同。大运河的协同包含时间层面上的协同,大运河的过去、现在和未来之间应该有一个一以贯之的逻辑。大运河旅游线不仅仅是一个旅游线路,而应该是社会公众可以感知的千年运河、水韵江苏,总之沿运河的线路实现运河当代的活化,运河不仅是历史的,更是现代的。二是空间的协同。主要是在社会经济和文化不同的子系统之间的一个协同,运河的生命力恰恰在于沿线文化和经济多元性,这种内在的多元性构成了强大的生命活力。以文化的协同推动经济的发展,反过来经济的协同也反推文化的协同。三是做好政府、市场、社会等多元主体之间的协同。充分发挥经济市场功能,充分发挥政府基金的引导功能,发挥政府和市场两只手的作用,拓宽投资即融资途径,加强有关交流活动,协同构建渠道及层次多样化的投融资系统,对审计工作以及地方政府的资金审批工作提供有效指导,倡导并动员个人资本投入文化发展的保障模式。四是将淮安大运河纳入江苏整体的发展格局中,发展江苏的格局应该把大运河的发展纳入整体格局中,形成经济社会文化等互动的一个新格局。

(三)增强运河遗产的多元化保护意识

1.加强对文化遗产的保护和宣传

(1)利用媒体正面宣传引导。应倡导并动员社会各界积极投入运河保护工作中,充分结合各种多媒体宣传平台,对大运河的历史发展历程以及文化价值等进行普及和宣传;激发全社会的共同参与意识,凝聚社会力量,形成良好的运河保护氛围。以"爱我运河、护我家园"为主题开展相关系列活动,动员社会公众以及组织机构以不同的形式投身于大运河遗产的保护中,在社会各界获得强烈的认同感。构建大运河遗产专项保护基金库,动员社会各界以捐赠等形式为大运河保护项目的推进贡献一份力量。完善并扩大运河保护志愿者规模并定期开展与运河知识有关的教育宣传活动。

(2)构建具有高度共享功能的信息平台。首先,应加大信息建设的开放力度,适时向社会公众公开并展示信息建设工作的进程以及取得的成绩;其次,应加大信息采集的公开度,赋予民间力量在贡献过程中更充分的便利性,为他们提供历史资料以及研究成果创造更加多元化的渠道,实现公众共建的局面;最后,应加大信息使用的开放度,文化遗产数字资料的开放对象不能仅针对实际保护工作,应将其作为一种隐形约束力而进行开发利用,将开放对象拓展至各种组织机构、公众个体以及产品开发企业等,加强社会不同领域对文化遗产的关注,形成更有效的转化结果,使大运河文化内涵得到充分利用。在此过程中,应积极关注各种数字资料对社会公众的开放情况,为人民提供一个更加多元化的了解窗口,使人人都参与到大运河文化遗产的保护活动中。

2. 融合科技实现遗产文化的重现与再造

（1）体现文化遗产及生成环境的系统性。大运河文化遗产不能狭义地理解为申遗文件中的"点段面",大运河影响产生或密切关联的水系统及地貌环境,水利运输、聚落建筑、生产生活等文化遗产都是其组成部分。它是多类文化遗产构成的有机系统。它的数字化保护应将其所依附的人文生态环境及相互作用关系、结果综合呈现出来,成为区域构建文化遗产系统、展现人文地理信息的纽带。

（2）体现历史发展过程的系统性。大运河文化遗产数字化保护不能仅限于既存文化遗产信息的数字化,它更大的优势在于能够体现现实世界中难以复原的历史文化信息、动态发展演化信息,弥补实体保护局限,兼顾历史进程原真和现实原真信息保护。它的信息应当由古至今,脉络连贯,成为叙述历史的生动画卷。

（3）体现历史与时代解读的系统性。大运河文化遗产数字化保护在构建"有什么、是什么"的信息系统时,还要注重"为什么会这样"的深层信息解读与传达,体现"干什么用"的目标意图以及"有什么用"的认识引导,使之成为系统展现沿线历史发展成就,了解各地民俗传统与风情,展现区域文化特质与内涵,整合、提升、宣传省市文化形象的数字人文平台。

3. 规划建设大运河淮安段文化遗产廊道

由于遗产廊道所涉及的体系规模庞大且十分复杂,因此它所蕴含的价值并不容易被理解,可以基于大运河遗产的整体视角来进行解读,并配合不同学科的研究成果才能使大运河文化遗产的价值认可呈现普及状态。尤其是一些涉及遗产交流的内容,必须用有效的解读措施才能被公众所理解,这也是文物遗产保护管理需要遵循的基本要求。应清晰划分中心城区运河段的遗产内容,并对有关保护规定进行全面贯彻落实,严禁各种目的的破坏行为。依据当前遗产的保留现状,对重点遗产区域实施个性化保护方案。针对具有开发可行性的地区应积极响应整体规划部署对报批程序进行逐一履行。在建设过程中采用的选址方案、布局规划、形态设计等都必须与大运河遗产文化原本的风貌保持一致,在不对其真实原貌进行破坏的基础上进行开发。对于水利工程、有关物质文化等方面的遗产内容，应由责任部门来出台有关立法，对这些遗产的保护工作提供有效的法律约束。

（四）制订完善的人才供给计划

1. 设置人才专业基金以增强吸引力

建立大运河文化遗产传承人发展基金，加快制定传承人培养制度、学徒制度、传承奖励制度，用制度规范人才培养工作，为大运河淮安段文化遗产传承人提供优惠保障条件。出台相应的资金扶持政策，重点对濒危项目、生活困难的重要代表艺术家、非物质文化遗产保护传承做出重大贡献的优秀传承人或单位给予补助和扶持。采取引进与培养相结合的方式，大力培养专业人才，建立热爱传统文化、专业知识丰富、有奉献精神的大运河文化遗产保护工作队伍。积极推动大运河文化遗产走进淮安校区，在部分学校设立大运河传承基地，使大运河文化遗产在青年群体中传承。打造全国大运河文化产业人才培养基地，利用清口遗址、漕运博物馆等国家级运河文化资源，建设"中国大运河文化产业研究院"，吸引高水平研究人员开展运河文化产业研究和产品研发。

2. 推动高校以及社会机构的人才挖掘

淮安市政府应积极策划协调，组织市内、省内高校、研究机构、社会组织团体等在运河研究领域高水平的研究人员，为淮安运河文化的保护和开发提供有力的智力和学术支撑，专口、专业地进行淮安运河文化、历史、旅游资源的整理、挖掘、规划、宣传和分析研判等工作，充分发挥大运河文化带建设研究院淮安分院的智库功能，充分挖掘淮安大运河文化带来的文化内涵，为后期的文化传播夯实基础。

加强人才培养，确保有效传承，制定支持政策，积极培养非物质文化遗产传承爱好者、志愿者和继承者，采用资金补助的方式，鼓励代表性传承人进行项目传习活动。营造好的传承氛围，要大力宣传非物质文化遗产传承的重要性、紧迫性和使命感，特别要营造全社会都支持、尊重、服务传承人的良好氛围，激发传承人的积极性、使命感、责任感。积极推动非物质文化遗产进校园、进课堂、进教材等"活化"措施。应鼓励研究机构以及文旅企业协同合作对文化遗产以及手艺技术进行活态化运用，在此基础上展开创意与更新，创作一批文学艺术作品、舞台艺术精品、影视精品、美术作品；塑造一批如潘季驯、韩信等淮安地方运河历史人物"IP"形象，加快研究成果转化和推广。

辽东湾航海保障公共服务提升策略研究

孙安宁

（学号：1120203328）

在"一带一路"倡议和"海洋强国""振兴老东北工业基地"等国家战略提出的背景下，为保障辽东湾海域通航环境的顺畅、安全和高效，辽东湾海域航海保障公共服务建设问题被提上日程。航海保障公共服务具体包括航标助航、海事测绘和水上安全通信三大服务内容。航标助航服务是指通过设于通航水域或近处的航标，标示航道、锚地、滩险及其他障碍物的位置，以帮助引导船舶安全航行、定位的服务。海事测绘服务主要指为涉海用户提供海洋测绘、海图编制、港口工程测量、水文测量、海底地形及滩涂地形测量的服务。水上安全通信服务是指为航海活动提供的安全信息播发服务、应急通信保障和常规服务，如航行警告、气象警告、海上搜救应急通信保障等。航海保障公共服务是保障水路交通运输高效运行的重要基础，在维护水上交通安全、提升水路运输效率、保护水上环境等方面都发挥着举足轻重的作用。

一、辽东湾海域航海保障公共服务现状分析

（一）辽东湾海域航海保障公共服务具体举措及取得的成效

辽东湾是渤海三大海湾之一，其海域的航海保障服务主要由北海航海保障中

363

心下设的营口航标处、秦皇岛航标处、大连航标处、营口通信中心、秦皇岛通信中心、大连通信中心、天津海事测绘中心7个基层单位共同承担。其中，营口航标处、大连航标处、秦皇岛航标处承担辽东湾海域航标动态的发布以及航标的维护与管理等职责；营口通信中心、大连通信中心、秦皇岛通信中心承担辽东湾海域通信保障等职责；天津海事测绘中心主要承担辽东湾沿海港口、航道测量、通航水域扫测等职责。从管辖范围看，营口航标处和营口通信中心及天津海事测绘中心担任的辽东湾航海保障公共服务任务最为艰巨。

1. 管理服务方面

当前，辽东湾海域航海保障公共服务单位严格按照《中华人民共和国海上交通安全法》《中华人民共和国航标条例》《海区航标应急反应管理办法》《海区航标维护管理规则》等法律法规开展航海保障公共服务，持续推进北斗航标遥测遥控系统建设，实现海区航标统一监管、陆海协同，有效地提升了助航服务质量，得到了涉海企业的好评。它们在服务海事船舶交通管理、海事调查、应急指挥等方面也发挥了较大作用，赢得了海事监管部门的认可；稳步推进海事测绘走向内陆、迈向深蓝，积极发挥自身装备设施、人才技术优势，根据地方区域经济发展实际需求，科学合理安排测绘任务，有力地推动了区域经济和海洋测绘全域发展；加快推进综合通信服务建设，开展以甚高频数据交换系统（VDES）、甚小孔径卫星通信终端（VSAT）、北斗、第四代移动信息系统（4GLTE）等为主的通信技术前瞻性研究、小规模试点，推动构建连接陆海、双向传输、技术多元的综合通信系统建设，为未来海上信息化、e-航海、智能航运等通信和信息服务奠定了一定基础。

2. 维护保护方面

在维修保护方面，辽东湾海域的助航设施保养规程较为完善：一是北海航海保障中心每年对各基层单位助航设施运行维护费用进行立项、评估，专项拨款，从而保证航标维护经费充足。二是各航标处负责编报辖区航标维护年度计划，并按计划组织实施。陆地助航标志维护保养周期不超过3年，可根据航标结构、材质、周围环境、使用年限及分布海陆域气候特点等情况做适当调整，但不得超过5年。而对于浮动助航标志，鉴于辽东湾海域各港口均为冰冻港口，冰情较为严重，因此每年均需开展换标作业，即每年冬季将常规灯浮标更换为冰标，春季更换为常规灯浮标。换标作业后，航标处相关部门便组织成立冬修和夏修项目踏勘小组，赴现场对撤回的灯浮标和冰标除锈油漆工作量进行评估，再由实施部门组织具体施工，由各基层航标管理站负责工程质量和安全的现场检修。三是每半年委托天津航测科技中心对辽东湾辖区的差分DGPS台站、AIS基站等无线电航标进行现场巡检和维护保养，确保辖区助航通信设备性能稳定，服务正常。四是以"世界航标日"等活动为契机，开展航海保障主题教育，提高公众助航设施保护意识。

3. 装备配置方面

完备先进的装备配置是做好航海保障公共服务工作的基础和前提。随着航海保障工作由依赖劳动力增长的模式向以技术装备发展为核心推动力的模式转变，多功能、系列化的航海保障船舶、车辆、码头、保养基地就显得尤为重要。

目前，从辽东湾海域航海保障服务单位的装备配置上看，保养基地小、装备老旧、缺乏多功能大型化作业船舶等问题仍较为突出。辽东湾各航海保障单位利用手头现有资源，通过租赁、借用、置换等形式，充分实现资源的高效灵活配置，暂且基本能够满足航海保障的服务需求，但随着时间的推移，老旧设备的维护成本必会增加，助航设备的性能也会大打折扣，为了有效履行航海保障职能，提高应急反应能力，根据需求建设大型码头、航标保养基地，建造多功能、系列化航标作业和海事测绘船舶，配备专用航标巡检无人机等工程项目势在必行。

4. 科技创新方面

科技创新是提升助航服务的重要支撑，也是增强中国在世界航海保障话语权的关键因素，以科技创新活动为主线，充分调动和激发科技人员创新热情和创造活力，以"e-航海创新工作室"为依托，打造国际跟踪、国际履约、科技研发、交流合作、人才培树的平台，积极推动航海保障前沿科技跟踪研究，如聚乙烯高分子材料新型灯浮标、太阳能一体化灯器、双北斗定位技术、5G、无人机巡检、物联网技术已在航海保障服务中推广应用。在"十三五"期间，辽东湾海域航海保障公共服务单位获得省部级科技奖励成果 7 项，获得登记成果 48 项，为航保事业快速发展与转型升级提供科技支撑和智慧引擎。

(二) 辽东湾航海保障公共服务存在的问题

1. 公共服务意识不强

牢固的公共服务意识是提升辽东湾航海保障服务的基石。虽北海航海保障中心明确要求基层航海保障单位要强化服务理念，落实好均等化服务要求，但在实际工作中，受海事系统内部体制改革调整、缺乏有效的外部群众监督、考核评估形式较为单一等因素的影响，公共服务理念仍主要停留在局部或者流于表面，融入社会公共服务体系的步伐较慢。同时，辽东湾航海保障单位对海洋文化、海事知识的普及，更多局限于系统内部职工和涉海企业，面向社会公众的宣传普及较少。结合互联网线上线下调查数据对我国 31 个省（自治区、直辖市）的海洋意识发展进行评估追踪，结果显示辽东湾海域的辽宁、河北省份在沿海城市的排名中靠后。对海洋及海事文化挖掘得不彻底、对航海保障知识普及的范围小、对航海保障事业服务地方经济的重大意义宣传不充分等因素导致了航海保障事业的发展缺少社会公众的积极参与和支持。

2.制度体制建设不健全

一是多方联动机制不明确。随着航道中船舶和助航设施的数量双重增长，助航设施遭受人为因素损坏的问题日益严重，对助航设施安全性构成威胁的责任人有客船、货船的船员，也有捕鱼、养殖的渔民，而涉及渔民案件时，航保部门需要联合渔政、公安等部门共同处置。可现实中除航海保障部门对海上助航设施受损高度重视外，其余成员单位由于缺乏对助航设施的了解而导致对助航设施的重要性认知不足，缺乏参与助航设施保护的积极性和主动性。基层航海保障单位虽然与地方公安、渔政存在联动机制，但是具体规定不明晰，缺少流程化、书面化、系统化的机制和制度为助航设施保护提供依据来源和保障。

二是基层航海保障部门处置损坏助航设施案件效率低下。沿海各基层航标处在层级设置上属于交通运输部北海、东海、南海航海保障中心，基层航标处不能直接以航标处的名义对外执法，而是以交通运输部直属海事管理机构委托的形式对外执法，层层请示程序烦琐，导致执行效率低下，执行力度不够大。

三是对影响或破坏助航效能的行为处罚不明确、不严厉。以妨碍助航设施正常效能发挥的光污染为例，最新的《中华人民共和国海上交通安全法》（以下简称《海上交通安全法》）第二十二条规定:任何单位、个人不得损坏海上交通支持服务系统或者妨碍其工作效能。建设建筑物、构筑物，使用设施设备可能影响海上交通支持服务系统正常使用的，建设单位、所有人或者使用人应当与相关海上交通支持服务系统的管理单位协商，做出妥善安排。而《民航法》和《居民机场管理条例》以及山东省安监局等有关文件明确要求，禁止在民用机场净空保护区域设置影响民用机场目视助航设施的使用，违反规定的，最高可处10万元罚款并依法追究责任人的刑事责任。从两个部门的法律规章对比看，《海上交通安全法》在处罚标准上仍较为模糊，在处罚严厉程度上仍缺乏威慑力。

四是管理体制缺乏灵活性、快速性、主动性和高效性。辽东湾海域航海保障公共服务单位隶属于交通运输部北海航海保障中心，统一受北海航海保障中心的直接领导和规划，虽然有力地保障了其发展的整体性和稳定性，但是也在一定程度上限制了基层航保单位服务的灵活性、快速性、主动性和高效性。

3.助航设施保护力度不足

近年来，沿海助航设施在安全保护和管理等方面取得了积极成效，但影响助航设施安全的问题仍较为突出，具体表现在:一是自然环境因素，主要包括雨季雷击、浮冰撞击、台风侵袭等恶劣天气造成的航标损坏、移位或漂失。二是人为破坏因素，如船舶碰撞、渔船缆系或渔网拖拽，导致灯器、顶标、灯架受损严重，这与部分渔民、船员专业素养偏低有关，未充分认识到助航设施对保障船舶通航安全的重要意义,对海上交通安全、航标条例等法律法规也认知不足。此外,受海上风浪、距离或者巡检船调度的影响,助航设施保护维权难度加大,对潜在的安全隐患发现不及时。

4. 信息化管理水平较弱

目前,辽东湾海域信息化建设已取得跨越式发展,已建成近岸水域全覆盖的AIS岸基网络系统、航标遥测遥控系统、沿海航标数据库等信息化系统,在提高海上通航服务、强化助航设施保护、确保航标信息完整等方面取得了明显进步。但仍面临着信息化系统更新不及时、设施部件老旧严重、信息反馈实时性及动态性较差等诸多问题;航海保障综合服务数字化基础尚不牢固,对智能航运发展支撑力度不足的现实问题依然严峻;在实现相关船载终端和陆基基站技术成熟化、沿海 NAV-DAT 通信网和 VDES 通信网建设、完善北斗海上精确导航和定位、完成智能航道、智能港口与船舶间信息的精准对接等方面的综合航标保护信息化建设仍有很长的一段路要走;导助航设施智能化水平应用、信息化平台功能发掘、数字化通信技术研发等方面与其他海域还存在不小的差距。

5. 技术型专业人才短缺

目前,辽东湾海域航海保障公共服务队伍主要由 1988 年军转、20 世纪 80 年代招工、2003 年以后公务员招录和 2007 年以后事业单位招录四个部分组成。其中军转和 20 世纪 80 年代招工人员占航海保障人员的 50% 以上,一线经验丰富、专业技术较强,但年龄普遍在 55 岁以上,面临退休的问题;而年轻人员一部分受辽东湾地区经济发展较缓慢的影响,离职和调动人员较多,一部分根据岗位需求和个人意愿选择走上了办公室、党群等岗位。受退休、离职、调动和入职几年的人员一线经验不足的影响,当前辽东湾海域航海保障公共服务单位的技术性专业人才严重不足,存在老、中、青干部职工工作连续性衔接不畅的隐患。

(三) 存在问题的原因分析

1. 精神文明建设有待提高

一是在内部精神文明建设中,单位文化及核心价值观念有待于进一步脱虚向实,个别单位在文化引领上存在误区,虽有自己的核心价值观念,但宣传形式多是学文件式的照本宣科,职工并不了解品牌文化的深刻内涵,难以对单位的品牌文化产生价值认同和形成凝聚力。二是对外宣传的内容和知识文化普及的形式较为单调,公众参与度低。目前辽东湾航海保障单位的宣传内容大部分是关于航海保障类的技术成果、航保知识、法律法规等,宣传形式主要是报纸、期刊、网站等,宣传内容专业性强,事迹较平淡,宣传缺少当下如抖音、快手等民众喜闻乐见的新形式,导致受众少、关注度低，难以形成社会合力。

2. 顶层设计及制度体制滞后

当前航海保障公共服务单位已完成政、事分离改革，航海保障事业已定为公益一类事业单位，不再拥有行政执法权。但部分工作人员仍未能转变管理理念，公共服务意识薄弱，与各涉海单位联动意识不强，航海保障顶层设计虽对此有要求和考核，但大部分是"软指标"而非"硬杠杠"；虽有监督机制，但大多是体制内部自我评价，缺少第三方的服务测评与监督；顶层设计上缺少流程化、书面化、系统化的制度为助航设施保护、联动机制开展提供依据，导致基层航海保障单位不论是在应急反应还是案情处理上都较为滞后。此外，在航海保障供给模式上，虽强调以服务用户为中心，但更多时候仍依赖传统行政手段和政治动员，实行自上而下单向管理，在资源配置、科技创新等方面缺乏先进企业的竞争理念和精细化管理模式；装备配置和航保服务产品也都跟不上用户多元化、个性化、差异化的服务需求。

3. 联动保护机制应急管理建设滞后

一方面，随着航运经济的快速复苏和中央"放管服"政策的落地生根，辽东湾海域航海保障助航设施和船舶流量密度双重增多，航标被撞击、盗窃，"一船多码""一码多船"等情况也逐步增多，因涉事人员有海员、渔民、养殖户等，案件形式又分民事案件和刑事案件，在如此复杂的情况下，又因受中央直属的航海保障公益事业单位往往与地方渔业部门、海警、公安部门联系沟通较少，与地方海事局资源共享的力度不强等影响，导致难以形成联动保护。另一方面，助航设施布设的点多、线长、面广与应急保障装备短缺、陈旧存在矛盾，尤其辽东湾海域其航道多为人工挖掘，航道窄、滩浅、流急、浮冰严重，导致航海保障服务单位的应急反应能力大打折扣。

4. 创新研发成果转化少装备升级慢

辽东湾航海保障公共服务单位依托创新工作室、创业创新论文大赛等平台，积极开展 e-航海、北斗导航、智慧航道、智能码头、物联网技术等前沿技术研究，广大职工的创新热情和创造活力明显提升，在著名期刊发表多篇优秀学术文章。然而，受研发资金、研发周期、技术水平、工作环境、实际需求等情况的制约，很多高科技、信息化创新研发项目并没有转化成实际成果。又因创新研发成果中很少有结合实际工作需求的原始性重大突破，及中央财政预算资金紧张的影响，很多航海保障设施设备升级较慢，导致航海保障服务信息化管理水平大打折扣，不能满足航海保障服务智能化和涉海用户多元化的发展需求。

5. 一线年轻干部储备不足

一方面，辽东湾航海保障公共服务单位在 2007 年才开始通过北海航海保障中心统一组织的事业编考试进行扩招,由于航海保障事业专业性比较强,招聘对象主要针对航海、测绘、通信类专业人才,而全国此类专业院校较少,每年实际招录的新进人员并不多,加上科级以上干部编制较少,造成年轻储备干部明显不足。另一方面,新进人员大部分工作经验和社会阅历尚浅,从业务岗位被借调和轮岗的人员又较多,造成真正深入一线业务的人员较少。

二、国外与国内其他地区航海保障公共服务提升策略的经验借鉴

本文查阅收集国外先进国家和国内相关单位在提升航海保障公共服务过程中的优秀做法,并对其相关经验进行总结、分析,以供辽东湾海域航海保障公共服务单位借鉴。

(一)国外航海保障公共服务机构的典型举措

1. 英国海事与海岸警卫署:突出服务理念,重视公民参与

英国作为传统的海事大国,海事管理经验较为成熟。英国海事与海岸警卫署将服务作为第一管理理念,以服务对象的需求和建议为根本出发点,最大化满足服务对象的合法需求。英国海事与海岸警卫署高度重视公民和全社会的参与度,通过宣传的方式让更多的人参与到海事管理的过程中。通过全社会的参与,海事管理工作更加透明,民众的支持也更加稳固,将公众的检验作为判断其服务是否公平公正的重要指标,有效地促进了英国海事管理的持续高效发展。

2. 澳大利亚海事局:航标维护引入外包服务

澳大利亚海事局为了降低总成本、提高工作灵活性,很早就开展了助航服务签约外包模式。澳大利亚海事局拟定了航标维护制度,确定了助航服务签约外包的主要范围,如航标系统建设、新技术应用,以及航标维护保养的所有业务。航标管理部门主要保留了航海保障核心业务和技术能力。澳大利亚海事局还建立与签约外包相适应的服务评价机制,细化助航设施维护保养的具体标准,充分评估企业资质、服务成本等招标内容,确保航海保障签约外包服务低成本、高质量;建立合同管理制度,允许外包服务商有一定自主权的同时,以合同文件的形式对承包商进行充分的监督和约束。签约外包服务的引入,缓解了澳大利亚海事局人员短缺的压力,助航服务质量得到了提升。

3. 美国海岸警卫队：注重海事人才培养，打造从业人员专业化

美国海岸警卫队在培养海事人才上具有针对性和合理性，具体体现在：第一，综合权衡，科学规划海事人才职业生涯。对每一个学员的专业素养、学习能力、性格特长进行分析研究，结合学员个人意愿，帮助学员制订详细的个人职业生涯规划方案。第二，加强引领，制定海事人才培养目标。美国海岸警卫队设置了专门的海事学院，教学内容丰富多彩，尤其注重海事人才行政领导力与专业素质培养。第三，灵活授课，丰富海事人才培养手段。将海事理论知识与实际操作充分结合，将专家当面授课与线上自我学习相结合，拓宽了学员们的学习维度。第四，数字教学，提高教学效率和质量。利用人才管理数据库对人才培养的各个阶段进行科学规划、利用电子软件系统授课来丰富授课体验和新技术的应用，通过高度数字化、信息化人才培养系统的应用，切实提高教学效率和质量。

(二) 国内其他地区航海保障公共服务机构的先进举措

1. 天津航标处："多方联动、多元协同"的航海保障现代化服务模式

天津航标处按照一体化融合发展思路，加快形成"多方联动、多元协同"的航海保障现代化服务模式。一方面，争取地方支持，推动重点工作落实，与地方政府交通运输部门建立合作机制，加强信息数据互联互融，探索航海保障服务跨平台、跨领域应用，全方位提升航海保障事业在服务社会大局的重要作用。另一方面，全面加强与海事行政机构、涉海企业的业务交流和合作，将各方发展需求与天津航标处现有的资源相对接，构建更加广泛的融合发展共同体。

2. 东海航海保障中心：推进航海保障事业智能化发展

东海航海保障中心按照"四区四中心"的建设架构，建成了具有公共航运数据中心和相关数据服务能力、辐射东海海域的航运数据开放平台，持续推动智能航保服务在浙江宁波舟山港、福建厦门港、湄洲湾和江苏通州湾等区域落地实施。与福州市政府签订战略合作协议，共同成立海事智能航保服务和"数字福州"城市建设融合发展示范应用基地，打造智能航保成果展示区。与中国交通通信信息中心深化合作共同推动智能航保发展，双方围绕交通强国海事建设目标的实现，充分利用双方资源和人才优势，在强化前沿科技创新、推进智能航保建设、做好信息化基础运维保障等方面，共同推动通信与信息化产业发展，开拓智能航海保障新局面。

3. 南海航海保障中心：实现助航设施标准化、信息化统一管理

南海航海保障中心根据"统一标准、统一接入、统一监控、上下联动"的指导思想，实现助航设施标准化、信息化统一管理。在数据中心建设上，杜绝分散式遥测遥控系统建设；在底层数据、系统架构和数据应用机制上，实现各类数据融合；在数据元结构上构建系统数据库,按照统一的数据交换的格式标准对外服务;在监控管理上,通过应用物联网技术,以遥测遥控、视频监控设备 ID 识别手段,将所有航海保障设备实施纳入统一平台进行监控管理;在标准化航标数据格式、规范化航标数据采集、标准化航标遥测遥控通信、统一化数据服务接口等方面开展系统研究,并从航标数据的底层格式、采集要求、数据传输要求、数据交换要求、系统建设要求 5 个方面对航标信息化建设进行全面规范。目前,南海海区全面形成了统一标准、统一接入、统一监控的遥测遥控系统标准化格局。

(三)经验借鉴

1. 重视航海保障人才培养

在航海保障人才队伍培养上,我们可以借鉴美国海岸警卫队的内部海事人才培养体系,明确了海事人才培养的具体目标及职业规划。加强与海事学院的交流合作,共同确立海事人才的培养体系,如每年到海事院校进行招聘宣讲、为海事院校学生开辟实习基地、共创航海保障科研平台、定期开展人才交流互访,以及邀请院校专家为航保职工授课等,通过以上方式培养出职业规划明确、专业技术过硬的航海保障高素质人才。

2. 合理引入外包服务提升航海保障质效

合理引入外包服务可以提高航海保障工作的灵活性,降低资金成本,提升航海保障服务质量,也可让社会公众参与航海保障治理,形成社会共治新格局。在引入外包服务的具体工作上,可以参考澳大利亚海事局在引入外包服务方面的经验,如建立服务评价模型、建立合同管理模型、对服务承包商进行监督和审核、细化好服务的具体界限等,从而使航海保障外包服务更加制度化、规范化。

3. 建设综合型航海保障公共服务体系

辽东湾海域是环渤海经济带、京津冀协同发展战略水上交通运输的主要海域,跨越辽宁、河北两省,海岸线长、助航设施多、服务主体广,这就决定了辽东湾航海保障公共服务建设需借鉴英国海事与海岸警备局与天津航标处,在助航服务中突出公民参与、多方联动、多元协同的管理新模式,加强与涉海单位的资源共享、深化合作,争取地方政府资金、政策支持,提倡全民关注、共治,促进辽东湾航海保障公共服务建设一体化融合发展。

4. 科技创新驱动航海保障事业高质量发展

加大科技创新,实现助航设施信息化、智能化应用是航海保障公共服务单位优化服务质量,提升服务效率的必然趋势。信息化、智能化航标设施的普及应用可解放劳动力,保证助航设施的精准维护,确保辖区助航效能的长期稳定发挥。我们可借鉴东海航海保障中心与南海航海保障中心在航海保障工作中采取的智能化、信息化举措，强化前沿科技创新，做好信息化基础运维保障，推进智能航保建设，开拓航海保障新局面。

三、辽东湾航海保障公共服务提升对策分析

（一）推动航海保障公共服务机构精神文明建设

精神文明建设是推动航海保障事业发展的软实力，它可以引导职工牢固树立航海保障社会主义核心价值观，提升单位凝聚力和社会影响力，是提升航海保障服务最深沉、最持久的力量。

1. 强化公共服务理念

一要强化党建引领，凝聚服务力量。航海保障公共服务单位作为党政机关领导下的公益一类事业单位，要认真学习党的服务理念，充分调动员工积极性，促进党建工作与航海保障业务融合，将党为民服务的先进思想踏实地贯彻到工作的全过程。二要提高责任意识，主动担当作为。要深刻认识到航海保障事业对保证船员安全、保障航道通畅、促进经济发展、服务国家战略的重要意义，以高度的历史责任感投身于航海保障事业中，以主动担当作为的工作态度，不断提高服务质量。

2. 宣传弘扬航海保障文化

一是加强对内宣传。员工需接受航海保障文化教育，展现航海保障职工艰苦奋斗、无私奉献的崇高品质，传播当代航海保障事业核心价值观念。二是借助百年灯塔等助航设施，展示航海保障工作的独特魅力，宣传航海保障服务理念，提高民众关注度。如2021年营口航标处台子山灯塔守塔人王洪安的事迹被中央电视台《新闻联播》节目播报，提升了航海保障的社会知名度，激发了全体航海保障职工的自豪感和荣誉感。三是组建航海保障服务、海事服务志愿队，定期走向学校、社区、福利院，宣传航海保障、海上遇险急救等知识，塑造辽东湾航海保障公共服务单位良好形象。四是充分利用电视台、抖音、快手、公众号等当代大众喜闻乐见的宣传方式，宣传航海保障单位在服务地方经济发展的重要举措，提升社会影响力。

3. 树立以人为本的思想

一方面要以用户需求为导向，定期了解涉海单位、海员、渔民等不同用户的需求，并提供多元化、人性化服务，持续提升服务质量；另一方面要以问题为导向，通

过电话访问、问卷调查、座谈会等形式与服务用户建立良好的交流反馈机制,对用户提出的问题、疑惑、建议积极快速做出响应,妥善解决用户棘手问题,并根据用户满意度反馈,不断改善服务,使辽东湾航海保障公共服务的各项工作形成一个良性的动态闭环。

(二)完善顶层设计健全航海保障制度体制

1. 推进航海保障多方联动机制建设

一方面,深入推进海事监管和航海保障融合发展。海事监管与航海保障是中国海事的两大主营业务,双方应以"全面合作、资源共享、优势互补、共同发展"为原则,立足国家重大战略,在海事航保文化交流协作、党务工作联学共建、业务岗位人才交流、海事科技创新、国际履约研究、水上无线电秩序专项治理、海巡船艇及海事码头等基础设施与信息资源共享等方面开展交流协作,在保障航道安全畅通、船舶安全航行、维护国家主权、助力地方经济发展等方面共同打造水上交通安全保障体系。另一方面,主动融入地方、服务地方。了解和掌握辽东湾海域各地市经济发展需求,加大与地方政府、公安、渔业、海警等部门的密切配合,通过沟通协调,建立明确的联动合作机制,理清各方职责界限,健全与辽东湾海域各区域特点相适应的航海保障管理机制,提升辽东湾海域航海保障服务能力和科学共治管理水平。

2. 优化助航服务签约外包模式

当前辽东湾航海保障公共服务单位在助航服务签约外包上主要包括助航设备的基础维修和保养、助航设施巡检维护的交通工具等方面,有效地提升了助航服务质量和水平。但这也暴露出不少问题,如部分助航服务签约外包尚无相应的技术标准和规范,导致助航设施的基础维修和保养质量参差不齐;缺乏相应的淘汰和竞争机制,造成长期在航海保障单位工作的劳务派遣人员纪律松散、干劲不足。因此,当前的助航服务签约模式亟待完善和优化。对于助航设施的维护和保养要明确具体的工作内容、服务资质和技术标准,探索引入上级或基层航保单位之间的相互评估或监督。对外派工作人员可引入年度考核机制、淘汰制并定期举行岗位技能练兵,以此提升外派人员的工作积极性和工作水平。

3. 建立规范化航海保障公共服务评价制度

要把正确的价值取向作为评价制度的第一要务,以面向多元化涉海服务对象为实施原则,通过实地走访、问卷调查、用户座谈会、现场调研等方式将航海保障公共服务建设与涉海用户满意度紧密结合;建立科学的服务评价方法,对海事局、航运企业、引航站、港务集团等代表提出的意见和建议进行收集、分类汇总、调研评估,科学分析航海保障公共服务过程中存在的问题并有针对性地予以解决;建立完善的监督渠道,公共服务评价制度在贯彻实施的过程中要接受上级部门、服务对象、第三方评价机构的监督,防止本级领导的主观干预,通过真实反馈,达到以评促改的目的。

4. 构建航保公共服务新模式

面对绿色港口、智能港口、智能航运、智能船舶等新航运模式的出台,辽东湾航海保障公共服务建设必须主动适应,构建航海保障服务新模式,推动航海保障的立体化、智能化、全球化发展。可探索对鲅鱼圈港、盘锦港等辖区重点水域开展智能航道试点建设,建设集航标助航、水文气象、视频采集、船舶流量分析、数据传输等多层次导助航服务功能于一体的综合、智能、实时航保服务系统;推进航保产品、服务、技术和涉海行业的有机融合,全面满足用户多元化、个性化、差异化的服务需求,进一步加强航标、测绘、通信资源的优化配置和深度融合。

(三)提高助航设施综合管理水平

1. 因地制宜优化助航设施配布设置

辽东湾是中国纬度最高的海湾,海滩较浅,冬季易结冰。因此,根据其实际特点来优化助航设施配布就显得尤为重要。一是要在冬季冰期来临之前,做好冬季换标作业工作,根据冰情将夏季灯浮标更换成冰标。二是以满足船舶冰期航行的最低助航需求为目的,按照宜少不宜多的原则,尽量减少非重要航标设置。三是冰期浮标设置应遵循宜单不宜双的原则,进行航道单侧、关键点位、大间距布设抗冰性强的冰期浮标,并在港池内布设四季通用灯浮标,和陆地助航设施、无线电航标等共同构成冰期立体助航体系。

2. 多方联动强化助航设施保护力度

一是加强各海事单位联动,包括海事局、航标处、通信中心、测绘中心等单位,通过设备设施资源共享共用、人才交流、业务培训、管理模式和科技研发探索以及联合巡航、巡检等方式,加强助航设施保护,共同构筑"陆海空天"一体化水上交通运输安全保障体系建设。二是强化与各涉海企业联动,深化与港务集团、航运公司、引航站等港航企业合作交流,宣传航海保障知识,提高助航设施保护认知。三是争取与地方政府联动,定期与地方海警、渔政、公安举行助航设施保护联合演练,共同打击恶意破坏助航设施的违法行为。四是注重与普通民众的联动,充分利用"中国航海日"等活动,宣传普及航海保障知识和海上安全法律法规,提升全民对助航设施的保护意识和监督反馈力度。

3. 提供高质量通信服务保障

辽东湾海域受冬季海面浮冰的影响,海上助航设施减少,海上通信保障的作用意义重大。要优化履约通信业务布局,如及时更新海岸电台的老旧收发信息设备,实现北方海区海岸电台的互联互通,完善甚高频遇险安全通信体系,拓展履约通信业务范围等;要实现通信业务的多元化发展,如推广北斗系统的应用、挖掘通信卫星的服务潜力、提升辽东湾水上无线电的抗干扰能力等;要注重信息化及网络安全管理,推进虚拟化运行平台建设,深化航海保障数据资源管理及数据共享,提升辽东湾海上通信公共服务能力。

4. 形成立体化测绘服务建设

一是掌握核心海道测量技术,如机载 LiDAR 测深、船载多传感器一体化测图、深拖综合海底测量以及海洋测量数据采集与处理软件等核心技术。二是研发升级海事测量高端装备,摆脱高端装备依赖进口,制约海事测绘发展的问题。三是建造大型综合性海事测绘船舶,提升特殊海域及中远海域的测量能力。四是推进海事测绘服务信息化发展,推进卫星遥感和水深测量等多系统的有机集成,研制新型海上测量平台、海洋综合信息平台,形成以水深测量为核心、以精准测量为目标、以多元化海洋测绘为补充的立体化测绘服务。

5. 加大应急反应演练力度

要进一步根据辽东湾海域的实际情况完善航海保障应急反应预案,确定好应急反应等级,细化各方职责分工,制定应急物资配备标准,确保航海保障应急反应高效开展。需要进一步完善应急反应演练事后评估,邀请业内专家、涉海管理单位代表对应急反应演练进行评估,不断改进薄弱环节,精准提升航海保障应急反应工作水平。

(四)推动航海保障智能化建设

1. 升级航海保障作业设备完善基础设施建设

当前,辽东湾海域航海保障设施虽能满足助航服务,但有限的常规化航标保养基地与灯浮标日益增多、海洋测绘走向深蓝与测绘船舶吨位小及信息化应用低、快速应急反应需求与遥测遥控信号不稳定和不准确、建设数字化信息平台与落后的海上通信设施等方面的矛盾,限制了航海保障服务智能化的提升。在当前中央财政拨款紧缩的情况下,各航海保障服务单位应对本单位的助航装备和基础设施进行认真清查,通过将上级调查指导、专家座谈与本单位实际需求相结合的形式,综合科学评估助航设备的升级或基础设施的完善情况,通过在原设备和基础设施上的转型升级来达到盘活现有资源、节约智能化改造成本的目的,为提升辽东湾航海保障服务智能化建设打好坚实基础。

2. 加快信息化数字化助航设施的推广应用

当前,科技革命浪潮已经推动了航海保障事业智能化时代的到来,物联网、大数据、5G的快速发展,人工智能、北斗导航、区块链等新技术、新业态的不断涌现,给辽东湾航保服务智能化发展提供了新机遇。虚拟AIS航标的应用充分发掘了AIS的助航功能,打破了实体航标受特殊区域的限制;遥测遥控系统的应用对助航设施实现了24小时全时段的动态管控,提升了航保应急反应能力;双北斗一体化灯器的应用大大缩短了航标巡检和巡视周期,切实减少了人力、物力。因此,要推动辽东湾航海保障服务智能化,就必须加快信息化、数字化助航设施的推广应用。

3. 保持与科研单位的深度合作

当前,辽东湾航海保障智能化建设虽然取得了一定的成绩,但是技术研发平台少、研发经费紧张、专业技术研发人员短缺、核心设备依赖进口等问题仍然显著。因此推动辽东湾航海保障公共服务智能化发展最现实、最有效的捷径就是推进与科研单位的合作。要深化科研合作,打破机制体制壁垒,探索资源与成果共享机制;要以研发智能化助航设施为目标、以科研单位研发平台为载体,密切合作,共同承担国家重大及攻关项目、国家重大工程等科研项目,产出更多提升用户满意度、高效助航的科研成果,促进辽东湾航海保障智能化服务建设的提升和突破。

(五) 打造国际一流航海保障队伍

1. 建立科学合理的人才使用制度

辽东湾各航海保障单位要结合单位实际岗位需求、人才结构等方面完善好人才使用的顶层设计。在人才的聘用上,招聘与岗位职责相适应的专业人才,提升航海保障事业各岗位的专业化水平,如聘请退伍军人等素质优良且稳定性高的人员,投身航海保障事业中;在干部任免上,在公平合理的基础上尽快培养一批年轻的干部,形成良好的阶梯干部队伍,避免出现断层现象;建立科学合理的轮岗制度,临时填补岗位缺口,科学地研判把控轮岗时间长短、岗位内容等问题;培养和激发青年职工的能动性,提升其实际的作业能力和素养,通过组织青年演讲比赛、科技论坛等,激发其创业创新意识和兴趣,有序培养一批能力全面、素质优良的青年航保职工。

2. 创造适合人才发展的文化生态

一是确保人才选拔的公平公正,尤其在干部选用上,要严格按照《党政领导干部选拔任用工作条例》,秉承公平公正、公开透明的原则进行选拔;要加强选人、用人全过程的监督,确保让讲政治、有能力、能担当的优秀人才脱颖而出。二是要在整个单位营造一种尊重人才、重视人才的文化氛围,对在航海保障事业发展中做出贡献的人,要加以奖励或树立典型榜样进行宣传学习。三是"以老带新",以"传帮带"的方式培养新生力量,将老同志在实践工作中积累的技术技能、经验经历传授给新员工,促进青年职工尽快掌握作业流程、熟悉工作技巧、担起岗位重任。

3. 创新培训体制造就实干型人才

在培训理念上,要保证培训的针对性、高质量,对不同岗位、不同职位的航海保障工作人员,采取不同的培训内容,强化培训质量,建立科学、准确的培训评价体系,加强对职工培训工作的考核和监督;在培训方式上,要保证培训的丰富性、创新性,可结合工作中实际案例,通过理论讲解、网络直播授课等方式,拓宽培训手段和范围,并注重现场操练与实时点评相结合,专家讲授与学员互动相结合;在培训内容上,要与时俱进,满足助航服务用户多元化需求,立足本职岗位,以实际问题为导向,切实提升工作质量。

4. 培养具有国际视野的航海保障人才

一是加强顶层设计,提升航海保障履约的前瞻性和导向性,专门成立航海保障国际履约小组,深入开展航海保障履约研究,跟踪国际海事热点问题,指导辽东湾海域各航标处、通信中心和测绘中心单位,聚焦航海保障建设重点领域,争取在智能航运、绿色航运等方面形成具有一批影响力的"中国方案"。二是辽东湾海域各航标处、通信中心和测绘中心单位,要积极参与北海航海保障中心组织的国际海事履约培训和国际海事履约比赛,定期选派高素质人才参加国际航标协会、国际航道测量组织、国际电信联盟举办的视频会议和培训,提高国际影响力。三是辽东湾海域各航标处、通信中心和测绘中心单位要指定业务能力和英语水平均满足需求,且具有较浓兴趣的职工,专门负责国际履约跟踪和具体推进落实工作,立足各航标处、通信中心和测绘中心实际工作,紧跟国际履约要求和工作计划,有针对性地提出研究方向,集中力量提出中国提案。四是积极同高等院校、产业界和航保用户等深入合作,形成全面参与的良好局面。五是有条不紊地培养辽东湾海域国际履约人才,鼓励其在国际组织中担任领导职务,提升对国际组织的影响力。

瓦房店市得利寺镇政府推动农业产业发展研究

王清涛

（学号：1120203358）

农业产业发展是实现乡村振兴的重要途径。伴随乡村振兴战略的提出，各级政府结合本地实际，通过多种举措推动农业产业发展。瓦房店市得利寺镇充分发挥资源优势，持续打造以樱桃为主的特色产业，对稳定瓦房店市得利寺镇的农产品生产、促进瓦房店市得利寺镇农民增加收入、打造瓦房店市得利寺镇为生态经济强镇意义重大。所谓农业产业发展，即农、林、牧、副、渔等农业行业从产生到成长的过程，提高区域农业产业发展水平是基层政府履行职责的根本体现。

一、瓦房店市得利寺镇政府
推动农业产业发展的成效、问题及原因

瓦房店市得利寺镇辖区面积89平方千米，人口规模达到2.5万。其农业产业发展历史悠久，特别是樱桃产业享誉全国。目前，农业产业已成为得利寺镇居民增收致富的主导产业。

（一）瓦房店市得利寺镇政府推动农业产业发展的措施及成效

1. 采取的措施

（1）突出政策引领。近年来，得利寺镇始终坚持贯彻《大连市农业农村发展规划》《瓦房店市农村一二三产业行动计划 2016—2020》等上级政府的指示要求，从本地区的农业产业特色出发，推出以大樱桃、苹果种植为主的设施农业、休闲农业、"互联网+"农业等产业支持性政策文件，由点到面建构一系列政策体系。

（2）培育农业产业发展的多元主体。强化农民合作社基础作用、龙头企业引领示范作用、行业协会和产业联盟平台作用，引导多元化主体参与农村产业发展。推进农民专业合作社向质量效益型转变，探索专业合作社的联合形式，先后建立了300 余个规模不一的专业合作社，涉及农产品产销、手工艺品、民俗旅游等。培育青年职业农民、青年农场主、专业大户，支持大中专毕业生、退役军人、"农二代""新农人"等青年骨干人才返乡创业。

（3）拓展农业产业发展的服务机制。丰富农业生产性服务，加快培育种苗、农资（机）、生产管理、检验检测等生产性服务主体，鼓励开展农业生产市场化和专业化服务。推进农业信息化服务，推动"互联网+"与农业生产、经营、服务、管理各环节的深入融合。在农产品销售服务方面，顺丰等 10 余家物流企业的入驻为镇农产品销往全国夯实了物流基础。镇政府主导创建了四级网格化的联防联控体系，镇、村、组、客商形成四级合力，做好农产品客商的综合服务。

（4）大力开展农业产业发展的宣传与推介。为加强原产地保护，瓦房店市得利寺镇樱桃已获国家农产品地理标志认证。在此基础上，得利寺镇政府综合利用各类线上、线下平台强化推广本镇农产品。首先，利用各类展会效应强化农产品的推介，如中国樱桃年会等；其次，利用各地的线下农产品批发商推介产品；最后，借网络媒介点对点营销。

2. 阶段性成效

（1）主导产业规模得以扩大。全镇现有农业大棚近 3 000 个，大樱桃种植面积 4 万亩，设施农业规模不断扩大。栽种模式不断创新，全镇人均樱桃收入不断增加，占比达到人均纯收入总额的 80%。

（2）农业品牌影响力得到提升。瓦房店市得利寺镇于 2017 年喜获"中国大樱桃设施栽培第一镇"称号；2018 年获得樱桃年会的举办权，成为首个举办国家级年会的乡镇；2019 年获得国家第八批"一村一品"示范乡镇荣誉称号；2021 年被列为北京国际园艺学会樱桃分会的基础参观路线、分会场之一，品牌影响力进一步得到提升。

（3）农业效益增长取得实绩。瓦房店市得利寺镇结合龙潭山旅游开发建设发展生态农业,调整农业产业结构,促进农民增收。线上日销量达到2万余斤,线下销售主要集中在北京、上海、广东、浙江、江苏、山东及东北市场,日销量约10万斤,销售势头良好,农业效益增长突出。

（4）特色旅游业得到拉动。龙潭山旅游风景区位于瓦房店市得利寺镇境内,1979年被大连市人民政府评为市级文物保护单位,2007年被辽宁省人民政府确定为省级文物保护单位,2009年被评为2A级国家旅游景区,2013年被评为国家级文物保护单位。该风景区现为"国家级森林公园",景色美不胜收,与农业产业发展相结合,带动了特色旅游业发展。

（二）瓦房店市得利寺镇政府推动农业产业发展存在的问题

1. 缺少长期农业产业规划及明确的产业发展指引

第一,缺少推动农业产业专业化经营的政策引导。目前,得利寺镇政府对于农业产业发展方向相关文件及制度法规的颁布出台不足,主要是参考执行瓦房店市政府对于本镇农业产业发展的指导规划,农业产业专业化经营缺乏有效的政策引导,导致农业专业化程度相对有限。农业专业合作社的发展以自由发展为主,政府掌大局、把方向、统筹协调不够,致使全镇农业产业大专业化发展没有形成合力。政府部门缺乏对农业产业合作化管理,合作社经营失范,影响农民直接获益,进而影响农民加入合作社的积极性。合作社中共有923户社员,在得利寺镇农户总量中占比偏低,且大型经济合作社数量偏低,说明瓦房店市得利寺镇农业产业化经营的程度相对有限,表现出瓦房店市得利寺镇政府在此方面的推动还有不足。

第二,缺少推动农业上下游产业链纵深发展的有力抓手。目前,得利寺镇农业产业发展的集聚还表现为碎片化问题,政府的规划引导有限。政府未从全镇角度统筹发展格局,农业产业上下游在生产、加工、销售各环节相互依存度低,企业间缺乏合作共赢理念,缺乏重大项目支撑,致使整个产业发展存在内生动力和风险防控能力不足的潜在危机。

2. 未能实现多部门推动农业与关联产业协同发展

设施农业、生态农业的进阶会带动区域旅游业的关联效益,良好的农业产业应能够带动关联产业协同,实现农村三次产业综合效益。这就需要基层政府的多个部门参考自身的职能在三次产业中发挥协同工作效应。但目前来看,得利寺镇推动农业与关联产业协同发展的力度还不够,主要表现在瓦房店市得利寺镇农业、旅游、文化等部门或单位内部各自为政,未形成农业、旅游业、文化产业的联动效应,导致农业、旅游业、文化产业或各自发展或连接不足,进而影响了多个产业综合效益的产生。

第一,立足瓦房店市得利寺镇农业主导产业特色建立的各类生态园普遍是自主经营,政府仅仅是在生态园的引进方面给予一定的政策支持,后续经营过程支持偏少,未发挥政府多个部门的协同作用,各个行政村存在重复建设的情况。经调研发现,得利寺镇现有各类大小规模的生态(采摘)园、产业示范园10余个,布局分散,农业发展部门、旅游部门的协同推动较为薄弱,导致出现恶性价格战竞争,综合产业效益欠佳。第二,农业、旅游业与文化产业连接不紧密。作为瓦房店国家森林公园的重要组成,龙潭山的资源效益挖掘不够,得利寺镇综合文化站与瓦房店市得利寺镇旅游部门没有深入挖掘瓦房店市得利寺镇的乡土文化,生态农业游、休闲游效益未获提高。

3. 缺少完备的公共服务体系

第一,基础设施建设有待加强,具体表现在生产设施和冷储设施上。生产设施方面,全镇现有的3 000余个农业设施大棚,全部为镇内村民自建,但在具体农业生产过程中,水源管线、电路网络等多种配套设施相对不足,导致全镇设施农业产业发展力量滞后。在冷储设施方面,得利寺镇的储备保鲜、物流运输等设施建设存在一定的滞后性,冷储设施存在着较大缺口,目前只有一个建于2004年的瓦房店得利冷库,储存能力10万吨左右,其余的瓦房店市得利寺镇德华冷库、瓦房店市得利寺镇艳斌冷库等均为个体冷库,因为面积所限,其储存能力也较低,这在很大程度上不仅限制了得利寺镇的收储能力,也限制了得利寺镇农业产业的竞争力。第二,产学研没有得到充分融合。一是推动龙头企业高层次人才引进与培养的力度不够;二是人才引进以乡镇级公务员或事业编为主,农业技术型人才缺乏;三是与相关业务专家联系不紧密,导致镇内农业产业发展技术引领缺失,农业技术服务力量尤其薄弱,从而限制了乡村产业的发展。

4. 特色农产品品牌宣传推介渠道单一

农业产业的发展离不开有效的产品宣传与推介体系建设。目前,得利寺镇政府在特色农产品宣传推介体系建设方面较为薄弱,主要表现在线上线下渠道融合发力方面有所不足,农特产品的宣传推介成效没有达到新的高度。仅就农特产品本身而言,农业产业发展的集约化低、相似度高,扩大了无序竞争,加剧了供需失衡风险。

在推广渠道方面,除线下不定期展会组织、市场批发外,农产品主要依托京东、拼多多平台直播带货效应或偶尔通过上级政府领导的直播带货拓展销路,而在长效线上平台推介体系建设方面还有所欠缺。第一,未推动建立线上的品牌旗舰店;第二,公众号的宣传推广仅限于本地大樱桃的品牌由来、部分种植技术等普通信息的推介,且信息并不是定期常态化更新,产销信息方面明显不足;第三,对于包括瓦房店市的多方面农业产业信息的"瓦房店人家网"重视不够;第四,与瓦房店市电商孵化基地合作力度不够;第五,市委领导、镇领导的常态化线上带货行为对品牌推广的拉动力偏弱。

(三) 产生问题的原因分析

1. 乡镇政府对于农业产业的规划未能充分发挥效能

瓦房店市得利寺镇农业产业发展虽然能够按部就班、稳定发展,但从长远来看,政府部门的顶层设计不够细致,长远规划不够明确,未来产业发展蓝图不够清晰。第一,未就多层面、全方位"一盘棋"建立镇域合作机制,不少项目投入趋同性高,同质化竞争影响农业产业带构建;第二,产业自组织作用未能发挥到极致。农业经营主体发展实力不强、定位不清、各自为政,相互间协同发展不足,阻碍了农业产业集聚。

2. 多产业融合发展中乡镇政府多部门职能缺位

良好的农业产业发展一方面要在本产业领域实现多元协同,另一方面则要通过农业产业的发展同步带动其他关联产业的协同效益。目前,得利寺镇政府多个部门在农业与其他产业的融合发展中的职能明显缺位,将农业产业发展与文化产业发展、旅游产业发展相割裂,导致多部门推动农业与关联产业协同发展的力度不够。

3. 乡镇政府对于农业产业发展资源扶持匮乏

第一,农业产业发展缺乏建设资金。一是财政投入相对有限。近年来的经济下行压力影响整体经济环境和农业产业外效益,得利寺镇财税年一般预算收入下跌,专项产业扶持资金匮乏。二是财政收支矛盾日渐突出,"三保"压力大且"三农"增量资金少,无法在农业产业发展上预留专项基金。

第二,缺少人才引进及扶持举措。一是人才引进机制不够健全,农业产业及其关联产业发展的复合型人才难引进、易流失;二是缺乏政策扶持和奖励措施;三是与瓦房店电商公务服务中心的联动不足,未能充分促进其发挥区域企业孵化、职业农民、农业及其关联产业人才培养的助推作用。

4. 乡镇政府未能突出品牌宣传推介中的多主体协同性

在本地农特产品品牌宣传与推介过程中,传统媒体、新型媒体、行业协会、农业经营主体自身的作用被忽视,宣传推介体系建设不足。区域农特产品的宣传与推介需在政府相关部门的推动下,建立多主体协同机制,促进多方力量的综合发挥,以取得更好的宣传推介成效,为地区农业产业发展效益的提高提供更大的助力。但目前来看,得利寺镇政府围绕着主导产业所展开的农特产品宣传与推介随机性较大,在体制与机制建设方面还有偏差,尤其是向上借助瓦房店电商中心、瓦房店电商孵化基地的力量不够,导致线上农特产品营销渠道的拓展、营销力量的储积不力。

二、国外与国内其他乡镇政府
推动乡村产业发展的经验借鉴

瓦房店市得利寺镇政府推进农业产业发展问题的改进,需要参考国内外其他地区的有益的经验尝试,同时从自身的实际出发,取长补短,不断改进。

(一)国外政府推动农业产业发展的概况

1. 美国:通过金融政策刺激鼓励自助合作组织建设

美国农业生产组织形式主要体现为家庭农场,同时辅以合作农场和公司农场,已形成产前、产中、产后各环节紧密联系的有机体系。美国的农业水平一体化的组织形式有4种:农业销售合作社、农业生产合作社、农业供应合作社和农业信贷合作社。它同时搭建了3种垂直一体化形式:垂直式一体化农业公司、大企业(或大公司)同农场主建立契约关系的一体化组织和大农场主组织加工、销售。上述横、纵向联合体使得美国农业产业得以高效商品化。这种局面的形成主要得益于美国政府坚持不懈地通过金融政策刺激鼓励自助合作组织建设。其具体的做法是基于农民自助合作创建基层信贷组织。《联邦农地抵押贷款法》要求当农民通过合作社认购的股份数量超过总额的25%时,政府将逐步减少持有的股份额并最终撤资。贷款业务办理的时候,联邦土地银行直接向基层合作社与协会(由同地区至少10个想贷款的农民组成)贷款,再通过它们向基层农民发放贷款。作为农民组织,其社员彼此的熟悉度高,信息不对称风险相对可控。

2. 韩国:建立农村产业融合垂直系统

韩国政府从本国的历史以及现实情况出发推动农村产业发展,其有代表性的经验是建立了农村产业融合的垂直系统。韩国倾力在"农业第六产业化"方面强化发展,旨在创造新型农村经济体,提升农产品附加值,增加新的就业岗位,通过农村三次产业融合改变农村收入源单一的现状。"六次产业"包含有一产中的农林水产业,二产中的食品加工以及三产中的流通与销售,其形态丰富,具体指向农业观光、直销、餐饮、住宿、农产品品牌化。总体来看,可概括韩国农业的六次产业化为以农村或农民为主体,通过提升农业附加价值振兴区域农业,提升农村活力,以实现农村共同体得以恢复的农村发展战略。韩国的农村第六产业化措施在政策方面、法律方面、财政方面均有不同程度的体现。比如,在政策扶持上,韩国农林畜产食品部、各市(道)郡区均设有为"农村第六产业化"而服务的特色服务管理机构,系统建立了垂管机构。

3.法国:推动提升农村基础设施建设水平

法国的农业产业发展几乎都采取的是家庭经营模式。为与农业现代化生产要求相适应,法国政府通过推出一系列措施来鼓励小规模家庭农庄放弃土地,这些措施包括:一是财政补贴,二是优惠贷款,三是减免税收,同时鼓励大农场收购扩大自身所持有的土地规模,以加速土地集中化,最终实现农业生产结构的进一步优化和升级。

法国《乡村复苏规划》(1995)的推出旨在有效提升乡村空心化下的政府供给公共服务效能,结合不同村落的发展水平,展开农村基础设施建设的分类管理。参考村落与乡村经济中心间的间距,法国合理区分基层乡村为3个大类:郊外村、新型村和滞后村,所属类型不同,农村基础建设的政策倾向也不同。郊外乡村重点发展基础农业,防止肆意开发郊区农业用地;新型村为多功能村,提供更好的基础设施建设,公共服务设施相对完备;加大滞后村农业补贴,鼓励基础农牧业发展;出台大规模减税政策,鼓励社会资本投入乡村,鼓励当地乡绅开办企业,并提供资金和技术支持。

4.日本:推动新型职业农民的培育和培养

为促进农业产业发展,日本政府倾注了大量资源培育新型职业农民。所以,日本农业发展的显著特色是既不缺乏人力资本的投入,更不缺乏智力资本的投入。日本的农业发展非常注重开展持续的人才培训。其市民农园体验、城乡交流以及人才培训等多种项目均以新型青年职业农民的培养为中心而展开,这从劳动力充分且高素质方面很好地支持了其农业发展,也夯实了日本农村产业复兴的基础。日本的农业部门在培训新型农民主体方面不惜资金投入,农民不但持证才能上岗,且鼓励其继续接受教育。

(二)国内其他地区乡镇政府推动农业产业发展的概况

1.烟台市张格庄镇政府:扶持新型经营主体

张格庄镇隶属于山东省烟台市福山区,主要粮食作物是小麦和玉米,主要经济作物为大樱桃、葡萄、香椿、大枣、桃李杏等。该镇面向市场,积极发挥资源优势,调优种植业结构,特色农业异彩纷呈。为带动村集体经济,张格庄镇政府班子领办合作社,创新"合作社+"模式。目前,全镇已成立合作社21家,辐射带动20个村增收,其中有16家合作社主导产业是大樱桃,以合作社为抓手推进大樱桃产业升级。镇政府促成村企良性互动,推动产业有机结合资本、技术;建构产业发展示范基地,邀请专家"点对点"指导,在全镇推广绿色生态循环农业,深度优化农业种植结构。

2. 崇州市白头镇政府:推动"农业+"的发展

传统农业市——崇州市一直将深化"红色引领绿色"作为农业产业发展的重心,深层次推进"农业+"的发展。其中,白头镇政府利用自然资源与生态资源,在农业生产与养殖业的基础上推进乡村旅游业的深层次发展。同时,镇政府鼓励村民参与到三产的发展中,选择性地参与多个项目:一是特色餐饮;二是休闲度假;三是快乐体验。白头镇政府还着力进行桤木河湿地公园的打造,将其建设为4A级生态休闲旅游景区,使其拥有湿地保护、休闲度假、农业观光、田园活动等多种功能,借此实现其有机产业链的丰富和村民的增收。白头镇政府还同时坚持做到农、商、文、旅、体的深度融合,视其为该镇农业产业的主要发展方向,通过"农业+"行动的系列化推进转化本镇的乡村生态资源价值。

3. 邳州市八路镇政府:推动公共服务体系建设

近年来,八路镇用工业理念推进农业,以市场需求为导向、以技术和商业模式创新为动力,高标准规划建设花卉产业园。八路镇建成了盆栽花智能日光温室、花卉超市,引进比利时企业建设智能温室和组培室的"比利时德鲁仕植物种苗(邳州)繁育基地"及建设18个智能单体温室的富民产业园,并配套建有花卉体验中心、花卉园艺展览馆、电商服务中心和园区服务中心。同时,八路镇积极和浙江大学合作,引进新品种、新技术,建设宿根花卉研发基地、花园植物种植示范基地、物流中心和花卉苗木交易市场及相关附属工程。八路镇是"全国巾帼现代农业科技示范基地""江苏省现代农业科技综合示范基地""浙江大学(邳州)宿根花卉研发基地""邳州市农产品电子商务产业园",通过承担项目、建设花卉基地,增强花卉培育、种植、销售和品牌打造力量。

4. 大连金普新区七顶山街道政府:注重线上线下协同营销创品牌

大连金普新区七顶山大樱桃获得"2018中国十大樱桃品牌""2019中国十大好吃樱桃品牌""2020年中国樱桃产业榜样100品牌""绿色食品A级产品"等称号,并连续三届入选《全国名特优新水果产品目录》。七顶山街道获评"中国最美大樱桃之乡""中国特色大樱桃全产业链第一镇"。七顶山街道政府在推动大樱桃产业发展中十分注重线上线下协同营销创品牌,建成了"大连大樱桃天猫官方旗舰店";推动樱桃品牌节庆转型,推出"2020大连大樱桃采摘直播季";举行了"中国大樱桃之乡"金普新区产业发展高端"云"论坛、大樱桃"云"订货会、直播短视频挑战赛等活动;线下举办大樱桃采摘游、国家级新区"手机短视频大赛"、10条畅游金普自驾采摘线路采风行等活动;与京东生鲜水果部进行战略合作,签订采购协议,推动樱桃产业电商化、品牌化。

（三）经验启示

1. 突出农业产业发展的规划与引导

突出农业产业发展的规划与引导是基层政府推进农业产业发展的重要举措之一。一方面，需要在政策层面鼓励专业合作组织建设；另一方面要加大力度扶持新型经营主体，实现农业产业上下游链条的有效延伸。美国政府通过金融政策鼓励创建自助合作组织、烟台市张格庄镇政府扶持新型经营主体均不同程度地突出了政府在农业产业发展中的规划与引导作用，不同程度地实现了农业产业链条的延伸。借鉴它们的经验，瓦房店市得利寺镇政府应着力强化农业产业发展的规划与引导，一方面加大推进农业合作社的建设力度；另一方面加大这种农业上下游产业链条的整合和延伸力度，以实现农业增收效益。

2. 多部门有力推动农业与关联产业协同发展

韩国和崇州市白头镇的经验显示多部门有力推动农业与关联产业的协同发展能够促进农业产业的发展效益。韩国立足于农村的农产品特色创设了农村产业融合垂直系统，缔造了新型农村经济体，休闲旅游业、加工制造业相继发展，提升了农业以及农产品的附加值。崇州市白头镇政府则是大力推动农业+的发展模式，协同了成都市、崇州市多部门因地制宜地围绕着一产项目创设特色餐饮、休闲度假、快乐体验项目。未来，得利寺镇应积极推动农业与关联产业的协同发展，围绕着主导产业，深度挖掘瓦房店市得利寺镇的传统文化底蕴，大力发展"农业+"。

3. 有力推进公共服务体系建设

邳州市八路镇政府和日本政府在主导产业发展方面的基础设施以及产学研体系值得瓦房店市得利寺镇政府参考。电商服务中心和园区服务中心的建立为广发花农、采购商提供全方位的服务。日本政府注重新型职业农民的培育，有序展开城乡交流项目、人才培训项目、市民农园体验项目。瓦房店市得利寺镇政府也应推动公共服务体系建设，强化推动技术设施体系建设，以产学研为抓手注重人力和智力资本的引入。

4. 线上线下有力推动宣传与推介

借鉴大连市七顶山街道政府的经验，得利寺镇政府在线上方面可以发挥京东、天猫、快手等平台的优势，加强点对点的旗舰店建设，推出产业论坛，同时注重创设常态化线上营销宣传机制，以领导直播带货的常态化建设为契机，逐步发展新型农业组织、职业农民等主体的直播带货体系。在线下方面，要注重各个战略合作伙伴的联系，维系好现有的营销渠道，同时紧密联系生态旅游业，强化品牌推介。

四、瓦房店市得利寺镇政府推动农业产业发展的对策

瓦房店市得利寺镇政府在推动农业产业发展的过程中成绩与问题并存,借鉴国外与国内经验,需从强化产业发展的规划与引导、强化多部门协同、推动公共服务体系优化升级、推动催生线上线下品牌综合营销效益等方面予以改进和完善。

(一) 加强农业产业发展的规划与引导

基于产业组织理论导向,得利寺镇政府应加强农业产业发展的规划与引导,以提高农业产业专业化水平,推动构建农业产业上下游联结机制,形成农业产业发展新动力。

1. 推动提高农业产业专业化水平

(1)加大农业合作社发展的支持力度。一方面,通过政策、税收、技术等手段加大扶持家庭经营、农业大户、职业农民等经营主体在本地区的发展,以各行政村的资源禀赋、种植环境、土壤环境、生态环境以及市场需求为导向,深化"一村一品"产业规划,避免镇域内的各个行政村间、农特产品间的无序竞争;另一方面,要加大农业专业合作社的扶持与推广力度,支持专业合作社的发展来加速带动、催生农业产业的专业化效应,继续加大现有合作社专业化经营的支持力度,扶持其进一步扩充社员量和市场化运营,同时鼓励更多的经济能人、村集体、村干部组织创设多种形态的专业合作社。

(2)鼓励农业经营者参与农业行业协会。得利寺镇政府应注重挖掘各类农业行业协会的人才优势、运营优势、技术优势,支持农业经营者主动加入各类农业行业协会,以便能够依托农业行业协会的实力提升自身的农业经营水平。同时,瓦房店市得利寺镇政府的主要涉农部门,比如农发部门、农技部门要面向主要农业经营者建构交流学习机制,拓展交流渠道。同时,政府应加速建构经营共同体,全面参与农业产业融合新模式,组织农业经营者外出参观交流,拓展其农村产业链条融合的思路。

2. 推动形成农业产业上下游利益联结机制

瓦房店市得利寺镇需重视全产业链的扩能,精心谋划瓦房店市得利寺镇的各产业特色,形成牵引力强、支撑力大的重大项目(工程),通过项目清单推动多产业的深度融合。结合不同产业、区域、环节等要素推动其形成利益机制联结,实行价

格共商、品牌共创、品质共控、营销共促、利益共享、风险共担。

首先,加强龙头企业的培育和引入。加速引进大型企业,并尽快助力其进阶为支柱性产业,以对其他农业企业的壮大形成带动作用。在对集体经济和家庭经营组织进行培育的过程中,应注重科学管理观的引导、先进农技的支持以及市场结构的拓展,以根本促进提升农业产值。引进大型农产品加工企业来缓解这一矛盾,同时实现产业结构的调整与丰富,进而实现农产品架构企业、农户的双赢。

其次,引导结成产业利益联结。针对肉鸡产业、樱桃产业、桃产业、苹果产业等瓦房店市得利寺镇的特色产业的规模化特点,得利寺镇应合理区分产业类型,引导建立商会组织;同时要协同多个主体结成产业利益联盟:农产品的产地、境内电商平台、物流服务企业和电商服务企业。对农户和合作社间的利益联结机制的建立形成切实有效的引导,促成二者间规范协议,确保农户合理享受劳务务工收入以及资产入股收益。

最后,引导相关利益主体结成区块利益联结。得利寺镇应以农产品的产销为基本的纽带,对条件成熟度相对较高的行政村,以村、农场(或合作社)等组织为统计单位,梳理其农业产业发展的共同需求,推动形成区域性农业产业发展利益联结。以农业产业发展节点为中心,整合农业产业上下游产业链条,加速同一产业链下的利益联结的形成。

(二)强化多部门协同推动农业与关联产业的深度融合

得利寺镇政府需要认识到农业产业发展对于关联产业的带动作用及关联产业的发展也能够反向作用于农业产业发展,强化多个部门在农业与关联产业深度融合的协同度,以成立"大办公室—农林牧副综合发展科"为抓手,从多个方面加强措施干预。

1. 建立农村产业融合的垂管机构

得利寺镇政府可以参考韩国服务管理机构创设经验,整合成立"大办公室",建立本级农村产业融合的垂管机构——农林牧副综合发展科。该科室直接归瓦房店市农业农村局管辖,其主要任务是支持、探讨、研究瓦房店市得利寺镇政府多产业融合发展的规划,以及督促、指导多产业融合规划的推进与落实,切实实现瓦房店市得利寺镇产业链条的拓展与延伸。实践中,瓦房店市得利寺镇农林牧副综合发展科要"多规合一、三标衔接",深度合作瓦房店市规划设计院,明确本镇的农业产业及其关联产业的发展定位,优化空间布局,全域谋划、重点突破,精准定位、产城融合,突出区域协调性、联动性、融合性,构建"一心、两核、三带、四区"布局,形成"功能各异、优势互补、资源共享"新格局。其中,"一心"即城镇中心区;"两核"即一是综合服务核心,二是规模种植核心;"三带"即一是盖亮线农业经济带,二是许蔡线工业经济带,三是复州河滨水景观带;"四区"即一是都市农业示范区,二是技术推广示范区,三是集体增收示范区,四是网红孵化示范区。

2. 深度挖掘农业附加值

目前,瓦房店市得利寺镇虽有 10 余个生态园,但旅游项目少,旅游功能单一。得利寺镇政府应充分整合现有生态农业观光园资源,加速加快完善果园示范、娱乐服务、农事体验、文旅等功能建设。一是发展现代都市农业。深入开展四个"1+1"攻坚行动,依托特色产业优势,开发果树认养、果品盆栽、室内栽培、休闲采摘等项目,探索三次产业融合发展。持续扩大已获得的"中国大樱桃设施栽培第一镇"影响力,开拓新型电商销售模式,建立电商物流产业平台,打造网红孵化示范区。深化与京东、阿里巴巴电商平台合作,着力打造农产品物流集散地。二是推动文旅产业融合。立足"文化+",实施部门联合规划,推动文旅产业融合。

3. 推动区域带动升级

首先,重点突出区域驱动。借助电商发展的迅猛势头切实带动上行本镇的特色村、特色农产品基地、特色农产品品牌,推动镇级农业现代化产业体系以及市场体系进一步完善,实现高质量兴农与高指数富民,切实促进农业增收以及农民就业两大目标能够尽快实现。

其次,加速实现跨区域带动。进一步扩大农业产业的发展空间,加速延伸农产品电商的辐射范围以及农产品电商的产业链条;强化与瓦房店市政府以及各农业行业协会间的联系,实现涉农资源对接渠道的加速拓展,要在跨区域物流方面以及农产品上下行方面加速推进,有序对接农业主导产业一致或相近的瓦房店市的其他涉农乡镇,实现跨区域产业带动。

最后,统筹瓦房店市得利寺镇及周边区域深度融合,加速建构互联互通机制以及共建共享机制,加快形成农产品发展的一体化格局。融入瓦房店市建设战略布局,强化同瓦房店市重点区块的协调联动;打通区域界限,推进本市范围内的多区域带动;整合市级区域资源的农产品营销平台、电商对口帮扶平台,镇政府的农发部门、农技部门要有序对接瓦房店市内的各乡镇资源,将瓦房店市得利寺镇打造为区域影响力及带动力强的农产品线上集散地。

(三) 推动公共服务体系优化升级

1. 加快完善镇基础设施建设体系

首先,得利寺镇应持续加快镇村建设,重点完善硬件基础设施,包括供水设施、电网设施、道路设施等。在此基础上,重点强化服务配套功能的升级与优化,以促进瓦房店市得利寺镇承载能力的进一步提升。同时,以其区位优势为依托对镇域内的交通资源进行深度整合,延伸镇内公路、铁路等的辐射功能,深层打造瓦房店东部物流枢纽。

其次,升级电网和通信网络,实现乡镇公共服务效能的提升。再次,加速创建镇级电商服务中心、物流中心,有序对接瓦房店市物流服务中心、瓦房店市得利寺镇电商服务中心,引导村集体以及各类优质社会资本参与农村服务站点规模扩建,提升本镇公共服务的硬件支撑,强化其造血功能,实现乡、村两级公共服务设施体系的深层次发展。

最后,深度推进重点乡镇项目建设。积极践行"项目为先"这一战略,在"外引内育"原则下狠抓项目引进与落地。深化"五个一批":存量升级一批,投产运营一批,开工建设一批,签约落地一批,策划筹备一批。加快推进下述3个重点项目:京东预处理中心项目、农副产品交易市场改造项目和龙潭山森林防火通道项目建设。

2. 推动公共服务市场化

首先,培育多元性主体推动。通过市场化因素差异性引进、培育合作主体,推进开放式、多元化公共服务对接市场,通过市场机制来促进、引领瓦房店市得利寺镇的农业产业发展的公共服务建设,加速公共服务链接市场服务的互进机制。

其次,加大招商引资力度。依托政策优势,打破资源限制,实施专业化精准招商。发挥区位优势,引进优质总部、飞地项目,拓展优质税源。为了切实提高政府相关部门招商引资的成效,瓦房店市得利寺镇应建立绩效考核推动机制。即以明确招商引资服务任务、服务内容、服务标准以及各项服务要求为基本前提,面向本镇各公共服务提供主体(一是涉农部门,二是涉农机构,三是涉农综合物流服务站等)创建以平衡积分卡为导向的考核体系,融入360度考评法的先进思想,综合公共服务提供的主体本身、各农业经营主体、瓦房店市得利寺镇政府、农业产业协会等多方考评意见,评价各职能部门的工作效能,并实行排名公布与支持鼓励政策,逐步以考核引导和形成农业产业发展公共服务的市场效应[1]。

再次,加强基层产业发展服务。以现代农业发展为中心,邀请业内专家介入,开办田间课堂,吸纳家庭经营经营者、专业合作社以及小农户加入;对业务培训予以服务支持,升级培训内容,引导本镇农民就业、创新、创业;加强电商业务人员培训,切实地通过培训达到促孵化、促就业以及促创业的多重目的。

最后,推动创建综合性农业公共服务组织。突出综合性以及综合性,探索建立集多种功能于一体的农业公共服务组织,重点突出农技指导、信用评价、保险推广、产品营销等功能;强化农业生产性服务组织的引入培育;鼓励围绕种植业生产全程

---

[1] 张益忻. 政府治理视角下的内蒙古杭锦旗乡村产业发展路径研究[D]. 呼和浩特:内蒙古大学,2020.

提供全面的菜单式服务,支持农户委托生产性服务组织完成所有农业生产作业,进而实现瓦房店市得利寺镇农业规模化服务效能的提升。

第五,建立健全农资经营服务体系,引入各类社会资本加速建设农资商品仓储中心、区域配送中心、农资连锁经营终端网点。要以供销合作社在生产资料供应方面以及仓储物流方面强大的服务作用为依托,持续完善农业项目评价机制,对农业产业融合进行专业指导,提出相对较优的融合改善方案。

3.推动"三农"服务队伍升级层次化

首先,大力引进"三农"人才,着力打造"三农"队伍。一是要成立"人才工作领导小组",紧扣全镇工作任务,把握专业人才队伍建设。二是要完善人才引进机制,多引进紧缺的高学历人才、高技术人才。三是要健全"双招双引"机制,及时公示本镇人才的发展指数以及人才需求的真实目录。各级领导班子成员通过电话、实地走访、邀请座谈的方式加强与人才间的横向联系,了解其工作与服务诉求,助力解决人才问题,进一步提高瓦房店市得利寺镇的人才工作水平。

其次,依托各级农业专家及"田间教授"等各类人才展开农业实训。可通过科技下乡、大讲堂下基层、职业农民培育等形式培训"三农"人才;依托电商服务中心,与东北财经大学、大连海洋大学等专业机构和京东、苏宁、淘宝等知名电商平台,系统地升级线上与线下培训体系,保证培训周期,创新培训方式,提升培训质量;常态化开展市场环境、产业趋势、发展定位、品牌培育、营销推广、供应链等方面的培训,提高从业人员层次;引进各方面高级理论与实操课程,借此挖掘良好市场前景的农业产业项目。

最后,深度强化与瓦房店市、大连市各乡镇以及省内各农业产业特征相似或相近乡镇的技术交流。重点要发挥瓦房店市得利寺镇以大樱桃、苹果、桃子等为主导产业的农业产业技术的优势,定期展开技术交流。发挥无土栽培、温湿度环境双控、冷棚规模生产和矮化密植等技术优势,加速在技术和人才两个方面实现双输出,打造农业开放合作新模式。

(四)牵头催生线上线下品牌综合营销效益

1.推动升级品质控制

首先,全面整合和优化包括从农特产品的采摘直到配送的全过程一体化品控流程,提高农产品的商品化率。推动樱桃、苹果、禽畜等农特产品品控和质量标准化建设,采取奖励优秀品牌设计、品牌宣传费补贴等措施支持鼓励创建农产品名优品牌。

其次,积极对接瓦房店市电商公共服务中心,同时做好与瓦房店市农产品质量安全监测中心的联系,强化检测初级农产品以及非标农产品,以便利初级农产品的上行，升级农特产品标准化、规范化、品牌化建设。鼓励相关产品以二维码技术为重点，打造"政府+企业+电商+交易平台"的产品质量控制体系，产品质量实现全程可追溯。

最后，创建瓦房店市得利寺镇电商数据采集分析平台，汇总第三方和统计数据信息，提供产业链条里的交易信息，包括产品名称、上下游企业名称、农产品交易量、农产品价格等。相关数据可用于分析监测产业分布、产业集中度、头部企业、流通环节价格趋势等。引入大数据、云计算，推进大数据精准营销指导农产品上行，提高线上线下交易效益；对接电商服务或涉农（知名）电商平台或搜索引擎，提高农产品线上知名度，助推农民增收；引入运行监测技术，利用农产品上行沉淀数据，分析预测行情指数，指导农场、农户以市场需求为指向实施精准种养。

2. 推动升级品牌营销

整理本地区的已有农特品牌，在瓦房店市得利寺镇地标品牌——得利寺镇大樱桃的基础上，加强对禽畜类，桃子、苹果等水果类及其他农特产品品牌的培育与扶持，加速上线更多的区域品牌或是企业品牌产品，带动更多的农业经营主体增收。得利寺镇政府负责品宣的部门应积极地对接大连市、辽宁省，乃至全国其他的电视、广播、报纸等媒体资源，通过专题报道、采风、能人推介、种植养殖知识宣讲等方式集中推广瓦房店市的特色农业、农产品品牌，宣传报道本地农业合作社、农产品加工企业、农产品电商企业的生产、包装、销售等环节，提升农产品企业知名度，提升农产品品牌的推广效益，助推线上、线下销售。以推进"一村一品"为载体，以名创牌、以质创牌等方式，通过电商培育新生农产品品牌上线营销，保证农民长期享受品牌营销的红利。

3. 建立健全镇第一书记线上直播常态化体系

瓦房店市得利寺镇可以积极参考金普新区七顶山街道的做法，发挥镇第一书记等领导的直播带货效应，建立健全镇第一书记线上直播常态化体系。可以"线上直播季"为抓手，综合考虑农特产品的采摘季节，优选直播季的节点，建立常态化乡镇领导直播带货模式，做好线上、线下全方位立体化营销，夯实农特产品销量提高的基础；有机融入种植户、各直播店铺店主、网友的线上消费互动，提高直播活动的感染力；选取适当的时间节点，如直播季期间，农特产品临近上市前一个月左右，发起"云"论坛或"云"订货会，或为本地区的农特产品营销预热，或提高本地区农特产品的知名度。线上活动还可以有机地辅以线下的系列活动，实现农业产业发展向其他产业发展链条的延伸，尤其是重点提高生态旅游品牌知名度，如结合当下的热点推出一些喜闻乐见的文体活动，包括禽畜认养、果树租赁、乡村特色风景视频大赛等活动。

烟台市
保障房政策执行问题研究

巴旭成

(学号:1120203380)

保障房是保障性住房的简称。保障房是一种不同于商品房、农村自建房等房屋的住宅。从建设方式的角度来看,保障房一般是通过政府补贴、购买服务等方式,经过统一规划,由政府牵头进行建设的住宅。从保障房的用途来看,保障房一般是供给城市低收入者或符合条件的暂时无房者居住的房屋。从保障房的分类来看,保障房在不同的历史阶段或不同的城市有不同的涵盖范围。一般来说,不同时期或同一时期的不同地域,保障房的概念都会有所不同。本文中的保障房概念,至少包括廉租房、公租房、经济适用房、定向安置房等几种分类中的两种。

2013年,住房城乡建设部、财政部、国家发展改革委联合发布《关于公共租赁住房和廉租住房并轨运行的通知》之后,多个城市统一整合公租房、廉租房、经济适用房等政策,出台了地方的保障房政策。烟台市保障房政策转向了将经济适用房、公租房与廉租房合并运作的模式,即"三房合一",把经济适用房、廉租房、公租房这原有的三种保障类型归并统一为保障性住房。统一建设、分配和管理。这种并轨后的运营模式提高了住房资源的配置效率,理顺了体制机制,简化了部门工作流程,使得公有性住房融入现代住房构成体系的发展目标更近了一步。当然,烟台市保障房政策在执行中,如设立机构、宣传解释、细化准则、监督实效等方面也存在一定的问题,亟待完善。

一、烟台市保障房政策执行现状分析

烟台市保障房政策主要是指由烟台市政府制定的《烟台市住房保障管理办法》(以下简称《办法》)、烟台市低保认定标准等平行相关政策,以及各区印发的自身辖区内的保障房相关政策。《办法》由第一章总则、第二章规划与建设、第三章保障条件与保障标准、第四章申请与准入、第五章管理与退出、第六章监督管理及第七章附则共计63条构成。《办法》对政策制定的目标及适用群体进行了明确:进一步完善城市住房保障制度,保障城市中等偏下和低收入住房困难家庭、新就业无房职工和外来务工人员的基本住房需要;明确了政策适用范围为烟台市市区范围内的城市保障性住房和住房租赁补贴的管理工作;给出了政策执行的各个部门:发展改革、民政、财政、国土资源、规划、城管、物价、教育、公安、人力资源社会保障、卫生计生、审计、地税、人民银行、银监、各街道办事处等部门,并对各个部门按照其职责进行了分工。同时,《办法》还对建设保障房的不同渠道、资金来源、享受保障房权益对于各个群体在收入、房产、户口等方面的具体要求,保障房的具体面积、房屋租金的确定,保障房退出的相关规定,保障房政策在执行过程中的监督责任等给出了指导性意见。

(一)烟台市保障房政策执行采取的举措与取得的成效

1.采取的举措

(1)明确相关标准。《办法》是烟台市保障房政策执行的指导性文件,该文件对于保障房政策执行给出了指导性意见。当然,政策能够顺利推行还需要在多个方面明确标准和要求,细化相关规定。通过查阅各种与烟台市保障房政策相关联的规范、标准、政府文件不难发现,烟台市保障房政策执行过程中对于静态的、易量化的、通用的指标的标准均给出了十分具体的要求,但是对于动态变化的、具有代表性的指标却很难给出十分细化和明确的标准。比如针对不同群体的准入、退出标准缺乏更加个性化的规定。

(2)开展广泛宣传。《办法》颁布后,烟台市针对《办法》展开了全面的宣传解释工作,通过烟台市官方"胶东在线"微信公众号、网站等对《办法》进行全文刊登,同时,在现有保障房居住群体间掀起对保障房新政策学习的热潮。烟台电视台、烟台交通广播等官方媒体也对《办法》进行了全文或者部分重点内容的报道,同时在各镇政府、街道办事处设立保障房专门窗口、公布保障房咨询电话确保咨询的便捷,还通过各个村居负责民政事务的专员对保障房政策进行详尽的解读与推广。

（3）明确机构职责。在《办法》颁布以后,烟台市多次召开涉及各个部门的专题会议,依据文件精神压实各个部门具体责任,明确部门业务办理标准。同时,烟台市各区也根据《办法》的文件精神明确了各区下属主管部门的工作内容,并将具体工作完成情况纳入年度考核范围。烟台市保障房政策在执行的过程中真正做到了将具体的工作职责进行详尽而明确的规定。所有部门都有自己具体负责的业务方面,每个牵头部门负责整合牵头事项,住建部门负责总体整合与最终审定。清晰的责任划分不但提高了工作效率,还为考核业务办理质量提供了抓手。

（4）烟台市保障房政策在执行过程中注重专业人员的技能培训。烟台市定期开展线上、线下多种形式的保障房政策窗口人员的技术培训,培训内容涵盖多个方面,有针对政策进行解读的,也有针对业务办理过程中具体事项的工作技巧的,还有在新政策制定前收集意见建议的。培训的方式也是多种多样的,有经验交流、政策探讨、故事分享等。针对保障政策执行过程中其自身特点,烟台市住房保障部门还在国家住房保障相关系统的基础上,自主开发了适宜烟台市具体情况的专业软件,搭建住房保障线上系统,进行专业培训,确保每一个窗口人员都可以熟练使用,及时了解保障房政策执行的动态,根据最新案例与最新解读进行办理。

（5）强化政策执行监督。一是上级督导与本地督导相结合。对于上级在检查过程中发现的问题做到问题落地、整改到位。本地督导主要是通过垂直督导和横向督导两个方面,由住房保障的上级部门在政策执行过程中,通过专业的眼光,发现在政策执行过程中的事务性问题。横向督导指的是住房保障部门所在县市区的政府部门对政策执行过程中干部执行力、工作作风等问题的监督指导。二是积极邀请第三方机构,对本市各区保障房政策执行情况进行审计,站在社会的角度监督有关部门的政策执行过程。特别是项目开工、资金使用、房屋入住等情况,第三方机构往往能够通过查账、走访调研等方式给出与实际情况更加接近的数字。

2. 取得的成效

（1）受益人群迅速扩大。房源的大力开发带来的是保障房政策受益人群的迅速扩大。这切实解决了大量居民的住房刚需,为把人力资源留在烟台做出了重要贡献。根据烟台市政府信息公开网站的相关内容显示,2021 年 10 月烟台市仅中心区（芝罘区、莱山区）租赁补贴发放的受益人数就达 9 419 人,涉及金额约 356 万元。

（2）房屋利用率明显提高。廉租房与公租房的并轨运行实现了房源的资源共享,明显提高了房源分配入住率。根据相关数据推算,2021 年烟台市保障房的入住率比 2013 年提高了至少 33 个百分点。由于保障房的特殊属性,闲置的保障房不能直接出租获利,也不能一卖了之,因此入住率就直接决定了保障房的利用效率。并轨运行以来,烟台市政府住房保障部门通过颁布一系列的相关政策性文件,将申请流程进行了整合,将申请标准进行了简化和明确,明显增加了保障房的申请人数和受益家庭数,盘活了公共资源,将闲置的房源利用了起来。

(3)居住条件明显提升。在烟台市保障房政策的执行过程中,烟台市保障房小区的居住条件获得了明显改善。保障房小区对于物业服务的配备愈发专业,保障房住户能够享受的物业服务水平大幅提高;相关小区对于摄像头、小区健身器材、小区绿化等公共服务设施的配备水平也实现了从无到有、从有到优的突破;房屋周边的配套市政设施建设更取得了长足进步。同时,在对部分长时间居住的保障房住户的访谈中,所有人都认为保障房的居住条件有了很大幅度的提高。

(二)烟台市保障房政策执行出现的主要问题

1.政策执行偏离政策导向

《办法》明确规定,保障房使用群体为中等偏下和低收入住房困难家庭、新就业无房职工和外来务工人员。保障房政策推进的目标是:住房保障实行保障性住房实物配租与住房租赁补贴相结合的方式,逐步过渡到以住房租赁补贴为主,以实物配租为辅。然而,当前烟台市保障房政策执行的现实效果却与政策制定时的目标相距甚远。

从保障群体的角度来看,不管是实物配租群体还是住房补贴群体,根据现有数据统计,60%以上的烟台市保障房政策所服务的群体为城市中等偏下和低收入住房困难家庭。然而新就业的无房职工和外来务工人员两者的基数远大于城市中等偏下和低收入住房困难家庭的基数。从保障房政策的受益群体的角度来考虑,已经逐渐出现与并轨之前的廉租房区域一致的趋势。从保障方式的角度来看,实物配租仍然是保障房申请群体的首选,通过对保障房申请群体在保障房申请表格上住房选择一栏的勾选情况进行的统计,2021年度保障房申请者当中选择实物配租的申请者占85%以上。而选择租赁补贴的申请人大部分打算先领着补贴排队等房。虽然从数据上看,烟台市保障现受益群体中享受租赁补贴待遇的人数高于实物配租,但实际是因为实物配租的房源有限。这一效果与《办法》当中逐步过渡的目标偏离。

2.政策执行效率低下

(1)申请便民程度低。现有的保障房申请模式从保障房申请者的角度讲并不十分友好,各部门最终形成的材料均需要申请者自己去各个不同部门的窗口进行办理或查阅。从保障房申请开始至最终获取资格,申请人需要到13个部门进行办理,出具共计16份申请材料。在保障房申请一线窗口工作的过程中对于每个申请保障房的群众都会把相关流程进行大致的解释和概述。在办理相关业务时,调查数据显示,95%的群众认为流程烦琐,80%的群众认为政策执行效率低下。虽然烟台市已经在中心区建立了住房保障系统并投入使用,提高了办理效率,但系统本身的便利性是为从事保障房申请办理的工作人员提供的便利,并未实质性减轻申请者的负担。

(2)区域不均衡现象严重。烟台市保障房政策通过烟台市住房保障部门的划分已经分配给各区分别独立执行,户口归属导致了保障房政策执行的区域不均衡。由于用工人口在本市内流动的成本较低,多数居民在工作选择上不会考虑户口问题。这就导致了存在大量的人员工作生活的区与户口所在地不重合,而保障房的申请条件中针对稳定就业群体,要求其需持有申请地城市居民常住户口3年以上。这一条件导致大量保障房的潜在需求群体无法在常驻区申请保障房。因而经济相对领先的中心区、高新区、开发区等保障房入住率虽高,却无法做到对潜在需求群体的高度覆盖;而经济相对落后的牟平区、福山区保障房入住率相对较低,且很难找到潜在的拓展群体。

3. 政策执行方式"一刀切"

《办法》中对于保障房的准入退出标准进行了比较明确的规定,对于收入的判定也具体到了相关的数额。从这个角度讲,对什么情况下可以成功申请到保障房和什么情况下应该退出保障房的判定,其实并不是工作的难点。难的是将判定结果进行贯彻落实的过程,也就是政策执行方式上的合理性与创造性。烟台市保障房在政策执行的过程中具有明显的不讲方式、不论影响、"一刀切""短平快"的简单思维。对于这一问题体现最明显的就是保障房退出这一环节的政策执行方式。

烟台市相关部门在执行退出的相关政策时,对于全部执行对象在不同的情况下采用完全相同的执行方式,就是"通知""警告""起诉",即所谓"三板斧"。在方式方法上缺乏全面的考虑,缺少弹性的变化,导致大量已经不符合保障房申请条件的住户拒绝搬出现有保障房,而由于保障房退出问题引发的信访、诉讼等问题也层出不穷。种种因素叠加之下,烟台市保障房退出政策的执行效果优劣完全取决于居住者的"人品"。退出的"梗阻"导致的是整个城市人口在住房梯度上流动的受限,对于城市的可持续发展和提高城市居民获得感均产生了恶劣的影响。

4. 政策执行过程监管缺位

烟台市对于保障房政策执行中的监管目前来看只是针对职能部门的监管,缺乏对政策执行的全流程、全员的监管,目前政策执行的监管抓手便是每年定期与不定期开展的审计工作。审计工作的有效性不言而喻,然而审计模式更多的是看图表、算数据,通过各个县(市区)上报的材料来发现蛛丝马迹,找到其中的问题并督促加以改正。在此过程中既没有群众参与,也没有对过程的监督。甚至不能深入一线窗口了解保障房办理的工作人员服务水平是否专业、保障房办理过程是否顺畅等。这种通过审计进行监管的方式只是审到表面,更是与群众脱节的监管。

单一的审计式监管所能涵盖的内容相对单一,导致的便是以审计为重心的工作开展方向。各个部门最关心的问题不是住户住得好不好,而是入住率的高低、住户资料是否齐全、收入水平是否符合。这导致很多部门忽视了在政策执行过程中作为执行主体与执行对象或政策本身的良性互动和相互影响,违背了政策执行的规律和内在逻辑,执行的效果大打折扣。目前,保障房出现的保障水平下降、申请流程复杂等问题均与监管方式单一的现状有很强的内在逻辑关系。

(三) 存在问题的原因分析

1. 政策宣传解释存在偏差

在烟台市保障房政策执行过程当中,由于政策解释的偏差,无论是政策执行的主体还是政策执行的目标群体,均对政策本身存在错误的“定式思维”认识。这种“定式思维”源于 2013 年前,保障房尚未并轨时的廉租房政策。政策执行主体虽然表面上了解保障房制度与之前廉租房制度的区别与联系,但是在执行过程中却惯性地将现有的保障房制度简化为廉租房制度。这种简化本身的出发点可能是为了简化政策执行的程序,提高办事效率,但却对申请者产生了错误的示范引导作用,导致申请群体中的新就业无房职工和外来务工人员寥寥无几,中等偏下和低收入住房困难家庭占据了绝大多数,从适用主体的角度讲保障房变成了廉租房。政策解释的偏差也体现在目标群体对于保障房的错误认识上。由于保障房继承了廉租房的大部分住户,导致广大市民对于保障房的认识是“升级版的廉租房”。在一线窗口申请当中,大量的申请者是说来申请“廉租房”而非“保障房”。更是因为这种对于保障房定位的错误认识,导致只有中低收入者才愿意主动进行申请,新就业无房职工和外来务工人员大部分不了解自身是保障房政策的目标群体,即便是一小部分了解的,也认为保障房是为“弱势群体”提供的兜底保障,不愿意主动去申请。

2. 政策执行机构建设欠缺

一是缺乏专门的执行机构。住房保障工作名义上是由住建部门牵头,各部门协助,但具体到政策的执行上,却缺少一个清晰的主导机构。没有专门的机构总领各个不同部门的工作,导致不同部门之间各行其是,局限于完成自身业务内容,在业务办理过程中极少考虑与上下游部门的协同,不在意总体的执行效率,经常出现流程的卡顿,一步慢则步步慢。

二是缺乏部门间的信息共享。在保障房申请过程中,除部分信息实现了联网共享以外,其他各个区的部门间信息共享方式十分原始,仍然通过申请人跑腿传递盖章的纸质版证明方式传递有关信息,这种方式虽看起来更加安全可靠,但也大大降低了信息共享效率,降低了保障房申请流程的便捷性。

三是缺乏区域间信息互通。烟台市保障房政策执行中区域间的信息没有良好的互通机制,信息流通是单向的金字塔形,即各区的信息向上流动到烟台市这一层次,而各区之间缺乏信息互通机制。保障房的申请虽然是在各区进行,但是如果保障房申请人的信息在不同区域间没有形成互通,反而会人为地制造政策执行的阻碍。

3. 政策执行标准不够细致

一是对住户管理条例的不完善。在烟台市保障房政策执行过程中,在申请人申请成功后,多注重于对于申请人资格的复审,对于保障房住户的行为规范缺少清晰明确的要求,造成物品损坏的没有赔偿标准,不文明行为影响邻居居住环境的没有警告措施。另外,在房屋的利用率、房屋除居住以外的用途等方面均缺少明文规定。以上的种种欠缺一方面导致了大量的保障房房屋内设施损耗情况严重;另一方面也影响了保障房住户的居住体验,影响了邻里关系,同时还造成保障房资源的错误配置与资源浪费。

二是对住户退出制度的不完善。现行退出执行机制缺少为退出住户的考虑,没有为退出的住户提供平缓的退出路径,政府部门无法为住户的下一过渡阶段提供必要协助,导致很多应该退出的住户被动成为保障房的"老赖"。对于拒不执行退出政策的住户,缺乏有效的惩戒手段。

4. 政策执行监管体系不健全

在烟台市保障房政策执行的过程当中,申请初期,各个环节均有部门对申请者的相关条件进行严格把关,对申请者的房产、户口、收入、婚姻状况等均进行较为细致的审核。虽然申请的流程烦琐,给申请者带来了不少麻烦,但审核力度的严格确保了准入标准的严格执行。但是在申请者经过公示成为保障房住户以后,监管缺位。一方面对保障房住户的资格监管,没有任何的随机抽查,也没有动态信息系统。仅仅是靠三年一次的保障房资格复核来决定后续三年住户是否有资格继续居住。每一次复核的收入等信息也是近一年以来的相关信息,缺乏对住户的全方位监督措施,对于违约住户也缺乏有力的惩罚措施,住户的失信成本较低。另一方面对于职能部门的监督上,只注重在保障房申请过程中职能部门是否对自身管辖的业务进行了详尽专业的审核,相关材料的提报是否规范符合标准。而对于部门主管的动态观测预警方面,几乎没有监管要求,甚至默认为部门没有责任对自身主管项目进行动态监测。

二、国外与国内其他地区
保障房政策执行的经验借鉴

(一) 国外保障房政策执行概况

由于工业化进程开始较早,经济发展领先,人口迁移导致的被动城市化出现较早。西方发达国家对于保障房政策的探索起步较早,针对自身不同的城市化发展阶段,结合本国土地面积、人口构成等基本国情,各国在保障房政策的制定上均有自身的侧重点。这些各不相同的侧重点导致国外保障房政策呈现出百花齐放、百家争鸣的态势。

1.新加坡:政策执行的生命力

新加坡国土面积小,城市化水平高,在建国初期住房保障问题尤为突出,刚开始新加坡建屋房产局规划建设了大量组合房屋供给低收入群体使用,初期组合房屋的特点就是价格低廉,户型标准低,可以迅速缓解城市的住房危机。随着最基本的"有的住"问题的解决,新加坡政府将工作重心转向更高配置的组合房屋及周边配套设施的建设,努力实现"住得好"。新加坡在保障房的定位与规划中顺应城市的发展变化,契合市民不断提高的居住需求,始终保持发展的思维看待保障房政策的执行,使得政策执行过程中采取的具体措施不但有时效性,还能更持久地发挥作用。新加坡政府积极回应居住者的需求,大力发展组合房屋附近的配套设施建设,开设超市、建立学校、扩建医院、配套建设公园等休闲娱乐活动空间。组合房屋的开发一直由政府来掌控,一方面是可以实现房屋资源的合理分配,契合城市发展的潜在需要;另一方面,由政府统一开发建设和管理可以本着以人为本、兼顾生态的原则。

2.新西兰:构建完整保障房体系

新西兰对于保障房政策的目标定位是一种更加先进的整体性思维。新西兰是将保障性房屋完全融入城市住房体系当中的,并不将保障房孤立看待,通过提供过渡性住房等方式让保障房与普通商品房之间呈现更好的衔接,这一做法本质上是填补了保障房政策执行过程当中对于住户过渡阶段不够重视的漏洞,让保障房本身的体系构成也更加完整。进入21世纪,新西兰的公共住房制度体系实行的是实物住房与租赁补贴的双轨制,同时建立了有效衔接的"住房连续体"补贴制度,这一制度帮助无家可归或居住不安全的人群获得安全住所。

按照不同阶段,房屋被分为 4 种不同类型。一是住房优先。主要针对无家可归者或是没有安全住所的市民。对于这一类市民在就业医疗等方面存在问题需要帮助的,当地政府还会通过寻求社会力量协助等方式,帮助这部分群体摆脱困境,最长可以继续居住 12 周,但必须承担一定金额的租金,金额的多少与家庭收入相关。二是过渡住房。也是临时性居所,持有时间也在 12 周左右,面向的服务对象是急需住所的人和"住房优先"当中的部分住户。过渡住房提供一定程度的定制服务,支持住户向获得长期住所过渡。三是公共住房,即为长期住房。住户可以在此享受长期的与个人收入相关的租赁补贴,支付一定的费用,为获取自有住房做好准备。四是可负担住房或市场住房。这一阶段的低收入群体已经具备一定的经济实力,可以获得可负担住房与市场住房,政府将帮助他们购买家庭承担能力范围内的住房,并为其申请补贴与优惠。这一阶段是住房连续体的终极目标。

3. 美国:细致严格的管理制度

美国对于保障房的退出机制建设是从细致严格的管理做起的,以近乎严苛的条件对保障房住户提出事无巨细的具体要求。而所有要求都以法条的形式体现,增强其约束力与强制力。通过这种方式一方面使得保障房的退出工作不再局限于某一特定的时间段,而是全流程、全过程得体现"不符合条件就走人"的要求。以美国 M 州为例,该州《普通法》当中第 139 章第 19 节中有明确的规定:租户、其他共同居住成员,一年的时间跨度内,实际居住、使用保障性房屋的时间不少于 9 个月,成员生病需要长期治疗的、因求学长期不在本地的除外。对于不属于上述两者而违背相关规定的住户家庭成员,30 天内将会被从成员名单中删除。保障房住户不得向留宿客人收费或采取其他获取收益的方式获利。若客人在居住期间损坏了屋内设施,保障房申请人应负责进行赔偿。保障房住户的违法犯罪行为、损坏公共设施行为、噪声扰民行为、自行安装大电器的行为是不被允许的,还应保持房屋内部清洁,照价赔偿损坏物品,可以在房屋内放置的宠物只有在鱼缸里的鱼以及在鸟笼中安静的鸟等。法律对于终止租赁原因的规定是细致而全面的,主要有:租金缴纳不及时、收入超出申请标准、违反相关义务及约定、隐瞒个人或家庭可能决定是否具有租住资格的关键信息等。其中对于隐瞒信息和谎报收入实行"零容忍",一旦出现,等同于终止和退出保障房。

(二)国内其他地区保障房政策执行情况

1. 深圳:对目标群体的多样性适配

深圳市保障性住房与国内多数其他城市的保障房选址一样,存在居住与就业空间分离的问题,导致很多保障房政策执行的目标群体因无法获得与个人需求匹配的保障条件而放弃对保障房的申请。为了解决这一固有问题,深圳市采取保障房选址与城市轨道交通规划相结合的选址模式。该模式与其他保障性住房选址方式相比,以轨道站点为中心,筛选周边保障性住房潜力用地,实现公共交通对周边保障性住房的服务最大化,也使中低收入群体对公共交通的刚需得到满足。同时,由于站点本身的带动作用,较大的人流量为发展更好的配套设施提供了可能,显著改善保障性住房周边的交通问题、公共配套问题。目前深圳市的所有保障房项目中,与公共交通结合较为紧密的几个项目,入住率和满意度均处于较高的水平。深圳市的这种规划模式也颠覆了认为保障性住房仅提供给低收入弱势群体居住的传统观念,让更多潜在群体愿意通过申请保障房的方式融入城市。

2. 上海:一网通办助力执行效率起飞

上海于2020年全面启动保障房申请"一件事"改革,从申请材料的角度进行精简:常规性申请材料缩减75%以上;进而实现了办理时限整体压减30%以上、部分情况简单家庭压减时间比例可达70%;真正实现了线下申请可"只跑一次"、线上申请可"全程网办"、配租办理可"零跑动",一系列的做法使得上海在保障房政策执行的效率方面领先绝大多数城市。上海市通过构建上海市保障房申请审核信息系统,打破了三层壁垒:一是打破了部门壁垒,实现了多部门同平台的办公网络。二是打破了区域壁垒,实现了"全市通办",全市房源实现了统筹分配,实现了房屋的充分利用,同时也减少了由于地域原因导致的保障房申请难的现状,让真正符合条件的申请者都能住上匹配的保障房。三是打破了"通用证明"壁垒。户籍信息、居住证等本市政府部门核发的材料或类似于身份证等已具有电子证照的通用性证明材料,可以通过平台提交电子版本,或直接由相关部门通过平台调取相关信息。

3. 广州:清晰的政策执行标准

广州市对于保障房退出政策的执行有十分清晰的执行标准。广州市对于保障房住户的退出除去对于房产情况、收入情况的直接规定外,还实行了负面清单制度:住户在保障房的租赁期限内,如出现居住证过期拒不办理、就业岗位等信息发生变化不主动登记、工商登记中名下出现大规模企业店铺等、社会保险缴费记录大幅度提高、违背计划生育等基本国策要求、居住期间出现违法犯罪记录等情况,均会进入劝退流程,相关部门将会要求相关住户退出。

在退出的具体流程上:腾退的过程采取的是阶梯式推进方式,通过对退出时间、对应房租等进行动态调整,通过政策引导的方式让保障房住户逐步进行房屋腾退。在保障房住户出现不符合相关规定或产生负面清单的有关信息时,住房保障部门会立即通知保障房住户准备腾退房屋,但并不要求短时间内办理腾退房屋,对于暂时无法腾退的保障房住户,考虑到由腾退导致的其家庭负担变化、寻找合适房源需要时间等问题,给予其3个月的过渡期。这是对保障房住户提供的第一次缓冲措施。在3个月的过渡期内确实无法腾退房屋的,准许申请续租一年,如一年后按要求仍然需要退出的必须腾退,如拒绝退出,则按照市场租金的 2 倍计算收取后续房租。

4. 北京:执行过程的多元监管

北京市在保障房政策的执行过程中,加大了对政策执行过程的监管力度。一是提高违规成本,对于出现转租、转手、闲置等违规行为的,本着"零容忍"的态度坚决处理,将违规的家庭或个人列入黑名单,同时在网站、微信公众号等平台设置"曝光台",公示违规家庭的违法事实和处理结果,通报其基本信息。二是引进技术监管。通过人脸识别技术结合保障房住户及房屋的网格化信息,采用大数据分析的手段,运用算法计算出存在转租、闲置等行为的高风险住户,协助监管机构缩小监督对象范围。现在北京全市已经有 55 个保障房项目安装了人脸识别装置。三是加强巡查监管。北京市为每个房源设定了专属的二维码,内含房源全部信息,市、区、街等管理部门和产权单位、住户家庭可以通过统一平台进行信息共享。这便利了日常巡查、专项检查的快速落实,实现常态化监管。四是明确法律责任。北京将产权单位列为公租房监管的第一责任人,建立了全面的发现、处置、报告制度,倒逼产权单位加大对保障房的监管力度。通过以上多种监管手段的综合运用,北京市综合立体的多元监管方式得以形成,极大地减少了违规情况的发生,取得了显著的监管成效。

(三) 经验借鉴

1. 从城市发展的角度看待保障房政策执行

随着城市的不断发展,居民生活水平不断提高,居民对于居住环境的要求也越发多样化。原先政策执行的思路已经无法令群众满意,甚至使得保障房社区与城市形成天然的割裂,因此要使保障房政策执行与城市发展相契合。如在保障房的规划选址上,新加坡将保障房社区打造成独立的城市片区,这些片区形成围绕中心城区的卫星环状结构,在各个社区内部均有完整的配套设施规划,对于不同社区与城市之间建设快速路进行连接。这保证了保障房社区融入城市的总体发展,同时也使得保障房住户获得更好的居住配套。

2. 用信息共享平台完善机构建设

由于保障房政策本身是由多个部门共同参与执行的政策,对于不同部门间的整合效果直接影响机构建设是否高效,而良好的信息共享平台是完成部门间高效整合的最优选项。通过建立平台的方式让数据代替人工实现部门之间的信息传递,这极大地为申请者降低了申请成本,从侧面提高了政策的受众数量。上海保障房一网通办平台还开辟了面向市民的端口。在保障房的政策执行过程中,完善的共享信息平台还可以发挥更大的作用,共享平台信息传递的高效性可以为后期的监管审核提供更多的可能,也可以在资格复核上大幅度降低时间成本。

3.细化的规则助力精准执行

在保障房政策执行的过程中会无法避免地面临各种不同的政策执行环境,将规则细化,让执行过程当中采取的所有活动都有依据,可以有效提高执行过程对于多样化目标群体的适应能力。同时,这也确保了政策执行过程的公平公正,避免造成冲突与误解。这种细化是对保障房住户行为的约束,也是对保障房住户权益的保护。规范了住户的行为也就为开展小区物业管理、治安稳定等工作提供了更好的工作环境。

4.实现全流程多角度监管

传统的保障房政策在执行过程中注重申请前监管,对于申请后的监管没有一套完善的监管思路。北京市在确保效率的前提下,对于保障房政策执行的监管进行了多个方面的创新。北京市通过提高违法成本、引入技术监管、加强巡查监管、明确法律责任等方式构建了由保障房住户、产权单位、保障房主管部门等多方组成的监管网络。在前期申请流程监管的前提下,补充上了对于保障房住户后续居住过程中的监管,从而实现了对保障房政策执行过程中的动态监管。这为保障房住户的合理流动提供了刚性支撑,减少了资源的不公平分配和浪费。

三、解决烟台市保障房政策执行问题的对策分析

(一)转变固有思维模式

保障房政策执行效果能够符合政策制定的目标,前提是要对政策本身有准确的认识,不能陷入"旧思维"考虑问题的陷阱。笔者认为,对思维模式的转变主要从以下3个方面入手。

1.将政策执行与城市发展相结合

烟台市保障房社区作为城市构成的重要组成部分脱离烟台市的整体规划,存在本身就不符合基本的逻辑关系。同样,烟台市保障房政策执行的全过程也必然要考虑城市发展的潜在需要。具体在执行的细节上,可以将烟台市新建的保障房社区安排在重要交通节点等优势区位,烟台市的地铁轨道交通尚处于规划阶段,可以提前将新建保障房的选址设置于相对偏远的地铁站口附近,确保新建保障房社

区能够享受到城市发展的红利,同时又能通过保障房社区的人员集聚效应为烟台市的各种新城建设提供促进作用。

2.强化对窗口人员的政策解释

强化对于窗口人员的政策解释是提升其政策认识水平的最有效的方式。政策解释的内容应充分贴合窗口工作人员的日常工作,例如对保障房政策的目标导向进行准确的阐释、对保障房政策的适用主体进行详细的解释、对保障房政策的使用条件进行具体的描述。政策解释的方式应该是多种多样的,可以通过开展业务培训的方式实现短时间内政策内容的迅速掌握,可以通过建立工作群等方式实现日常业务办理的实时沟通。通过开展多种形式,涵盖多方面内容的政策解释活动实现窗口人员对政策本身的准确掌握,扭转对于烟台市保障房政策的陈旧认识,使得窗口人员在日常业务办理过程中能对办事群众在政策的认识上起到正确的导向作用。

3.深化对群众的政策宣传工作

在宣传的具体内容上应做到突出重点、详略得当。宣传内容的重点是保障房政策的适用群体、保障房申请的基本条件、保障房申请的简化流程等,可以进行相对详细的宣传;而保障房政策的部门分工与群众相关性不大,可以简略宣传。在具体的宣传方式上应采取广泛传播、重点解释的策略。广泛传播是指通过多种方式对保障房政策进行宣传,例如通过广播、电视台、微信公众号、公交车广告、抖音等方式实现全面铺开的宣传局面;而重点解释是指针对保障房政策执行的目标群体进行重点照顾,例如在民政部门的低保窗口、残疾人业务窗口等处,在重点用人单位的人事部门、食堂等处,在人社局的档案馆窗口、党员关系管理窗口等处张贴保障房政策的相关内容,并对窗口人员或相关工作人员进行简单的培训,使其能够回答简单的问题咨询。

(二) 完善机构软硬件建设

1.成立协调机构完成硬件升级

保障房政策的完美执行是需要多个部门协同工作的,其中,重要的一种方式是要成立协调机构,通过协调机构对每个部门的政策执行工作进行指导,及时发现政策执行过程当中的"梗阻",通过协调部门关系、明确部门责任等方式及时疏通"梗阻"。同时,协调机构还应当指导部门做好流程间的衔接工作,确保政策执行过程不出现不畅的情况。在烟台市保障房政策执行的机构建设当中,协调机构的成立可以考虑由市住建局担任协调小组的组长,其他各部门相关科室负责人加入。这种"低级别"的协调小组虽然组成人员的决策权相对较弱,但是其专业性更强,也更加贴近政策执行的具体操作过程,可以高效解决问题,形成应激反应机制。

2. 建设信息共享平台实现软件整合

目前烟台市虽然在中心区搭建了信息共享平台,但是由于地域局限性和内容局限性,对于提高保障房政策执行效率的帮助十分有限。烟台市保障房平台搭建的最终形态应该做到以下3个方面:一是实现保障房的全市统筹管理。将全市所有区的保障房资源纳入同一个数据库,实现保障房资源的市域调配,以此为基础也可探索保障房的跨区异地户口申请。二是实现保障房住户资料的全市统一管理。将全市所有区的保障房住户资料整合进同一个数据库,在资格复核与常规审核上可以实现市一级的全面审核,有效避免区审核的地域局限性,防止有人利用政策漏洞重复申请。三是打造保障房所有跨部门数据统一平台,通过这种方式让各部门间的数据冲破体制壁垒,实现数据共享。

(三) 打造细致灵活的执行方式

1. 细化政策标准

在保障房的居住行为规范方面,可以通过提出负面清单的方式为保障房住户明确行为禁区,一旦出现诸如不缴纳租金、收入剧增、不服从社区管理、伪造申请人或家人信息、违法犯罪等情况的马上进入退出程序要求住户退出房屋;在居住时间方面,对于住户一年内的房屋居住时间提出要求,无特殊情况下,每年住户各家庭成员在房屋当中居住的时间不得少于10个月,对居住时间不满足最低标准的提出警告,对于住户的居住行为做出规范;在住户的权利义务方面,住户居住期间有维护保障房内部设施、协助营造良好居住环境的义务。对于保障房内的门窗等硬件配套设施,不得自行随意更换、变卖,如有非老化损坏的要自费维修或原价赔偿;当住户在居住期间有不爱护公物、扰乱小区居住秩序、损害其他住户居住权益等行为,应负有对自己行为造成危害的整改责任,并提出警告。在惩罚方式的细化方面,同一个住户家庭在一年内被警告三次的则自动进入退出程序。

2. 提供过渡性住房提升政策灵活性

应提供过渡性住房给急需住所的人。急需住所的人主要指的是暂时无房的居民、在保障房的使用过程中出现不符合条件的情况,需要退出的住户。对于前者的主要群体是应届毕业生或其他初到烟台工作生活的群体,这一部分群体虽然短期内收入略低,但是长期来看收入预期较高,可以提供给这一部分群体最多12周的缓冲时间,这段时间可以用来缓冲买房或租房,其间需缴纳市场价格50%的租金。对于后者的主要群体是原有保障房住户中收入增加者而导致失去保障房资格的人,对于这一部分人可以按照12周内支付市场价格50%的租金,后续每周逐步增加直至 24 周后需支付市场价格 100% 的租金。这一过程也是为了能让不符合保障房标准的住户实现软着陆,避免因为突然失去保障房居住资格而导致家庭负担突然加剧。提供过渡性住房的目的是给继续住所的人缓冲的空间和时间,这一做法与住房保障的初衷是完全契合的。

3. 引入信用档案确保灵活不失控

目前,烟台市保障房申请烦琐的审核手续导致居住人申请过程需要花费较多的时间,同时为了准备齐全所有资料,居住人往往需要等待 1~3 个月的时间。为了解决高准入门槛导致的申请时间过长问题,宽进严审的原则不失为一种效率更高的解决方案,建立保障房申请者的信用档案。对于可以快速得出的房产、户口等相关信息,放在第一时间进行核对,并对工商登记等情况进行基本问询,初步判断基本满足条件后,可以直接跳到最后一步,纳入烟台市保障房分配名单中。对于申请人收入的审核则同步进行,在此过程中如有合适房源,可以直接安排申请人入住,直到最后收入核对满足条件。颁发住房保障资格证,从实际入住之日起计算所需缴纳的相关费用。对于存在故意隐瞒相关收入的情况,或在符合当中遇到有故意隐瞒房产等相关情况的,将其纳入保障房申请的黑名单,限制其在 5 年内不得申请烟台市全市范围内的保障性住房,并将失信行为同步报送金融机构,对其出现贷款买房买车等情形的,执行更好的审核标准。同时,申请人成功申请到保障房之后,对于后续的资格复审过程也可以纳入诚信档案的记录当中,同时对于已经退出的住户再次申请的,也可以将诚信档案作为准入时的重要依据。

(四)完善政策执行监管体系

1. 健全监管制度

一是进一步明确民政、住建、不动产、公安、市场监管、税务等部门具体的负责项目及监管形式。二是通过联席会议的形式,讨论通过每一个项目在具体执行过程中的相对数值上限及下限,让监管部门有的放矢,提高监管效率。三是寻求对监管者的监管,对于相关部门对负责项目的监管是否全面而有利需要另外独立的机构进行监管。这里具体的实施路径有两种:一种是可以让本级监督委进行监管,比如区监督委监管区住建、民政等部门;另一种是让对应的上级部门进行监管,比如让市住建局监管区住建局。

2. 构建监管平台实现动态监管

构建烟台市保障房的政策执行效果监管平台不仅是一项惠民工程,也是一种提高监管效率的重要手段。要将烟台市所有保障房住户的信息纳入统一的平台进行管理,在这一平台上每一个相关部门都有一个接口,可以上传和下载信息。对于平台数据库中任意一个人的信息变化都可以通过对应部门的接口更新平台的信息库,如果此信息可能影响相关部门的监管资格判断,则此信息直接反馈至对应部门。

3. 引入多方监管

通过多方监管的方式不但可以提升监管效率,多方监管也是加强政策执行因素间相互关系的做法,因此多方监管还能提升政策执行的效果和水平。具体监管的参与途径有保障房信息的多种形式的公示、同步"12345"民生热线诉求、引入第三方对物业服务等的专业监管等。